南开大学经济类系列实验教材

衍生金融工具定价

赵胜民　主编

中国财政经济出版社

图书在版编目（CIP）数据

衍生金融工具定价／赵胜民主编．—北京：中国财政经济出版社，2008．5
（南开大学经济类系列实验教材）
ISBN 978－7－5095－0942－5

Ⅰ．衍…　Ⅱ．赵…　Ⅲ．金融学：数理经济学－高等学校－教材　Ⅳ．F830
F224．0

中国版本图书馆 CIP 数据核字（2008）第 135044 号

中国财政经济出版社出版
URL：http：//www.cfeph.cn
E－mail：cfeph@cfeph.cn

社址：北京市海淀区阜成路甲 28 号　邮政编码：100142
营销中心电话：010－88190406　北京财经书店电话：010－64033436
北京财经印刷厂印刷　　各地新华书店经销
787×1092 毫米　16 开　16.5 印张　393 000 字
2008 年 5 月第 1 版　2008 年 5 月北京第 1 次印刷
定价：30.00 元
ISBN 978－7－5095－0942－5/F·0778
（图书出现印装问题，本社负责调换）
本社质量投诉电话：010－88190744

编委会

总　序

ZONGXU

南开大学经济学科多年来一直在探讨如何适应改革开放、如何根据理论与实践的发展进行教学改革，包括教学理念与教学内容的更新、教学方式与教学方法的创新。实验教学的内容和方法是教学改革多方面的具体体现。南开大学也为经济学科实验课程教学的开设提供了重要的物质保证，在整合相关资源的基础上投资建设的实验教学中心成为经济学科各专业本科生、硕士生、博士生实验教学和实践教学的基地，是经济学科教学、科研和社会服务重要的基础支撑。

经过多年的建设与探索，南开大学经济学实验教学中心逐步建立起与学科发展和人才培养目标相适应、比较科学的实验教学体系，同时组织实验课程教师开发适合于不同专业、不同教学层次的实验课程，并在课程中广泛引入了演示法、案例法、模拟法、仿真法、棋块式沙盘规划法等教学方法。经过数年的积累，实验课程教师在教学的过程中组织学生自主研发教学软件，将科研成果注入实验教学体系，从而使科研成果与教学内容相结合，也使教学软件有了自我更新的能力。

实验课程教材内容体现了实验课程教师多年来不断研究和实践的成果，也体现了南开大学经济学科对教学改革内容的探索。目前，实验教学已经成为经济学教学的重要组成部分。当然，无论是实验课程教材体系还是实验课程教学内容，都有待于根据理论与实践的发展，以及技术手段的提升不断更新和完善。

我们期待读者与同行的意见和建议。

马君潞

2008 年 1 月于南开大学

前 言

QIANYAN

衍生金融工具是金融工程的基本构件，金融工程所要完成的各种功能，都要通过设计各种各样恰当的衍生工具来实现。过去的三十多年间，各种类型的衍生金融工具不断涌现，呈现出迅猛发展的局面。衍生金融工具基本知识已成为理解现代金融理论必不可少的基础。实际工作中，各种衍生金融工具的公平价格是人们普遍关心的问题，各种衍生金融工具都需要对其定价。衍生金融工具定价理论是金融工程学的重要基础和核心内容，衍生金融工具定价课程是目前金融工程专业的核心课程之一。

衍生金融工具定价是难度较大的工作，对数学方法有很高的要求，需要用到诸如随机过程、微分方程等较为高深的数学工具，因此衍生金融工具定价是金融工程专业难度最大的课程之一。教材根据金融工程专业学生的特点，按先易后难、由浅入深的顺序组织内容。首先讨论离散时间模型，并借此介绍基本的定价原理，然后再讨论复杂的连续时间模型。同时，书中所用数学知识尽量限制在高等数学、线性代数和概率论范围内。超出这个范围的微分方程和随机过程等方面知识，都在书中给予扼要的介绍，尽量实现自封闭。同时对于微分方程和随机过程等复杂数学内容的介绍，尽可能回避抽象的数学概念，采用学生较为熟悉的概念去描述。对于用到的数学结论，一般都只给出解释，而不给予严格的证明，至多为了加深学生理解，给出证明的大意。对于一些结论，在可能的情况下，注意利用几何图形进行解释，降低学生学习的难度。

衍生金融工具定价又是一项实践性很强的工作。因此本教材在介绍衍生金融工具定价理论和方法的同时，还通过各种实际例子来介绍如何利用 Matlab 编写程序来计算具体的衍生金融工具价格、分析价格的各种性质。这样可使学生掌握定价的具体实现方法和技巧，加强对定价理论和方法的理解；同时利用数值实现方法可以通过图形来反映衍生金融工具价格的有关性质，增加了直观性，便于学生理解相关的结论。

全书共分九章，第一章介绍衍生金融工具定价的基本原理——无套利原理。该章基于最简单的单周期市场模型，讨论了市场无套利的等价条件，介绍了风险中性定价技术和复制定价技术以及市场的完备性，为后面学习较复杂市场模型中衍生工具定价奠定基础。第二章介绍二叉树期权定价模型，具体介绍二叉树模型定价的基本原理以及二叉树模型的构造方法。当二叉树模型的时间步长趋于零时，得到标的资产价格的对数正态分布模型，进而给出欧式期权的 Black - Scholes 定价公式。第三章对二叉树模型进行改进，分别给出市场利率和波动率非常数以及标的资产支付红利等情形下二叉树模型的构造方法，并讨论了美式期权定价问题。第四章介绍 Black - Scholes 定价模型，重点阐明 Black - Scholes 期权定价的基本思路：利用对冲原理，建立 Black - Scholes 定价方程，求解该方程给出 Black - Scholes 定价公式。第五章介绍衍生金融工具定价的两种数值方法：蒙特卡洛模拟方法和有限差分方法。第六章和第七章在 Black - Scholes 模型的基础上介绍新型期权的定价方法。这些新型期权具体包括两值期权、复合期权、双币种期权、一篮子期权、彩虹期权、障碍期权、亚式期权和回望期权等。针对每种期权建立了期权价格的偏微分方程模型，并给出了一些期权的价格公式，同时以一些期权为例介绍如何利用蒙特卡洛方法和二叉树方法为新型期权定价。第八章介绍利率衍生品定价的基本原理，建立利率衍生品定价的 Black 模型，并介绍债券期权定价的二叉树模型。第九章着重介绍各种利率模型，具体包括单因素模型，多因素模型和 Health、Jarrow 和 Morton（HJM）模型，给出了各种利率模型下利率衍生品的定价方法。

本书由赵胜民任主编。参加编写的有：赵胜民，第一章、第八章、第九章；刘福勇，第二章；陈虹宇，第三章；丁靖斐，第四章、第七章；杨立原，第五章；朱琳，第六章。此外，郭磊和陈明波参与编写了书中的全部计算程序。全书由赵胜民修改定稿。本书在编写过程中，参阅了国内外大量的相关专著、教材和参考书，在此一并表示感谢。限于作者水平，书中难免存在疏漏乃至错误之处，敬请读者批评指正。

编　者

2008 年 1 月

目　录

MULU

第一章　无套利定价原理 …………………………………………………………（1）
第一节　市场无套利的等价条件 ……………………………………………（1）
第二节　状态价格与风险中性概率测度 ……………………………………（5）
第三节　复制定价技术 ………………………………………………………（7）
第四节　市场完备性 …………………………………………………………（8）
第五节　二叉树模型和三叉树模型 …………………………………………（9）

第二章　二叉树期权定价模型 ……………………………………………………（15）
第一节　二叉树模型定价原理 ………………………………………………（15）
第二节　二叉树的构造 ………………………………………………………（20）
第三节　Black－Scholes 定价公式 …………………………………………（24）
第四节　Black－Scholes 公式分析 …………………………………………（27）
第五节　数值计算问题 ………………………………………………………（34）

第三章　二叉树模型的改进 ………………………………………………………（40）
第一节　利率期限结构 ………………………………………………………（40）
第二节　时变波动率情形的二叉树模型 ……………………………………（44）
第三节　标的资产支付红利情况 ……………………………………………（48）
第四节　美式期权 ……………………………………………………………（52）
第五节　数值计算问题 ………………………………………………………（59）

第四章　Black－Scholes 期权定价模型 …………………………………………（63）
第一节　股票价格的演化模型 ………………………………………………（63）
第二节　Black－Scholes 期权定价模型 ……………………………………（67）
第三节　Black－Scholes 期权定价公式分析 ………………………………（72）
第四节　Black－Scholes 期权定价模型的推广 ……………………………（76）
第五节　数值计算问题 ………………………………………………………（82）

第五章　数值方法 …………………………………………………………………… (88)
第一节　蒙特卡罗模拟定价基本原理 ………………………………………… (88)
第二节　高效的蒙特卡洛定价方法 …………………………………………… (95)
第三节　有限差分方法 ………………………………………………………… (98)

第六章　新型期权 I ………………………………………………………………… (109)
第一节　两值期权 ……………………………………………………………… (109)
第二节　复合期权 ……………………………………………………………… (115)
第三节　多维 Black - Scholes 定价公式 ……………………………………… (118)
第四节　双币种期权 …………………………………………………………… (122)
第五节　一篮子期权 …………………………………………………………… (124)
第六节　彩虹期权 ……………………………………………………………… (126)
第七节　数值计算方法 ………………………………………………………… (130)

第七章　新型期权 II ……………………………………………………………… (138)
第一节　障碍期权 ……………………………………………………………… (138)
第二节　两值障碍期权 ………………………………………………………… (148)
第三节　亚式期权 ……………………………………………………………… (152)
第四节　回望期权 ……………………………………………………………… (162)
第五节　数值计算方法 ………………………………………………………… (167)

第八章　利率衍生证券 …………………………………………………………… (175)
第一节　连续利率期限结构 …………………………………………………… (175)
第二节　利率衍生品定价的原理 ……………………………………………… (178)
第三节　远期价格与期货价格 ………………………………………………… (187)
第四节　利率衍生产品定价的 Black 模型 …………………………………… (191)
第五节　数值计算方法 ………………………………………………………… (195)

第九章　利率模型 ………………………………………………………………… (205)
第一节　单因素利率模型 ……………………………………………………… (205)
第二节　多因素模型 …………………………………………………………… (222)
第三节　Health - Jarrow - Morton 模型 ……………………………………… (226)
第四节　数值计算方法 ………………………………………………………… (234)

主要参考文献 ……………………………………………………………………… (252)

第一章 DIYIZHANG

无套利定价原理

本章主要介绍衍生证券定价的基本原理，这里给出的思想可以用于大多数定价问题，从最简单的复利计算到最复杂的奇异期权的定价。具有不确定性市场中的资产定价的关键思想就是无套利——市场不存在套利机会。为简单起见，我们这里将讨论一个具有有限终至状态的单期模型。

假设一个投资者进入市场买卖证券，其净成本为零，并且保证（1）未来没有损失且（2）存在某些获利的机会。在这种假想的情况下，投资者存在不承担任何风险情况下获得正的收益的概率。这种情况就是一个套利机会。尽管套利机会也会偶尔在金融市场中出现，但不会持续长久。事实上，一个套利机会可以看作是相互关联的资产之间相对价格的一种错误确定。如果这种错误定价被充分多的投资者发现，他们就会利用这样的机会，从而影响市场价格。结果是，价格发生变化，套利机会消失。这个原理可以叙述如下：在一个有效的市场中不存在永久的套利机会。

第一节 市场无套利的等价条件

这里考虑具有不确定性的证券市场最简单的单周期模型，假设市场中存在 N 个证券，$s_1,s_2,\cdots,s_N$，投资者可以任意买卖这些证券。期初时，投资者买入或卖出证券，构成一个投资组合，并一直持有到期末，期间可以得到证券的红利收益。交易期末时将这些头寸变现，获取市场价值变化带来的净收益。在这个模型中，N 个证券的价格用一个价格向量表示为

$$q=(q_1,q_2,\cdots q_N)$$

其中，q_i 为第 i 个证券的价格，$i=1,2,\cdots,N$。在期末，证券的价格是一个随机变量，依赖于未来世界的具体状态。这里假设期末有 M 种状态，$\omega_1,\omega_2,\cdots,\omega_M$，每个状态发生的概率都大于0，也就是说，这些状态都是可能发生的。在期末，状态 ω_i 发生时，这些证券的支

付记为

$$Q_i=(Q_{i1},Q_{i2},\cdots,Q_{iN})\qquad 1\leqslant i\leqslant M$$

这里 Q_{ij}为状态 ω_i 下一个单位的证券 j 的现金流。我们构造 $M\times N$ 阶矩阵 Q，其第 i 行为行向量 Q_i（$1\leqslant i\leqslant M$）。假设所有的投资者都知道矩阵 Q，但不知道未来市场的具体状态。

投资者的投资组合记为

$$\theta=(\theta_1,\cdots,\theta_N)$$

其中，θ_j 表示期初投资者的投资组合中第 j 个证券的单位数量。θ_j 可以为正数，也可以为负数。如果 θ_j 为正数，表示投资者持有证券。如果 θ_j 为负数，表示投资者卖空证券。进一步假设投资者可以买入和卖出任意数量的证券；市场中的交易费用和交易税收可以忽略；证券可以任意细分，因此 θ_j 可取任意实数。

期初投资组合 θ 的价值为

$$q\theta^{\tau}=\sum_{j=1}^{N}\theta_j q_j \tag{1.1.1}$$

其中，θ^{τ} 为向量 θ 的转置。到期末时，状态 ω_i 下的现金流为

$$Q_i\theta^{\tau}=\sum_{j=1}^{N}Q_{ij}\theta_j\qquad i=1,2,\cdots,M \tag{1.1.2}$$

下面我们给出套利机会的定义。

定义 1.1.1 称投资组合 θ 为一个套利组合，如果 i)

$$q\theta^{\tau}=0$$

$$Q_i\theta^{\tau}\geqslant 0\qquad \text{对所有的 } 1\leqslant i\leqslant M$$

且

$$Q_i\theta^{\tau}>0\qquad \text{对某些 } 1\leqslant i\leqslant M$$

或者 ii)

$$q\theta^{\tau}<0$$

$$Q_i\theta^{\tau}\geqslant 0\qquad \text{对所有的 } 1\leqslant i\leqslant M$$

这时马上可以给出如下定理。

定理 1.1.1 市场中不存在套利组合当且仅当存在一个向量

$$\pi=(\pi_1,\pi_2,\cdots,\pi_M),\quad \pi_i>0,\text{对所有的 } 1\leqslant i\leqslant M$$

使得

$$q=\pi Q \tag{1.1.3}$$

证明：首先证明充分性。假设（1.1.3）式成立，则对于任意投资组合 θ 都有

$$\begin{aligned}q\theta^{\tau}&=(\pi Q)\theta^{\tau}\\&=\pi(Q\theta^{\tau})\end{aligned} \tag{1.1.4}$$

如果 θ 是一个套利组合，则由定义，要么该组合的期初价值为 0，所有期末状态的现金流都是非负的，并且对某些状态，现金流为正；要么该组合的期初价值小于 0，而所有期末状态的现金流都是非负的。但（1.1.4）式说明这两种情况都不可能发生。这是因为，所有的 π_i 都为正数，故若存在某个状态现金流为正，则组合的初始价值就大于 0，若组合的初始价值等于 0，则所有的现金流就都为 0。

其次，我们证明必要性。设 R^{M+1} 表示（$M+1$）维欧氏空间，R_{+}^{M+1} 表示闭凸锥

$$R_{+}^{M+1} \equiv \{x=(x_0,x_1,\cdots,x_M)': x_i \geqslant 0, \text{对所有的 } 0 \leqslant i \leqslant M\}$$

定义 R^{M+1} 的线性子空间 Γ 如下

$$\Gamma = \{(-q\theta^T, Q_1\theta^T, \cdots, Q_M\theta^T): \theta \in R^N\}$$

由于市场是无套利的，子空间 Γ 仅在坐标原点 $0=(0,0,\cdots,0)$ 与 R_{+}^{M+1} 相交。由超平面分离定理，一定存在 R^{M+1} 的 M 维子空间 H 将 Γ 与 $R_{+}^{M+1}\setminus\{0\}$ 分离开来，并且存在 $\lambda=(\lambda_0, \lambda_1,\cdots,\lambda_M)^{\tau} \in R^{M+1}$，使子空间 H 可以表示为

$$H = \left\{ x;\ \sum_{i=0}^{M} \lambda_i x_i = 0 \right\}$$

并且

$$\lambda^{\tau} x > \lambda^{\tau} z$$

对所有的 $x \in R_{+}^{M+1}\setminus\{0\}$ 和所有的 $z \in \Gamma$ 都成立。又由 Γ 是线性空间可知

$$\lambda^{\tau} z = 0 \qquad \text{对所有的 } z \in \Gamma$$

这说明 $\Gamma \subset H$。由此进一步又有

$$\lambda^{\tau} x > 0 \qquad \text{对所有的 } x \in R_{+}^{M+1}\setminus\{0\}$$

这说明对所有的 i 都有 $\lambda_i > 0$。

由 $\Gamma \subset H$ 可知

$$-\lambda_0 q\theta + \sum_{i=1}^{M} \lambda_i Q_i \theta = 0$$

对所有的 $\theta \in R^N$ 都成立。这说明

$$-\lambda_0 q + \sum_{i=1}^{M} \lambda_i Q_i = 0$$

或

$$q = \sum_{i=1}^{M} \frac{\lambda_i Q_i}{\lambda_0}$$

记

$$\pi_i = \lambda_i / \lambda_0$$

则有

$$\pi_i > 0 \ (1 \leqslant i \leqslant M)$$

并且

$$q = \sum_{i=1}^{M} \pi_i Q_i$$

即所证结论成立。

对于这个结论，我们还可以从几何上去解释。设 R^N 表示 N 维欧氏空间，用 R^N 中的 M 个向量表示期末时 M 个状态下 N 个证券的现金流。假设市场中存在三个证券，有四种状态，分别用 Q_1, Q_2, Q_3, Q_4 这四个点来表示，如图 1－1 所示。由坐标原点出发的、过这四个点的射线张成的凸锥记为 K。初始时，证券的价格用向量 q 来表示。无套利机会相当于向量 q 位于 K 中。

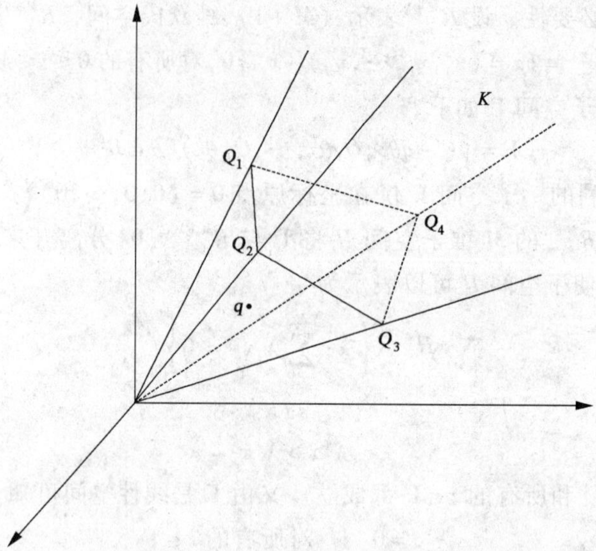

图 1－1　q 包含于 K 内

事实上，如果向量 q 位于 K 的外部，或者位于 K 的边界，如图 1－2 所示。则由超平面分离定理知，一定存在一个过坐标原点的超平面，即一个线性子空间

$$\{\theta \in R^N ; \theta^\tau n = 0\}$$

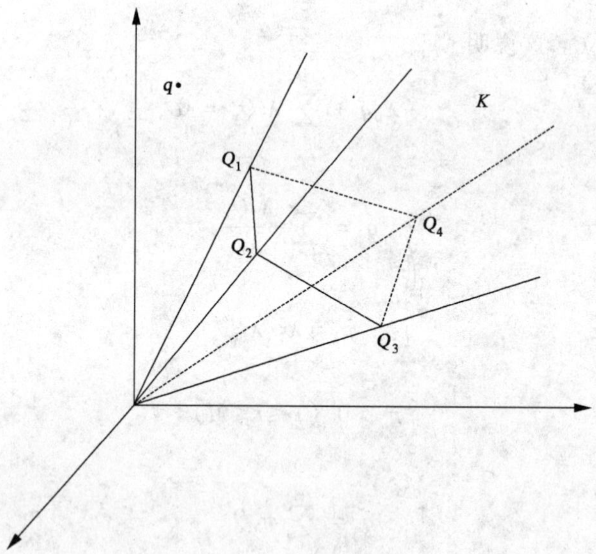

图 1－2　q 位于 K 外部

将 q 和 K 的内域分离开来，这里 n 是一个 N 维向量。分离性质就是指（可能需要改变 n 的符号）

$$q^\tau n \leqslant 0$$

$$Q_i^\tau n \geqslant 0,\ i = 1, 2, \cdots, M$$

并且至少有一个 $Q_i^{\tau}n>0$。这时就存在一个套利机会。

第二节

状态价格与风险中性概率测度

现在我们给出状态价格的概念。

定义 1.2.1　如果正数向量 $\pi=(\pi_1,\pi_2,\cdots,\pi_M)$ 使得

$$q=\pi Q \tag{1.2.1}$$

成立，则称 $\pi_i>0(1\leqslant i\leqslant M)$ 为状态价格，π 为状态价格向量。

定理 1.1.1 说明，单周期模型无套利当且仅当存在状态价格向量。

下面解释为什么将 π 称为状态价格。假设在市场中引进 M 个状态或有基本证券 $v_1,v_2,\cdots,v_M$。对每个 i，证券 v_i 在状态 ω_i 下的现金流为 1，其他状态下的现金流为 0。现在构造一个投资组合，其中证券 v_i 的数量为 $Q_{ij}(1\leqslant i\leqslant M)$，则这个组合与证券 s_j 的现金流相同。由于市场没有套利机会，这个组合与证券 s_j 的价值一定相等。如果组合的价格低于 q_j，则投资者可以卖空组合、买入证券 s_j，从而马上获取收益。期末时投资者可以用证券 s_j 的现金流抵消组合的现金流，这样投资者可以取得无风险收益。如果 q_j 低于组合的价格，则投资者可以卖空证券 s_j、买入组合，从而马上获取收益，从而也可以获得套利机会。记 p_i 等于证券 v_i 的价格，$1\leqslant i\leqslant M$，则我们已经证明

$$q_j=\sum_{i=1}^{M}p_iQ_{ij} \tag{1.2.2}$$

对所有的 j 都成立。比较（1.2.1）式和（1.2.2）式，状态价格 π_i 可以解释为这些状态或有基本证券 v_i 的价格，$1\leqslant i\leqslant M$，状态价格相当于不同状态下财富的价格。

（1.2.2）式给出了基本证券 $v_1,v_2,\cdots,v_M$ 的价格与市场中的证券 $s_1,s_2,\cdots,s_N$ 价格之间的关系，由此有可能求出这些基本证券的价格。一旦知道了这些基本证券的价格，则可以为所有的证券进行定价。

接下来我们介绍风险中性概率测度。首先令

$$\hat{\pi}_i=\frac{\pi_i}{\sum_{k=1}^{M}\pi_k}\qquad 1\leqslant i\leqslant M$$

这些系数均为正数并且其和为 1，因此可以把它们看作期末各状态的概率。设

$$1+R=\frac{1}{\sum_{j=1}^{M}\pi_j}$$

假设市场证券中有一个为债券，不妨设为 s_1，其在期末的现金流为向量 $(1,1,\cdots,1)\in R^M$。由（1.2.1）可知，债券 s_1 的价格为

$$q_1=\sum_{i=1}^{M}\pi_i=1/(1+R) \tag{1.2.3}$$

因此 R 为整个周期的利率。这时（1.2.1）又可以写成

$$q_j = \frac{1}{1+R}\sum_{i=1}^{M} Q_{ij}\hat{\pi}_i \qquad 1 \leqslant j \leqslant N \tag{1.2.4}$$

或

$$q_j = \frac{1}{1+R}E^{\hat{\pi}}[Q_{\cdot j}] \qquad 1 \leqslant j \leqslant N \tag{1.2.5}$$

这里 $E^{\hat{\pi}}$表示在概率测度 $\hat{\pi}$ 下的期望。这就说明，市场中证券 s_j（$1 \leqslant j \leqslant N$）的价格等于其期末现金流关于概率测度 $\hat{\pi}$ 的期望的贴现值。

定义 1.2.2 样本空间$\{\omega_1, \omega_2, \cdots, \omega_M\}$上满足式（1.2.4）的概率测度 $\hat{\pi}$ 称为风险中性概率测度。

由定理 1.1.1，我们马上有如下定理。

定理 1.2.1 假设市场中存在一个利率为 R 的债券，则市场不存在套利机会当且仅当存在$\{\omega_1, \omega_2, \cdots, \omega_M\}$上的一个风险中性概率测度。

最后再看一下 s_1 为债券时市场无套利条件的几何解释。这时，图 1－1 变成图 1－3 情形，其中点 Q_1, Q_2, Q_3, Q_4 的第一个坐标均为 1，位于同一平面内。我们记凸锥 K 与第一个坐标等于 q_1 的超平面的交集为 $\hat{K}$，则 $\hat{K}$ 为由 $q_1Q_1, q_1Q_2, q_1Q_3, q_1Q_4$ 生成的闭凸集。无套利的条件等价于价格向量 q 位于 $\hat{K}$ 的内部，或者

$$q = \sum_{i=1}^{M} \hat{\pi}_i q_1 Q_i$$

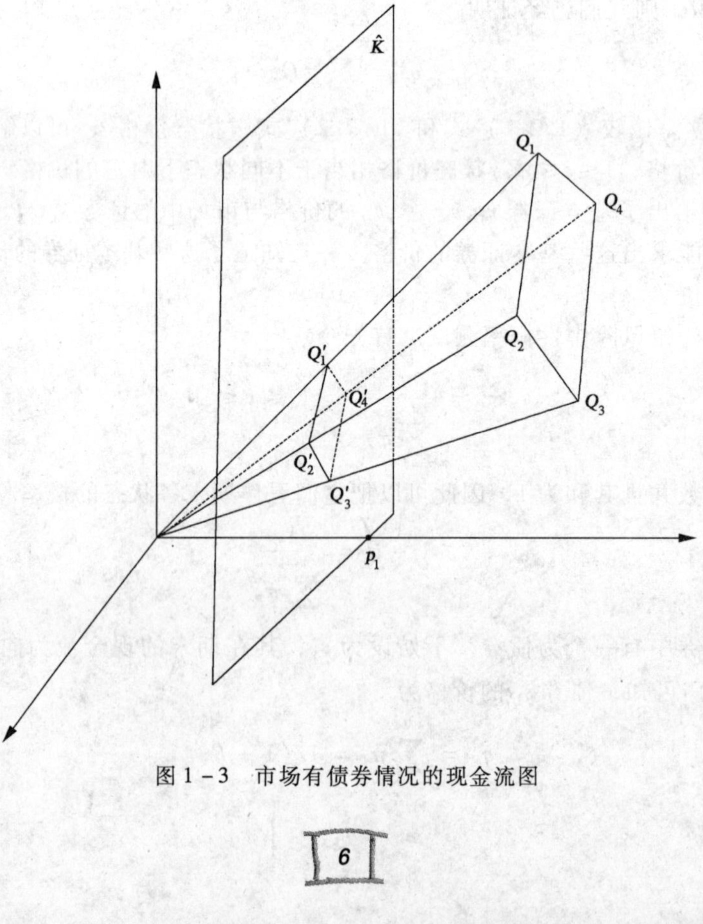

图 1－3 市场有债券情况的现金流图

其中 $\hat{\pi}_i > 0(1 \leqslant i \leqslant M)$ 且 $\sum_{i=1}^{M} \hat{\pi}_i = 1$。

第三节

复制定价技术

在前面我们将状态价格解释为状态或有基本证券的价格，这样就可以在无套利市场为衍生证券定价。首先我们给出复制的概念。

定义 1.3.1 给定一个证券 s 和一组证券 $s_1, s_2, \cdots, s_k$，称组合（$\theta_1, \theta_2, \cdots, \theta_k$）复制了 s，如果这个组合与 s 具有相同的现金流。

容易说明，在无套利的条件下，证券 s 的价格和它的复制组合（$\theta_1, \theta_2, \cdots, \theta_k$）在期初时的价值应该相等，由此可以给出一些有用的结果。

一、远期价格

假设一个证券的即期价格为 S，整个周期的无风险借贷的利率为 R。考虑该证券的一个远期合约：合约约定，在期末签定合约的一方以价格 X 向合约的另一方购买该证券。假设证券在整个周期内没有红利支付。则远期合约的无套利价格是

$$f = S - X/(1+R) \tag{1.3.1}$$

为证明这个式子，我们构造这样两个投资组合：A：买入一个证券，卖空 $X/(1+R)$ 个单位的债券；B：持有一个远期合约的多头。

显然，在期末时，这样两个组合的现金流是一样的，都等于期末时证券的价格减去 X。因此这两个组合的期初价格相等，即有（1.3.1）式成立。而在签定远期合约时，会适当选择执行价格 X，使远期合约的价格等于 0，这时的执行价格 X 称为远期价格，记为 F。由（1.3.1）式可知

$$F = S(1+R) \tag{1.3.2}$$

二、看涨—看跌期权平价公式

这里介绍证券的看涨期权和看跌期权价格之间的关系。假设市场中有一个证券其价格为 S，一个看涨期权和一个看跌期权，两个期权都以这个证券为标的资产，执行价格为 X，都以期末为到期日。看涨期权赋予期权的持有者在到期日以价格 X 购买标的资产的权利，但并不承担购买的义务，即在不利的情形下，可以不执行期权；看跌期权赋予期权的持有者在到期日以价格 X 卖出标的资产的权利，但在不利的情形下，可以不执行期权，即并不承担卖出的义务。看涨期权和看跌期权的市场价格分别记为 C 和 P。此外假设市场中还有一个债券，整个周期内的利率为 R。

现在我们考察这样两个组合：A：买入一个看涨期权，卖空一个标的证券，买入 $X/(1+R)$ 个无风险债券；B：买入一个看跌期权。

在到期日，看涨期权的现金流如图1-4（a）所示。当到期日证券的价格S_T大于X时，组合A的持有者将执行期权，以执行价格买入一个证券，然后归还证券，这时其收益等于0；反之，如果到期日证券的价格S_T小于X，组合A的持有者将放弃执行期权，这时其现金流为$(X-S_T)$。而看跌期权的现金流如图1-4（b）所示。当到期日证券的价格S_T大于X时，看跌期权的持有者将放弃期权；反之，如果到期日证券的价格S_T小于X，看跌期权的持有者将行使期权，得到现金流为$(X-S_T)$。因此组合A和组合B的期末现金流相同，或者说，组合A复制了看跌期权。这样我们可有

$$C-S+X/(1+R)=P \tag{1.3.3}$$

此即看涨—看跌期权平价公式。

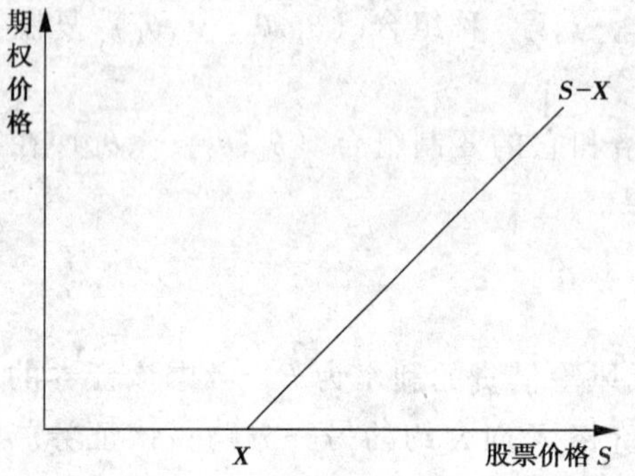

图1-4（a） 看涨期权到期支付

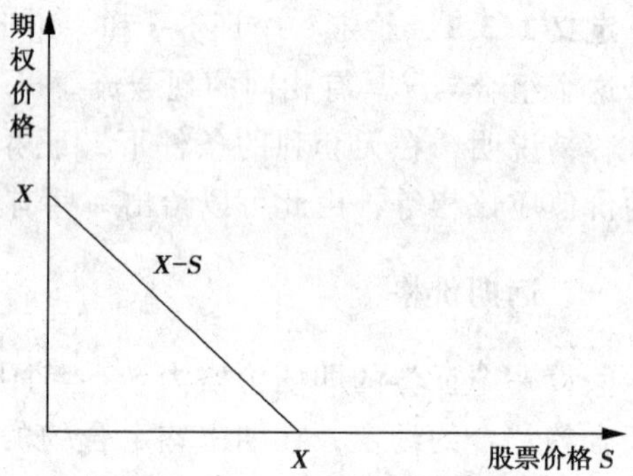

图1-4（b） 看跌期权到期支付

第四节

市场完备性

定义1.4.1 一个具有M个状态的市场称为完备的，如果对于任意的现金流向量$x=(x_1,x_2,\cdots,x_M)^\tau$都存在市场中交易证券的一个组合$(\theta_1,\theta_2,\cdots,\theta_N)$复制这个现金流。

显然，市场完备性等价于以现金流矩阵为系数矩阵的线性代数方程组

$$Q\theta^\tau=x \tag{1.4.1}$$

对任意的$x\in R^M$都有解存在。

由线性代数理论知，对任意的$x\in R^M$方程组（1.4.1）都有解存在当且仅当

$$rankQ=M \tag{1.4.2}$$

这说明矩阵Q的列向量张成整个M维向量空间R^M。市场完备性是一个很强的假设条件，它大大简化衍生证券的定价工作。衍生证券可以用一般的现金流向量$(x_1,x_2,\cdots,x_M)^\tau$来表示，而市场中的$N$个交易证券的现金流向量为$(Q_{1j},Q_{2j},\cdots,Q_{Mj})^\tau$，$j=1,2,\cdots,N$。由于任意衍生资产的现金流都和交易证券的一个组合的现金流相同，因此衍生资产的价格完全由x确定。

定理 1.4.1　假设市场是完备的且不存在套利机会，则存在唯一的状态价格向量（$\pi_1, \pi_2, \cdots, \pi_M$）满足（1.1.3）式，因此存在唯一的风险中性概率测度（$\hat{\pi}_1, \hat{\pi}_2, \cdots, \hat{\pi}_M$）。反之如果存在唯一的一组状态价格，则市场是完备的。

证明：首先假设市场是无套利的，由定理 1.1.1，存在一个向量 π 使得 $q = \pi Q$ 成立。又由市场的完备性可有，矩阵 Q 是行满秩的，这样方程组 $q = \pi Q$ 的解是唯一的，即状态价格向量是唯一的，同时风险中性概率测度（$\hat{\pi}_1, \hat{\pi}_2, \cdots, \hat{\pi}_M$）也是存在唯一的。

下面证明反过来的结论。假设存在唯一的一组状态价格向量（$\pi_1, \pi_2, \cdots, \pi_M$）。我们用反证法证明市场是完备的。假设市场不是完备的，则由线性代数理论有，矩阵 Q 不是行满秩的，并且存在非零向量 $\lambda = (\lambda_1, \lambda_2, \cdots, \lambda_M)$ 使得

$$\lambda Q = 0 \tag{1.4.3}$$

由（1.1.3）和（1.4.3）我们有

$$(\pi + \alpha\lambda) Q = q$$

对任意的实数 α 都成立。由于 $\pi = (\pi_1, \pi_2, \cdots, \pi_M)$ 的各分量都是实数，我们可以取实数 α 充分小，从而可以保证 $\pi + \alpha\lambda$ 的各分量都是正数。这就与前提假设的状态价格向量 π 的唯一性相矛盾。故在无套利的市场中，状态价格的唯一性可以保证市场是完备的。

在这个定理的证明中，给出了不完全市场价格向量集合的特征。设 $k = rankQ$，在不完全市场中，$M - k > 0$ 是矩阵 Q 的左核空间的维数。给定两个状态价格向量 $\pi^{(1)}$ 和 $\pi^{(2)}$，对任意的 $0 \leqslant \alpha \leqslant 1$，$\alpha\pi^{(1)} + (1-\alpha)\pi^{(2)}$ 都是一个价格向量。因此所有的状态价格向量集合是一个凸集。由定理在证明过程我们还可看到，每一个状态价格向量都包含在一个（$M - k$）维的一个锥中的邻域内。因此所有可能的状态价格向量是一个（$M - k$）维的开凸集。

第五节

二叉树模型和三叉树模型

一、二叉树模型

我们这里介绍单周期模型的最简单情况。考虑市场的理想化情况，其中只有两种状态和两个证券，一个是收益率为 R 的债券，一种是价格为 p 的证券。我们假设这个证券的现金流在状态 1 和状态 2 下分别为 pu 和 pd，这里 u 和 d 是两个给定的数且 $d < u$。如果不存在套利机会，我们一定有

$$p = \frac{1}{1+R} = (\hat{\pi}_1 pu + \hat{\pi}_2 pd)$$

这里 $\hat{\pi}_1$ 和 $\hat{\pi}_2$ 为正数且 $\hat{\pi}_1 + \hat{\pi}_2 = 1$。这样风险中性测度满足

$$\begin{cases} \hat{\pi}_1 + \hat{\pi}_2 = 1 \\ \hat{\pi}_1 u + \hat{\pi}_2 d = 1 + R \end{cases} \tag{1.5.1}$$

容易验证，这个方程组存在正解当且仅当

$$d < 1 + R < u \tag{1.5.2}$$

这在直观上是很清楚的，如果 $1 + R \geqslant u$，则无风险借贷的收入大于或等于投资风险证券的收益，无论哪种最终状态发生。这样，卖空证券，买入无风险债券，从而形成一个套利组合。反之，若 $1 + R \leqslant d$，则可以按无风险利率借入资金，然后购买证券，从而保证获得无风险的收益。假设（1.5.2）式成立，线性方程组的解为

$$\hat{\pi}_1 = \frac{1 + R - d}{u - d} \tag{1.5.3}$$

$$\hat{\pi}_2 = \frac{u - 1 - R}{u - d} \tag{1.5.4}$$

这样，风险中性概率测度完全由二叉树的参数确定。各个状态发生的实际概率与定价过程是无关的。

接下来讨论一个任意证券定价问题。假设我们增加交易证券的数量（状态数仍为 $M = 2$）。则任意证券的价格完全由未来现金流确定，这是因为风险中性概率测度仍由（1.5.3）式和（1.5.4）式给出。一个状态依赖的证券在状态 1 的现金流为 d_1，在状态 2 的现金流为 d_2，其价值一定为

$$f = \frac{1}{1 + R}(\hat{\pi}_1 d_1 + \hat{\pi}_2 d_2) \tag{1.5.5}$$

这个方法可以用于给任意的基于 s 的价格的衍生证券进行定价。例如，一个标的资产为 s、执行价格为 $X(pd < X < pu)$ 的看涨期权的现金流为

$$s_1 = pu - X \text{ 和 } d_2 = 0$$

由于持有者将得到市场价格与执行价格的差额，如果这个差额为正的话。由此我们可以得出这个看涨期权的无套利价格为

$$f_{call} = \frac{1}{1 + R}\frac{1 + R - d}{u - d}(pu - X) \tag{1.5.6}$$

我们还可以在二叉树模型中说明复制组合的方法。考虑一个组合 (θ_1, θ_2)，θ_1 为投资者持有的证券 s 的数量，θ_2 表示投资者持有的贴现债券（当前价格为 $\frac{1}{1 + R}$）的数量。假设这个组合与证券具有相同的现金流 d_1 和 d_2，则有

$$\begin{cases} \theta_1 pu + \theta_2 = d_1 \\ \theta_1 pd + \theta_2 = d_2 \end{cases}$$

求解这个方程组，得到

$$\begin{cases} \theta_1 = \dfrac{d_1 - d_2}{pu - pd} \\ \theta_2 = \dfrac{ud_2 - d \cdot d_1}{u - d} \end{cases} \tag{1.5.7}$$

由于持有组合 (θ_1, θ_2) 可以得到与持有证券相同的现金流，这两个头寸应当具有相同的价格。由此我们有

$$f = \theta_1 p + \theta_2/(1 + R) \tag{1.5.8}$$

将（1.5.7）式代入（1.5.8）式，我们得到了与（1.5.5）相同的结果。注意我们这里的计

算是基于复制证券的现金流，不要求知道风险中性概率测度。这是因为二叉树模型中风险中性概率测度（状态价格）是唯一的，如图 1－5 所示。

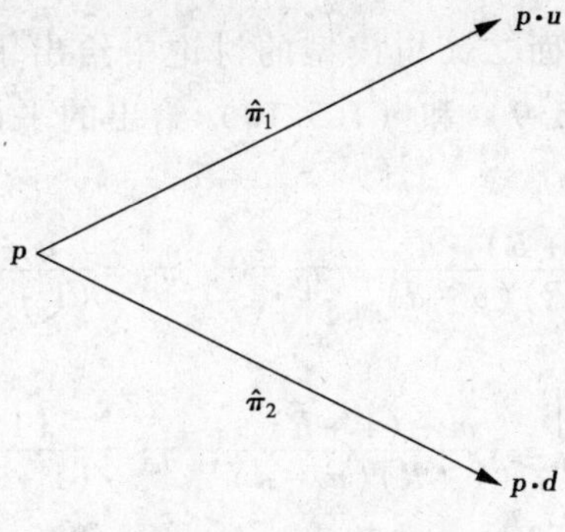

图 1－5　单周期二叉树模型

二、三叉树模型

接下来我们介绍三叉树模型。假设市场中有两种证券，一个是利率为 R 的期末支付为 1 的贴现债券，另一个为证券 s。如图 1－6 所示，证券 s 的期初价格为 p。期末时，市场有三个状态，我们假设证券 s 在状态 1 下的现金流为 pu，在状态 2 下的现金流为 pm，在状态 3 下的现金流为 pd，这里

$$d < m < u$$

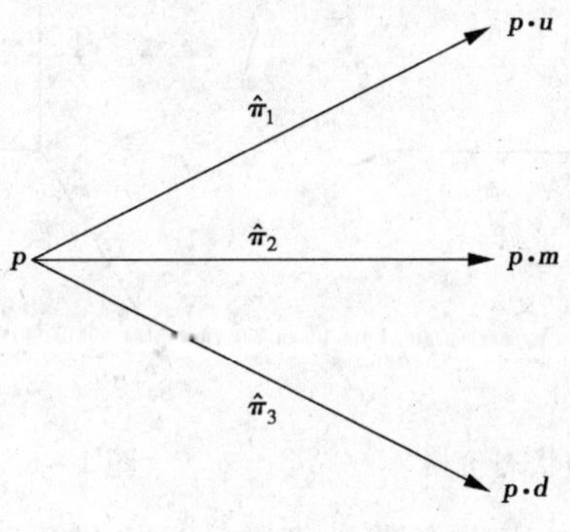

图 1－6　单周期三叉树模型

显然这个市场是不完备的，因为现金流矩阵是一个 2×3 阶矩阵。我们研究状态价格存在的条件。由于存在无风险债券，对任意的可能的状态价格我们有

$$\frac{1}{1+R} = \pi_1 + \pi_2 + \pi_3 \tag{1.5.9}$$

由于不存在套利机会，我们一定有

$$p = pu\pi_1 + pm\pi_2 + pd\pi_3$$

或

$$1 = u\pi_1 + m\pi_2 + d\pi_3 \tag{1.5.10}$$

也就是说，可能的状态价格向量 π 必须满足方程（1.5.9）和（1.5.10）。这些方程表明市场不存在套利机会当且仅当

$$d<1+R<u \tag{1.5.11}$$

这个条件的解释已经在前面二叉树模型的讨论中给出了。假设条件（1.5.11）成立，状态价格向量可以看作是（1.5.9）和（1.5.10）给出的平面交线位于 R_+^3 内的线段部分。其中一个端点 A 为

$$\pi_1=\frac{(1+R)-d}{(1+R)(u-d)},\ \pi_2=0,\ \pi_3=\frac{u-(1+R)}{(1+R)(u-d)} \tag{1.5.12}$$

另一个端点 B 为

$$\pi_1=0,\ \pi_2=\frac{m-(1+R)}{(1+R)(m-d)},\ \pi_3=\frac{(1+R)-d}{(1+R)(m-d)} \tag{1.5.13}$$

如果 $m\geqslant(1+R)$（如图 1-7 所示），或者

$$\pi_1=\frac{(1+r)-m}{(1+r)(u-m)},\ \pi_2=\frac{u-(1+r)}{(1+r)(u-m)},\ \pi_3=0 \tag{1.5.14}$$

如果 $m<(1+R)$（如图 1-8 所示）。

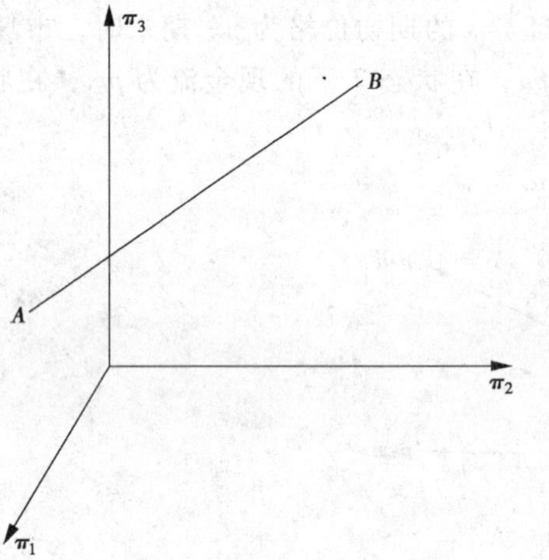

图 1-7　$m\geqslant(1+R)$ 时的状态价格

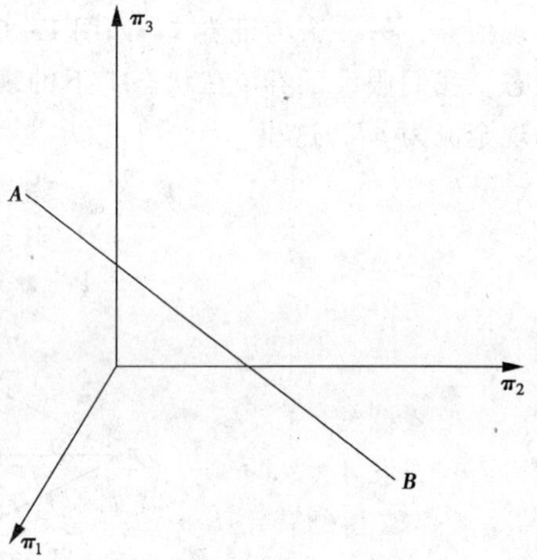

图 1-8　$m<(1+R)$ 时的状态价格

由于交易证券的价格是状态价格的线性函数，这个结果可以用来计算在现有信息下，或有证券价格的界限。事实上，我们知道定义在凸集上的线性函数在集合的边界上取得最大值和最小值。为说明这个事情，我们考虑一个以基本证券 s 为标的资产、执行价格为 X 的看涨期权。为确定起见，假设 $pm<X<pu$，则这个期权于状态 1 的现金流为 $pu-X$，于状态 2 和状态 3 的现金流为 0。期权的无套利价格为 $c=\pi_1(pu-X)$。于是，由（1.5.12）式和（1.5.13）式，我们有

$$C^+=\frac{(1+R)-d}{(1+R)(u-d)}(pu-X)$$

是期权价格的上界。如果 $m\geqslant(1+R)$，期权价格的下界是 $c^-=0$，如果 $m<(1+R)$，下界为

$$C^- = \frac{(1+R)-m}{(1+R)(u-d)}(pu-X)$$

如果 $m=d$，上界和下界重合，我们得到二叉树模型的结果。

这个例子表明了状态价格作为不完全市场中或有证券估值一个工具一个重要应用。尽管状态价格不唯一，但仍可用来给出公平价格的部分信息。这个结果可以用不同代理人的风险厌恶来解释。一个不愿承担任何风险的市场参与者，将愿意按与 C^- 相应的价格购买证券，愿意按与 C^+ 相对应的价格卖出证券。由于存在不完全信息，按 C^- 和 C^+ 之间的价格进行的交易对买卖双方来说都是有风险的。

习　题

1. 假设单周期市场模型中存在 N 个证券 $s_1, s_2, \cdots, s_N$。这些证券的期初价格用 N 维向量 q 表示。又假设期末有 M 种状态，对应地，这些证券的期末支付用 $N\times M$ 阶矩阵 Q 表示。如果只要 $Q\theta^\tau \geqslant 0$ 就有 $q\theta^\tau \geqslant 0$，则我们称该市场是弱无套利的。证明该市场是弱无套利的当且仅当存在 $\varphi \in R_+^M$ 使得 $q=\varphi Q$。

2. 考虑只有两种资产 A、B 的情形，它们的支付均为随机变量 X。在每个状态下，X 的值均非负，并且 X 的值大于零的概率为正。资产 A、B 的价格分别为 p 和 q。一个套利机会就是两个资产的一个组合 $(\alpha, \beta) \in R^2$，使得其总收益 $\alpha X+\beta X$ 非负并且初始价格 $\alpha p+\beta q$ 小于零，或者总收益 $\alpha X+\beta X$ 非负且总收益为正的概率大于零，同时初始价格 $\alpha p+\beta q$ 小于或等于零。

（1）假设对资产组合没有限制，也没有交易费用或摩擦，请给出不存在套利机会的资产价格 (p, q) 的集合。

（2）假设资产不允许卖空（即 $\alpha \geqslant 0$，$\beta \geqslant 0$），请给出不存在套利机会的资产价格集合。

（3）假设 A、B 两种资产可以卖空，但卖空资产 A 时必须支付额外的费用，卖空每单位资产须额外支付的费用为 $\mu>0$。请给出这时无套利的定义以及无套利的价格集合。

3. 假设市场中有 5 种资产，它们的期初价格用如下向量表示

$$q=(18, 16, 18, 15, 19)$$

期末存在 5 种状态，对应地，5 种资产的期末支付表示为如下矩阵

$$Q=\begin{pmatrix} 20 & 16 & 26 & 18 & 16 \\ 20 & 8 & 20 & 18 & 20 \\ 20 & 26 & 28 & 28 & 26 \\ 20 & 20 & 18 & 16 & 18 \\ 20 & 21 & 16 & 10 & 27 \end{pmatrix}$$

（1）求状态价格向量；答案（0.1, 0.2, 0.1, 0.3, 0.2）

（2）求风险中性概率测度以及无风险利率；

（3）假设有一种资产，其期末支付为

$$d=(10, 8, 6, 12, 9)^T$$

求该资产期初价格。

4. 假设市场中有 4 种资产，它们的期初价格用如下向量表示

$$q=(18,12,16,10)$$

期末存在 5 种状态，对应地，4 种资产的期末支付表示为如下矩阵

$$Q=\begin{pmatrix}21 & 16 & 18 & 10\\22 & 20 & 20 & 26\\18 & 15 & 26 & 15\\20 & 10 & 8 & 20\\26 & 21 & 6 & 20\end{pmatrix}$$

现有另外一种资产，其期末支付为

$$d=(29,36,31,22,30)^{T}$$

试用复制定价方法求这个资产的期初价格。复制系数（0.4,0.6,0.5,0.2）

5. 假设市场中有 2 种资产，3 种状态。其中一种为债券，期末支付为 1，期初价格为 0.9。另一种资产为风险证券，期初时其价格为 8，期末时，在状态 1 下支付为 6，在状态 2 下支付为 9，在状态 3 下支付为 10。

（1）说明该市场模型是无套利的；

（2）求出状态价格的集合；

（3）现有一个以市场中的风险证券为标的资产、期末到期的欧式看跌期权，其敲定价格为 $X=8$，试求这个期权的期初价格范围。

第二章 DIERZHANG

二叉树期权定价模型

第一节

二叉树模型定价原理

一、模型描述

二叉树模型是最简单的期权定价模型。在这个模型中假设标的资产价格服从随机游动，是单周期上升下降模型的推广。

假设在二叉树模型中，有 N 个时间长度相等的周期，N + 1 个交易时间 $t_0, t_1, \cdots, t_N$。市场中存在两种资产，一种为无风险债券，在每个周期上利率为 R；另一种为风险证券，在时间 t_n 风险证券的价格记为 S_n，$n = 1, 2, \cdots, N$。S_n 满足如下关系

$$S_{n+1} = S_n Q_{n+1} \qquad 0 \leqslant n \leqslant N-1 \tag{2.1.1}$$

这里 Q_{n+1} 是一个随机变量

$$Q_{n+1} = \begin{cases} u & 以概率\ P_u \\ d & 以概率\ P_d \end{cases} \tag{2.1.2}$$

这里 $p_u + p_d = 1$。因此 S_n，$n = 1, 2, \cdots, N$，均为随机变量。

二叉树模型可以由图 2－1 表示出来。在树的每个结点处标记上数组 (n, j)，n = 0, ⋯, N, j = 0, ⋯, N，股价由结点（n, j）上升运动到达（n + 1, j + 1），下降运动到达（n + 1, j）。标的资产在结点（n, j）处的价格记为 S_n^j。

假设风险资产是无红利的股票。按照第一章的讨论过程，并由随机游动的性质，如果该模型中不存在套利机会，则我们可以确定路径（$S_0, S_1, \cdots, S_N$）的集合上的概率测度，在这样的概率下资产价格除以无风险债券的回报一定是一个鞅过程。因此有

$$S_n = \frac{1}{1+R} E[S_{n+1} \mid S_n] \tag{2.1.3}$$

或是

$$1=\frac{1}{1+R}(P_u\cdot u+P_d\cdot d) \qquad (2.1.4)$$

这里 P_u 和 P_d 分别是给定 S_n 的情况下，在从 t_n 到 t_{n+1} 周期内的股价上升和下降的风险中性条件概率。这两个概率可以由（2.1.4）式和 $P_u+P_d=1$ 求出，具体结果如下

$$P_u=\frac{1+R-d}{u-d} \qquad P_d=\frac{u-(1+R)}{u-d} \qquad (2.1.5)$$

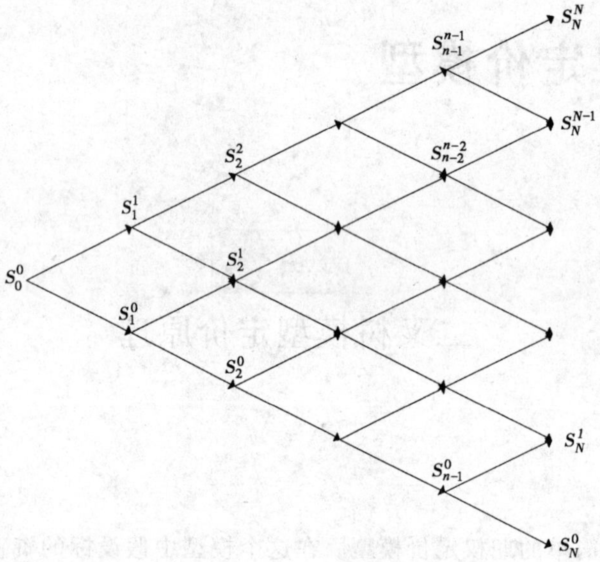

图 2－1　二叉树模型示意图

显然它们是由二叉树中的参数来确定的，特别地，与当前价格无关。于是我们有

定理 2.1.1　给定参数 u，d 和 R，则存在唯一的概率测度使二叉树模型是无套利的。在这个概率下，股价变动的比例 Q_n，$n=1,2,\cdots,N$ 为独立分布的随机变量，即有

$$P\{Q_n=u\}=\frac{1+R-d}{u-d}$$

$$P\{Q_n=d\}=\frac{u-(1+R)}{u-d}$$

二、或有证券定价的递归关系

这里我们给出欧式或有证券定价的一般方法。假设到期日为 $t=t_N$，到期支付为 $F(S_N^j)$，F 为一个已知函数。

在二叉树中结点（n,j）处，或有证券的价值记为 $f_n^j=f_n(S_n^j)$。由于这个衍生证券没有红利或息票支付，其价值一定满足

$$f_n^j=\frac{1}{1+R}E[f_{n+1}(S_{n+1})\mid S_n=S_n^j] \qquad (2.1.6)$$

因此衍生证券价格满足递推关系式

$$\begin{cases} f_n^j = \dfrac{1}{1+R}\left[P_u f_{n+1}^{j+1} + P_d f_{n+1}^j\right] \\ f_N^j = F(S_N^j) \end{cases} \tag{2.1.7}$$

利用这个递归关系可以确定衍生证券的无套利价格。首先，由到期日衍生证券的价值，可以推出 t_{N-1} 时的价值，然后又可以给出 t_{N-2} 时衍生证券的价值，这样一直向后进行下去，直到给出当前时刻衍生证券的价值。如图 2-2 所示。(2.1.7) 式非常重要。在不同场合，我们将给出它的各种不同形式。

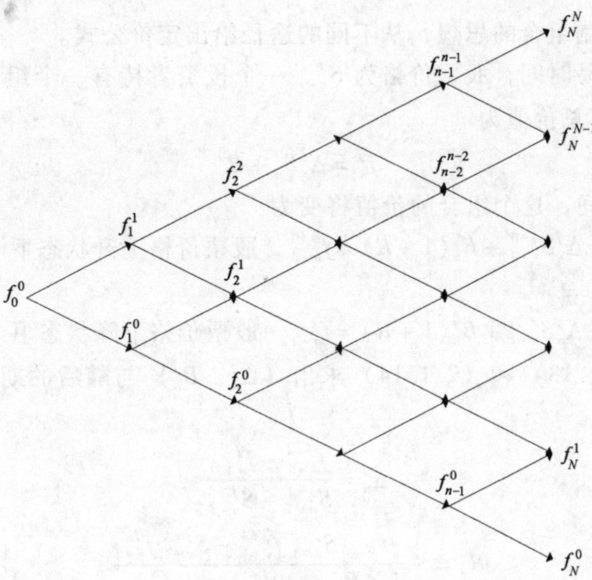

图 2-2　二叉树模型中的期权价格计算

按照这种方式，我们还可以给出衍生证券价格的表达式。为此，根据 (2.1.7) 式我们将证券的无套利价格看做是其现金流的期望贴现值，所以有

$$\begin{aligned} f_n^j &= \frac{1}{(1+R)^{N-n}} E\left[F(S_N) \mid S_n = S_n^j\right] \\ &= \frac{1}{(1+R)^{N-n}} \sum_{k=0}^{N} P\left[S_N = S_N^k \mid S_n = S_n^j\right] \cdot F(S_N^k) \end{aligned} \tag{2.1.8}$$

由于 Q_n 是相互独立的，我们有

$$P\left[S_N = S_N^k \mid S_n = S_n^j\right] = \binom{N-n}{k-j} P_u^{k-j} P_d^{N-n-k+j} \tag{2.1.9}$$

这里

$$\binom{N-n}{k-j} = \frac{(N-n)!}{(k-j)!(N-n-k+j)!}$$

是从有 $(N-n)$ 个元素的集合中选 $(k-j)$ 个元素的组合数。

由初等概率论知，在二叉树模型中给定 S_n 时，S_N 的条件概率分布是一个二项分布。

由（2.1.8）式和（2.1.9）式又有

$$f_n^j = \frac{1}{(1+R)^{N-n}} \sum_{k=j}^{N-n+j} \binom{N-n}{k-j} P_u^{k-j} P_d^{N-n-k+j} F(S_N^k) \tag{2.1.10}$$

特别地，当 $n=j=0$ 时，我们得到衍生证券价值的公式

$$f_0^0 = \frac{1}{(1+R)^N} \sum_{k=0}^{N} \binom{N}{k} P_u^k P_d^{N-k} F(S_N^k) \tag{2.1.11}$$

三、对冲与复制组合

现在我们利用复制组合的思想，从不同的途径给出定价公式。

假设在第 n 个交易时间，股票价格为 S_n^j。一个投资者持有一个组合：Δ_n^j 份的股票，价值 B_n^j 美元的债券，其总价值为

$$f_n^j = \Delta_n^j S_n^j + B_n^j \tag{2.1.12}$$

在下一个交易时间，这个组合的价值将变为

$$\Delta_n^j S_{n+1}^{j+1} + B_n^j (1+R) = f_{n+1}^{j+1} \quad 股票价格上升状态下 \tag{2.1.13}$$

或者

$$\Delta_n^j S_{n+1}^{j} + B_n^j (1+R) = f_{n+1}^{j} \quad 股票价格下降状态下 \tag{2.1.14}$$

求解方程组（2.1.13）和（2.1.14）求出（Δ_n^j，B_n^j）与随后的期权价值之间的关系如下

$$\Delta_n^j = \frac{f_{n+1}^{j+1} - f_{n+1}^j}{S_{n+1}^{j+1} - S_{n+1}^j} \tag{2.1.15}$$

$$B_n^j = -\frac{1}{1+R} \frac{S_{n+1}^j f_{n+1}^{j+1} - S_{n+1}^{j+1} f_{n+1}^j}{S_{n+1}^{j+1} - S_{n+1}^j} \tag{2.1.16}$$

代入（2.1.12）式得到

$$\begin{aligned} f_n^j &= \frac{1}{1+R}\left[\frac{S_n^j(1+r) - S_{n+1}^j}{S_{n+1}^{j+1} - S_{n+1}^j} \cdot f_{n+1}^{j+1} + \frac{S_{n+1}^{j+1} - S_n^j(1+r)}{S_{n+1}^{j+1} - S_{n+1}^j} \cdot f_{n+1}^j\right] \\ &= \frac{1}{1+R}\left[P_u f_{n+1}^{j+1} + P_d f_{n+1}^j\right] \end{aligned} \tag{2.1.17}$$

这里 P_u，P_d 由（2.1.5）式给出，注意（2.1.17）式和（2.1.7）式的结果是一样的。这里给出了一个组合在一个周期的期初以及期末的价格之间存在的一种关系。

假设 f_n^j 是二叉树的结点上给定的函数，且满足递归关系（2.1.6）和终值条件 $f_N^j = F(S_N^j)$，考虑下面的交易策略：

（i）在时间 t_n 构造组合（Δ_n^j, B_n^j）；

（ii）在接下来的各个时间点，维持组合中的股票份数为

$$\Delta_k^j = \frac{f_{k+1}^{j+1} - f_{k+1}^j}{S_{k+1}^{j+1} - S_{k+1}^j} \quad n \leqslant k \leqslant N \tag{2.1.18}$$

而债券的价值为 $B_k^j = f_k^j - \Delta_k^j S_k^j$。

由（2.1.17）式和（2.1.18）式可知，无论以后股价如何变动，这个组合序列的价值将等于 f_n^j，$n=0,1,2,\cdots,N$，$j=0,1,\cdots,n$。如图 2－3 所示。

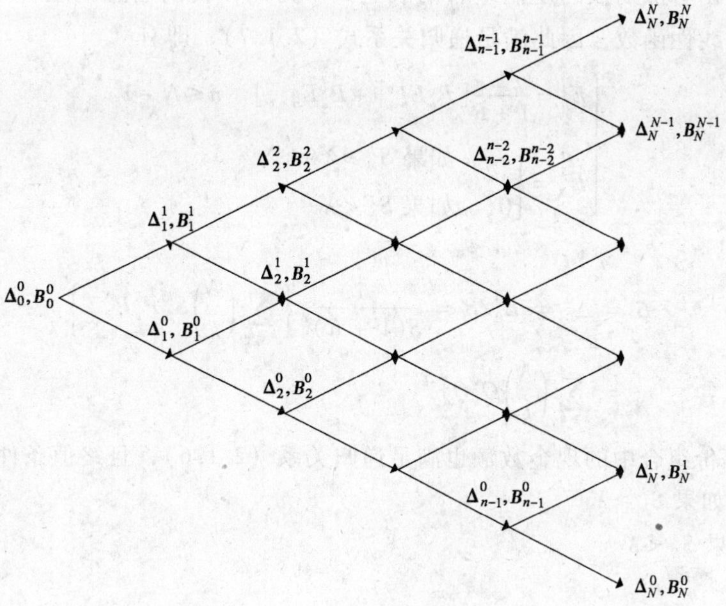

图 2－3　动态对冲组合

我们这里可有

定理 2.1.2　假设投资者初始组合的头寸由（2.1.15）和（2.1.16）给出，随后当 $S(t_k)=S_k^j$ 时，在其组合中持有 Δ_k^j 份股票。则这个自融资组合在 t_N 时的最终价值为 $F(S_N)$。因而，当 $S(t_0)=S_0^0$ 时，或有证券的价值为 f_0^0。

四、欧式看涨期权和看跌期权定价

现在我们首先利用二叉树模型为 N 期后到期的欧式看涨期权进行定价。欧式看涨期权的到期支付为

$$F(S_N)=\max(S_N-X,0)$$

这里 X 是敲定价格。由（2.1.10）和（2.1.11），看涨期权的无套利价格为

$$\begin{aligned} C(S,X;N) &= \frac{1}{(1+R)^N}\sum_{k=0}^{N}\binom{N}{k}P_u^kP_d^{N-k}\max(S_N^k-X,0) \\ &= \frac{1}{(1+R)^N}\sum_{S_N^k\geqslant X}^{N}\binom{N}{k}P_u^kP_d^{N-k}(S_N^k-X) \\ &= S\left\{\sum_{k\geqslant k_0}^{N}\binom{N}{k}Q_u^kQ_d^{N-k}\right\}-\frac{X}{(1+R)^N}\left\{\sum_{k\geqslant k_0}^{N}\binom{N}{k}P_u^kP_d^{N-k}\right\} \end{aligned} \tag{2.1.19}$$

这里

$$Q_u=\frac{uP_u}{1+R},\quad Q_d=\frac{dP_d}{1+R}$$

而 k_0 是大于等于 $\log\left(\frac{X}{Sd^N}\right)\Big/\log\left(\frac{u}{d}\right)$ 的最小整数。

我们可以给出看涨期权的复制组合的表达式。为此，我们注意到组合中股票的价值 $E_k^j = \Delta_k^j S_k^j$ 是 f_{n+1} 的线性函数，因此满足递归关系式（2.1.7），即有

$$\begin{cases} E_n^j = \dfrac{1}{1+R}[P_u E_{n+1}^{j+1} + P_d E_{n+1}^j] & n \leqslant N-1 \\ E_N^j = \begin{cases} S_N^j, & \text{如果 } S_N^j \geqslant X \\ 0, & \text{如果 } S_N^j < X \end{cases} \end{cases} \tag{2.1.20}$$

所以有

$$\Delta = \Delta_0^0 = E_0^0 / S = \frac{1}{S(1+R)^N}\left\{\sum_{k \geqslant k_0}\binom{N}{k} S_N^k P_u^k P_d^{N-k}\right\}$$

$$= \sum_{k \geqslant k_0}\binom{N}{k} Q_u^k Q_d^{N-k} \tag{2.1.21}$$

类似地，等价组合中的现金数额也满足递归关系（2.1.6），且终值条件为

$B_N^j = -X$，如果 $S_N^j \geqslant X$

$B_N^j = 0$，如果 $S_N^j < X$

于是我们可有

$$B = B_0^0 = -\frac{X}{(1+R)^N}\left\{\sum_{k \geqslant k_0}^{N}\binom{N}{k} P_u^k P_d^{N-k}\right\} \tag{2.1.22}$$

接下来再讨论欧式看跌期权的定价问题。由二叉树模型可以给出看跌期权的价值为

$$P(S,K;N) = \frac{X}{(1+R)^N}\left\{\sum_{k < k_0}\binom{N}{k} P_u^k P_d^{N-k}\right\} - S\left\{\sum_{k < k_0}\binom{N}{k} Q_u^k Q_d^{N-k}\right\} \tag{2.1.23}$$

这个公式可由买—卖平价公式直接给出，也可类似于看涨期权的定价公式（2.1.19）得出结果。看跌期权的等价组合为

$$\Delta = -\sum_{k < k_0}^{N}\binom{N}{k} Q_u^k Q_d^{N-k} \tag{2.1.24}$$

$$B = \frac{X}{(1+R)^N}\left\{\sum_{k < k_0}^{N}\binom{N}{k} P_u^k P_d^{N-k}\right\} \tag{2.1.25}$$

由（2.1.21）式和（2.1.24）式可得

$$\Delta_{(put)} - \Delta_{(call)} = -1$$

第二节

二叉树的构造

一、参数确定的方法

本节介绍如何根据标的资产价格的波动情况确定二叉树模型中的参数。首先，参数 N 和 r 依赖于每一周期的时间步长选择和市场无风险利率。设 T 为我们所要讨论的衍生证券的

有效期限，并以 r' 表示连续复利率。我们假设每两个交易时间的间隔相等，则每个周期的时间长度为

$$dt=\frac{T}{N} \tag{2.2.1}$$

单周期的利率为

$$R=e^{r'dt}-1\approx rdt \tag{2.2.2}$$

参数 u 和 d 反映的是标的资产的价格变化情况。为了在模型中反映出标的资产的变动情况，我们将把参数 u 和 d 与股票价格的统计量联系起来。

由定义，股票的连续复利增长率为

$$Y=\frac{1}{T}\log\left(\frac{S_N}{S_0}\right) \tag{2.2.3}$$

由定理 2.1.1 我们有

$$\log\left(\frac{S_N}{S_0}\right)=\sum_{n=1}^{N}\log\left(\frac{S_n}{S_{n-1}}\right)=\sum_{n=1}^{N}\log(Q_n)$$

故增长率的期望为

$$\begin{aligned}\mu &= E[Y]=\sum_{1}^{N}E\left[\frac{1}{T}\log\left(\frac{S_i}{S_{i-1}}\right)\right]\\ &=\frac{1}{T}\sum_{1}^{N}(\log u\cdot P_u+\log d\cdot P_d)\\ &=\frac{1}{dt}(\log u\cdot P_u+\log d\cdot P_d)\end{aligned} \tag{2.2.4}$$

增长率的方差为

$$\begin{aligned}VarY &= Var\left\{\frac{1}{T}\sum_{n=1}^{N}\log(Q_n)\right\}\\ &=\frac{1}{T^2}N\cdot Var\log(Q_1)\\ &=\frac{1}{Tdt}\{[(\log u)^2\cdot P_u+(\log d)^2\cdot P_d]-[(\log u\cdot P_u+\log d\cdot P_d)]^2\}\\ &=\frac{1}{Tdt}\left(\log\frac{u}{d}\right)^2P_uP_d\end{aligned} \tag{2.2.5}$$

特别是，取 T = 1 时得到年增长率的方差为

$$\sigma^2=\frac{1}{\mathrm{dt}}\left(\log\frac{u}{d}\right)^2P_uP_d \tag{2.2.6}$$

定义 2.2.1　年增长率的标准差称为标的资产的波动率。

下面看收益回报率，考虑一个 T 年的投资，投资的回报为 $\frac{S_N-S_0}{S_0}$，所以年回报率的期望为

$$\frac{1}{T}E\left\{\frac{S_N-S_0}{S_0}\right\}=\frac{1}{T}\left(E\left\{\prod_{n=1}^{N}Q_n\right\}-1\right)=\frac{1}{T}(E(Q_1)^N-1)=\frac{1}{T}(e^{rT}-1)$$

这里注意，在风险中性概率下，$E(Q_1)=e^{rdt}$，于是有定理 2.2.1。

定理 2.2.1 在二叉树模型中，在风险中性概率测度下，股票的期望回报等于无风险债券的回报。

现在假设波动率参数 σ 给定，我们欲确定参数 u、d，使股票的波动率为 σ。为此，令

$$\begin{cases} u = u' e^{rdt} \\ d = d' e^{rdt} \end{cases} \tag{2.2.7}$$

这时，无套利条件（2.1.4）变为

$$u' P_u + d' P_d = 1 \tag{2.2.8}$$

设一个非负参数 ρ 使得

$$\frac{u}{d} = \frac{u'}{d'} = e^{2\rho\sqrt{dt}} \tag{2.2.9}$$

由（2.2.6）以及 P_u、P_d 为概率可知

$$\begin{cases} P_u + P_d = 1 \\ P_u P_d = \dfrac{\sigma^2}{4\rho^2} \end{cases}$$

当且仅当 $\rho \geqslant \sigma$ 时，该方程组存在正解为

$$\begin{cases} P_u = \dfrac{1}{2}\left(1 \pm \sqrt{1 - \dfrac{\sigma^2}{\rho^2}}\right) & (2.2.10\text{a}) \\ P_d = \dfrac{1}{2}\left(1 \mp \sqrt{1 - \dfrac{\sigma^2}{\rho^2}}\right) & (2.2.10\text{b}) \end{cases}$$

再由（2.2.7）和（2.1.5）有

$$P_u = \frac{1 - d'}{u' - d'}, \; P_d = \frac{u' - 1}{u' - d'}$$

从中可解出

$$u' = \frac{e^{\rho\sqrt{dt}}}{P_d e^{-\rho\sqrt{dt}} + P_u e^{\rho\sqrt{dt}}} \tag{2.2.11a}$$

$$d' = \frac{e^{-\rho\sqrt{dt}}}{P_d e^{-\rho\sqrt{dt}} + P_u e^{\rho\sqrt{dt}}} \tag{2.2.11b}$$

于是参数 u、d 分别为

$$u = \frac{e^{\rho\sqrt{dt} + rdt}}{P_d e^{-\rho\sqrt{dt}} + P_u e^{\rho\sqrt{dt}}} \tag{2.2.12a}$$

$$d = \frac{e^{-\rho\sqrt{dt} + rdt}}{P_d e^{-\rho\sqrt{dt}} + P_u e^{\rho\sqrt{dt}}} \tag{2.2.12b}$$

给定 dt 和 σ，通过选取不同的参数 ρ 可以得到不同的风险中性测度。

下面讨论风险中性测度下的期望增长率 μ。由（2.2.4）、（2.2.10）和（2.2.12）可有

$$\mu = r + \frac{\rho}{dt}(P_u - P_d) - \frac{1}{\sqrt{dt}}\log\left[P_d e^{-\rho\sqrt{dt}} + P_u e^{\rho\sqrt{dt}}\right] \tag{2.2.13}$$

这里μ依赖于ρ的选择。然而当$dt\to 0$时，ρ的影响逐渐消失。事实上利用恒等式

$$P_u - P_d = \pm\sqrt{1-\frac{\sigma^2}{\rho^2}} \qquad (2.2.14)$$

我们有

$$\mu = r - \frac{1}{2}\sigma^2 + o((P_u - P_d)\rho^3(dt)^{\frac{1}{2}}) \qquad (2.2.15)$$

这样，当$dt \ll T$时，我们有

$$\mu \approx r - \frac{1}{2}\sigma^2 \qquad (2.2.16)$$

因此我们可以得出这样一个结论：当$dt \ll 1$时，风险中性的标的资产的期望增长率是无风险利率和波动率的函数，而与客观的期望回报无关。

二、二叉树的构造

这里我们给出二叉树模型中u和d的两种主要选择方式。

第一种方法就是选择对称概率。所谓对称概率或者等价概率，是指二叉树中上升概率和下降概率相等。具体取法如下：

取$\rho=\sigma$，则由（2.2.10）有

$$P_u = P_d = \frac{1}{2} \qquad (2.2.17)$$

且

$$u = \frac{e^{\sigma\sqrt{dt}+rdt}}{\cosh(\sigma\sqrt{dt})} \approx e^{\sigma\sqrt{dt}+(r-\frac{1}{2}\sigma^2)dt} \qquad (2.2.18a)$$

$$d = \frac{e^{-\sigma\sqrt{dt}+rdt}}{\cosh(\sigma\sqrt{dt})} \approx e^{-\sigma\sqrt{dt}+(r-\frac{1}{2}\sigma^2)dt} \qquad (2.2.18b)$$

当$dt \ll T$时，（2.2.18）中的等号两边的差别可以忽略不计。

【例2.2.1】 假设$\sigma=15\%$，$r=6\%$，我们欲构造一个10个周期的二叉树模型来给6个月的或有证券进行定价。

我们的工作就是确定二叉树中的参数。由已知条件有 $dt=0.5/10=0.05$。利用方法1，可得

$$\begin{cases} u = e^{\sigma\sqrt{dt}+(r-\frac{1}{2}\sigma^2)dt} = 1.0372 \\ d = e^{-\sigma\sqrt{dt}+(r-\frac{1}{2}\sigma^2)dt} = 0.9700 \end{cases}$$

第二种选择u和d方法按如下方式操作。

给定一个参数γ，我们可取

$$\begin{cases} u = e^{\sigma\sqrt{dt}+\gamma dt} \\ d = e^{-\sigma\sqrt{dt}+\gamma dt} \end{cases}$$

将（2.1.5）式展开为$(dt)^{\frac{1}{2}}$的级数，然后保留最高到$\sqrt{dt}$项即得到相应的风险中性概率测度

$$\begin{cases} P_u = \dfrac{1}{2}\left(1 + \dfrac{r - \gamma - \frac{1}{2}\sigma^2}{\sigma}\sqrt{dt}\right) & (2.2.19a) \\ P_d = \dfrac{1}{2}\left(1 - \dfrac{r - \gamma - \frac{1}{2}\sigma^2}{\sigma}\sqrt{dt}\right) & (2.2.19b) \end{cases}$$

可以证明，在这种方法中，忽略$\sqrt{dt}$的高阶无穷小项，标的资产价格增长率的期望等于$r-\dfrac{\sigma^2}{2}$，增长率的方差等于σ^2。

第三节

Black－Scholes 定价公式

一、对数正态分布

当$dt \to 0$时，二叉树模型的极限情况是很重要的。前面提到，在风险中性测度下，标的资产价格的对数是一组独立同分布随机变量的和

$$Y = \frac{1}{T}\sum_{j=1}^{N}\log Q_j$$

按照前面给出的构造二叉树方法，当$dt \ll T$时，忽略无穷小项，可有Y的均值和方差为

$$E[Y] = r - \frac{1}{2}\sigma^2$$

$$VarY = \frac{\sigma^2}{T}$$

由中心极限定理知，当$dt \to 0$时，随机变量Y的极限概率分布是一个均值为$(r-\dfrac{1}{2}\sigma^2)$、方差为$\dfrac{\sigma^2}{T}$的正态分布。特别的，标的资产在时间 t 的价格是对数正态分布的，即

$$S_t = S_0 e^{\sigma\sqrt{t}Z + (r - \frac{1}{2}\sigma^2)t} \tag{2.3.1}$$

这里 Z 是标准正态变量。

现在假设一个股票当前价格为 50 美元，股票价格的波动率为$\sigma=0.4$，无风险利率为$r=0.1$，现在用二叉树模型描述 1 年后股票价格，图 2－4（a）、图 2－4（b）和图 2－4（c）分别给出了当$N=8$、$N=20$、$N=100$时，由二叉树模型计算出来的股票价格概率密度。图 2－5 则给出了对数正态变量S_1的密度函数图形。

$$S_1 = S_0 e^{\sigma\sqrt{1}Z + (r - \frac{1}{2}\sigma^2)\cdot 1} = 50e^{0.4Z + 0.02}$$

由图 2－4（a）、图 2－4（b）、图 2－4（c）以及图 2－5 容易看出，随着N的增加，二叉树模型中股票价格的分布逼近于相应的对数正态分布。

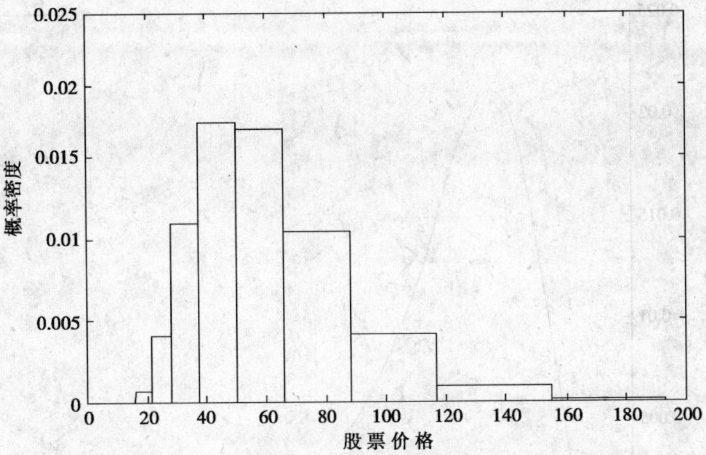

图 2－4（a）　$N=8$ 时二叉树模型中股票价格的概率分布

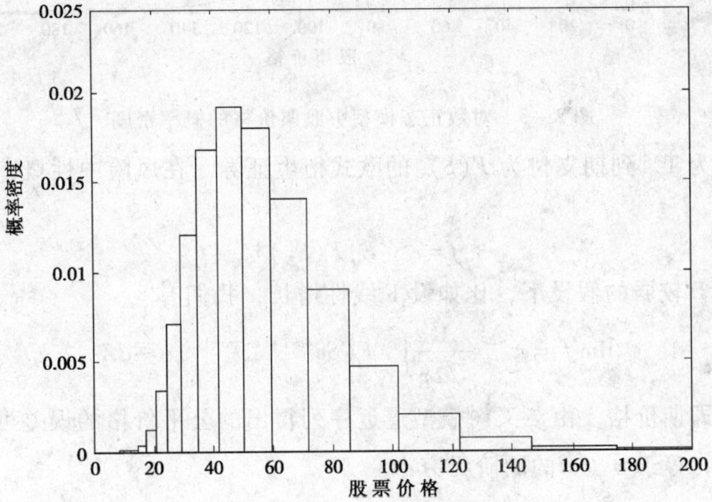

图 2－4（b）　$N=20$ 时二叉树模型中股票价格的概率分布

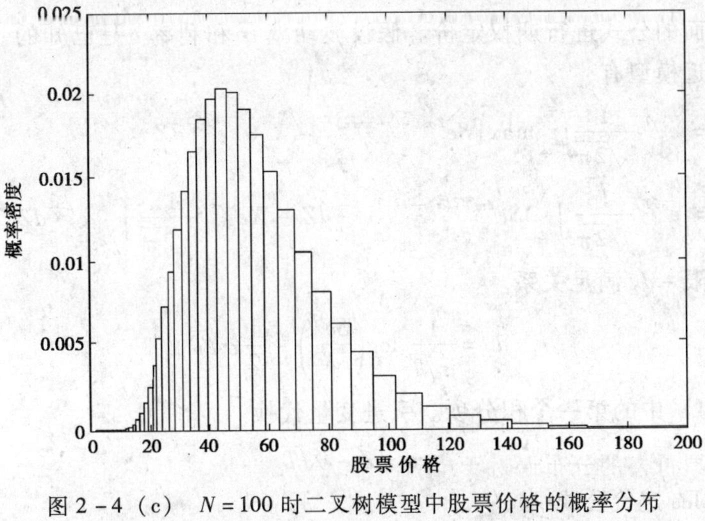

图 2－4（c）　$N=100$ 时二叉树模型中股票价格的概率分布

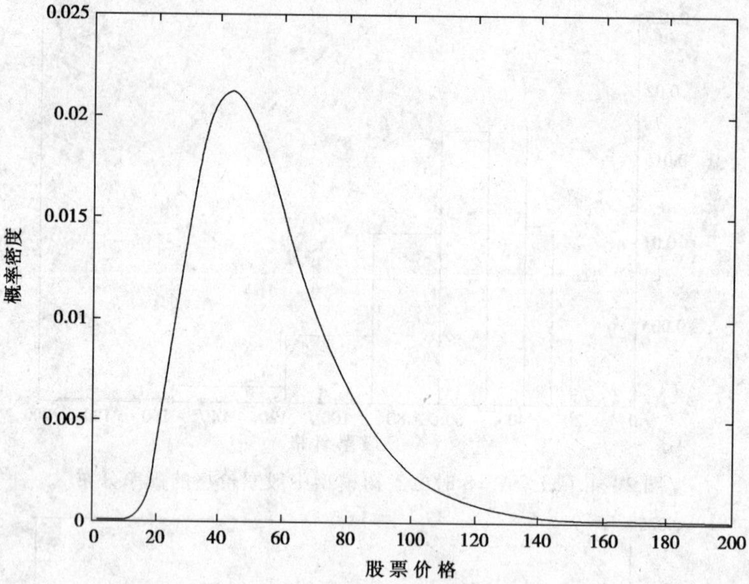

图 2-5　对数正态模型中股票价格的概率密度

考虑一个到期日为 T，到期支付为 $F(S)$ 的欧式衍生证券。在风险中性概率测度下，它的价值为

$$f = e^{-rT} E\{F(S_N)\} \tag{2.3.2}$$

在关于函数 F 较弱的假设下，比如设 F 线性增长，我们有

$$\lim_{dt \to 0} f = e^{-rT} \frac{1}{\sqrt{2\pi}} \int_{-\infty}^{\infty} F(S e^{Z\sigma\sqrt{T} + (r - \frac{1}{2}\sigma^2)T}) e^{-\frac{Z^2}{2}} dZ \tag{2.3.3}$$

这里 S 是股票的即期价格。由二叉树模型逼近序列得出的公平价格的误差可以估计出来。通常这个误差很小，等于 $\sigma\sqrt{dt}$ 的同阶无穷小。

二、Black - Scholes 定价公式

现在利用上面的公式进行期权定价。假设波动率 σ 和利率 r 是已知的。由二叉树定价模型的对数正态逼近模型有

$$\begin{aligned} C(S,X;T) &= e^{-rT} \frac{1}{\sqrt{2\pi}} \int_{-\infty}^{\infty} \max\{S e^{Z\sigma\sqrt{T} + (r - \frac{1}{2}\sigma^2)T} - X, 0\} e^{-\frac{Z^2}{2}} dZ \\ &= e^{-rT} \frac{1}{\sqrt{2\pi}} \int_{-d_2}^{\infty} S e^{Z\sigma\sqrt{T} + (r - \frac{1}{2}\sigma^2)T} e^{-\frac{Z^2}{2}} dZ - X e^{-rT} \frac{1}{\sqrt{2\pi}} \int_{-d_2}^{\infty} e^{-\frac{Z^2}{2}} dZ \end{aligned} \tag{2.3.4}$$

这里积分下限 $-d_2$ 满足关系

$$d_2 = \frac{1}{\sigma\sqrt{T}} \log\left(\frac{S e^{rT}}{X}\right) - \frac{1}{2}\sigma\sqrt{T}$$

计算（2.3.4）中的第一个积分项。引进变量代换

$$u = Z - \sigma\sqrt{T} \tag{2.3.5}$$

可得 Black - Scholes 定价公式

$$C(S,K;T)=SN(d_1)-Xe^{-rT}N(d_2) \tag{2.3.6}$$

其中 $N(\cdot)$ 为正态分布函数，

$$d_1=d_2+\sigma\sqrt{T},\ d_2=\frac{1}{\sigma\sqrt{T}}\log\left(\frac{Se^{rT}}{X}\right)-\frac{1}{2}\sigma\sqrt{T} \tag{2.3.7}$$

由看涨—看跌期权平价公式可以给出

$$P(S,K;T)=Xe^{-rT}N(-d_2)-SN(-d_1) \tag{2.3.8}$$

【例 2.3.1】 假设股票价格等于 50 元，股票价格的波动率为 20%，市场上无风险利率为 10%。现有 3 个月的欧式看涨期权，敲定价格为 45 元。求该期权价格。

直接代入公式可有

$$d_1=\frac{1}{0.2\ \sqrt{0.25}}\left(\log\left(\frac{50}{45}\right)+(0.1+\frac{1}{2}\times 0.2^2)\times 0.25\right)=1.3536$$

$$d_2=\frac{1}{0.2\ \sqrt{0.25}}\left(\log\left(\frac{50}{45}\right)+(0.1-\frac{1}{2}\times 0.2^2)\times 0.25\right)=1.2536$$

于是

$N(d_1)=0.9121$

$N(d_2)=0.8950e^{-0.1\times 0.25}=0.9753$

因此所求期权价格为

$50\times 0.9121-45\times 0.9753\times 0.8950=6.3225$（元）

第四节

Black - Scholes 公式分析

Black - Scholes 公式给出了标的资产价格与期权价格之间的简单关系。Black - Scholes 公式的另外一个重要作用是它给出了标的资产、期权价值以及对冲比率之间的动态关系。该公式是一大类金融衍生物定价和对冲的基础。

前面已经知道，Black - Scholes 公式看涨期权和看跌期权的定价公式分别为

$$C(S,X;T)=SN(d_1)-Xe^{-rT}N(d_2) \tag{2.4.1}$$

$$P(S,X;T)=Xe^{-rT}N(-d_2)-SN(-d_1) \tag{2.4.2}$$

这里 S 是即期价格，X 是敲定价格，T 是距离到期日的时间，r 是无风险利率，σ 是波动率，分位数 d_1 和 d_2 如下给出

$$d_1=\frac{1}{\sigma\sqrt{T}}\log\left(\frac{Se^{rT}}{X}\right)+\frac{1}{2}\sigma\sqrt{T} \tag{2.4.3a}$$

$$d_2=d_1-\frac{1}{2}\sigma\sqrt{T} \tag{2.4.3b}$$

Black - Scholes 定价公式可以直接给出各种因素对期权价格的影响。假设无风险利率等于 0.1，看涨期权的敲定价格等于 50，距到期日期限为 6 个月，图 2 - 6 给出了股票价格波

动率分别为 0.1、0.2 和 0.3 情况下期权价格关于股票价格的函数曲线。

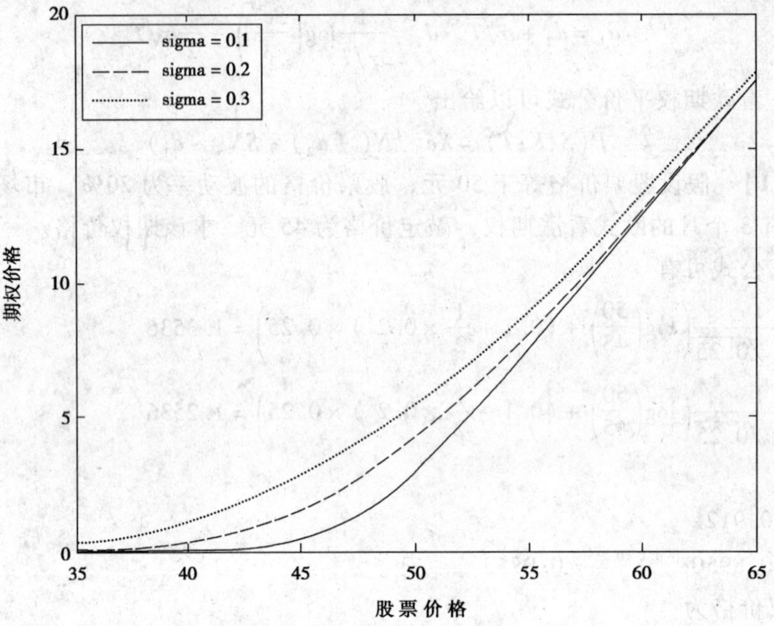

图 2-6　不同波动率下期权价格曲线

再假设股票价格波动率为 0.2，图 2-7 给出了到期期限分别为 0.25 年、0.5 年和 1 年情况下期权价格关于股票价格的函数曲线。

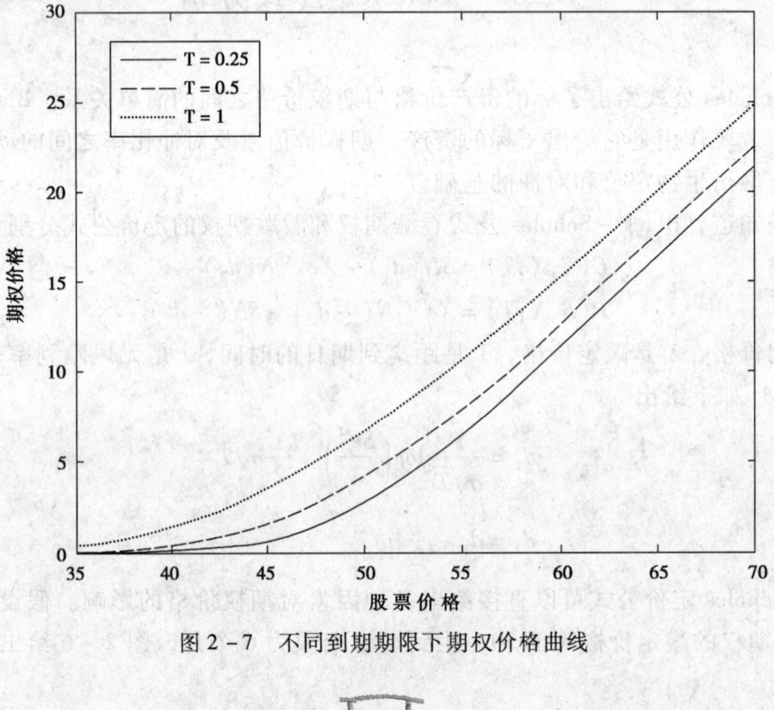

图 2-7　不同到期期限下期权价格曲线

注意，当 $S << X$ 时，看涨期权的价值趋于零（看涨期权处于深度价外状态）。当 $S >> X$ 时，看涨期权渐近地靠近 $S - Xe^{-rT}$，这显然是价格为 X 的远期合约的价值（这时称期权为深度价内的）。

一、Delta（Δ）

在二叉树模型中，复制投资组合的 Δ（或者说衍生证券的 Δ）满足

$$\Delta_n^j = \frac{f_{n+1}^{j+1} - f_{n+1}^j}{S_{n+1}^{j+1} - S_{n+1}^j} \tag{2.4.4}$$

该式可以看作期权价格函数关于当前股价的“离散导数”。因此，在对数正态渐进模型中，我们可以预期衍生证券的 Delta 等于 $\partial f/\partial S$。

定理 2.4.1　考虑一个支付为 $F(S_T)$ 的欧式衍生证券，则在二叉树模型和它的对数正态渐进模型中存在如下关系

$$\lim_{dt\to 0}\Delta_0^0 \equiv \Delta(S;T) = \frac{\partial f(S,T)}{\partial S} \tag{2.4.5}$$

这里 $f(S,T)$ 是（2.4.4）中给出的衍生证券的价值。

证明： 为简单起见，假设 F 是一个光滑函数，记 E^b 表示在二叉树模型中的风险中性概率测度下的期望算子，则在（2.4.4）中取 n = j = 0，可得

$$\Delta_0^0 = \frac{e^{-rT}}{S(u-d)}E^b\{F(S_N) \mid S_1 = Su\} - \frac{e^{-rT}}{S(u-d)}E^b\{F(S_N) \mid S_1 = Sd\}$$

由二叉树的齐次性，上式又变为

$$\Delta_0^0 = \frac{e^{-rT}}{S(u-d)}(E^b\{F(S_{N-1}u) \mid S_0 = S\} - E^b\{F(S_{N-1}d) \mid S_0 = S\})$$

在上式中，对函数 F 应用了中值定理，可有

$$\begin{aligned}\Delta_0^0 &= \frac{e^{-rT}}{S(u-d)}E^b\{F'(S_{N-1})S_{N-1}(u-d)\} + odt \\ &= \frac{e^{-rT}}{S}E^b\{F'(S_{N-1})S_{N-1}\}\end{aligned}$$

令 $dt\to 0$，则 $E^b \to E^{(l)}$，这时我们有

$$\Delta(S,T) = e^{-rT}E^{(l)}\left\{F'(S_T)\left(\frac{S_T}{S}\right)\right\}$$

由于

$$S_T = S_0 e^{\sigma\sqrt{T}Z + (r - \frac{1}{2}\sigma^2)T}$$

因此有

$$\frac{\partial S_T}{\partial S} = \frac{S_T}{S}$$

于是又有

$$\begin{aligned}\Delta(S,T) &= e^{-rT}E^{(l)}\left\{\frac{\partial}{\partial S}F(S_T)\right\} \\ &= e^{-rT}\frac{\partial}{\partial S}E^{(l)}\{F(S_T)\} = \frac{\partial}{\partial S}V(S,T)\end{aligned}$$

证毕。

对于给定的利率和波动率，风险中性测度下的贴现期望给出了衍生证券的理论价值。这个理论价值关于当前价格的敏感性，即$\frac{\partial f}{\partial S}$，给出了对冲比率。卖空一个衍生证券，持有$\frac{\partial f}{\partial S}$单位标的资产可以抵消市场风险。

下面计算期权的 Delta。为了计算看涨期权的 Δ 的表达式，我们将（2.4.1）式关于 S 求导，结果为

$$\begin{aligned}\Delta_{call}(S,K;T) &= \frac{\partial}{\partial S}C(S,K;T)\\ &= N(d_1)+SN'(d_1)\frac{\partial d_1}{\partial S}-Xe^{-rT}N'(d_2)\frac{\partial d_2}{\partial S}\\ &= N(d_1)\end{aligned} \tag{2.4.6}$$

最后一个等式利用了下列结果

$$N(d)=\frac{1}{\sqrt{2\pi}}e^{-\frac{d^2}{2}}$$

$$\frac{\partial d_i}{\partial S}=\frac{1}{S\sigma\sqrt{T}}$$

由买权—卖权平价公式，我们可以得出卖出期权的 Delta，事实上

$$P(S,K;T)=C(S,K;T)-S+Ke^{-rT}$$

我们有

$$\Delta_{put}=\Delta_{call}-1=N(d_1)-1=-N(-d_1) \tag{2.4.7}$$

图 2-8 给出了不同到期期限下看涨期权 Δ 关于股票价格的函数图形，其中无风险利率为 0.1，波动率为 0.2，敲定价格为 50 元，到期期限分别为 0.25 年、0.5 年和 1 年。注意 Δ

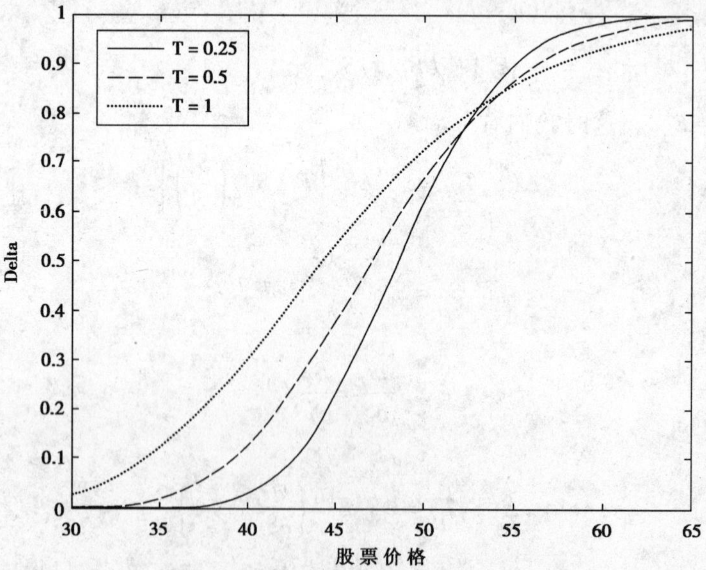

图 2-8　不同的到期期限下期权的 Delta

是 S 的增函数（无论是看涨期权还是看跌期权）。

【例 2.4.1】 设 $\sigma = 0.2$，$r = 10\%$，敲定价格 $X = 50$ 元，当前标的资产价格为 50 元，标的资产没有红利支付，求 3 个月期的看涨期权的 Delta。

解：直接代入公式（2.4.3）式可有 $d_1 = 0.300$，因此 $\Delta = N(0.3000) = 0.6179$

二、实际操作中的 Δ 对冲

由标的资产相同，期限、敲定价格和类型不同的期权构成的组合持有者可以利用 Δ 动态对冲其价格变动的风险。

为确定起见，假设组合中包括 M 种不同类型的期权（买权/卖权，敲定价格，到期日），其中第 j 种类型期权的数量为 n_j，$1 \leqslant j \leqslant M$。在某个初始时间，我们分别记 M 个到期日为 $T_1, T_2, \cdots, T_M$，M 个敲定价格为 $X_1, X_2, \cdots, X_M$。每种类型的期权数量记为 n_j，$1 \leqslant j \leqslant M$。

为了动态对冲标的资产价格波动引起的风险，期权组合的持有者可以持有

$$\Delta t = -\sum_{j=1}^{M} n_j \Delta(S_t, X_j, T_j - t)$$

单位的标的资产于时间 $t = t_n = ndt$，$n = 0, 1, 2, \cdots, \max\{T_j\}/dt$。这里 dt 代表时间的小区间，在实际中需要由对冲者来确定。如果模型假设正确，特别是当波动率得到准确估计时，上述策略将得到近似于无风险的回报收益。

【例 2.4.2】 假设当前股票价格为 50 元，波动率为 0.3，无风险利率为 0.1。求下面 4 种期权构成的组合的 Delta。

（1）$X = 50$，T = 3 个月的买权，数量为 5；

（2）$X = 55$，T = 3 个月的卖权，数量为 −4；

（3）$X = 60$，T = 6 个月的卖权，数量为 −3；

（4）$X = 45$，T = 9 个月的买权，数量为 4。

解：由（2.4.6）式和（2.4.7）式可以求得每种期权的 Δ 分别为

$X = 50$ 的 3 个月的买权：$\Delta = 0.5955$；

$X - 55$ 的 3 个月的卖权：$\Delta -\ \ 0.6531$，

$X = 60$ 的 6 个月的卖权：$\Delta = -0.6977$；

$X = 45$ 的 9 个月的买权：$\Delta = 0.7951$。

因此组合的 Delta 为

$$0.5955 \times 5 + (-0.6531) \times (-4) + (-0.6977) \times (-3) + 0.7951 \times 4 = 10.8634$$

三、Gamma：凸性因子

定义 2.4.1 设 $f(S, t)$ 为对数正态逼近模型中的衍生证券的价值，衍生证券的 Γ 是 Δ 对 S 的敏感性，即

$$\Gamma(S, T) = \frac{\partial^2 f(S, T)}{\partial S^2} \tag{2.4.8}$$

当在每个小的时间段 dt 后，头寸不能马上进行调整时，Gamma 这个概念就变得非常重要。分析这个问题的一个途径是假设重新对冲不是在很小的时间段 dt 后进行的，而是在一

个一个适中的中等长度的时间长度 δt 后进行。这里 $dt << \delta t << T$。这时对冲的精确度依赖于 Δ 随 S 的变化率，即 Gamma。

期权多头是正 Gamma 头寸的一个例子。事实上，根据 Black - Scholes 公式我们有

$$\Gamma_{call}(S,X;T) = \Gamma_{put}(S,X;T) = \frac{1}{S\sqrt{2\pi\sigma^2 T}} e^{-\frac{d_1^2}{2}} > 0$$

图 2 -9 中给出了在不同的有效期限下 Γ 作为股票当期价格 S 的函数的图像。其中股票价格的波动率为 0.2，无风险利率为 0.1，期权敲定价格为 50，期权到期期限分别为 3 个月，6 个月和 9 个月。

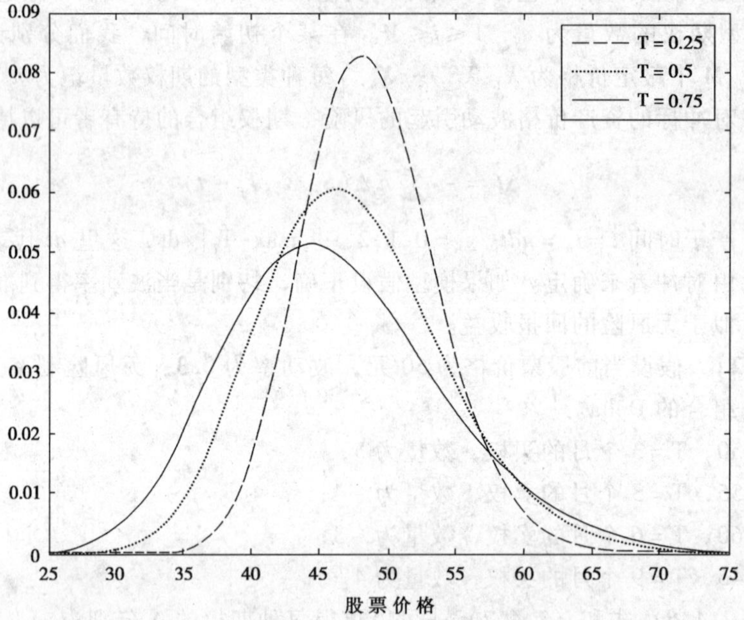

图 2 -9　不同有效期限下 Gamma 的函数图形

为更好地理解凸性在对冲中的影响，我们可以从 $f(S,t)$ 的图形中来观察对冲的损益。

给定当前的价格 S，一个投资者持有一个衍生证券的空头，再持有复制组合中的标的资产的多头，则他将取得在货币市场中的无风险损益，标的资产的价值在一条与价值函数图形相切的直线上。而衍生证券的价值将沿着 f 的图形变化。

风险中性定价的作用是求出了 δt 时间后货币市场的中的一个头寸，它等于衍生证券在新的时间和价格水平下的价值的平均值。然而除非 f （S，t） 的曲率等于 0。根据 δt 时间后价格变化的大小程度，有时

$$f(S_{t+\delta t}, T-(t+\delta t)) > S_{t+\delta t}\Delta_t + B_t e^{r\delta t} \tag{2.4.9}$$

有时

$$f(S_{t+\delta t}, T-(t+\delta t)) < S_{t+\delta t}\Delta_t + B_t e^{r\delta t} \tag{2.4.10}$$

定理 2.4.2　对于对冲组合有如下结论。

（1） 一个期权的持有者卖空 Δ 单位的标的资产将得到一个正的现金流，如果接下来 S

的变化充分大；将得到一个负的现金流，如果价格变化充分小。

（2）期权的卖出者持有 Δ 单位的标的资产

Γ 是 Δ 对于原生资产的变化率。因为 Δ 是 S 和 t 的函数，因此从理论上讲为了达到对冲（消除出售期权或期权组合所带来的风险）的目的，需要不断地调整 Δ 的份额。但在实际中这是不明智的，因为每次调整必须支付一定交易费用。因此在实际操作中需要恰当地估计调整 Δ 的频率，而 Γ 的大小恰好反应了这一点，如果 Γ 较小，则 Δ 变化比较慢，因此可以不急于调整；相反地，如果 Γ 较大，则表示 Δ 对于 S 的变化相当敏感，如果不在适当时间内加以调整，必将带来风险。

四、Theta：时间延迟因子

定义 2.4.2　价值函数为 $f(S,T)$ 的欧式或有证券的 Θ 定义为

$$\Theta(S,T) = -\frac{\partial f(S,T)}{\partial T} \tag{2.4.11}$$

定义中的负号是因为 T 表示的是距到期日时间，这样，Θ 表示在当前时间 t 有一个小的增量后，或有证券的公平价值的变化比例。

定理 2.4.3　对任意的欧式或有证券，我们有

$$\Theta(S,T) = -\frac{1}{2}\sigma^2 S^2 T(S,T) - rS\Delta(S,T) + rf(S,T) \tag{2.4.12}$$

证明：考虑基本公式

$$f(S,T) = e^{-rt}\frac{1}{\sqrt{2\pi}}\int_{-\infty}^{+\infty} F(Se^{Z\sigma\sqrt{T}+(r-\frac{\sigma^2}{2})T})e^{-\frac{Z^2}{2}}dZ$$

对 T 求导，我们得到

$$\frac{\partial f(S,T)}{\partial T} = -rf(S,T) + e^{-rt}\int_{-\infty}^{+\infty}\frac{\partial}{\partial T}F(Se^{Z\sigma\sqrt{T}+(r-\frac{\sigma^2}{2})T})e^{-\frac{Z^2}{2}}d\frac{Z}{\sqrt{2\pi}} \tag{2.4.13}$$

我们将计算积分内函数对 T 的导数，结果为

$$F'(Se^{Z\sigma\sqrt{T}+(r-\frac{\sigma^2}{2})T})\cdot Se^{Z\sigma\sqrt{T}+(r-\frac{\sigma^2}{2})T}\cdot\left(\frac{Z\sigma}{2\sqrt{T}}+r-\frac{\upsilon^2}{2}\right)$$

$$= rS\frac{\partial}{\partial S}F(Se^{Z\sigma\sqrt{T}+(r-\frac{\sigma^2}{2})T}) + S\frac{\partial}{\partial S}F(Se^{Z\sigma\sqrt{T}+(r-\frac{\sigma^2}{2})T})\left(\frac{Z\sigma}{2\sqrt{T}}-\frac{\sigma^2}{2}\right) \tag{2.4.14}$$

将此式代入（2.4.13）可有

$$\frac{\partial f(S,T)}{\partial T} = -rf(S,T) + rS\Delta(S,T)$$
$$+ e^{-rT}\int_{-\infty}^{+\infty} S\left[\frac{\partial}{\partial S}F(Se^{Z\sigma\sqrt{T}+(r-\frac{\sigma^2}{2})T})\right]\left(\frac{Z\sigma}{2\sqrt{T}}-\frac{\sigma^2}{2}\right)e^{-\frac{Z^2}{2}}\frac{dZ}{\sqrt{2\pi}} \tag{2.4.15}$$

利用

$$\frac{d}{dZ}e^{-\frac{Z^2}{2}} = -Ze^{-\frac{Z^2}{2}}$$

我们可以将（2.4.14）式中的积分项写成

$$e^{-rT}\int_{-\infty}^{+\infty} S\frac{\partial}{\partial Z}\Big[\frac{\partial}{\partial S}F(Se^{Z\sigma\sqrt{T}+(r-\frac{\sigma^2}{2})T})\Big]\frac{\sigma}{2\sqrt{T}}e^{-\frac{Z^2}{2}}\frac{dZ}{\sqrt{2\pi}}-e^{-rT}\int_{-\infty}^{+\infty} S\Big[\frac{\partial}{\partial S}F(Se^{Z\sigma\sqrt{T}+(r-\frac{\sigma^2}{2})T})\Big]\cdot\frac{\sigma^2}{2}e^{-\frac{Z^2}{2}}d\frac{Z}{\sqrt{2\pi}}$$

$$=e^{-rT}\int_{-\infty}^{+\infty} S\Big(\frac{\partial}{\partial S}\Big[\frac{\partial}{\partial Z}F(Se^{Z\sigma\sqrt{T}+(r-\frac{\sigma^2}{2})T})\Big]\Big)\frac{\sigma}{2\sqrt{T}}\cdot e^{-\frac{Z^2}{2}}\frac{dZ}{\sqrt{2\pi}}$$

$$-e^{-rT}\int_{-\infty}^{+\infty} S\Big[\frac{\partial}{\partial S}F(Se^{Z\sigma\sqrt{T}+(r-\frac{\sigma^2}{2})T})\Big]\cdot\frac{\sigma^2}{2}\cdot e^{-\frac{Z^2}{2}}\frac{dZ}{\sqrt{2\pi}}$$

$$=e^{-rT}\int_{-\infty}^{+\infty} S^2\Big[\frac{\partial}{\partial S^2}F(Se^{Z\sigma\sqrt{T}+(r-\frac{\sigma^2}{2})T})\Big]\cdot\frac{\sigma^2}{2}\cdot e^{-\frac{Z^2}{2}}d\frac{Z}{\sqrt{2\pi}}$$

$$=\frac{\sigma^2}{2}S^2\Gamma(S,T) \tag{2.4.16}$$

由（2.4.16）式、（2.4.15）式可知，（2.4.12）式成立。

作为应用，假设有一个投资者对其衍生证券的头寸进行对冲。不失一般性，我们假设 $\Delta(S,T)$ 与 $f(S,T)$ 均为零，我们可以通过持有股票和无风险债券的头寸来做到这一点。在这种情况下，（2.4.12）式化简为

$$\Theta(S,T)=-\frac{1}{2}\sigma^2S^2\Gamma(S,T) \tag{2.4.17}$$

换句话说，如果一个衍生证券和现金工具的组合具有零初始成本且 Δ 是中性的，即 $\Delta=0$，则组合时间延迟因子等于组合的凸性因子 Γ 乘以 $\frac{1}{2}\sigma^2S^2$。

由定理 2.4.3 可以得出或有证券价值所满足的一个偏微分方程。事实上，由（2.4.12）我们有下面定理。

定理 2.4.4　考虑一个欧式衍生证券，其标的资产为一个不分红的证券，到期期限为 T，到其收益为 $F(S_T)$，在对数正态概率测度下，其价值满足 Black - Scholes 偏微分方程

$$\frac{\partial f(S,T)}{\partial T}=\frac{\sigma^2}{2}S^2\frac{\partial^2 f(S,T)}{\partial S^2}+rS\frac{\partial f(S,T)}{\partial S}-rf(S,T) \tag{2.4.18}$$

且有

$$f(S,0)=F(S)$$

第五节

数值计算问题

本节将在前几节理论分析的基础上，介绍如何利用 Matlab 计算欧式衍生证券价格以及如何利用 Matlab 对欧式衍生证券价格进行分析。这里将具体讨论两个实例。

【例 2.5.1】　现有一个欧式看涨期权，标的资产为无红利支付的股票。当前股票价格为 $S=100$ 美元，股票波动率为 $\sigma=0.4$，无风险利率为 $r=0.05$，期权的敲定价格为 $X=95$ 美元，期权有效期为 $T=0.5$。求该期权的价格。

对于这个问题我们采用二叉树模型进行求解，具体的 Matlab 程序如下。

```
%%%%%%%%%%%%%%%%%%%%%%%%%%%%%%%%%%%%%%%%%%%%%%%%%%%%%%%%%%%%%%%%%%%%%%%%%%%%
%% 欧式美式期权定价的二叉树方法                                              %%
%%%%%%%%%%%%%%%%%%%%%%%%%%%%%%%%%%%%%%%%%%%%%%%%%%%%%%%%%%%%%%%%%%%%%%%%%%%%
% 输入具体的参数
st = 100                      % 当前股价
X = 95                        % 执行价格
r = 0.05                      % 利率
t = 0.5                       % 期权有效期
sigma = 0.4                   % 波动率
%%%%%%%%%%%%%%%%%%%%%%%%%%%%%%%%%%%%%%%%%%%%%%%%%%%%%%%%%%%%%%%%%%%%%%%%%%
% 确定二叉树参数
n = 10                        % 指定二叉树的步数
dt = t/n                      % 确定单步时间间隔
u = exp(sigma * sqrt(dt))     % 计算上升比率
d = 1/u                       % 计算下降比率
p = (exp(r * dt) - d)/(u - d) % 计算上升概率
%%%%%%%%%%%%%%%%%%%%%%%%%%%%%%%%%%%%%%%%%%%%%%%%%%%%%%%%%%%%%%%%%%%%%%%%%%
% 构造股票价格二叉树矩阵，a 表示行数，b 表示列数（第 b - 1 步），mx 为股价矩阵
for b = 1:n
    for a = 1:b + 1;
        mx(a,b) = st * power(u,b - a) * power(d,a - 1);
    end;
end;
%%%%%%%%%%%%%%%%%%%%%%%%%%%%%%%%%%%%%%%%%%%%%%%%%%%%%%%%%%%%%%%%%%%%%%%%%%
% 构造期权价格二叉树矩阵 efx
% 计算到期(b = n + 1)时,欧式期权价格 efx
for a = 1:n + 1
    efx(a,n + 1) = max(mx(a,n + 1) - X,0);
end

% 倒推前面各期的)期权价格
for bb = 1:n
    b = n + 1 - bb;
    for a = 1:b;
        efx(a,b) = exp( - r * dt) * (p * efx(a,b + 1) + (1 - p) * efx(a + 1,b + 1));
    end;
end;
```

```
efx                                 %输出结果
```

运行后得到的结果为

```
efx =
  Columns 1 through 7
   15.0473   21.0666   28.7807   38.3062   49.6217   62.5749   76.9731
         0    9.3002   13.7104   19.7106   27.5520   37.3393   48.9591
         0         0    5.0812    7.9753   12.2245   18.2227   26.2862
         0         0         0    2.3074    3.9053    6.4840   10.5145
         0         0         0         0    0.7735    1.4306    2.6182
         0         0         0         0         0    0.1418    0.2892
         0         0         0         0         0         0         0
         0         0         0         0         0         0         0
         0         0         0         0         0         0         0
         0         0         0         0         0         0         0
         0         0         0         0         0         0         0
  Columns 8 through 11
   92.7399  110.0033  128.9034  149.5934
   62.1047   76.5017   92.2672  109.5294
   36.4875   48.4876   61.6320   76.0279
   16.5503   25.0622   36.0148   48.0138
    4.7292    8.4002   14.5937   24.5884
    0.5897    1.2025    2.4520    5.0000
         0         0         0         0
         0         0         0         0
         0         0         0         0
         0         0         0         0
         0         0         0         0
```

这就是欧式看涨期权价格矩阵，从中可以看出在二叉树中的每个结点处期权价格的变化情况，特别地，efx(1,1) = 15.0473 即为我们所求的当前期权价格。

【例 2.5.2】 现有一欧式看涨期权，敲定价格为 $X = 50$ 美元，标的资产当前价格为 50 美元，价格的波动率为 $\sigma = 0.2$，无风险利率为 $r = 0.1$，现在距期权到期日还有一年时间。画出期权的 Delta 关于标的资产价格 S 和距期权到期日时间 T 的函数图形，并观察期权的 Delta 的变化特征。

下面根据由 Black – Scholes 定价公式给出的期权 Delta 表达式，利用 Matlab 来完成任务。具体的程序如下

```
%%%%%%%%%%%%%%%%%%%%%%%%%%%%%%%%%%%%%%%%
%% Delta 关于标的资产价格 S 和期权有效期限 T 的图象                %%
%%%%%%%%%%%%%%%%%%%%%%%%%%%%%%%%%%%%%%%%
```

```
%输入具体参数
X = 50;
sigma = 0.2;
r = 0.1;
%%%%%%%%%%%%%%%%%%%%%%%%%%%%%%%%%%%%%%%%%%%%%%%%%%%%%%%%%%%%%%%%%%%%%%%%%%%%%%%%%%%%%%%%%%%%%%%%%%%%%%%%%%%%%%%%%
%构造网格
S = 20:1:70;
T = 0:0.01:1;
[m,n] = meshgrid(S,T);
%%%%%%%%%%%%%%%%%%%%%%%%%%%%%%%%%%%%%%%%%%%%%%%%%%%%%%%%%%%%%%%%%%%%%%%%%%%%%%%%%%%%%%%%%%%%%%%%%%%%%%%%%%%%%%%%%
%计算 Delta,画出图象
d1 = (log(m./K) + (r+sigma^2/2)*n)./(sigma*sqrt(n) + eps); %根据公式计算 d1
mesh(S,T,normcdf(d1));                                   %画出 Delta 的图象
```

运行后得到的结果见图 2－10。

由图 2－10，我们可以看出 Δ 是 S 的增函数，随着期权有效期限的减少，Δ 在敲定价格附近变化越来越大。特别是在 $T=0$ 时，Δ 变成一个跳跃函数

$$\Delta=\begin{cases}0, & \text{如果 } S<X\\1, & \text{如果 } S>X\end{cases}$$

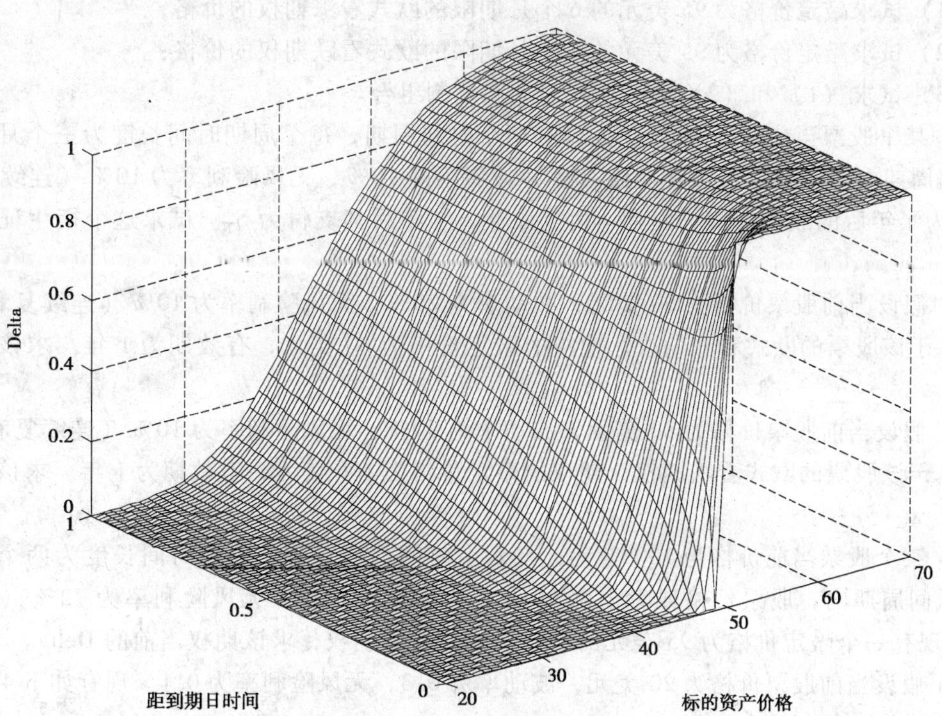

图 2－10　Delta 的图像

习　题

1. 某股票当前价格为50美元，未来有四个时间周期，每个周期的时间长度为三个月，每个周期股票价格上涨或下降10%。无风险利率为8%（连续复利）。试求执行价格为50美元、有效期为一年的欧式看涨期权的价格。

2. 某个股票当前价格为100美元，股票价格波动率为20%，市场无风险利率为10%（连续复利）。

（1）试构造有四个时间周期的二叉树模型；

（2）计算敲定价格为105美元、有效期为一年的欧式看跌期权价格；

（3）计算敲定价格为105美元、有效期为一年的欧式看涨期权价格，并验证欧式看涨期权和欧式看跌期权满足看涨看跌期权平价公式。

3. 某个股票当前价格为40美元，有两个时间周期，每个周期时间长度为三个月。在每个时间周期内，股票价格或者上涨10%，或者下降8%，无风险利率为6%（连续复利）。试求敲定价格为38美元、有效期为6个月的欧式看涨期权的价格。

4. 某个股票当前价格为100美元，有四个时间周期，每个周期时间长度为三个月。在每个时间周期内，股票价格或者上涨10%，或者下降10%，无风险利率为12%（连续复利）。

（1）试求敲定价格为95美元的6个月期限的欧式看涨期权的价格；

（2）试求敲定价格为95美元的6个月期限的欧式看跌期权的价格；

（3）试求（1）和（2）中的期权的动态复制组合。

5. 某个股票当前价格为50美元，有两个时间周期，每个周期时间长度为三个月。在每个时间周期内，股票价格或者上涨10%，或者下降10%，无风险利率为10%（连续复利），记 S_T 为半年后的股票价格。现有一衍生证券，半年后其支付为 S_T^2。试求这个衍生证券的价格。

6. 假设当前股票价格为60美元，波动率为20%，无风险利率为10%（连续复利）。现有一基于该股票的欧式看涨期权，期权的敲定价格为60美元，有效期为1年。求该期权的价格。

7. 假设当前股票价格为80美元，波动率为30%，无风险利率为10%（连续复利）。现有一基于该股票的欧式看跌期权，期权的敲定价格为100美元，有效期为1年。求该期权的价格。

8. 某个股票当前价格为100美元，有六个时间周期，每个周期时间长度为两个月。在每个时间周期内，股票价格或者上涨10%，或者下降10%，无风险利率为12%（连续复利）。现有一个敲定价格为95美元的一年期欧式看涨期权，求该期权当前的Delta。

9. 假设当前股票价格为20美元，波动率为0.3，无风险利率为0.1。现有如下4种期权构成的一个组合：

1）$X=20$，T=6个月的买权，数量为10；

2）$X=15$，T=6 个月的买权，数量为 5；

3）$X=22$，T=9 个月的卖权，数量为 -6；

4）$X=25$，T=9 个月的买权，数量为 8。

求这个期权组合的 Delta。

第三章 DISANZHANG

二叉树模型的改进

在第二章中讨论的二叉树模型涉及两个参数：利率 r 和标的资产的波动率 σ。到现在为止，我们事实上一直假设这些参数为常数。本章放宽这些假设，讨论这些参数随时间而变化的情形。

这里将引入利率期限结构的概念，使得利率可以随借贷期限的不同而改变。我们也将讨论波动率过程随时间改变而变化的情况。关于当前波动率行为的信息包含于基于同一种标的资产、具有不同期限的期权工具的价格中。

我们也将对二叉树模型进行改进，以便能够将已有理论应用于具有实际意义的衍生品，包括基于支付红利的标的资产、期货期权等。最后我们讨论美式期权的定价问题。

第一节 利率期限结构

这里假设模型中不同交易期限的利率是不同的。在实际市场中，通常随着时间期限长短不同，利率是不同的。我们来看一个例子。

【例 3.1.1】 假设市场中不同期限的利率由表 3－1 给出。由表 3－1，我们可以给出 1 月期利率，1 个月后开始的贷款的 1 个月远期利率，2 个月后开始的 1 个月远期利率，3 个月后开始的 3 个月远期利率，6 个月后开始的 3 个月远期贷款利率。例如，现在我们计算 9 个月后开始的 3 个月期的借贷利率，考虑投资者的如下策略：

(i) 借入 1 美元 12 个月；

(ii) 从 9 月到 12 月贷出 $e^{-r^{l}_{9,12}\cdot 0.25}$ 美元；

(iii) 从 1 月至 9 月贷出 $e^{-r^{l}_{0,9}\cdot 0.75}\ e^{-r^{l}_{9,12}\cdot 0.25}$ 美元。

这样的策略在第 12 个月末的现金流为零。故有

$$6.88\times 1=6.60\times 0.75+r^{l}_{9,12}\times 0.25$$

由此可以求出贷出利率为 7.72%。

反之，我们考虑策略

(i) 贷出 1 美元 12 个月；

(ii) 从 9 月到 12 月借入 $e^{-r_{9,12}^{b}\cdot 0.25}$ 美元；

(iii) 从 1 月至 9 月借入 $e^{-r_{1,9}^{b}\cdot 0.75}e^{-r_{9,12}^{b}\cdot 0.25}$ 美元。

这样的策略在第 12 个月末的现金流为零，故有

$$6.62\times 1=6.86\times 0.75+r_{9,12}^{b}\times 0.25$$

由此可以求出实际的存款利率为 5.90%。

表 3-1　不同期限的利率

期限	借入	贷出
1 月	6.6500	6.9800
2 月	6.5600	6.8600
3 月	6.5800	6.8600
6 月	6.6000	6.8800
9 月	6.6000	6.8600
12 月	6.6200	6.8800

在简化的讨论中，将不再考虑借贷之间的价格差异。我们将无风险利率看作是贷出和借入利率之间的平均值。这时，9 至 12 月期的实际利率的方程就变为

$$6.75\times 1=6.73\times 0.75+r_{9,12}\times 0.25$$

由此求出实际利率为 6.81%。

将此例推广，我们可以给出如下原理。给定一列（连续复合）期限存款的利率结构 $\bar{r}_{t_1},\bar{r}_{t_2},\cdots,\bar{r}_{t_N}$，相应的远期利率由下列公式给出

$$r_{t_i,t_j}=\frac{t_j\bar{r}_{t_j}-t_i\bar{r}_{t_i}}{t_j-t_i} \tag{3.1.1}$$

现在假设有一个具 N 个交易周期的二叉树模型，我们假设 N 个周期上的远期连续复利率的一个序列为

$$r_0,r_1,r_2,\cdots,r_{N-1} \tag{3.1.2}$$

不同周期上的利率 R_n 为

$$R_n=e^{r_n dt}-1\approx r_n dt \qquad 0\leqslant n\leqslant N-1 \tag{3.1.3}$$

这里 $dt=T/N$ 表示每个周期的时间长度。我们希望将利率期限结构引入二叉树定价模型。这里为了简单起见，假设局部波动率在所有时间上都保持常数。

这里仿照第二章中的分析过程进行讨论。对每个 n，按如下方式定义参数 u_n 和 d_n

$$u_n=e^{r_n dt}\cdot u' \tag{3.1.4a}$$

$$d_n=e^{r_n dt}\cdot d' \tag{3.1.4b}$$

这里 u' 和 d' 将在随后利用波动率来给定。下面定义价格路径空间上的风险中性概率测度。设

$$S_{n+1} = Q_{n+1} S_n \qquad 0 \leqslant n \leqslant N$$

这里随机变量 Q_n 相互独立且满足

$$\text{Prob}\{Q_{n+1} = d_n\} = P_d$$
$$\text{Prob}\{Q_{n+1} = u_n\} = P_u$$

这里 P_u 和 P_d 是如下给出的概率

$$P_u = \frac{1 + R_n - d_n}{u_n - d_n} = \frac{1 - d'}{u' - d'} \tag{3.1.5a}$$

$$P_d = \frac{u_n - (1 + R_n)}{u_n - d_n} = \frac{u' - 1}{u' - d'} \tag{3.1.5b}$$

这里我们得到了单周期模型的风险中性概率。注意 P_u 和 P_d 独立于 n。特别的，单周期或局部的波动率也是与 n 无关的，并且给出如下

$$\sigma_{\text{loc}}^2 = \left(\log\left(\frac{u'}{d'}\right)\right)^2 P_u P_d$$

因此年波动率为

$$\sigma^2 = \frac{1}{dt}\left(\log\left(\frac{u'}{d'}\right)\right)^2 P_u P_d \tag{3.1.6}$$

由（3.1.6）式，概率 P_u 和 P_d 如下给出

$$P_u = \frac{1}{2}\left(1 \pm \sqrt{1 - \frac{\sigma^2}{\rho^2}}\right) \tag{3.1.7a}$$

$$P_d = \frac{1}{2}\left(1 \mp \sqrt{1 - \frac{\sigma^2}{\rho^2}}\right) \tag{3.1.7b}$$

这里

$$\rho = \frac{1}{2\sqrt{dt}} \log\left(\frac{u'}{d'}\right)$$

参数 u' 和 d' 分别为

$$u' = \frac{e^{\rho\sqrt{dt}}}{P_d e^{-\rho\sqrt{dt}} + P_u e^{\rho\sqrt{dt}}} \qquad d' = \frac{e^{-\rho\sqrt{dt}}}{P_d e^{-\rho\sqrt{dt}} + P_u e^{\rho\sqrt{dt}}}$$

这里给出的 P_u、P_d、u' 和 d' 均与 n 无关。

利用（2.2.13）式我们可得第 n+1 个周期内的年增长率为

$$\mu = r_n + \frac{\rho}{\sqrt{dt}}(P_u - P_d) - \frac{1}{dt}\log[P_d e^{-\rho\sqrt{dt}} + P_u e^{\rho\sqrt{dt}}] \tag{3.1.8}$$

因此 T 年中的整个时间周期内的年平均期望增长率为

$$\mu = \frac{1}{N}\sum_{n=0}^{N-1} r_n + \frac{\rho}{\sqrt{dt}}(P_u - P_d) - \frac{1}{dt}\log[P_d e^{-\rho\sqrt{dt}} + P_u e^{\rho\sqrt{dt}}] \tag{3.1.9}$$

注意这里的标的资产的价格轨线构成了一个二叉树。与具有恒定的 u 和 d 的二叉树一样，在时间 t_n 这里的二叉树仅有（$n+1$）个结点。从一个给定结点出发，首先上升，然后

下降，与一个先下降后上升的路径，经过两个时间周期之后，到达同一个地方。

事实上我们有

$$u_n d_{n+1} = e^{r_n dt} u' \cdot e^{r_{n+1} dt} d' = u_{n+1} d_n$$

时变利率模型与常利率模型的唯一差别在于前者轨线的斜率随着时间周期的不同而不同。

由（3.1.4）式可知，在结点（n,j）处标的资产的价值为

$$S_n^j = S_0^0 e^{\sum_{k=0}^{n-1} r_k dt} \cdot (u')^j (d')^{n-j} \tag{3.1.10}$$

利用风险中性定价原理，基于风险资产的任一衍生证券定价的递归关系为

$$\begin{aligned} f_n^j &= \frac{1}{1+R_n}(P_u f_{n+1}^{j+1} + P_d f_{n+1}^j) \\ &= e^{-r_n dt}(P_u f_{n+1}^{j+1} + P_d f_{n+1}^j) \end{aligned} \tag{3.1.11}$$

由（3.1.11）式又有

$$\begin{aligned} S_N^j &= S_0^0 \exp\left\{\sum_{k=0}^{N-1} r_k dt\right\} \cdot (u')^j (d')^{n-j} \\ &= S_0^0 \exp\left\{\frac{T}{N}\sum_{k=0}^{N-1} r_k\right\} \cdot (u')^j (d')^{n-j} \end{aligned} \tag{3.1.12}$$

由此我们可以得出这样的结论：N 期后到期的欧式衍生证券的定价模型与第二章中利率为常数情形的二叉树模型完全相同，其中无风险利率取为

$$\bar{r} = \frac{\sum_{n=0}^{N-1} r_n}{N} \tag{3.1.13}$$

当 $dt \ll 1$ 时，我们可以利用二叉树模型的对数正态极限。为此，引进函数 $r(t)$ 来表示利率的波动情况。这个函数与离散利率 r_n 的关系由如下公式给出：

$$r_n = r(ndt)$$

这时，实际平均利率为

$$\bar{r} = \frac{1}{T}\int_0^T r(s)\,ds$$

由（3.1.9）式容易看出，期望连续复合增长率满足

$$\lim_{dt \to 0} \mu = \bar{r} - \frac{1}{2}\sigma^2$$

因此，在风险中性概率下，标的资产的价格满足

$$\begin{aligned} S_T &= S_0 \exp\left\{\sigma\sqrt{T}Z + \left(\frac{1}{T}\int_0^T r(s)\,ds - \frac{1}{2}\sigma^2\right)T\right\} \\ &= S_0 \exp\left\{\sigma\sqrt{T}Z + \left(\bar{r} - \frac{1}{2}\sigma^2\right)T\right\} \end{aligned} \tag{3.1.14}$$

这里 Z 是均值为 0、方差为 1 的正态变量。特别地，将 r 换成 $\bar{r}$ 欧式期权定价的 Black - Scholes 公式仍然成立。

第二节 时变波动率情形的二叉树模型

本节我们考虑波动率随时间变化情况下二叉树模型的构造方法。在第二章我们将波动率参数 σ 定义为股票价格增长率的标准差。这个定义隐含着这样的事实：单个时间阶段上的标准差是常数。对应于未来时间区间上的年增长率的标准差称为远期波动率，我们可以将二叉树模型推广到远期波动率为时变的情况。

一、时变波动率情形的风险中性概率测度构造

远期波动率可以表示为一个参数序列

$$\sigma_0, \sigma_1, \sigma_2, \cdots, \sigma_{N-1}$$

它们表示每个阶段上年回报率的标准差，这样

$$\sigma_n^2 = \frac{1}{dt} Var\left[\log\left(\frac{S_{n+1}}{S_n}\right)\right] \qquad 0 \leqslant n \leqslant N-1 \tag{3.2.1}$$

下面我们根据远期波动率和利率，构造一个无套利的二叉树模型。这里我们要求得到的标的资产的价格轨线要能够组成一个树，使得衍生证券价格可以通过求解简单递推关系得到。我们需要确定参数 $u_n, d_n, P_u^{(n)}, P_d^{(n)}$ $(n = 0, 1, \cdots, N-1)$，使得

$$1 + R_n = P_u^{(n)} u_n + P_d^{(n)} d_n \tag{3.2.2}$$

这里

$$P_u^{(n)} = \frac{1 + R_n - d_n}{u_n - d_n}, \quad P_d^{(n)} = \frac{u_n - 1 - R_n}{u_n - d_n} \tag{3.2.3}$$

且

$$dt\sigma_n^2 = \left[\log\left(\frac{u_n}{d_n}\right)\right]^2 \cdot P_u^{(n)} \cdot P_d^{(n)} \tag{3.2.4}$$

最后，对所有 n 还需要加上条件

$$u_n d_{n+1} = u_{n+1} d_n \tag{3.2.5}$$

这样可以保证能够构成一个二叉树。

如果我们设

$$u_n = e^{r_n dt} \cdot u'_n, \quad d_n = e^{r_n dt} \cdot d'_n \tag{3.2.6}$$

则有

$$P_u^{(n)} = \frac{1 - d'_n}{u'_n - d'_n}, \quad P_d^{(n)} = \frac{u'_n - 1}{u'_n - d'_n} \tag{3.2.7}$$

这时无套利条件（3.2.2）可以立即得到满足。进一步，条件（3.2.5）等价于

$$\frac{u'_n}{d'_n} = \lambda, \quad \forall n \tag{3.2.8}$$

这里 $\lambda>1$ 是常数。所以为了与波动率的期限结构相匹配，要求我们寻找 λ，$P_u^{(n)}$ 和 $P_d^{(n)}$ 使得

$$dt\cdot\sigma_n^2=(\log\lambda)^2P_u^{(n)}P_d^{(n)}\qquad n=1,\cdots,N \tag{3.2.9}$$

容易看出，当上升概率与下降概率相等时（3.2.9）式的右端取得最大值。这样（3.2.9）中的 N 个方程有解存在的必要条件是

$$dt\sigma_n^2\leqslant\frac{1}{4}(\log\lambda)^2$$

对所有的 n 成立，或者

$$2\sqrt{dt}\max_n\sigma_n\leqslant\log\lambda \tag{3.2.10}$$

这样，如果我们取 $\sigma_{\max}=\max\limits_n\sigma_n$，一个可行的 λ 可取成如下形式

$$\lambda=e^{2\rho\sqrt{dt}} \tag{3.2.11}$$

其中 $\rho\geqslant\sigma_{\max}$。将这样的 λ 代入（3.2.9）式并求解风险中性概率，我们得到

$$P_u^{(n)}=\frac{1}{2}\left(1\pm\sqrt{1-\frac{\sigma_n^2}{\rho^2}}\right) \tag{3.2.12a}$$

$$P_d^{(n)}=\frac{1}{2}\left(1\mp\sqrt{1-\frac{\sigma_n^2}{\rho^2}}\right) \tag{3.2.12b}$$

于是，参数 u'_n 和 d'_n 可由（3.2.6）式求得，具体形式为

$$u'_n=\frac{e^{\rho\sqrt{dt}}}{P_d^{(n)}e^{-\rho\sqrt{dt}}+P_u^{(n)}e^{\rho\sqrt{dt}}} \tag{3.2.13a}$$

$$d'_n=\frac{e^{-\rho\sqrt{dt}}}{P_d^{(n)}e^{-\rho\sqrt{dt}}+P_u^{(n)}e^{\rho\sqrt{dt}}} \tag{3.2.13b}$$

注意，这时的风险中性概率测度是时间依赖的，二叉树模型中不同结点上标的资产价格为

$$S_N^j=S_0^0\exp\left\{\sum_{k=0}^{n-1}r_kdt\right\}\cdot\frac{(e^{\rho\sqrt{dt}})^j(e^{-\rho\sqrt{dt}})^{n-j}}{\prod\limits_{k=0}^{n-1}\left(P_d^{(n)}e^{-\rho\sqrt{dt}}+P_u^{(n)}e^{\rho\sqrt{dt}}\right)} \tag{3.2.14}$$

最终，N 期后支付 $F(S)$ 的欧式衍生证券的价格由如下方程给出

$$\begin{cases}f_n^j=e^{-r_ndt}[P_u^{(n)}f_{n+1}^{j+1}+P_d^{(n)}f_{n+1}^j] & n=0,1,\cdots,N-1\\ f_N^j=F(S_N^j)\end{cases} \tag{3.2.15}$$

二叉树模型中的增量独立性表明 n 期后价格的对数的方差为

$$Var\left(\frac{S_n}{S_0}\right)=\sum_{j=1}^n\sigma_j^2dt$$

这说明当 $dt<<1$ 时，到期日为 T 的期权的价格由 Black－Scholes 定价公式给出，其中波动率为

$$\sigma=\sqrt{\left(\sum_{j=1}^N\sigma_j^2\right)\Big/N}$$

这里 $Ndt=T$。

二、波动率期限结构的确定

波动率是期权定价中最重要的变量。目前人们已经提出很多的确定定价模型中的波动率变量的方法。这里介绍两种估计波动性的方法：历史波动率和隐含波动率。

定义 3.2.1 历史波动率定义为由过去数据得到的标的资产价格对数的标准差估计。

定义 3.2.2 隐含波动率是使得一个期权的市场价格等于由 Black - Scholes 公式给出的期权价值的波动率参数的数值。

采用历史波动率估计方法要求构造一个恰当的统计估计量，这里一个主要的问题是选择用于估计 σ 的样本的大小或是观察的窗口，不同的时间窗口可能会给出不同的波动率数值。

【例 3.2.1】 考虑下面的情况：某股票的现价为 100.00 美元，一个有效期限为 183 天、执行价格为 100 美元的看涨期权的价格为 6.37 美元。当前利率为 7%，假设一年为 365 天，这时隐含波动率使得由 Black - Scholes 公式给出的期权价值为 6.37 美元，由 Black - Scholes 定价公式可以解出隐含波动率为 $\sigma_{implied}=16\%$。

值得我们注意的是，即使是同一标的资产的期权，但执行价格不同，到期权限不同的期权所隐含的波动率也不是常数，这是由于市场对不同的执行价格和到期日赋予不同的风险补偿。

我们将波动率期限结构定义为具有不同的到期日的价内期权的隐含波动率序列。

为说明波动率期限结构如何求出，我们考虑如下的例子。假设某天某种期权市场上的坐市商（通常是银行）正在用表 3 - 2 中给出的不同期限期权的波动率交易期权。也就是说，当天价内的期权的买入/卖出价利用这些的波动率，由 Black - Scholes 公式计算得出。

表 3 - 2　不同期限期权隐含波动率

到期期限	买入	卖出
1 个月	0.1595	0.1630
2 个月	0.1570	0.1595
3 个月	0.1535	0.1565
6 个月	0.1500	0.1520
9 个月	0.1490	0.1510
12 个月	0.1485	0.1505

利用隐含波动率可以得到远期波动率。我们这里将波动率波动率期限结构表示为序列 $\bar{\sigma}_0,\bar{\sigma}_1,\bar{\sigma}_2,\cdots,\bar{\sigma}_N$，这里 $\bar{\sigma}_n$ 是第 n 期末到期的一个价内期权的隐含波动率。

假设 n 个周期后风险中性测度下价格的对数的方差为 $\sum_{j=1}^{n}\sigma_j^2 dt$，则在无套利条件下隐含波动率与远期波动率的关系为

$$\bar{\sigma}_n^2=\frac{1}{ndt}\sum_{j=1}^{n}\sigma_j^2 dt=\frac{1}{n}\sum_{j=1}^{n}\sigma_j^2 \tag{3.2.16}$$

在连续时间模型中，这个关系可以更为简单地表示为

$$\overline{\sigma}(t) = \left(\frac{1}{t}\int_0^t \sigma^2(s)ds\right)^{\frac{1}{2}} \tag{3.2.17}$$

由此又有

$$\sigma(t) = \sqrt{\lim_{\Delta t \to 0}\frac{(t+\Delta t)\overline{\sigma}^2(t+\Delta t) - t\overline{\sigma}^2(t)}{\Delta t}} = \sqrt{\frac{\partial(t\overline{\sigma}^2(t))}{\partial t}} \tag{3.2.18}$$

在实际中，我们面对的是一个离散的波动率期限结构，所以取极限的过程可被替代为一个差商，即

$$\sigma(t) = \sqrt{\frac{(t+\Delta t)\overline{\sigma}^2(t+\Delta t) - t\overline{\sigma}^2(t)}{\Delta t}} \tag{3.2.19}$$

由这个公式我们可以利用市场数据计算定价模型中使用的局部波动率。

下面我们给出一个计算远期波动率的例子。假设某期权买入价与卖出价所隐含的波动率的均值由表 3－3 给出。

表 3－3　　期权波动率期限结构

到期期限	波动率
1 个月	0.16125
2 个月	0.15825
3 个月	0.15500
6 个月	0.15100
9 个月	0.15000
12 个月	0.14950

首先计算从 1 个月至 2 个月的远期波动率，由（3.2.16）式有

$$\frac{2}{12}\times(0.15825)^2 = \frac{1}{12}\times(0.16125)^2 + \frac{1}{12}\times(\sigma_{1,2})^2$$

直接计算得出 $\sigma_{1,2} = 0.15519$。接下来计算 2 月至 3 月的远期波动率，相应的方程为

$$\frac{3}{12}\times(0.15500)^2 = \frac{2}{12}\times(0.15825)^2 + \frac{1}{12}\times(\sigma_{2,3})^2$$

由此解出 $\sigma_{2,3} = 0.14829$。3 月至 6 月的波动率可以由下面方程解得

$$\frac{6}{12}\times(0.15100)^2 = \frac{3}{12}\times(0.15500)^2 + \frac{3}{12}\times(\sigma_{3,6})^2$$

结果为 $\sigma_{3,6} = 0.14689$，6 月至 9 月的波动率满足

$$\frac{9}{12}\times(0.15000)^2 = \frac{6}{12}\times(0.15100)^2 + \frac{3}{12}\times(\sigma_{6,9})^2$$

解之得 $\sigma_{6,9} = 0.14798$。最后 9 月至 12 月的波动率满足

$$1\times(0.14950)^2 = \frac{9}{12}\times(0.15000)^2 + \frac{3}{12}\times(\sigma_{9,12})^2$$

解之得 $\sigma_{9,12} = 0.14799$。这个计算方法给出了远期波动率的一个近似估计，接下来，我们可以设模型中相应阶段内的波动率等于 σ_n。

第三节

标的资产支付红利情况

一、标的资产支付红利情况的二叉树

在前面的讨论中，我们均假设标的资产没有红利支付。但在实际中很多标的资产都支付红利，如公司的股票等。我们这里考虑标的资产有红利支付时欧式衍生证券的估值问题。这时，二叉树模型必须进行适当的修改以适应这一情况。

我们假设有 N 个交易周期且股票的红利支付总是在每个交易周期的期末进行。红利支付前股票的价值记为 $\hat{S}_n$ 或 $\hat{S}_n^j$，$n=0,1,\cdots,N$。这是股票含红利价值。我们记 S_n 或 S_n^j 为第 n 个周期末红利支付后的股票价值，即除息价值。

对于红利支付，我们可以假定：第 n 周期后的支付是含息价格的一个分数

$$D_n = \alpha_{n-1}\hat{S}_n \tag{3.3.1}$$

这里 $0\leqslant\alpha_n<1$ 对所有的 $0\leqslant n\leqslant N-1$ 都成立。假设分数 α_n 可以提前知道，并且可以是时间依赖的（这样是为了模拟其中一些没有红利支付的周期）。（3.3.1）式给出了标的资产含权价值和除权价值之间的一个简单关系

$$\hat{S}_n = S_n + D_n = S_n + \alpha_{n-1}\hat{S}_n$$

由此有

$$\hat{S}_n = \frac{1}{1-\alpha_{n-1}}S_n \quad 或 \quad S_n = (1-\alpha_{n-1})\hat{S}_n \tag{3.3.2}$$

我们将把股票的除权价格作为基本变量，并假设给定直到第 n 个周期末的价格轨迹，下一周期股票价格有两种可能性，即

$$S_{n+1} = S_n u_n \text{ 或 } S_n d_n$$

为了构成一个二叉树，我们还将加上条件

$$u_n d_{n+1} = d_n u_{n+1}, n=0,\cdots,N-1 \tag{3.3.3}$$

接下来我们利用无套利条件确定路径集合上的一个概率。由第二章讨论，我们知道这个概率必须使股票的现值等于其未来的包含红利的价值期望贴现值。特别地由（3.3.2）式，我们有

$$\begin{aligned} S_n &= \frac{1}{1+R_n}E[S_{n+1}+D_{n+1}\mid S_n] \\ &= \frac{1}{1+R_n}E[\hat{S}_{n+1}\mid S_n] \\ &= \frac{1}{1+R_n}\frac{1}{1-\alpha_n}E[S_{n+1}\mid S_n] \end{aligned} \tag{3.3.4}$$

这样，除权价格可以通过按照一个与无风险利率和分红比率有关的一个贴现率贴现其未

来的（除权）价格的期望值。因此（3.3.4）式中的条件期望所用的条件概率 $P_u^{(n)}$ 和 $P_d^{(n)}$ 应当满足

$$\begin{cases} P_u^{(n)} + P_d^{(n)} = 1 \\ P_u^{(n)} u_n + P_d^{(n)} d_n = (1 + R_n)(1 - \alpha_n) \end{cases} \tag{3.3.5}$$

为给出与无红利情形平行的结果，我们引入形如（3.1.1）式的利率期限结构，并设

$$1 - \alpha_n = e^{-q_n dt} \tag{3.3.6}$$

其中常数 q_n 表示第 $n+1$ 期的年复合红利率。于是我们可以将（3.3.5）式中的第二个方程重新写成

$$P_u^{(n)} u_n + P_d^{(n)} d_n = e^{(r_n - q_n) dt} \tag{3.3.7}$$

类似于前两节的方法，我们可以计算出参数 u_n，d_n，$P_u^{(n)}$ 和 $P_d^{(n)}$。为了简单起见我们仅就常数局部波动率的情形给出最简单的结果。求解（3.3.5）式并要求满足波动率要求。我们可以得到在各个不同结点处的股票的除红价值为

$$S_n^j = S_0^0 \exp\left\{\sum_{k=0}^{n-1} (r_k - q_k) dt\right\} \cdot \frac{(e^{-\rho\sqrt{dt}})^j (e^{-\rho\sqrt{dt}})^{n-j}}{(P_d e^{-\rho\sqrt{dt}} + P_u e^{\rho\sqrt{dt}})^n} \tag{3.3.8}$$

这里 $\rho \geqslant \sigma$ 为参数，且

$$P_u = \frac{1}{2}\left(1 \pm \sqrt{1 - \frac{\sigma^2}{\rho^2}}\right),\ P_d = \frac{1}{2}\left(1 \mp \sqrt{1 - \frac{\sigma^2}{\rho^2}}\right) \tag{3.3.9}$$

这时 N 期后到期的具有支付 $F(S)$ 的欧式衍生证券的价值可由如下的一个递推归关系给出

$$\begin{cases} f_n^j = e^{-r_n dt}[P_u f_{n+1}^{j+1} + P_d f_{n+1}^j] \\ f_N^j = F(S_N^j) \end{cases} \tag{3.3.10}$$

由（3.3.8）式和（3.3.9）式，我们可知在风险中性概率测度下，经过 N 期后股价（分红后）的期望值为

$$E[S_N \mid S_0 = S_0^0] = S_0^0 \exp\left\{\sum_{k=0}^{N-1} (r_k - q_k) dt\right\} \tag{3.3.11}$$

这样我们可以看到，衍生证券的标的变量 S_n 的增长率与（3.3.10）式中贴现衍生证券价格 f_n 的增长率是不同的。

总之，标的资产的红利支付情况可以很容易地反映到二叉树定价模型之中。这时欧式证券的定价方程与无红利支付情况非常类似。然而，一旦衍生证券可以提前支付，红利支付对定价方程的影响就变得非常复杂。

由上面讨论，我们还可以得出支付红利的标的资产的二叉树模型的对数正态极限。与利率同样处理方法，我们首先设红利率函数 $q(t)$ 满足

$$q(ndt) = q_n,\ n = 0, 1, \cdots, N-1$$

然后再利用插值的方法可以得到红利率函数 $q(t)$。

由（3.3.8）式可以求出平均年收益率的渐近值。这里将 $(r_k - q_k)$ 作为除红利价格的实际利率。则在对数正态逼近模型中，标的资产的价格满足

$$S_T = S_0 e^{\sigma\sqrt{T}Z + [\frac{1}{T}\int_0^T (r(s) - q(s)) ds - \frac{1}{2}\sigma^2] T}$$

$$= S_0 \exp\left\{\sigma\sqrt{T}Z + \left(\bar{r} - \bar{q} - \frac{1}{2}\sigma^2\right)T\right\} \tag{3.3.12}$$

这里

$$\bar{q} = \frac{1}{T}\int_0^T q(s)\,ds \tag{3.3.13}$$

特别地，Black - Scholes 定价公式可以推广到有红利支付的标的资产情形。欧式衍生证券的一般定价公式为

$$f(S,T) = e^{-rT}E\left[F\left(S_0\exp\left(\sigma\sqrt{T}Z + \left(\bar{r} - \bar{q} - \frac{1}{2}\sigma^2\right)T\right)\right)\right]$$

这里 Z 是一个标准正态变量。注意到与前面结果中风险中性平均回报率水平的差别。基于具有连续红利率 q 的标的资产的欧式看涨期权定价的 Black - Scholes 公式为

$$C(S,K;T) = Se^{-qT}N(d_1) - Xe^{-rT}N(d_2) \tag{3.3.14}$$

这里

$$d_1 = \frac{1}{\sigma\sqrt{T}}\log\left(\frac{Se^{(r-q)T}}{X}\right) + \frac{1}{2}\sigma\sqrt{T},\quad d_2 = d_1 - \sigma\sqrt{T} \tag{3.3.15}$$

这时期权的 Δ 为

$$\Delta(S,T) = e^{-qT}N(d_1)$$

二、以期货合约为标的资产的衍生证券定价

在证券市场上，许多衍生证券是以期货合约为标的资产的，如欧洲美元期货期权、国债期货期权等。这里我们考虑以期货合约为标的资产的欧式衍生证券的定价问题。在构造基于期货合约的衍生证券的无套利模型的过程中，必须考虑期货合约的现金流结构。我们后面将会看到，期货期权与具有连续红利支付的标的资产情形非常类似。

设 $F_n, n=0,1,\cdots,N$ 代表 N 个不同的交易周期后的期货价格序列。我们假设每个交易期后期货合约都进行盯市操作，这样在第 n 个周期后，期货合约多头将在下一个周期得到 $(F_{n+1} - F_n)$。与通常一样，我们假设在每一周期期货价格服从一个二叉树模型

$$F_{n+1} = F_n u_n \quad 或 \quad F_n d_n$$

这里 u_n 和 d_n 为参数，并满足条件

$$u_{n+1}d_n = d_{n+1}u_n$$

这样能保证价格轨线构成一个二叉树。

由于期货合约的头寸可以零成本取得，因此期货合约可以看做这样一种证券：市场价值为零，给其持有者带来现金流（$F_{n+1} - F_n$）。为确定随机变量 F_n 的风险中性概率测度，考虑这样一个投资者，该投资者在第 n 个交易期后持有期货合约的多头。现在我们来关注单周期的现金流。路径 $(F_n)_{n=0}^N$ 集合上的风险中性概率测度应该使期货合约的价值（等于零）是其现金流的贴现期望值。所以有

$$0 = e^{-r_n dt}E[F_{n+1} - F_n \mid F_n]$$

或简记为

$$F_n = E[F_{n+1} \mid F_n] \tag{3.3.16}$$

该式说明在无套利定价测度下，$(F_n)_{n=0}^{N}$ 一定是一个鞅过程，即任何无套利价格都将使今天的期货价格成为对随后的期货价格的一个公平赌博。与前面讨论相同，在二叉树中，两个状态（上升或下降）的条件概率完全由参数 u_n 和 d_n，以及（3.3.16）式所决定。事实上，我们有

$$\begin{cases} P_u^{(n)} + P_d^{(n)} = 1 \\ P_u^{(n)} u_n + P_d^{(n)} d_n = 1 \end{cases} \tag{3.3.17}$$

从中可解得

$$P_u^{(n)} = \frac{1 - d_n}{u_n - d_n} \tag{3.3.18a}$$

$$P_d^{(n)} = \frac{u_n - 1}{u_n - d_n} \tag{3.3.18b}$$

由于这些概率独立于 F_n，因此我们得出结论：任意的风险中性概率测度使得 $(F_n)_{n=0}^{N}$ 是一个乘积随机游动，即 $\log F_n$ 服从一个标准的具有独立增量的随机游动。

在一般情况下，这个二叉树模型，可以用上述给出的方法，以适应给定的利率期限结构和期货价格的波动率期限结构。在最简单的情形中，即局部波动率为常数时，期货价格上升和下降的概率可由（3.3.9）式给出，且

$$F_N^j = F_0^0 \frac{(e^{\rho\sqrt{dt}})^j (e^{-\rho\sqrt{dt}})^{n-j}}{(P_d^{(n)} e^{-\rho\sqrt{dt}} + P_u^{(n)} e^{\rho\sqrt{dt}})^n} \tag{3.3.19}$$

到期日价值为 $G(F_N)$ 的欧式或有证券的定价方程为

$$\begin{cases} f_n^j = e^{-rdt}[P_u f_{n+1}^{j+1} + P_d f_{n+1}^j] \\ f_N^j = G(F_N^j) \end{cases} \tag{3.3.20}$$

注意当前的这个递推方程的形式与标的资产红利率 $q_n = r_n$ 情形的衍生证券的定价方程是一样的。假设期货合约是基于价格为 S_n 的标的证券的，期货价格在第 N 个周期末的收敛于标的资产的价格，即 $F_N = S_N$（为简单起见，我们假设交易证券无红利支付）。由于第 N 期后，期货头寸的现金流与远期合约的现金流相同，可有

$$F_n = S_n \exp\left\{\sum_{k=n}^{N-1} r_k dt\right\} \tag{3.3.21}$$

因此，期货价格等于一定数量的交易证券（其数量随时间改变而变化）的价值。下一个交易期后，这个“等价组合”的价值为

$$\hat{F}_{n+1} = S_{n+1} \exp\left\{\sum_{k=n}^{N-1} r_k \Delta t\right\} = F_{n+1} e^{r_n \Delta t}$$

这表明，等价组合的价值略高于 F_{n+1}，超额部分可以看作每一期后支付的红利，最后一个方程给出相应的等价组合的除息和含息价值的之间的关系。这里记 α_n 为红利率，则有

$$1 - \alpha_n = e^{-r_n \Delta t}$$

我们现在讨论基于期货合约的衍生证券的动态对冲问题。对冲策略由一个货币市场账户和一个期货头寸组成。同股票情形一样，对冲组合中期货合约的数量等于或有证券理论价值对期货价格的敏感性。更精确地，假设在所有节点处的价值 f_n^j 都已经计算出来了，则在结点 (n, j) 处复制组合为：在货币市场账户中投资 f_n^j，签订 Δ_n^j 份的期货合约（成本为零）。

为求出“对冲比率”Δ_n^j，我们需要复制在接下来的两个结点处计算出来的衍生证券的两个可能的现金流，即求解下面方程组

$$\begin{cases}\Delta_n^j(F_{n+1}^{j+1}-F_n^j)+(1+\hat{r}_n)f_n^j=f_{n+1}^{j+1}\\ \Delta_n^j(F_{n+1}^{j}-F_n^j)+(1+\hat{r}_n)f_n^j=f_{n+1}^{j}\end{cases}$$

由这两个方程得

$$\Delta_n^j=\frac{f_{n+1}^{j+1}-f_{n+1}^{j}}{F_{n+1}^{j+1}-F_{n+1}^{j}} \tag{3.3.22}$$

第四节
美式期权

在本节，我们讨论美式期权。这种期权赋予持有者在未来一个不确定时期执行期权的权力，欧式期权则只能在一个指定的时间执行。美式期权是具有时间选择性的衍生证券中形式最简单的证券。

一、美式期权理论价值

美式期权的持有者有权在到期日前的任何时间执行期权，美式期权提前执行的理由可分为两种情况：一是通过执行看涨期权，持有者可以获得标的资产的红利收入；二是通过执行看跌期权，持有者可以卖出标的资产并投资于货币市场，从而获取相应的利息。

为确定起见，考虑到期日为 T 的看涨期权，如果期权在时间 $\tau\leqslant T$ 被执行，则支付为

$$\max(S_\tau-X,0) \tag{3.4.1}$$

这里是 S_τ 证券的价格，X 为敲定价格。根据套利定价理论，在时间 τ 交割并按（3.4.1）进行支付的一个证券的公平价格为

$$E[e^{-r\tau}\cdot\max(S_\tau-X,0)] \tag{3.4.2}$$

这里 E 表示路径集合$\{S_t,0\leqslant t\leqslant T\}$上定义的风险中性概率下的期望算子。无论 τ 是确定性的还是随机性的（后一种情况 τ 是停时），（3.4.2）式都是正确的。

定义 3.4.1 停时 τ 是在［0，T］内取值的这样一个随机变量，事件｛$\tau=t$｝是否发生，即是否于时间 t 停止，取决于路径$\{s_u,0\leqslant u\leqslant t\}$。

对于美式期权，执行时间 τ 事先并不知道。然而，由于持有者有权在任意时间执行，这个期权的理论值应为

$$f_{am}=\sup_{0\leqslant\tau\leqslant T}E[e^{-r\tau}\cdot\max(S_\tau-X,0)] \tag{3.4.3}$$

这里上确界是对所有可能的停时来取的。

二、提前执行溢价

如果将一个美式期权与一个具有相同敲定价格 X 和到期日 T 的欧式期权相比，其是否

具有额外附加价值？为研究这个问题，记时间 $t\leqslant T$ 时，一个美式期权和一个欧式期权的公平价值分别为 $f_{am}(S,t)$ 和 $f(S,t)$，内在价值记为 $F(S)$。我们可以看到，如果欧式期权的理论价值满足

$$f(S,t)\geqslant F(S)\equiv \text{内在价值},\ t\leqslant T \tag{3.4.4}$$

对所有的 S 都成立，则美式期权没有提前执行的升水（此时 $f_{am}=f$）。

事实上，美式期权的理论价值一定满足

$$f_{am}(S,t)\geqslant f(S,t) \tag{3.4.5}$$

这样由（3.4.4）式有

$$f_{am}(S,t)\geqslant F(S)$$

于是我们可以得出结论：美式期权的持有者不在时间 t 执行将得到更高的价值。因此，（3.4.4）式表明 $\tau=T$。再由（3.4.3）式有

$$f_{am}(S,t)=f(S,t),\ \text{对所有的}\ S>0\ \text{和}\ 0\leqslant t\leqslant T$$

反之，如果 $f_{am}=f$，则由于

$$f_{am}(S,t)\geqslant F(S)$$

我们有

$$f(S,t)\geqslant F(S),\ \text{对所有的}\ S>0\ \text{和}\ 0\leqslant t\leqslant T$$

由这些讨论，我们有

定理 3.4.1　下面两个事实等价

（i）$f(S,t)\geqslant F(S)$，对所有的 (S,t)；

（ii）$f_{am}(S,t)=f(S,t)$，对所有的 (S,t)。

由此又有

定理 3.4.2　下面两个事实等价

（i）$f_{am}(S,t)>f(S,t)$，对所有的 (S,t)；

（ii）$F(S)>e^{-r(T-t)}F(e^{(r-q)(T-t)}S)$，对某些 (S,t)。

证明：为确定起见，假设期权为看涨期权。我们记其理论价值为 $C(S,X,t)$，由 Black - Scholes 定价公式，看涨期权的理论价值满足

$$C(S,X,t)\propto Se^{-q(T-t)}-Xe^{-r(T-t)}\propto e^{-r(T-t)}F(e^{(r-q)(T-t)}S),\ \text{当}\ S\gg X\ \text{时} \tag{3.4.6}$$

假设（ii）对某个 $(\bar{S},t)$ 成立，则由几何图形上可以看出（ii）中的不等式对所有大于 $\bar{S}$ 的 S 值均成立，所以由（3.4.6）式，我们有

$$C(S,X,t)<F(S),\ \text{对}\ S\gg X\ \text{和某些时间}\ t$$

如图 3 - 1 所示。

这样由定理 3.4.1，美式期权有提前执行的可能，其价值高于 $f(S,t)$。

反之，如果（i）成立，则由定理 3.4.1，$C(S,X,t)<F(S)$，对某些时间 (S,t)。由（3.4.6）式，我们可有

$$F(S)>e^{-r(T-t)}F(e^{(r-q)(T-t)}S)$$

对某些时间 (S,t) 成立。

类似地可以对看跌期权进行分析。

由定理 3.4.2 可以推出如下重要结论。

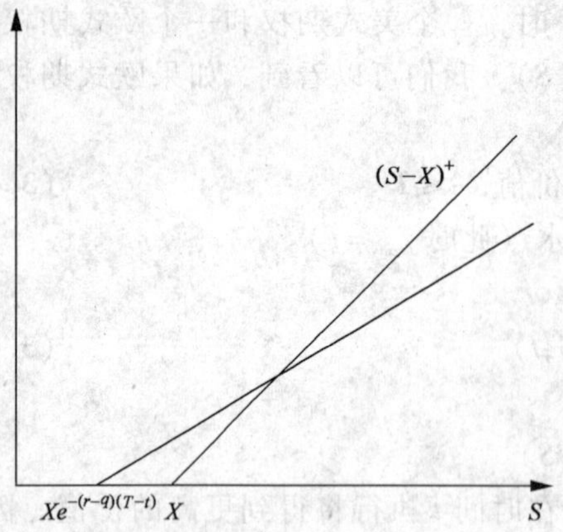

图 3－1a　$r>q>0$ 情形

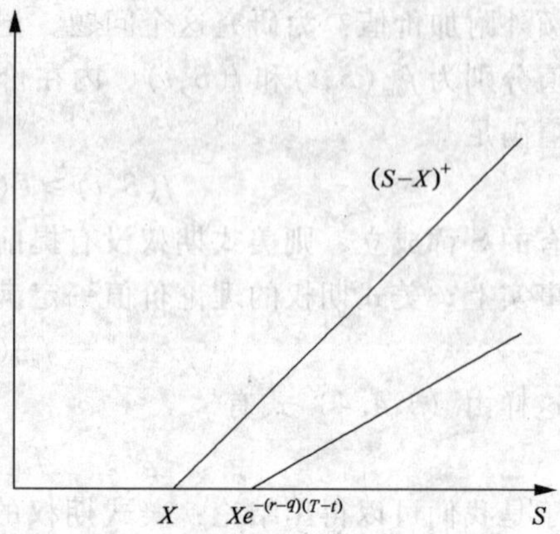

图 3－1b　$q>r>0$ 情形

定理 3.4.3　假设无风险利率为 r，连续红利率为 q。

(i) 当且仅当 $q>0$ 时，看涨期权具有提前执行的价值；

(ii) 当且仅当 $r>0$ 时，看跌期权具有提前执行的价值。

特别地，无红利支付的股票的美式看涨期权没有提前执行的溢价。另一方面，股票的看跌期权具有提前执行的价值因为利率是非零的。期货的美式期权永远有提前执行的价值，因为期货的红利率为 q = r。

三、美式期权的二叉树定价：动态规划方法

我们这里用二叉树模型及其对数正态极限模型讨论美式期权的定价问题。我们可以看到即使假设参数（波动率、漂移率）为常数，美式期权的理论价值也无法给出像欧式期权定价的 Black－Scholes 公式这样的简单的表达式。美式期权的价格和最优执行时间必须通过数值计算得到。

假设波动率，红利率和利率都是已知的，考虑具有如下参数的二叉树模型

$$u=\frac{e^{\sigma\sqrt{dt}+rdt-qdt}}{\cosh(\sigma\sqrt{dt})},\ d=\frac{e^{-\sigma\sqrt{dt}+rdt-qdt}}{\cosh(\sigma\sqrt{dt})} \tag{3.4.7}$$

且

$$P_u=P_d=\frac{1}{2}$$

我们知道在结点 (n,j) 处标的资产的价格为

$$S_n^j=S_0^0u^jd^{n-j}\qquad 0\leqslant j\leqslant n\leqslant N \tag{3.4.8}$$

利用二叉树模型，我们可以递归地计算出美式期权的价值，具体做法如下：

设 f_n^j 表示结点 (n,j) 处的期权的价值，并假设结点 (n,j) 之后的两个结点处的期权价值 f_{n+1}^{j+1} 和 f_{n+1}^j 已经确定。由二叉树模型的分析我们可知，在时间 n 存在一个由股票和现金构成的组合，它在时间 $(n+1)$ 复制两个现金流 f_{n+1}^{j+1} 和 f_{n+1}^j。这个复制组合的价值为

$$e^{-rdt}(P_uf_{n+1}^{j+1}+P_df_{n+1}^j) \tag{3.4.9}$$

因此，当期权没有在时间 t_n 被执行的情况下，期权的理论价值由（3.4.8）式给出。然

而，期权持有者可以在时间 t_n 执行期权得到内在价值 $F(S_n^j)$。显然，是否作出执行的决策取决于由（3.4.9）式给出的持有期权的价值超出还是没超出内在价值 $F(S_n^j)$。所以在时间 t_n，$S_n = S_n^j$ 时，美式期权的理论价值应当满足

$$f_n^j = \max\{F(S_n^j), e^{-rdt}\{P_u f_{n+1}^{j+1} + P_d f_{n+1}^j\}\} \tag{3.4.10}$$

方程（3.4.10）称为动态规划方程。

一旦在到期日 T 期权的价值给定，即

$$f_N^j = F(S_N^j) \tag{3.4.11}$$

利用方程（3.4.10）可以递归地求出所有结点处的期权价值，这一点和欧式期权定价的线性递归关系是一样的。

动态规划方程可以用来发现给定当前价格和距离到期日的期限情况下期权是否应当执行。更准确地说，二叉树的结点分为两类，一类结点满足

$$f_n^j > F(S_n^j) \tag{3.4.12a}$$

另一类结点满足

$$f_n^j = F(S_n^j) \tag{3.4.12b}$$

满足（3.4.12a）式的结点对应于期权不应执行的价格水平 S_n^j。反之，如果（3.4.12b）在某个结点得到满足，期权应该执行。特别的，最优停时如下给出

$$\tau^* = \mathrm{Min}\{ndt: f_n^j = F(S_n^j)\} \tag{3.4.13}$$

我们将使得 $f_n^j = F(S_n^j)$ 的点 (S_n^j, ndt) 构成的集合称为执行区域。由上面的方程可以看出，执行区域具有简单的几何特征。对于看涨期权，如果标的资产的价格充分高，期权将被执行。如果标的资产的价格充分低，看跌期权将被执行。执行区域的补集称为持有区域。

四、美式期权的对冲

美式期权的 Δ 由差商给出

$$\Delta_n^j = \frac{f_{n+1}^{j+1} - f_{n+1}^j}{S_{n+1}^{j+1} - S_{n+1}^j} \tag{3.4.14}$$

这里 f_n^j 是由（3.4.10）和（3.4.11）得到的解。假设一个交易者卖出一份美式期权，并决定对冲他的暴露，利用一个由 Δ 份股票和现金构成的自融资投资组合来对冲风险。具体来讲进行如下操作：

（i）在时间 $t=0$，一个投资者卖出一份美式期权；

（ii）随后在 $t_n = ndt(n \geqslant 0)$ 时构造一个动态对冲，组合中包括 Δ_n 份的股票和价值为 $b_n = f_n - \Delta_n \cdot S_n$ 的债券；

（iii）期权的购买者在某个时间 $\tau \leqslant T$ 执行期权。

我们可以说明无论是否执行，这个策略对于卖出期权的人来讲是没有风险的。为说明这一点，注意到动态规划方程确保了在时间 t_n（持有者执行之前）复制组合价值等于 f_n。因为动态规划方程的解满足

$$f_n^j \geqslant F(S_n^j) \quad \forall j, \forall n$$

复制组合的价值将永远至少等于期权的内在价值（期权的卖出者面临的义务），因此这

个策略是无风险的。

五、$dt \ll 1$ 时美式期权定价方程的自由边界问题

在实际中，美式股票期权可以在合约鉴定到到期日之前的任意时间执行。这就要涉及 $dt \ll 1$ 的情况。在计算上，我们考虑网格非常细化的一个二叉树模型。

这里以一个具体例子说明 $dt \to 0$ 时美式期权价格的收敛性。考虑 6 个月期的美式看跌期权，假设 $r = 10\%$，$\sigma = 0.3$，红利率为零，$S = X = 50$ 美元。我们可以发现，当二叉树模型的时间步长越来越小时，求出的期权价格逐渐收敛，见表 3－4。

表 3－4　　不同 dt 得到的美式期权价格估计值

dt	$f(100)$
1/24	3.2330
1/48	3.2543
1/96	3.2636
1/240	3.2693
1/360	3.2705
1/3600	3.2727

我们看到为了充分接近期权的价值，必须要求使网格充分细化。在表中第一个值大体相当于时间步长为一个月的情况。最后一项相当于每天有 10 个执行时间，本质上来说这已经就是连续极限。

在 $dt \ll 1$ 的极限情况，递归关系（3.4.10），（3.4.11）的解可以表示为一个具有自由边界条件的偏微分方程的解。这个自由边界给出了期权价值等于其内在价值的区域（执行区域）的几何边界。当 $dt \to 0$ 时，二叉树模型中的自由边界逼近连续模型中的自由边界。图 3－2 给出了利用 $dt = 1/2400$ 时的二叉树模型计算出来的自由边界。

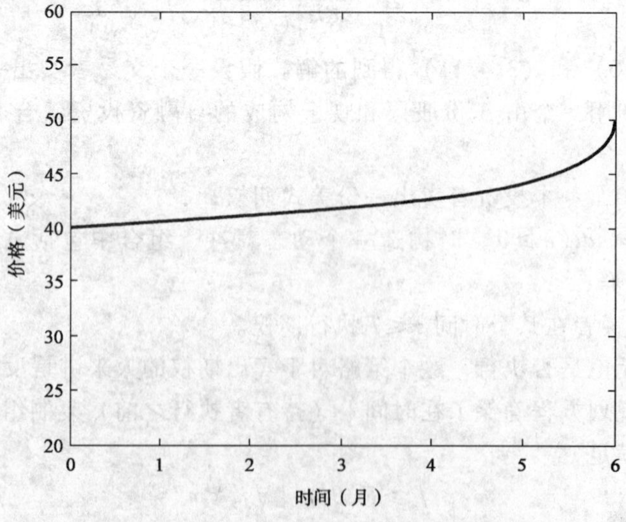

图 3－2　利用二叉树模型求出的自由边界

由前面分析我们知道平面可以分解为执行区域和持有区域。在执行区域 $V_n^j = F(S_n^j)$，在持有区域，动态规划方法简化为线性关系

$$f_n^j = e^{-rdt}\{P_u f_{n+1}^{j+1} + P_d f_{n+1}^j\} \tag{3.4.15}$$

这个关系与欧式衍生证券所满足的关系是相同的。所以当 $dt << 1$ 时美式期权应满足 Black－Scholes 微分方程于持有区域。更精确地，设 $f(S,t)$ 表示执行区域外美式期权的极限值，即

$$f(S,t) = \lim_{S_n^j = S,(N-n)dt = t, dt\to 0} f_n^j$$

这里，t 表示距期权到期日的时间，则由欧式或有证券的分析过程，我们知道 $f(S,t)$ 满足方程

$$\frac{\partial f(S,t)}{\partial t} = \frac{1}{2}\sigma^2 S^2 \frac{\partial^2 f(S,t)}{\partial S^2} + (r-q)S\frac{\partial f(S,t)}{\partial S} - rf(S,t) \tag{3.4.16}$$

于持有区域内。在到期日，我们有 $f(S,0) = F(S)$。除此之外，为了给美式期权定价还需要我们给出执行区域边界和恰当的边界条件。

定理 3.4.4　设 B 为执行区域的边界，则有

$$f(S,t) = F(S) \qquad \forall (S,t) \in B \tag{3.4.17}$$

$$\frac{\partial f(S,t)}{\partial S} = F'(S) \qquad \forall (S,t) \in B \tag{3.4.18}$$

$$\Theta(S,t) = \frac{\partial f(S,t)}{\partial t} = 0 \qquad \forall (S,t) \in B \tag{3.4.19}$$

证明：为表述简便，我们考虑两种简单的支付情形，即看涨期权和看跌期权，其支付分别为 $F_{call}(S) = \max(S-X,0)$ 和 $F_{put}(S) = \max(X-S,0)$。这时 $F'_{call}(S) = 1$，$F'_{put}(S) = -1$。

首先（3.4.17）式是显然的。我们主要证明（3.4.18）式和（3.4.19）式。

对于每个 t，设 $S_h(t)$ 表示执行区域和持有区域的连接点，则有

$$f(S_h(t),t) = F(S_h(t)) \tag{3.4.20}$$

因此 $(S_h(t),t) \in B$。由于期权的价值不能低于内在价值，故沿执行边界 B 我们有

$$\left.\frac{\partial f(S,t)}{\partial S}\right|_{S=S_h(t)} = \begin{cases} \geqslant -1 & \text{看跌期权} \\ \leqslant 1 & \text{看涨期权} \end{cases} \tag{3.4.21}$$

我们这里将证明，无论是看跌期权还是看涨期权，（3.4.21）式中的等号都严格成立。

我们以看涨期权为例进行讨论。显然，$f(S,t) \geqslant F_{call}(S)$。$f(S,t)$ 的图形（对任意固定的 t 作为 S 的函数）位于 $F_{call}(S)$ 的上方。这说明 $f(S,t)$ 的图形在点 $S = S_h(t)$ 处的切线斜率小于或等于 $F_{call}(S)$ 的斜率（当 S > X 时为 1）。故我们需要证明严格不等式 $\left.\frac{\partial f(S,t)}{\partial S}\right|_{S=S_h^-(t)} < 1$ 不成立。这里上标"－"表示左导数。

为证明这一点，考虑一个正在利用 Δ－对冲复制期权的交易者所面临的问题。无风险对冲的存在性蕴涵着对固定的 t，$f(S,t)$ 的图形一定与内在价值 $F(S)$ 在点 $S_h(t)$ 处相切。

这里我们给出一个金融结论，如果 $\left.\frac{\partial f(S,t)}{\partial S}\right|_{S=S_h^-(t)} < 1$，则看涨期权的卖出者将不能用

Δ - 对冲方法保护自己并可能遭受无界的损失。

事实上，在自由边界的一个点 $S=S_h(t)$ 处，如果时间 dt 以后股价向上移动到 $S>S_h(t)$ 处，它就会保留在执行区域。

因此看涨期权的价值等于它的内在价值，这样

$$df=dS$$

这要求期权的卖出者必须买入 $\Delta=1$ 股的股票才能使自己免受股票价格上涨的损失。

然后考虑股价下降时他的处境，这时股价返回持有区域。经过一个小的时间 dt 后，股票价值的改变量为

$$dS=\sigma S_h(t)\,dW\sim\sigma S_h\varepsilon\sqrt{dt}$$

这里 ε 为标准正态随机变量，经过一个小的时间 dt 后期权价值的变化为

$$\begin{aligned} df &= \left.\frac{\partial f}{\partial S}\right|_{S=S_h^-(t)} dS \\ &= \left.\frac{\partial f}{\partial S}\right|_{S=S_h^-(t)} \sigma S_h\varepsilon\sqrt{dt} \end{aligned}$$

由于看涨期权的卖出者已经选择持有一个单位的股票，其组合的价值改变量 dV 将为 $(-dC+1\cdot dS)$。故有

$$dV=\begin{cases}0 & dS>0\text{ 时}\\ \sigma S_h\left(\left.\dfrac{\partial f}{\partial S}\right|_{S=S_h^-(t)}-1\right)\varepsilon\sqrt{dt} & dS<0\text{ 时}\end{cases} \tag{3.4.22}$$

这样其组合改变量的期望值将为

$$E(dV)=\frac{\sigma S_h}{\sqrt{2\pi}}\left(\left.\frac{\partial f}{\partial S}\right|_{S=S_h^-(t)}-1\right)\sqrt{dt} \tag{3.4.23}$$

很明显，如果 $\left.\dfrac{\partial f}{\partial S}\right|_{S=S_h^-(t)}$ 是严格小于 1 的，这个损失平均来讲将为负的。

更精确地，如果在一段时间 δt 内（$dt\ll\delta t\ll T$）股价从自由边界上的值 $S=S_h(t)$ 开始进行随机游动，看涨期权卖出者将面临如下阶数的损失

$$o\left(\sigma S_h\sqrt{dt}\frac{\delta t}{dt}\left(\left.\frac{\partial f}{\partial S}\right|_{S=S_h^-(t)}-1\right)\right)$$

由于在这样的一个期间内可能交易的数量是 $o(\dfrac{\delta t}{dt})$，卖出者的损失随着 $dt\to0$ 而变得无界。因此唯一的可能性，就是关于 S 的导数在穿越 B 时是连续的。

（3.4.19）式可由这个性质和（3.4.20）式立即得到。首先考虑看跌的情形，将（3.4.20）式关于 t 求微分，可有

$$\frac{\partial f(S(t),t)}{\partial S}\cdot\dot{S}(t)+\frac{\partial f(S(t),t)}{\partial t}=-\dot{S}(t)$$

这里 $\dot{S}(t)$ 表示 $S(t)$ 关于 t 的导数。所以利用（3.4.18）式以及 $F'(S_t)=-1$，我们得到

$$\frac{\partial f(S(t),t)}{\partial t}=0$$

对美式看涨期权的（3.4.19）式的证明是类似的。

Θ 在自由边界上为零意味着一个代理人卖出美式期权并用 Δ 进行对冲沿着自由表面将是 Gamma 中性的。事实上，由 B－S 方程期权的 Γ 满足

$$\Theta=\frac{\partial V(S(t),t)}{\partial t}=\frac{1}{2}\sigma^2S(t)^2\Gamma(S(t),t)+(r-q)S(t)\Delta(S(t),t)-rV(S(t),t) \tag{3.4.24}$$

因此，如果动态对冲使得组合的 Delta 和总价值均为零，则由（3.4.24）式知沿着执行边界 $\Gamma=0$。

第五节

数值计算问题

本节讨论改进的二叉树模型定价的数值计算问题。我们考虑如下一个美式看涨期权的定价问题。

【例 3.5.1】 假设当前股票价格为 100 美元，股票价格波动率为 0.4，股票的红利率为 0.05，市场无风险利率为 0.1。现有一个以该股票为标的资产的美式看涨期权，到期期限为 1 年，敲定价格为 100 美元。求该期权的价格。

我们利用 Matlab 来进行计算，具体程序如下

```
%%%%%%%%%%%%%%%%%%%%%%%%%%%%%%%%%%%%%%%%%%%%%%%%%%%%%%%%%%%%%%%%%%
%%二叉树方法计算美式看涨期权的价格                              %%
%%%%%%%%%%%%%%%%%%%%%%%%%%%%%%%%%%%%%%%%%%%%%%%%%%%%%%%%%%%%%%%%%%
%输入具体参数
st=100                  %当前股价
sp=100                  %执行价格
r=0.1                   %利率
T=1                     %期权有效期
sigma=0.4               %波动率
q=0.05                  %红利率
n=1200                  %步数
dt=T/n                  %时间步长
%%%%%%%%%%%%%%%%%%%%%%%%%%%%%%%%%%%%%%%%%%%%%%%%%%%%%%%%%%%%%%%%%%%%%%
%计算二叉树参数
u=exp((r-q)*dt)*exp(sigma*sqrt(dt))/(0.5*exp(-sigma*sqrt(dt))+0.5*exp
(sigma*sqrt(dt)));
                                                         %计算上升比率
d=exp((r-q)*dt)*exp(-sigma*sqrt(dt))/(0.5*exp(-sigma*sqrt(dt))+0.5*
```

```
exp(sigma * sqrt(dt)));
                                                              %计算下降比率
    p=0.5                        %计算上升概率
    %%%%%%%%%%%%%%%%%%%%%%%%%%%%%%%%%%%%%%%%
    %构造二叉树矩阵，a表示行数，b表示列数（第b步），mx为股价矩阵，fx为期权内
在价值
    for b=1:n+1
      for a=1:b;
        mx(a,b)=st*power(u,b-a)*power(d,a-1);
        fx(a,b)=max(mx(a,b)-sp,0);
    end;
end;
    %%%%%%%%%%%%%%%%%%%%%%%%%%%%%%%%%%%%%%%%
    %计算美式期权价格矩阵afx和欧式期权价格矩阵efx
    for a=1:n+1                                    %到期时(b=n+1)的期权价格
      afx(a,n+1)=fx(a,n+1);
      efx(a,n+1)=fx(a,n+1);
    end
    for bb=1:n                   %倒推前面各期(b=n-1,--->1)期权价格efx和afx
      b=n+1-bb;
    for a=1:b;
        efx(a,b)=(efx(a,b+1)*p+efx(a+1,b+1)*(1-p))*exp(-r*dt);
        afx(a,b)=max((afx(a,b+1)*p+afx(a+1,b+1)*(1-p))*exp(-r*dt),
fx(a,b));  %当前美式期权价格afx(a,b)由下一期美式期权价格afx(a,b)和内在价值决定
    end;
end;
%%%%%%%%%%%%%%%%%%%%%%%%%%%%%%%%%%%%%%%%
%输出结果
AmeOptionPrice=afx(1,1)
ErouOptionPrice=efx(1,1)
```

运行后输出结果为

```
AmeOptionPrice=
    17.1614
ErouOptionPrice=
    17.1497
```

由此可见美式期权价格高于欧式期权价格。

习　题

1. 假设不同期限的利率由下表给出

期限	1月	2月	3月	6月	9月	12月
利率（%）	5.5	5.75	6	6.1	6.05	6.2

求各时间区间内的远期连续复利率。

2. 假设某股票当前价格为50美元，股票价格波动率为30%。未来有三个连续的时间周期，每个周期时间长度为1个月，相应期间上的远期利率由习题1给出。求敲定价格为55美元、有效期为3个月的欧式看涨期权的价格。

3. 假设某股票的当前价格为30美元，市场无风险利率为10%。市场上有三种以该股票为标的资产的欧式期权：

期权A：敲定价格为25美元、有效期为1个月的看涨期权，价格为1.2美元；

期权B：敲定价格为35美元、有效期为2个月的看跌期权，价格为1.6美元；

期权C：敲定价格为25美元、有效期为3个月的看涨期权，价格为2美元；

（1）求不同期限的隐含波动率；

（2）求对应区间的远期波动率；

（3）构造三个时间周期的股票价格二叉树，每个周期时间长度为1个月；

（4）现有一个以上述股票为标的资产、敲定价格为32美元、期限为3个月的欧式看涨期权，求该期权的价格。

4. 假设某股票当前价格为50美元，股票价格波动率为20%，股票的红利率为5%（连续复利），无风险利率为15%（连续复利）。未来有4个连续的时间周期，每个周期时间长度为3个月。求以上述股票为标的资产、敲定价格为45美元、有效期为1年的欧式看涨期权的价格。

5. 假设某种期货价格为80美元，波动率为20%，无风险利率为12%（连续复利）。未来有3个连续的时间周期，每个周期时间长度为2个月。求敲定价格为80美元、有效期为6个月的欧式看涨期货期权的价格。

6. 现有一个不分红股票的美式看跌期权，有效期为6个月，股票价格为30美元，波动率为30%，无风险利率为15%，敲定价格为30美元。试构造一个时间间隔为2个月的二叉树模型为该期权定价。

7. 现有一个金属期货的美式看涨期权，有效期为9个月，期货价格为200美元，波动率为30%，无风险利率为10%，敲定价格为210美元。试构造一个时间间隔为3个月的二叉树模型为该期权定价。

8. 假设某个股票当前价格为30美元，有两个时间周期，每个周期的时间长度为3个月，每个周期内股票价格或者上涨10%，或者下降10%。无风险利率为12%（连续复利）。

（1）求敲定价格为32美元的美式看跌期权的价格；

（2）求使美式看跌期权立即执行的最小敲定价格。

第四章 DISIZHANG

Black - Scholes 期权定价模型

第一节

股票价格的演化模型

期权是衍生工具，要相对于标的资产的价格来进行其定价，使用的是相对定价法。因此，要为期权定价首先必须要研究标的资产价格的变化。

一、布朗运动及伊藤过程

布朗运动（Brownian Motion），又称维纳过程（Wiener Process）。19 世纪 20 年代，一位名叫布朗（Robert Brown）的英国植物学家通过观察悬浮于水中的花粉注意到，花粉的运动并没有遵循任何规则的模式，而是呈现出随机运动的状态，和水的任何流向都毫无关系。随后，这种运动就被称为布朗运动。然后，真正从数学上给描述布朗运动的随机过程的定义的是美国数学家维纳（Norbert Wiener），因此布朗运动又被称为维纳过程。

定义 4.1.1 称一个随机过程 $\{W(t), t\in[0,+\infty)\}$ 为维纳过程，如果满足以下两个条件

(i) 在某一个很小的时间间隔长度 Δt 内，随机过程的增量 ΔW 与时间段 Δt 满足

$$\Delta W(t)=\varepsilon_t\sqrt{\Delta t} \tag{4.1.1}$$

其中 $\Delta W(t)=W(t+\Delta t)-W(t)$，$\varepsilon_t$ 是服从独立同分布的标准正态分布 $N(0,1)$ 的随机变量，即 $\varepsilon_t\sim iidN(0,1)$。

(ii) 对于两个不重叠的时间间隔 Δt 和 Δs，$\Delta W(t)$ 和 $\Delta W(s)$ 是独立的，即有

$$\mathrm{cov}(\Delta W(t),\Delta W(s))=0 \tag{4.1.2}$$

其中 $\Delta W(t)=W(t+\Delta t)-W(t)$，$\Delta W(s)=W(s+\Delta s)-W(s)$，$t<t+\Delta t<s<s+\Delta s$。

由（4.1.1）式可以得出，$\Delta W(t)\sim N(0,\Delta t)$，条件（ii）称为增量独立性质。由随机过程的知识可知，维纳过程（或布朗运动）是马尔可夫过程的一种。

现在将时间间隔由很小的长度 Δt 扩展到任意长度 T，时间 T 可视为 N 个时间间隔为 Δt 的加总（$N=T/\Delta t$），则随机过程 $W(t)$ 在时间 T 内的变化量可视为在 N 个 Δt 内的变化总

量，即有

$$W(T) - W(0) = \sum_{i=1}^{N} \Delta W_i = \sum_{i=1}^{N} (\varepsilon_i \sqrt{\Delta t}) = \sqrt{\Delta t} \sum_{i=1}^{N} \varepsilon_i \tag{4.1.3}$$

因此，

$$E(W(T) - W(0)) = \sqrt{\Delta t} E(\sum_{i=1}^{N} \varepsilon_i) = \sqrt{\Delta t} \sum_{i=1}^{N} E(\varepsilon_i) = 0(\text{因为 } E(\varepsilon_i) = 0) \tag{4.1.4}$$

$$D(W(T) - W(0)) = \Delta t \cdot D(\sum_{i=1}^{N} \varepsilon_i) = \Delta t \cdot N = T(\text{因为 } D(\varepsilon_i) = 1) \tag{4.1.5}$$

所以有 $W(T) - W(0) \sim N(0,T)$。

此外，令 $\Delta t \to 0$，则得到微分形式的维纳过程

$$dW(t) = \varepsilon_t \sqrt{dt} \tag{4.1.6}$$

此时有

$$dW(t) \sim N(0,dt) \tag{4.1.7}$$

$$E(dW(t)) = 0 \tag{4.1.8}$$

$$D(dW(t)) = dt \tag{4.1.9}$$

$$\text{cov}(dW(t),dW(s)) = 0 \tag{4.1.10}$$

定义 4.1.2　称一个随机过程$\{x(t), t \in [0, +\infty)\}$为广义维纳过程（Generalized Wiener process），如果该过程可表示为

$$dx(t) = adt + bdW(t) \tag{4.1.11}$$

其中 a、b 为常数，$dW(t)$ 遵循标准维纳过程，即 $dW(t) \sim N(0,dt)$。

这里我们引入两个概念：(1) 漂移率，是指单位时间内变量过程增量的均值；(2) 方差率，是指单位时间内过程增量的方差。对于广义维纳过程，a 为漂移率，b^2 为方差率。

由（4.1.6）式可知

$$dx(t) = adt + b\varepsilon_t \sqrt{dt}$$

由此容易证明，一般维纳过程具有性质

$$dx(t) \sim N(adt, b^2 dt) \tag{4.1.12}$$

在实际问题中，很多随机现象无法用漂移率和方差率为常数的广义维纳过程来描述，需要引进更为一般的随机过程的概念。

定义 4.1.3　称随机过程$\{x(t), t \in [0, +\infty)\}$为伊藤过程，如果该过程可表示为

$$dx(t) = a(x,t)dt + b(x,t)dW(t) \tag{4.1.13}$$

其中 $a(x,t)$、$b(x,t)$为变量 x 和 t 的函数。

伊藤过程是人们对于资产价格变化过程的一个常见的描述。

二、伊藤引理

定义 $G(x,t)$为随机变量 x 及时间 t 的函数。如果随机变量 x 代表证券价格，则 $G(x,t)$ 可以代表以该证券为标的资产的衍生证券的价格。我们需要研究 $G(x,t)$的微分，在此有如下结论。

定理 4.1.1（伊藤引理）　假设随机过程$\{x(t), t \in [0, +\infty)\}$满足随机微分方程

(4.1.13)，则随机过程 $G(x,t)$ 满足如下的随机微分方程

$$dG=\left(\frac{\partial G}{\partial t}+\frac{\partial G}{\partial x}a+\frac{1}{2}\frac{\partial^2 G}{\partial x^2}b^2\right)dt+\frac{\partial G}{\partial x}b\cdot dW(t) \tag{4.1.14}$$

其中 $G=G(x,t)$，$a=a(x,t)$，$b=b(x,t)$。

证明：将随机微分方程（4.1.13）离散化可得

$$\Delta x=a\Delta t+b\Delta z=a\Delta t+b(\varepsilon\sqrt{\Delta t}) \tag{4.1.15}$$

对 $G(x,t)$ 进行泰勒展开

$$\Delta G(x,t)=\frac{\partial G}{\partial t}\Delta t+\frac{\partial G}{\partial x}\Delta x+\frac{1}{2}\frac{\partial^2 G}{\partial x^2}\Delta x^2+\frac{1}{2}\frac{\partial^2 G}{\partial t^2}\Delta t^2+o(\Delta t) \tag{4.1.16}$$

由于

$$\Delta x^2=[a\Delta t+b\varepsilon\sqrt{\Delta t}]^2=\left(a^2\Delta t^2+b^2\varepsilon^2\Delta t+2ab\varepsilon\Delta t^{\frac{3}{2}}\right)=b^2\varepsilon^2\Delta t+o(\Delta t)$$

故有

$$E(\Delta x^2)=b^2\Delta t+o(\Delta t)$$
$$D(\Delta x^2)=[b^2\Delta t]^2\cdot D(\varepsilon^2)$$

这说明当 $\Delta t\to 0$ 时，Δx^2 不呈现随机波动，其期望值收敛为其实际值。因此有

$$\Delta x^2=b^2dt+o(\Delta t) \tag{4.1.17}$$

由（4.1.15）式、（4.1.16）式和（4.1.17）式有

$$\begin{aligned}dG&=\frac{\partial G}{\partial t}dt+\frac{\partial G}{\partial x}dx+\frac{1}{2}\frac{\partial^2 G}{\partial x^2}dx^2\\&=\frac{\partial G}{\partial t}dt+\frac{\partial G}{\partial x}(adt+bdW)+\frac{1}{2}\frac{\partial^2 G}{\partial x^2}b^2dt\\&=\left(\frac{\partial G}{\partial t}+\frac{\partial G}{\partial x}a+\frac{1}{2}\frac{\partial^2 G}{\partial x^2}b^2\right)dt+\frac{\partial G}{\partial x}b\cdot dW\end{aligned}$$

即定理结论得证。

显然在（4.1.14）式中，$\left(\frac{\partial G}{\partial t}+\frac{\partial G}{\partial x}a+\frac{1}{2}\frac{\partial^2 G}{\partial x^2}b^2\right)$和$\frac{\partial G}{\partial x}b$ 都是 x 和 t 的函数，所以随机过程 $G(x,t)$ 也是一个伊藤过程，其漂移率和方差率分别为$\left(\frac{\partial G}{\partial t}+\frac{\partial G}{\partial x}a+\frac{1}{2}\frac{\partial^2 G}{\partial x^2}b^2\right)$和$\left(\frac{\partial G}{\partial x}b\right)^2$。

三、几何布朗运动与对数正态分布

（一）几何布朗运动

定义 4.1.4 称一个随机过程 $\{x(t),t\in[0,+\infty)\}$ 为几何布朗运动，如果该过程可表示为

$$dx=\mu xdt+\sigma xdW(t) \tag{4.1.18}$$

其中 μ、σ 是常数，$W(t)$ 表示标准布朗运动。

(4.1.18) 式还可以写成

$$\frac{dx}{x}=\mu dt+\sigma dW(t)$$

对于很短的时间间隔 Δt 有

$$\frac{\Delta x}{x}=\mu\Delta t+\sigma\varepsilon\sqrt{\Delta t}$$

因此$\frac{\Delta x}{x}$亦具有正态分布性质

$$\frac{\Delta x}{x}\sim N(\mu\Delta t,\sigma^2\Delta t)$$

在金融学中，经常假设证券价格服从几何布朗运动，即

$$dS=\mu Sdt+\sigma SdW(t) \tag{4.1.19}$$

其中 S 代表证券价格，μ、σ 是常数，μ 表示证券在单位时间内以连续复利表示的期望收益率，σ 表示证券收益率单位时间的标准差，简称证券价格的波动率，$W(t)$ 表示标准布朗运动（维纳过程）。

【例 4.1.1】 假设一只不支付红利的股票价格变化服从几何布朗运动，若其波动率为每年30%，预期收益率为20%（年连续复利），目前价格为100元，求一周后该股票价格变化值的概率分布。

解：预期收益率为每年20%，则 $\mu=0.20$；波动率为每年30%，则 $\sigma=0.30$。因此股价变化过程满足

$$\frac{\Delta S}{S}=0.20\Delta t+0.30\varepsilon\sqrt{\Delta t}$$

考虑的时间间隔为一周，相当于$\frac{7}{365}=0.0192$年，同时股票现价为100元，因此

$$\Delta S=100(0.20\times0.0192+0.30\times\varepsilon\sqrt{0.0192})=0.384+4.160\varepsilon$$

结果表明，一周后股票价格的变化值服从均值为0.384元，标准差为4.160的正态分布。

（二）对数正态分布

我们这里利用伊藤引理分析证券价格对数的变化过程。

假设证券价格满足（4.1.19）式。令

$$G=G(S,t)=\log S$$

则由伊藤引理可有

$$\begin{aligned}dG&=\left(\frac{\partial G}{\partial t}+\frac{\partial G}{\partial S}\mu S+\frac{1}{2}\frac{\partial^2 G}{\partial S^2}(\sigma S)^2\right)dt+\frac{\partial G}{\partial S}\sigma S\cdot dW(t)\\&=\left(\mu-\frac{1}{2}\sigma^2\right)dt+\sigma dW(t)\end{aligned}$$

即

$$d(\log S)=\left(\mu-\frac{1}{2}\sigma^2\right)dt+\sigma dW(t) \tag{4.1.20}$$

考虑时间间隔从 t 到 T，对上式积分有

$$\int_t^T d(\log S)=\int_t^T\left[\left(\mu-\frac{1}{2}\sigma^2\right)dt+\sigma dW(t)\right]$$

即

$$\log S_T - \log S_t = \left(\mu - \frac{1}{2}\sigma^2\right)(T-t) + \sigma(W(T) - W(t)) \tag{4.1.21}$$

进一步，由 $W(t)$ 遵循标准布朗运动知，$W(T) - W(t) = \varepsilon\sqrt{T-t}$，且 $\varepsilon \sim N(0,1)$，所以

$$\log S_T = \log S_t + \left(\mu - \frac{1}{2}\sigma^2\right)(T-t) + \sigma\sqrt{T-t}\,\varepsilon \tag{4.1.22}$$

可得出

$$\log S_T \sim N(\log S_t + (\mu - \sigma^2/2)(T-t), \sigma^2(T-t)) \tag{4.1.23}$$

这里 S_t 已知，此时称 S_T 服从对数正态分布。

【例 4.1.2】 再考虑例 4.1.1 中的那只股票，问其在 6 个月后的概率分布如何？

解： 易知

$$\log S_T \sim N[\log 100 + (0.20 - 0.09/2) \cdot 0.5, 0.09 \cdot 0.5]$$

即

$$\log S_T \sim N(4.683, 0.045)$$

取置信度为 95%，由概率统计知识，正态分布的变量在其均值左右两个标准差范围内的概率为 95%。这时

$$4.683 - 2\sqrt{0.045} < \log S_T < 4.683 + 2\sqrt{0.045}$$

进而

$$70.72 < S_T < 165.22$$

结果表明，6 个月后股票价格落在 70.72 元到 165.22 元之间的概率为 95%。

第二节

Black - Scholes 期权定价模型

有了上述准备知识，我们可以推导 B - S 微分方程及期权定价模型并进行相关的说明。

一、Black - Scholes 模型的假设条件

与其他理论模型一样，B - S 模型也包含了许多假设前提。对 B - S 模型的许多发展都是通过削弱这些条件得到的。

最初时的 B - S 模型假设大致上可以被概括为八点：

(i) 存在一个固定的无风险利率 r，投资者可以此利率自由地、无限制地进行资金借贷；

(ii) 标的资产在其衍生证券有效期内没有现金收益的支付；

(iii) 期权为欧式期权，即在期权到期前不可执行；

(iv) 股票市场、期权市场及资金借贷市场等各市场均无交易费用，不存在税收，同时

不考虑保证金问题；

（v）不存在无风险套利机会；

（vi）证券交易无限可分，投资者可以购买任意数量的标的资产证券；

（vii）对卖空没有任何限制，允许卖空标的资产证券；

（viii）标的资产价格 S 变化遵循几何布朗运动（4.1.18）。

条件（ii）中，若标的资产为股票，则该股票一定不存在现金红利的支付。这个假设保证了标的资产价格的变化是连续的，不存在突然的跳跃。条件（iv）意味着投资者的收益仅来源于股票价格的变动导致的资本利得，没有其他影响因素。

二、Black－Scholes 定价模型的建立

建立 B－S 模型的基本思想是：

衍生资产的价格及其所依赖的标的资产的价格都受同一种不确定因素 dW 的影响。如果通过建立一个资产组合，该组合中包含适当的衍生资产头寸和标的资产头寸，那么就可以消除不确定因素 dW，标的资产头寸和衍生资产头寸的盈亏就可以相互抵消。这样构成的资产组合是无风险的资产组合，在不存在无风险套利机会的假设条件下，该资产组合的收益应等于无风险利率。

利用这种分析思路，我们可以建立 B－S 微分方程。

令 $f(S,t)$ 代表标的证券价格为 S、时间为 t 时衍生证券的价格，则 $f(S,t)$ 的价格变动可根据伊藤引理给出

$$df=\left(\frac{\partial f}{\partial t}+\frac{\partial f}{\partial S}\mu S+\frac{1}{2}\frac{\partial^2 f}{\partial S^2}\sigma^2 S^2\right)dt+\frac{\partial f}{\partial S}\sigma S\cdot dW(t) \tag{4.2.1}$$

因此在一个很小的时间 Δt 内有

$$\Delta f=\left(\frac{\partial f}{\partial t}+\frac{\partial f}{\partial S}\mu S+\frac{1}{2}\frac{\partial^2 f}{\partial S^2}\sigma^2 S^2\right)\Delta t+\frac{\partial f}{\partial S}\sigma S\cdot \Delta W \tag{4.2.2}$$

下面我们构造一个包含 Δ 份的标的资产多头和 1 个单位的衍生证券空头的投资组合 Π，即

$$\Pi=-f+\Delta\cdot S \tag{4.2.3}$$

该组合在 Δt 时间区间内的收益为：

$$\begin{aligned}\Delta\Pi &= -\Delta f+\Delta\cdot\Delta S\\ &=\left[-\left(\frac{\partial f}{\partial t}+\frac{\partial f}{\partial S}\mu S+\frac{1}{2}\frac{\partial^2 f}{\partial S^2}\sigma^2 S^2\right)\Delta t-\frac{\partial f}{\partial S}\sigma S\cdot\Delta W\right]+\Delta\cdot(\mu S\Delta t+\sigma S\Delta W)\\ &=\left[-\left(\frac{\partial f}{\partial t}+\frac{\partial f}{\partial S}\mu S+\frac{1}{2}\frac{\partial^2 f}{\partial S^2}\sigma^2 S^2\right)+\Delta\cdot\mu S\right]\Delta t+\left(\sigma\Delta\cdot S-\frac{\partial f}{\partial S}\sigma S\right)\Delta W\end{aligned} \tag{4.2.4}$$

为消除不确定性因素 ΔW，这里取

$$\Delta=\frac{\partial f}{\partial S} \tag{4.2.5}$$

这时（4.2.4）式中不再含有 ΔW 项，这说明了构造的这个资产组合是无风险的！（这种无风险只是在一个很小的时间间隔 Δt 内）

由无套利原理，在很小的时间间隔 Δt 内有

$$\Delta\prod = r\prod\Delta t \tag{4.2.6}$$

将（4.2.3）式、（4.2.4）式以及（4.2.5）式代入（4.2.6）式并整理可有

$$\frac{\partial f}{\partial t}+\frac{1}{2}\sigma^2S^2\frac{\partial^2 f}{\partial S^2}+rS\frac{\partial f}{\partial S}-rf=0 \tag{4.2.7}$$

现在我们又得到了著名的 Black - Scholes 微分方程。由此可知，衍生证券的价格 f 只与标的资产当前的价格 S、时间 t、证券价格波动率 σ 以及无风险利率 r 有关，而这些变量全部都是客观的，也就是说并没有任何投资者的“个人特色”体现在其中。因此，无论投资者的风险偏好如何，都不会对衍生证券 f 的值产生影响。这使得我们能够对衍生证券进行一个公平的定价。

通过解这个微分方程的一个定解问题，就可以得到我们所想知道的衍生证券价格的表达式，虽然解的过程通常都是极其复杂的。同时应该注意到，只要标的资产的价格服从几何布朗运动，衍生证券的价格就满足 Black - Scholes 微分方程。

【例 4.2.1】 考虑一个以股票为标的资产的远期合约，我们可以验证它是否满足 B - S 微分方程。

假设现在时刻为 t，到期时刻为 T，标的股票现在的价格为 S，远期价格为 K。在 t 时刻时，远期合约的价值为

$$f = S - Ke^{-r(T-t)}$$

直接计算有

$$\begin{aligned}\frac{\partial f}{\partial t}+\frac{\partial f}{\partial S}rS+\frac{1}{2}\frac{\partial^2 f}{\partial S^2}\sigma^2S^2-rf &= -rKe^{-r(T-t)}+rS-rf\\ &= r[S-Ke^{-r(T-t)}]-rf\\ &=0\end{aligned}$$

这证实了 B - S 微分方程对于该远期合约确实是成立的。

三、B - S 期权定价公式

这里考虑欧式看涨期权的定价问题。设 $f(S,t)$ 表示欧式看涨期权的价格，则在期权的到期日期权价格 f 满足

$$f(S,T)=(S-X)^+ \tag{4.2.8}$$

其中 $(S-X)^+=\max(S-X,0)$。

在区域 $D:\{0\leqslant S<\infty, 0\leqslant t\leqslant T\}$ 上求解定价问题（4.2.7）和（4.2.8），可以求出欧式看涨期权的价格。

首先令

$$\eta=\log S \tag{4.2.9}$$

$$\tau = T-t \tag{4.2.10}$$

则定解问题（4.2.7）和（4.2.8）转化为

$$\begin{cases}\dfrac{\partial f}{\partial\tau}-\dfrac{1}{2}\sigma^2\dfrac{\partial^2 f}{\partial\eta^2}-\left(r-\dfrac{\sigma^2}{2}\right)\dfrac{\partial f}{\partial\eta}+rf=0 & (4.2.11)\\ f_{\tau=0}=(e^\eta-X)^+ & (4.2.12)\end{cases}$$

接下来设法将方程（4.2.11）转化为标准的热传导方程。为此取

$$f = he^{\alpha\tau + \beta\eta} \tag{4.2.13}$$

其中

$$\alpha = -r - \frac{1}{2\sigma^2}\left(r - \frac{\sigma^2}{2}\right)^2$$

$$\beta = \frac{1}{2} - \frac{r}{\sigma^2}$$

这时，定解问题（4.2.11）和（4.2.12）又转化为

$$\begin{cases} \dfrac{\partial h}{\partial \tau} - \dfrac{1}{2}\sigma^2 \dfrac{\partial^2 h}{\partial \eta^2} = 0 & (4.2.14) \\ h_{\tau=0} = e^{-\beta\eta}(e^{\eta} - X)^+ & (4.2.15) \end{cases}$$

利用 Fourier 变换可得定解问题（4.2.14）和（4.2.15）的解形如

$$h(\eta,\tau) = \int_{-\infty}^{+\infty} \Gamma(\eta - \xi,\tau)\varphi(\xi)d\xi$$

这里 φ 为初值条件，$\Gamma(\eta-\xi,\tau)$ 为方程（4.2.14）的基本解

$$\Gamma(\eta - \xi,\tau) = \frac{1}{\sigma\sqrt{2\pi\tau}} e^{-\frac{(\eta-\xi)^2}{2\sigma^2\tau}}$$

于是定解问题（4.2.14）和（4.2.15）的解可具体表为

$$\begin{aligned} h(\eta,\tau) &= \int_{-\infty}^{+\infty} \frac{1}{\sigma\sqrt{2\pi\tau}} e^{-\frac{(\eta-\xi)^2}{2\sigma^2\tau}} \left(e^{-\beta\xi}(e^{\xi} - X)^+\right)d\xi \\ &= \int_{\log X}^{+\infty} \frac{1}{\sigma\sqrt{2\pi\tau}} e^{-\frac{(\eta-\xi)^2}{2\sigma^2\tau}} \left(e^{-\beta\xi}(e^{\xi} - X)\right)d\xi \end{aligned}$$

再由（4.2.9）、（4.2.10）和（4.2.13）整理可得

$$f(S,t) = SN(d_1) - Xe^{-r(T-t)}N(d_2) \tag{4.2.16}$$

其中

$$d_1 = \frac{\log\dfrac{S}{X} + \left(r + \dfrac{\sigma^2}{2}\right)(T-t)}{\sigma\sqrt{T-t}} \tag{4.2.17}$$

$$d_2 = d_1 - \sigma\sqrt{T-t} \tag{4.2.18}$$

这样我们得到了基于不支付红利股票的欧式看涨期权的 Black - Scholes 定价公式。

【例 4.2.2】 假设存在这样一个欧式买权，其标的股票的目前价格为 100 元，期权的执行价格为 95 元，无风险利率为 10%（年连续复利），股票的波动率为 50%（年），到期时间为三个月。请对该买权进行定价。

解 由已知条件有 $S=100$，$X=95$，$r=0.10$，$\tau=0.25$，$\sigma=0.40$，则

$$d_1 = \frac{\log(100/95) + (0.10 + 0.40^2/2) \times 0.25}{0.40 \times \sqrt{0.25}} = 0.4815$$

$$d_2 = \frac{\log(100/95) + (0.10 - 0.40^2/2) \times 0.25}{0.40 \times \sqrt{0.25}} = 0.2815$$

$N(d_1) = 0.6849$

$N(d_2) = 0.6108$

因此有

$$c(S,t) = SN(d_1) - Xe^{-r(T-t)}N(d_2) = 100 \cdot 0.6849 - 95 \cdot e^{-0.10 \cdot 0.25} \cdot 0.6108 = 11.90$$

即根据 B - S 公式，该欧式买权的价格应该为 11.90 元。

有了欧式看涨期权定价公式，再由看涨看跌期权平价公式

$$p(S,t) + S = c(S,t) + Xe^{-r(T-t)}$$

即可得到欧式看跌期权定价公式为

$$p(S,t) = Xe^{-r(T-t)}N(-d_2) - SN(-d_1) \tag{4.2.19}$$

【例 4.2.3】 考虑与例 4.2.2 中各个条件均相同的一个欧式看跌期权，同样有 $S = 100$，$X = 95$，$r = 0.10$，$\tau = 0.25$，$\sigma = 0.40$，$d_1 = 0.4815$，$d_2 = 0.2815$

$N(-d_1) = 1 - N(d_1) = 1 - 0.6849 = 0.3151$

$N(-d_2) = 1 - N(d_2) = 1 - 0.6108 = 0.3892$

则

$$p(S,t) = Xe^{-r(T-t)}N(-d_2) - SN(-d_1) = 95 \times e^{-0.10 \times 0.25} \times 0.3892 - 100 \times 0.3151 = 4.55(\text{元})$$

即根据看跌期权的定价公式，该看跌期权的价格为 4.55 元。

四、风险中性定价方法与 B - S 期权定价公式

前面通过求解 Black - Scholes 定价模型给出了欧式期权的定价公式。实际上，还有一种较为经典且简便的推导欧式期权的定价公式的办法，这就是利用风险中性定价法。这种方法几乎只依靠微积分知识便可得出最终结果的证明。

正如 B - S 微分方程（4.2.7）所揭示的，衍生证券的价格 f 只与标的资产当前的价格 S、时间 t、证券价格波动率 σ 以及无风险利率 r 等这些客观变量有关。投资者的风险偏好，如证券的预期收益率 μ，不会对衍生证券 f 的值产生影响。这一特性的发现大大降低了期权定价的难度和不确定性，使得我们可以避开不确定的证券的预期收益率，能够对衍生证券进行一个公平的定价。

此时，我们可以假设：在对衍生证券定价时，所有投资者都是风险中性的。这一点是容易理解的。在投资者都是风险中性的假设下，对于投资者所承担的风险，他们并不需要额外的收益来“弥补”。因此，所有证券（显然也包括衍生证券）的预期收益率都可以等于无风险利率 r。在这种条件假设下进行的定价就是风险中性定价方法。在风险中性条件下，所有的现金流量都可以以无风险利率 r 对其进行贴现，进而得到其现值。对于欧式看涨期权则有

$$\begin{aligned} f(S,t) &= e^{-r\tau}\hat{E}[\max(S_T - X, 0)] \\ &= e^{-r\tau}\int_K^{\infty}(S_T - X)\varphi(S_T)dS_T \\ &= e^{-r\tau}\int_X^{\infty}S_T\varphi(S_T)dS_T - e^{-r(T-t)}X\int_X^{\infty}\varphi(S_T)dS_T \end{aligned} \tag{4.2.20}$$

这里 $\hat{E}$ 表示在风险中性条件下的期望值，$\varphi(\cdot)$ 表示风险中性概率测度下 S_T 的密度函数。

由（4.1.22）式知，在风险中性概率下有

$$S(T)=S(t)\exp\left\{\left(r-\frac{1}{2}\sigma^2\right)(T-t)+\sigma\sqrt{T-t}\varepsilon\right\} \tag{4.2.21}$$

其中 $\varepsilon\sim N(0,1)$。由（4.2.20）和（4.2.21）有

$$\begin{aligned} f(S,t) &= e^{-r\tau}\hat{E}[\max(S_T-X,0)] \\ &= e^{-r\tau}\frac{1}{\sqrt{2\pi}}\int_{-\infty}^{\infty}\left(S_t\exp\left\{\left(r-\frac{1}{2}\sigma^2\right)(T-t)+\sigma\sqrt{T-t}x\right\}-X\right)^+ e^{-\frac{x^2}{2}}dx \end{aligned} \tag{4.2.22}$$

这个积分结果恰好就是（4.2.16）式。

容易发现，风险中性定价只是我们在求解 B－S 模型过程中给出的一个相对合理的假设条件，说到底只是我们为了求解所作出的人为假定。虽然如此，通过这种假设所获得的结论不仅对投资者风险中性时成立，对于投资者厌恶风险的所有情况，结论都是成立的。

第三节

Black－Scholes 期权定价公式分析

本节主要讨论期权价格对各变量的敏感性分析。一般把期权价格对某个特定因素变化的敏感性称为期权敏感性因素，由于经常用希腊字母来表示，因此又称为“Greek 指标”。实际上，讨论的就是期权价格的动态性质。

对于那些希望对期权头寸进行套期保值等操作的交易者来说，首先弄清楚哪些因素变化会影响到期权价值是很关键的，这将有助于交易者了解期权的风险特征，把握套期保值策略。

对于欧式不支付红利的看涨期权和欧式看跌期权价格分别为

$$c(S,t)=SN(d_1)-Xe^{-r(T-t)}N(d_2)$$
$$p(S,t)=c(S,t)-S+Xe^{-r(T-t)}$$

其中

$$d_1=\frac{\log(S/X)+(r+\sigma^2/2)(T-t)}{\sigma\sqrt{T-t}}$$

$$d_2=d_1-\sigma\sqrt{T-t}=\frac{\log(S/X)+(r-\sigma^2/2)(T-t)}{\sigma\sqrt{T-t}}$$

其中 $t\in[0,T]$，t 为当前时间，X 为执行价格。

在第二章我们讨论了欧式看涨期权价格 c 和欧式看跌期权价格 p 关于 S、t 的一阶偏导数以及关于 S 的二阶偏导数，具体结果如下

$$\Delta_c=\frac{\partial c}{\partial S}=N(d_1),$$

$$\Delta_p=\frac{\partial p}{\partial S}=-N(-d_1)。$$

$$\Gamma_c=\frac{\partial\Delta_c}{\partial S}=\frac{\partial^2 c}{\partial S^2}=\frac{e^{-d_1^2/2}}{S\sigma\sqrt{2\pi(T-t)}}$$

$$\Gamma_p=\frac{\partial \Delta_p}{\partial S}=\frac{\partial^2 p}{\partial S^2}=\frac{e^{-d_1^2/2}}{S\sigma\sqrt{2\pi(T-t)}}$$

$$\theta_c=\frac{\partial c}{\partial t}=-\left[\frac{\sigma S N'(d_1)}{2\sqrt{T-t}}+rXe^{-r(T-t)}N(d_2)\right]$$

$$\theta_p=\frac{\partial p}{\partial t}=-\frac{\sigma S N'(d_1)}{2\sqrt{T-t}}+rXe^{-r(T-t)}N(-d_2)$$

下面我们讨论欧式期权关于 σ、r、X 的导数。

一、ν——Vega

它表示的是价格波动率变动一个单位所引起的期权价格的变化，即衍生证券价格对标的资产价格波动率的敏感度。

由于

$$c(S,t)=SN(d_1)-Xe^{-r(T-t)}N(d_2)$$

故直接计算可得欧式买权的 ν 为

$$\begin{aligned}\nu_c&=\frac{\partial c}{\partial \sigma}=S\frac{\partial N(d_1)}{\partial \sigma}-Xe^{-r(T-t)}\frac{\partial N(d_2)}{\partial \sigma}\\&=S\frac{\partial N(d_1)}{\partial d_1}\frac{\partial d_1}{\partial \sigma}-Xe^{-r(T-t)}\frac{\partial N(d_2)}{\partial d_2}\frac{\partial d_2}{\partial \sigma}\\&=SN'(d_1)\left[\frac{\partial d_1}{\partial \sigma}-\frac{\partial d_2}{\partial \sigma}\right]\\&=SN'(d_1)\frac{\partial(d_1-d_2)}{\partial \sigma}\\&=SN'(d_1)\sqrt{T-t}\end{aligned}$$

即

$$\nu_c=SN'(d_1)\sqrt{T-t}$$

易见

$$\nu=S\sqrt{\tau}N'(d_1)>0$$

这说明欧式看涨期权的价格随着波动率 σ 的增加而增加。这是因为，较大的波动率意味着较大的不确定性，而不确定性是期权时间价值的首要组成部分。因此，波动率越大的期权价格肯定是越高的。

若构造的组合使 ν 值为零，则该组合的价值不受波动率变化的影响。例如，若现有组合多头，组合价值对波动率的敏感度为 ν。假设市场上存在一个 ν 值为 ν' 的、标的资产与现有组合相同的、可交易的期权，则对于一份现有组合可通过持有 $-\nu/\nu'$ 份的该种期权（即 ν/ν' 份的期权空头）来使整体的 ν 值为零。

若期权是一个欧式看跌期权，可证

$$\nu_p=\frac{\partial p}{\partial \sigma}=S\sqrt{\tau}N'(d_1)$$

结果与看涨期权情形相同。

二、ρ——Rho

对于欧式看涨期权，定义$\rho_c=\frac{\partial c}{\partial r}$，它衡量的是衍生证券价格对无风险利率$r$的敏感程度，或当无风险利率$r$变化一个单位时衍生证券价格的变化。$\rho$值是在实际中考虑得较少的一个指标，因为无风险利率一般相对较稳定。对一个有效期不是太长的衍生证券而言，无风险利率常常是保持不变的。

由于

$$c(S,t)=SN(d_1)-Xe^{-r(T-t)}N(d_2)$$

直接计算可知

$$\begin{aligned}\rho_c&=\frac{\partial c}{\partial r}=S\frac{\partial N(d_1)}{\partial r}-Xe^{-r(T-t)}\frac{\partial N(d_2)}{\partial r}+(T-t)Xe^{-r(T-t)}N(d_2)\\&=S\frac{\partial N(d_1)}{\partial d_1}\cdot\frac{\partial d_1}{\partial r}-Xe^{-r(T-t)}\frac{\partial N(d_2)}{\partial d_2}\cdot\frac{\partial d_2}{\partial r}+(T-t)Xe^{-r(T-t)}N(d_2)\\&=SN'(d_1)\frac{\partial(d_1-d_2)}{\partial t}+(T-t)Xe^{-r(T-t)}N(d_2)\\&=(T-t)Xe^{-r(T-t)}N(d_2)\end{aligned}$$

即有

$$\rho_c=\frac{\partial c}{\partial r}=(T-t)Xe^{-r(T-t)}N(d_2)$$

其中$N(x)$为标准正态分布累计概率分布函数。易见

$$\rho_c=(T-t)Xe^{-r(T-t)}N(d_2)>0$$

这意味着随着无风险利率增加，看涨期权的价值将上升。

同样，我们可构造一个ρ为零的组合，此时无风险利率的变化将对该组合不产生影响。

若期权为欧式卖权，则有

$$\rho_p=\frac{\partial p}{\partial r}=-(T-t)Xe^{-r(T-t)}N(-d_2)$$

即欧式看跌期权的ρ值一般小于零，这说明了看跌期权价值随着r的增加而减少。其实无论是对于欧式买权还是卖权，只有当期权到期时，它们的ρ值才会等于零。

三、λ——Lambda

λ等于标的资产价格相对变动一个单位（如一个百分点）引起的衍生证券价格的相对变动。对于看涨期权

$$\lambda_c=\frac{\partial c/c}{\partial S/S}$$

显然λ也是衡量期权价格对标的资产价格变动敏感性的指标。但不同于Δ绝对量的衡量方法，λ考虑的是相对意义上的变化率之比。实际上，λ就是衍生证券价格关于标的资产价格的弹性。

从另一个角度说，λ值还反映了衍生证券的杠杆率。比如说，对于一个$\lambda=5$的看涨期

权而言，当标的资产价格上涨获得一个 R 的收益时，该期权多头方每单位期权将获得 $5R$ 的收益。

由于

$$\Delta_c = \frac{\partial c}{\partial S} = N(d_1)$$

因此有

$$\lambda_c = \frac{\partial c/c}{\partial S/S} = \frac{SN(d_1)}{c}$$

【例 4.3.1】 考虑一个一只不分红的股票为标的资产、还有一年到期的欧式看涨期权，股票的当前价格为 30 元，执行价亦为 30 元，无风险利率为 5%（年连续复利），股票的波动率为 25%（年）。请分别计算出该期权的价格及各“Greek”指标。

直接套用公式即可。首先计算

$$d_1 = \frac{\log(S/X) + (r + \sigma^2/2)(T-t)}{\sigma\sqrt{T-t}} = 0.325,$$

$$d_2 = \frac{\log(S/X) + (r - \sigma^2/2)(T-t)}{\sigma\sqrt{T-t}} = 0.075,$$

于是

$$N(d_1) = 0.6274$$
$$N(d_2) = 0.5299$$

同时有

$$N'(d_1) = 0.4206$$

故有

$$\begin{aligned} c(S,t) &= SN(d_1) - Xe^{-r(T-t)}N(d_2) \\ &= 3.7008(\text{元}) \end{aligned}$$

$$\begin{aligned} \Delta_c &= \frac{\partial c}{\partial S} \\ &= N(d_1) = 0.6274 \end{aligned}$$

$$\begin{aligned} \Gamma_c &= \frac{\partial \Delta_c}{\partial S} \\ &= \frac{N'(d_1)}{S\sigma\sqrt{T-t}} = 0.0561 \end{aligned}$$

$$\begin{aligned} \theta_c &= \frac{\partial c}{\partial t} \\ &= -\frac{\sigma S N'(d_1)}{2\sqrt{T-t}} + rXe^{-r(T-t)}N(d_2) \\ &= -2.3332 \end{aligned}$$

$$\begin{aligned} \nu_c &= \frac{\partial c}{\partial \sigma} \\ &= S\sqrt{T-t}\,N'(d_1) = 12.6173 \end{aligned}$$

$$\begin{aligned}\rho_c &= \frac{\partial c}{\partial r} \\ &= (T-t)Xe^{-r(T-t)}N(d_2) \\ &= 15.1215 \\ \lambda_c &= \frac{\partial c/c}{\partial S/S} \\ &= \frac{SN(d_1)}{c} \\ &= 5.0860\end{aligned}$$

同时，我们还可以验证

$$\theta_c + rS\Delta_c + \frac{1}{2}\sigma^2 S^2 \Gamma_c = rc(S,t) = 0.1850$$

第四节

Black - Scholes 期权定价模型的推广

到目前为止，前文中所提到的标的资产都是无收益的情况，即假设它们均满足前文中B - S模型的前提条件中的第二条，“标的资产在其衍生证券有效期内没有现金收益的支付”。然而在现实中的标的资产通常都会有定期或不定期的支付收益，如股票支付现金红利。因此，我们接下来将考虑当标的资产在其衍生证券有效期内有现金收益的支付时，如何对其衍生证券进行定价。

实际上，如果收益是已知的或者是可以准确预测到，那么有收益资产的期权定价并不很复杂，可由 Black - Scholes 模型稍作推广得到。

一、有收益资产欧式期权定价公式

1973 年，R. Merton 考虑了支付红利股票的欧式期权，给出了其定价公式。

一般而言，股票一旦支付现金股利，其价格会下跌，出现一个“跳跃”。我们可以把股票价格视为两部分：一个是无风险部分，即在股票期权有效期内支付的已知的现金收益的现值部分（以无风险利率贴现），另一个有风险的部分。当期权到期时，无风险部分，即那部分现值将由于股票支付收益而消失。

对于已有的 Black - Scholes 模型，我们只要用 S 表示证券价格中的有风险部分，σ 表示风险部分遵循随机过程的波动率，便可直接套用。

下面考虑以支付红利的股票为标的资产的欧式看涨期权及看跌期权。股票红利的支付方式不同，相应的股票期权的定价也稍有不同。而在此之前，我们将先探讨在标的资产付息情况下的 Black - Scholes 微分方程。

（一）标的资产付息的 Black - Scholes 方程

假设在欧式期权的合约有效期内，标的资产连续付息。S 为其当前价格，t 为时间，单位时间内的付息数额为 $Q(S,t)$。同时假设标的资产价格遵循几何布朗运动，并考虑到资产付息对其价格的影响，标的资产价格 S 变化的过程可修正为

$$dS = (\mu S - Q)\,dt + \sigma S dW \tag{4.4.1}$$

令 $f(S,t)$ 代表衍生证券的价格，则由伊藤引理可知 $f(S,t)$ 的价格变动为

$$df = \left(\frac{\partial f}{\partial t} + \frac{\partial f}{\partial S}(\mu S - Q) + \frac{1}{2}\frac{\partial^2 f}{\partial S^2}\sigma^2 S^2\right)dt + \frac{\partial f}{\partial S}\sigma S \cdot dW$$

在很小的时间 Δt 内，有

$$\Delta f = \left(\frac{\partial f}{\partial t} + \frac{\partial f}{\partial S}(\mu S - Q) + \frac{1}{2}\frac{\partial^2 f}{\partial S^2}\sigma^2 S^2\right)\Delta t + \frac{\partial f}{\partial S}\sigma S \cdot \Delta W$$

下面我们构造一个对冲组合包含 $\Delta = \frac{\partial f}{\partial S}$ 份标的资产多头和 1 单位衍生证券空头的组合 Π

$$\Pi = -f + \Delta \cdot S = -f + \frac{\partial f}{\partial S}S \tag{4.4.2}$$

组合在 Δt 时间区间内的收益为

$$\begin{aligned}\Delta \Pi &= -\Delta f + \frac{\partial f}{\partial S}(\Delta S + Q\Delta t)\\ &= -\left[\frac{\partial f}{\partial t} + \frac{\partial f}{\partial S}(\mu S - Q) + \frac{1}{2}\frac{\partial^2 f}{\partial S^2}\sigma^2 S^2\right]\Delta t - \frac{\partial f}{\partial S}\sigma S \cdot \Delta W\\ &\quad + \frac{\partial f}{\partial S}\left[(\mu S - Q)\Delta t + \sigma S \Delta W + Q\Delta t\right]\\ &= -\left(\frac{\partial f}{\partial t} - \frac{\partial f}{\partial S}Q + \frac{1}{2}\frac{\partial^2 f}{\partial S^2}\sigma^2 S^2\right)\Delta t \end{aligned} \tag{4.4.3}$$

构造的这个资产组合在一个很小的时间间隔 Δt 内是无风险的。假设无风险利率为 r，则在 Δt 的时间间隔内

$$\Delta \Pi = \Pi r \Delta t \tag{4.4.4}$$

将（4.4.2）、（4.4.3）代入（4.4.4）式并整理可有

$$\frac{\partial f}{\partial t} + \frac{\partial f}{\partial S}(rS - Q) + \frac{1}{2}\frac{\partial^2 f}{\partial S^2}\sigma^2 S^2 - rf = 0 \tag{4.4.5}$$

若已知标的资产连续付息的年收益率为 q，则重复上述过程，可得到相应的期权定价的微分方程

$$\frac{\partial f}{\partial t} + \frac{\partial f}{\partial S}(r - q)S + \frac{1}{2}\frac{\partial^2 f}{\partial S^2}\sigma^2 S^2 - rf = 0 \tag{4.4.6}$$

求解方程（4.4.5）或（4.4.6）的相应的定解问题，可以给出标的资产付息情况下欧式期权的定价公式。

（二）股票支付定率红利的股票期权定价

上面提到，我们可以求解（4.4.6）相应的定解问题来给出标的资产连续付息情况下欧式期权的定价公式。实际上，我们也可以利用 B - S 定价公式直接给出标的资产连续付息情况下欧式期权的价格。

假设股票在期权的有效期内连续支付红利，令 q 为其年收益率，则剔除股票价格中的无风险部分后，股价中的有风险部分为 $Se^{-q\tau} \triangleq S'$，将之代入 B－S 定价公式，则有

$$c(S,t) = S'N(d_1) - Xe^{-r(T-t)}N(d_2) = Se^{-q(T-t)}N(d_1) - Xe^{-r(T-t)}N(d_2)$$

其中

$$d_1 = \frac{\log(S'/X) + (r + \sigma^2/2)(T-t)}{\sigma\sqrt{T-t}} = \frac{\log(S/X) + (r - q + \sigma^2/2)(T-t)}{\sigma\sqrt{T-t}}$$

$$d_2 = \frac{\log(S'/X) + (r - \sigma^2/2)(T-t)}{\sigma\sqrt{T-t}} = \frac{\log(S/X) + (r - q - \sigma^2/2)(T-t)}{\sigma\sqrt{T-t}}$$

因此，标的股票支付定率股息的欧式股票看涨期权的定价公式为

$$c(S,t) = Se^{-q(T-t)}N(d_1) - Xe^{-r(T-t)}N(d_2) \tag{4.4.7}$$

其中

$$d_1 = \frac{\log(S/X) + (r - q + \sigma^2/2)(T-t)}{\sigma\sqrt{T-t}}$$

$$d_2 = d_1 - \sigma\sqrt{T-t} = \frac{\log(S/X) + (r - q - \sigma^2/2)(T-t)}{\sigma\sqrt{T-t}}$$

同理得,标的股票支付定率股息的欧式股票看跌期权的定价公式为

$$p(S,t) = Xe^{-r(T-t)}N(-d_2) - Se^{-q(T-t)}N(-d_1) \tag{4.4.8}$$

其中

$$d_1 = \frac{\log(S/X) + (r - q + \sigma^2/2)(T-t)}{\sigma\sqrt{T-t}}$$

$$d_2 = d_1 - \sigma\sqrt{T-t} = \frac{\log(S/X) + (r - q - \sigma^2/2)(T-t)}{\sigma\sqrt{T-t}}$$

【例 4.4.1】 假设存在一个标的资产为股票的欧式卖权,其标的股票在期权有效期内连续支付股利,设股息率(年连续复利)为 2%。股票当前价格为 40 元,执行价格为 40 元,股价波动率为 30%(年),无风险利率为 9%(年连续复利),到期时间为 6 个月。请为该卖权定价。

解:直接利用上面整理得到的公式

$$d_1 = \frac{\log(40/40) + (0.09 - 0.02 + 0.3^2/2) \times 0.5}{0.3\sqrt{0.5}} = 0.2711$$

$$d_2 = \frac{\log(40/40) + (0.09 - 0.02 - 0.3^2/2) \times 0.5}{0.3\sqrt{0.5}} = 0.0589$$

进而可有

$$N(-d_1) = 0.3932, \ N(-d_2) = 0.4765$$

因此

$$p(S,t) = 40 \times e^{-0.09 \times 0.5} \times 0.4765 - 40 \times e^{-0.02 \times 0.5} \times 0.3932 = 2.65$$

即该卖权价格为 2.65 元。

正如在本节开始时提到的，将标的资产付息的状况考虑进来可视为是对 B－S 模型的一种修正。而事实上，我们也看到了，标准的 Black－Scholes 模型依赖于一系列严格的假设条

件。同大多数经济理论一样，其假设条件与现实环境的距离反映了模型的缺陷。针对这些缺陷，学者们逐步放松模型的假设，从而使期权定价的理论体系不断得到了扩展。

（三）股票支付定额现金红利股票期权定价

假设 S 为当前股价，I 为股票期权有效期内股票所支付的全部红利的以无风险利率贴现的现值之和，则股票当前价格中的有风险部分应为 $S-I\triangleq S'$，将之代入 B－S 买权定价公式

$$c(S',t)=S'N(d_1)-Xe^{-r(T-t)}N(d_2)$$

其中

$$d_1=\frac{\log(S'/X)+(r+\sigma^2/2)(T-t)}{\sigma\sqrt{T-t}},$$

$$d_2=\frac{\log(S'/X)+(r-\sigma^2/2)(T-t)}{\sigma\sqrt{T-t}}。$$

因此，标的股票支付定额股息的欧式股票看涨期权的定价公式为

$$c(S,t)=(S-I)N(d_1)-Xe^{-r(T-t)}N(d_2) \tag{4.4.9}$$

其中

$$d_1=\frac{\log[(S-I)/X]+(r+\sigma^2/2)(T-t)}{\sigma\sqrt{T-t}}$$

$$d_2=d_1-\sigma\sqrt{T-t}=\frac{\log[(S-I)/X]+(r-\sigma^2/2)(T-t)}{\sigma\sqrt{T-t}}。$$

从表面可以理解为，只要将定额股息从标的资产的初始价格中扣除即可，即使用标的资产“除权”后的价格。

同理，代入 Black－Scholes 卖权公式，整理可得标的股票支付定额股息的欧式股票看跌期权的定价公式为

$$p(S,t)=Xe^{-r(T-t)}N(-d_2)-(S-I)N(-d_1) \tag{4.4.10}$$

其中

$$d_1=\frac{\log[(S-I)/X]+(r+\sigma^2/2)(T-t)}{\sigma\sqrt{T\quad t}}$$

$$d_2=d_1-\sigma\sqrt{T-t}=\frac{\log[(S-I)/X]+(r-\sigma^2/2)(T-t)}{\sigma\sqrt{T-t}}。$$

【例 4.4.2】 考虑一个欧式买权，其标的资产为股票，预期在 2 个月后及 5 个月后各付一次息，每次付 0.50 元，股票当前价格为 40 元，执行价格为 40 元，股价波动率为 30%（年），无风险利率为 9%（年连续复利），到期时间为 6 个月。求该期权价格。

解： 首先计算 2 个月后和 5 个月后支付的两次股息的现值为

$$0.5e^{-\frac{2}{12}*(30\%)^2}+0.5e^{-\frac{5}{12}*(30\%)^2}=0.5e^{-0.1667*0.09}+0.5e^{-0.4167*0.09}=0.9741\text{ 元}$$

则股票价格的有风险部分为 40－0.9741＝39.0259 元，直接将其代入 B－S 公式计算

$$d_1=\frac{\log(39.0259/40)+(0.09+0.3^2/2)\times0.5}{0.3\sqrt{0.5}}=0.2017$$

$$d_2=\frac{\log(39.0259/40)+(0.09-0.3^2/2)\times0.5}{0.3\sqrt{0.5}}=-0.0104$$

进而有

$$N(d_1)=0.5799$$
$$N(d_2)=0.4959$$

因此期权价格为

$$\begin{aligned}c(S,t)&=39.0259\times0.5799-40\times e^{-0.09\times0.5}\times0.4959\\&=3.67(元)\end{aligned}$$

即该买权价格应为3.67元。

二、有收益资产美式看涨期权定价

当标的资产支付现金收益时，美式看涨期权就有提前执行的可能；对于美式看跌期权而言，收益虽然使美式看跌期权提前执行的可能性减小，但仍不排除提前执行的可能性。因此有收益美式期权的定价不同于欧式期权，有收益资产美式期权的定价较为复杂。一般来说，美式期权的价值只能通过数值方法来求出。

然而，对于有收益资产的美式买权的定价，F. Black 提出了一种近似处理方法。该方法的主要思想为：首先确定提前执行美式看涨期权是否合理。若不合理，也就是说该美式买权不会提前执行，则可等同为其他条件相同的欧式买权处理，直接运用 B－S 买权定价公式；然而，若在到期前的某个时间 t_n 提前执行有可能是合理的，则要分别计算在美式期权的到期时刻 T 到期的欧式买权和在 t_n 时刻到期的欧式买权的价格，然后比较二者大小，将其中较大者视为该美式看涨期权的价格。在大多数情况下，这种近似效果都不错。

那么如何判断一个美式买权的提前执行是否合理？

以标的资产为股票的美式期权为例，假设在期权有效期内将支付 n 次现金股息，分别为 $D_1,D_2,\cdots,D_n$。期权若要提前执行，易知其可能的最优的执行时间点为即将付息但仍未支付的时刻。存在 n 个这样的时刻，依次设为 $t_1,t_2,\cdots,t_n$，且有 $t_1<t_2<t_3<\cdots<t_n$。

先考虑若在最后一次付息前执行是否合理。若期权此时被执行，即在 t_n 执行，投资者的收益为（$S_{t_n}-X$）；若期权此时不被提前执行，则 t_n 时刻股价下降为（$S_{t_n}-D_n$），且显然期权价值满足关系

$$C\geqslant c\geqslant S_{t_n}-D_n-Xe^{-r(T-t_n)}$$

其中 C 为美式期权价值，c 为其他条件均相同的欧式期权的价值。因此，只要

$$S_{t_n}-D_n-Xe^{-r(T-t_n)}\geqslant S_{t_n}-D_n$$

即

$$D_n\leqslant X[1-e^{-r(T-t_n)}] \tag{4.4.11}$$

则期权在 t_n 时刻执行就是不合理的。

接着考虑在 t_{n-1} 时刻执行的合理性。若期权此时被执行，投资者收益为（$S_{t_{n-1}}-X$）；若不被执行，则股价下降为（$S_{t_{n-1}}-D_{n-1}$）。t_{n-1} 时刻之后，最早的可能的执行时间为 t_n，考虑从 t_{n-1} 到 t_n 时间内，t_{n-1} 时刻期权不被执行时期权价格将满足

$$C\geqslant c\geqslant S_{t_n-1}-D_{n-1}-Xe^{-r(t_n-t_{n-1})}$$

因此，只要

$$S_{t_{n-1}} - D_{n-1} - Xe^{-r(t_n - t_{n-1})} \geqslant S_{t_{n-1}} - D_{n-1}$$

即

$$D_{n-1} \leqslant X[1 - e^{-r(t_n - t_{n-1})}]$$

则期权在 t_{n-1} 时刻执行就是不合理的。

依此类推，对于任意 $i < n$，若有

$$D_i \leqslant X[1 - e^{-r(t_{i+1} - t_i)}]$$

成立期权在 t_i 时刻执行将是不合理的。

下面我们通过一个例子来具体阐述 F. Black 的这种近似处理方法。

【例 4.4.3】 考虑一个以股票为标的资产、6 个月后到期的美式看涨期权，标的股票在 2 个月和 5 个月后预期将各付一次息，每次付 0.5 元。股票当前的市价为 50 元，期权的执行价格也为 50 元，股价波动率为 30%（年），无风险连续为 10%（年连续复利），求该美式看涨期权的价格 C_t。

首先我们利用条件

$$D_i \leqslant X[1 - e^{-r(t_{i+1} - t_i)}], \ i = 1, 2, \cdots, n$$

来判断该期权提前执行是否合理。对于第一次股票付息日，直接计算

$$X[1 - e^{-r(t_2 - t_1)}] = 50 \times [1 - e^{-0.1 \times (\frac{5}{12} - \frac{2}{12})}] = 1.2345$$

由于 $0.5 < 1.2345$，因此在第一次付息之提前执行不合理，不会提前执行。

再考虑第二个股票付息日前

$$X[1 - e^{-r(T - t_2)}] = 50 \times [1 - e^{-0.1 * (\frac{6}{12} - \frac{5}{12})}] = 0.4149$$

而 $0.5 > 0.4149$，因此期权在第二次付息之前可能提前执行。

因此，接下来我们就要比较 6 个月期和 5 个月期欧式看涨期权价格了。

对于 6 个月期欧式看涨期权来说，股票支付收益的现值为

$$I = 0.5 \times e^{-0.1 \times \frac{2}{12}} + 0.5 \times e^{-0.1 \times \frac{5}{12}} = 0.9713(\text{元})$$

因此

$$S - I = 49.0287$$

代入 B-S 定价公式得：

$$d_1 = \frac{\log(49.0287/50) + (0.1 + 0.3^2/2) \times \frac{6}{12}}{0.3 \times \sqrt{\frac{6}{12}}} = 0.2493$$

$$d_2 = \frac{\log(49.0287/50) + (0.1 - 0.3^2/2) \times \frac{6}{12}}{0.3 \times \sqrt{\frac{6}{12}}} = 0.0372 \ N(d_2) = 0.5148$$

于是

$N(d_1) = 0.5984$, $N(d_2) = 0.5148$

故有

$$c(S, t) = 49.0287 \times 0.5984 - 50 \times e^{-0.1 \times \frac{6}{12}} \times 0.5148 = 4.8547(\text{元})$$

对于5个月期的欧式看涨期权来说，标的股票仅支付一次股息，其现值为

$$I = 0.5 \times e^{-0.1 \times \frac{2}{12}} = 0.4917(\text{元})$$

因此

$$S - I = 49.5083(\text{元})$$

代入B-S定价公式得

$$d_1 = \frac{\log(49.5083/50) + (0.1 + 0.3^2/2) \times \frac{5}{12}}{0.3 \times \sqrt{\frac{5}{12}}} = 0.2610$$

$$d_2 = \frac{\log(49.5083/50) + (0.1 - 0.3^2/2) \times \frac{5}{12}}{0.3 \times \sqrt{\frac{5}{12}}} = 0.0673$$

于是

$$N(d_1) = 0.6029,\ N(d_2) = 0.5268$$

故有

$$c(S,t) = 49.5083 \times 0.6029 - 50 \times e^{-0.1 \times \frac{5}{12}} \times 0.5268 = 4.5838(\text{元})$$

由于4.8547 > 4.5838，因此该美式看涨期权价值近似为4.8547元。

第五节

数值计算问题

在本节通过具体例子介绍利用Matlab求期权价格具体数值的方法以及如何借助数值方法分析期权价格的性质。

【例4.5.1】 现有一个以无红利支付的股票为标的资产的欧式看涨期权，敲定价格为$X = 50$元，距到期日期限为6个月，股票价格的波动率为$\sigma = 0.2$，无风险利率为r = 0.1。

（1）假设当前股票价格S = 50元，求这个看涨期权的价格；

（2）分别画出当r = 0.05，r = 0.1，r = 0.15，r = 0.2时，期权价格关于股票价格的函数图形；

（3）进一步画出期权价格关于股票价格和利率的函数图形。

我们利用Matlab解决问题，具体程序如下

```
%%%%%%%%%%%%%%%%%%%%%%%%%%%%%%%%%%%%%%%%%%%%%%%%
%(1)利用Black-Scholes定价公式计算欧式期权价格                %%
%%%%%%%%%%%%%%%%%%%%%%%%%%%%%%%%%%%%%%%%%%%%%%%%
%输入参数
X=50;
```

```
sigma = 0.2;
r = 0.1;
S = 50;
T = 0.5;
%%%%%%%%%%%%%%%%%%%%%%%%%%%%%%%%%%%%%%%%%%%%%%
% Black - Scholes 定价公式
d1 = (log(S/X) + (r + sigma^2/2) * T)/(sigma * sqrt(T));
d2 = (log(S/X) + (r - sigma^2/2) * T)/(sigma * sqrt(T));
P = S * normcdf(d1) * exp( - q * T) - X * exp( - r * T) * normcdf(d2);
P                                                  % 输出结果

%%%%%%%%%%%%%%%%%%%%%%%%%%%%%%%%%%%%%%%%%%%%%%%%%%
%%(2)期权价格关于股票价格的函数图形                    %%
%%%%%%%%%%%%%%%%%%%%%%%%%%%%%%%%%%%%%%%%%%%%%%%%%%
% 输入参数
X = 50;
sigma = 0.2;
T = 0.5;
S = 35:0.01:65;
%%%%%%%%%%%%%%%%%%%%%%%%%%%%%%%%%%%%%%%%%%%%%%%%%%
% 利用定价公式画出图形
for r = 0.05:0.05:0.20;
    d1 = (log(S./K) + (r + sigma^2/2) * T)/(sigma * sqrt(T));
    d2 = (log(S./K) + (r - sigma^2/2) * T)/(sigma * sqrt(T));
    P = S. * normcdf(d1) * exp( - q * T) - K * exp( - r * T) * normcdf(d2);
    plot(S,P);
    hold on;
end

%%%%%%%%%%%%%%%%%%%%%%%%%%%%%%%%%%%%%%%%%%%%%%%%
%(3)期权价格关于股票价格和利率的函数图形              %%
%%%%%%%%%%%%%%%%%%%%%%%%%%%%%%%%%%%%%%%%%%%%%%%%
% 输入参数
T = 0.5;
X = 50;
sigma = 0.2;
S = 35:1:65;
r = 0.05:0.01:0.20;
```

```
%%%%%%%%%%%%%%%%%%%%%%%%%%%%%%%%%%%%%%%
% 计算 Rho 并画图
[m,n] = meshgrid(S,r);
d2 = (log(m./K) + (n - sigma^2/2) * T)./(sigma * sqrt(T) + eps);
Rho = K * T * exp( -n. * T). * normcdf(d2);
mesh(S,r,Rho)
```

运行后得到结果

P = 3.3188(元)

即(1)中的期权价格为 3.3188 元。

(2)和(3)中的图形如图 4 - 1 和图 4 - 2 所示。

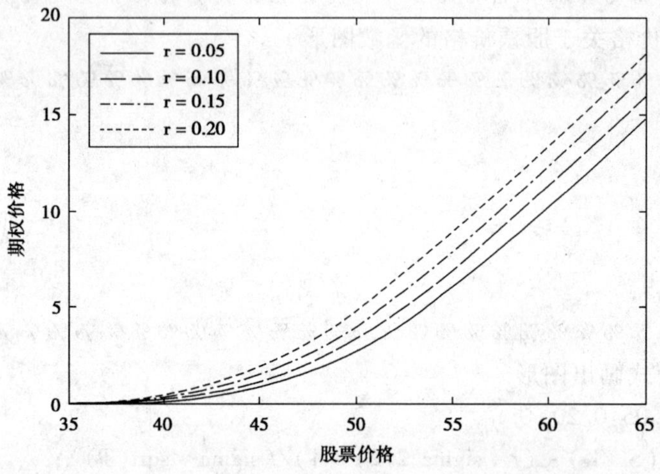

图 4 - 1　不同利率水平下的期权价格

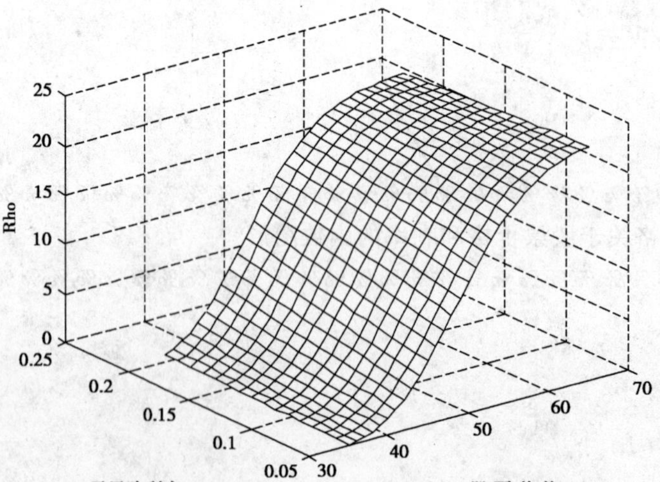

图 4 - 2　Rho 关于股票价格和利率的函数图形

由图 4 - 2 可以看出，股票价格越高，Rho 就越大。而随着利率的变化，Rho 的改变不大。

【例 4.5.2】 现有一个标的资产为股票的欧式看涨期权和一个欧式看跌期权，敲定价格为 $X = 50$ 元，距到期日期限为 6 个月，股票价格的波动率为 $\sigma = 0.2$，无风险利率为 r = 0.1。分别画出股票的红利率 $q = 0.02$，0.04，0.06，0.08 时这两个期权价格的图形。

我们利用 Matlab 完成这个任务，具体程序如下

```
%%%%%%%%%%%%%%%%%%%%%%%%%%%%%%%%%%%%%%%%%%%%%%%%%%%%%%%%%%%%%%%
%输入参数
K = 50;
sigma = 0.2;
r = 0.1;
S = 30:0.005:70;
T = 0.5;
%%%%%%%%%%%%%%%%%%%%%%%%%%%%%%%%%%%%%%%%%%%%%%%%%%%%%%%%%%%%%%%
%看涨期权情况
for q = 0.02:0.02:0.08;
    d1 = (log(S./K) + ((r - q) + sigma^2/2) * T)/(sigma * sqrt(T));
    d2 = (log(S./K) + ((r - q) - sigma^2/2) * T)/(sigma * sqrt(T));
    P1 = S. * normcdf(d1) * exp( - q * T) - K * exp( - r * T) * normcdf(d2);
    plot(S,P1);
hold on;
end
%%%%%%%%%%%%%%%%%%%%%%%%%%%%%%%%%%%%%%%%%%%%%%%%%%%%%%%%%%%%%%%
% 看跌期权情况
for q = 0.02:0.02:0.08;
    d1 = (log(S./K) + (r + sigma^2/2) * T)/(sigma * sqrt(T));
    d2 = (log(S./K) + (r - sigma^2/2) * T)/(sigma * sqrt(T));
    P2 = S. * normcdf(d1) * exp( - q * T) - K * exp( - r * T) * normcdf(d2);
    plot(S,P2);
hold on;
end;
```

运行后得到的结果分别见图 4 - 3 和图 4 - 4。

由图 4 - 3 可以看出，股票的红利率越高，欧式看涨期权的价格就越低。由图 4 - 4 可以看出，股票的红利率越高，欧式看跌期权的价格就越高。

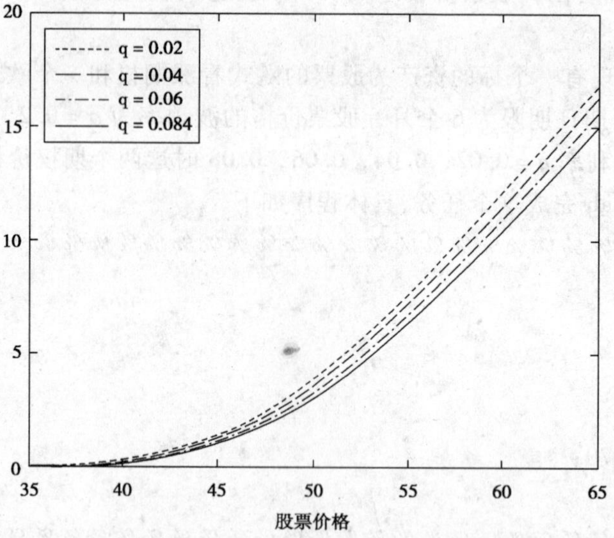

图 4-3　不同红利率对应的欧式看涨期权价格

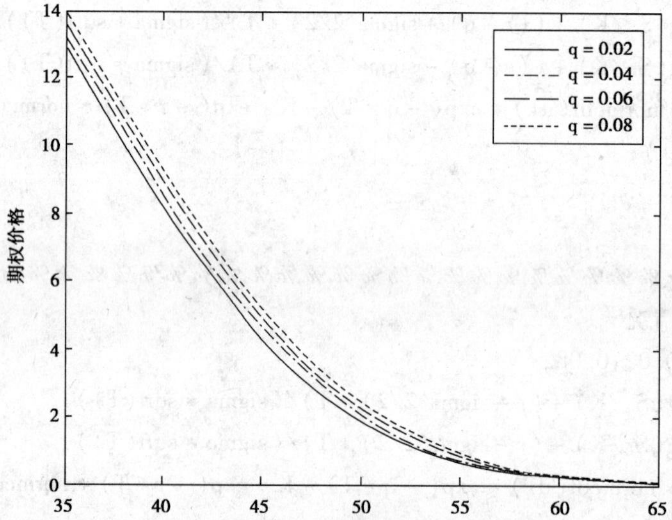

图 4-4　不同红利率对应的欧式看跌期权价格

习　题

1. 假设某家公司的现金头寸服从广义的维纳过程，每年的漂移率为 1.2，方差率为 1.0，初始现金头寸为 5.0，单位均为百万美元。

（1）分布说明 3 个月后、6 个月后和 1 年后，现金头寸的概率分布如何。

（2）试求 6 个月后和 1 年后现金头寸为负的概率。

（3）试求现金头寸为负的概率最大的时间。

2. 变量 X_1 和 X_2 服从广义维纳过程，漂移率分别为 μ_1 和 μ_2，方差率分别为 σ_1^2 和 σ_2^2。在下面两种情况下讨论（X_1+X_2）所服从的过程。

（1）X_1 和 X_2 在任意小的时间间隔内的变化都是不相关的；

（2）X_1 和 X_2 在任意小的时间间隔内的变化的相关系数为 ρ。

3. 假设变量 X 服从如下过程

$$dX = adt + bdW(t)$$

变量 X 的初始值为 20，在未来两年内，$a=6$，$b=2$，在接下来的三年里 $a=3$，$b=1$。求第五年末变量 X 的概率分布函数。

4. 假设某个股票价格 S 服从几何布朗运动，其期望收益率为 μ，波动率为 σ，即有

$$dS = \mu Sdt + \sigma SdW(t)$$

（1）证明 S^n 也服从几何布朗运动，其中 n 为正整数。

（2）又已知股票在 T 时刻的价格 S_T 的期望值为 $Se^{\mu(T-t)}$，求 S_T^n 的期望值。

5. 假设某个股票当前价格为 20 美元，期望收益率为 20%，波动率为 30%，请给出该股票三年后价格的概率分布，并计算该分布的均值和标准差。

6. 假设当前股票价格为 50 美元，波动率为 30%，无风险利率为 15%。现有一以该股票为标的资产的欧式看涨期权，敲定价格为 50 美元，有效期为 6 个月。求该期权的价格。

7. 假设某个股票价格服从几何布朗运动，其期望收益率为 15%，波动率为 30%，当前股票价格为 30 美元。试求一个基于该股票的欧式看涨期权未来被执行的概率，其中期权的敲定价格为 32 美元，有效期为 6 个月。

8. 假设某个无红利支付股票的期望收益率为 μ，波动率为 σ，该股票 T 时刻的价格记为 S_T。现有一个衍生证券，其在 T 时刻的支付为 $\log S_T$，试给出该衍生证券的价格公式。

9. 假设当前股票价格为 50 美元，波动率为 30%，无风险利率为 15%，预计三个月后支付红利 2 美元。现有一以该股票为标的资产的欧式看涨期权，敲定价格为 50 美元，有效期为 6 个月，求该期权的价格。

10. 假设某个股票当前价格为 60 美元，波动率为 30%，无风险利率为 15%。现有一个以该股票为标的资产的美式看涨期权，期权有效期为 1 年。期权有效期内，股票分别在 2 个月后和 8 个月后支付数量相等的红利。为保证这个美式期权价格不高于相应的欧式期权价格，该股票支付的红利最多为多少。

第五章 DIWUZHANG

数值方法

在实际中的许多衍生证券很难给出精确的定价公式，这时需要借助数值方法。衍生证券定价的数值方法主要包括二叉树方法、蒙特卡罗模拟方法和有限差分方法。在第二章和第三章已经对二叉树方法进行了详尽的介绍，本章将介绍蒙特卡罗模拟方法和有限差分方法。

第一节 蒙特卡罗模拟定价基本原理

在利用蒙特卡洛模拟方法定价过程中，我们模拟未来的股票价格并利用这些模拟结果来计算期权支付的贴现期望值。

蒙特卡洛定价利用风险中性分布，假设资产平均来讲能够获得无风险利率的收益，然后我们对期望支付以无风险利率进行贴现。在这里我们将会看到风险中性定价是蒙特卡洛定价的基础。

因为我们利用蒙特卡洛方法模拟未来的证券的价值，同时会得到支付的分布。当我们要比较两个不同的投资策略的结果时，这个分布是非常有用的。

一、计算期权的期望贴现值

在第四章对欧式期权定价时，假设市场是风险中性的，所有资产的期望收益率都等于无风险利率，因此期权价格等于其未来值的期望以无风险利率进行贴现的结果。蒙特卡洛定价正是利用了这样的观点。

我们假设资产获得无风险回报率并模拟其回报。例如，对于任何给定的3个月后的股票价格，我们可以计算看涨期权的支付。我们多次进行这种模拟并求出平均回报，由于我们利用了风险中性定价原理，因此我们对平均支付利用无风险利率进行贴现就得到这个期权价格。

二、计算随机数

接下来我们讨论如何计算蒙特卡洛定价需要的正态分布随机数。假定我们能够得到从 0 到 1 均匀分布的随机数。均匀分布是一种定义在一定区间，总概率为 1，每个相同长度区间上概率相等的分布。假设一个随机变量 u 在区间 $[a,b]$ 上的均匀分布，其分布函数记为 $U(a,b)$。均匀分布的概率密度定义为

$$f(x;a,b)=\begin{cases}\dfrac{1}{b-a}, & a\leqslant x\leqslant b\\ 0, & \text{其他情况}\end{cases} \tag{5.1.1}$$

当 $a=0$，$b=1$ 时，均匀分布就是高度为 1 的一条从 0 到 1 的水平线段。画出均匀分布随机变量的分布函数非常容易，事实上所有的编程语言和表格程序都能做到。例如，Excel 中自带的 Rand 函数就能做到。

计算正态分布变量有两种常用的方法。有些程序有直接生成正态分布随机数的函数，这种情况下我们就不用利用这些方法了。但是，第二种方法可以用以生成任何分布函数下的随机数。

(一) 利用均匀分布随机变量的和

一个标准的计算正态分布随机数的方法是将 12 个在 [0,1] 区间上均匀分布的随机数求和，然后减去 6。所以，我们计算服从 $N(0,1)$ 分布的随机变量 $\tilde{Z}$ 如下

$$\tilde{Z}=\sum_{i=1}^{12}u_i-6 \tag{5.1.2}$$

这里，$u_i(i=1,2,\cdots,12)$ 服从 $[0,1]$ 上的均匀分布。

之所以利用这种方法是因为在 $[0,1]$ 上均匀分布的随机变量的方差为 1/12，均值为 1/2。所以，当你把 12 个均匀分布的随机变量相加再减 6，你会得到一个均值为 0，方差为 1 的随机变量。12 个均匀分布随机变量的和不严格服从正态分布，但是由中心极限定理，这 12 个均匀分布随机变量的和与正态分布已经很接近了。

(二) 利用累计正态分布的逆函数

我们还可以先产生一个均匀分布的随机数，然后把它转换为正态分布的随机数。假设随机变量 $u\sim U(0,1)$，$Z\sim N(0,1)$。记 $U(w)$ 为均匀分布累积分布函数，记 $N(y)$ 表示正态分布累积分布函数，它们分别表示 $u<w$ 和 $Z<y$ 的概率，即

$$U(w)=\mathrm{Prob}(u\leqslant w)$$
$$N(y)=\mathrm{Prob}(Z\leqslant y)$$

这里 w 是 $U(w)$ 的分位数，y 是 $N(y)$ 的分位数。如果我们随机产生一个均匀分布的随机数 u，我们可以用它构造一个对应的正态分布随机数 Z。我们把之前随机产生的均匀分布的数解释为分位数。例如，我们从 $U(0,1)$ 分布得到 0.7，我们就把它解释为 70% 的分位数。这样我们可以利用正态分布的逆函数 $N^{-1}(u)$ 来得到一个对应于那个分位数的正态分布的值。这个方法利用了这样一个原理：对于任何分布，分位数是均匀分布的，如果你要产生某个分布的变量，可以通过定义这个分布的每个分位数来求得。

其算法如下：

(1) 产生一个 0 到 1 间的均匀分布的随机数，比如 0.7。

（2）计算使 $N(Z)=0.7$ 的 Z 的取值。这样 Z 可以通过计算累计正态分布的逆函数来得到。在本例中 $N^{-1}(0.7)=0.5244$，这个值是一个单独产生的标准正态分布的随机数。

（3）重复上面步骤。这个程序模拟了产生正态分布随机数的方法。如果要模拟对数正态分布变量，可以先模拟正态分布，然后对其乘方。

利用累积分布逆函数的方法是十分有用的，因为它能对任何分布的函数进行计算。

三、模拟对数正态分布的股票价格

我们回忆一下，如果 $Z \sim N(0,1)$，对数正态分布的股票价格为

$$S_T = S_0 e^{(r-q-\frac{1}{2}\sigma^2)T+\sigma\sqrt{T}Z} \tag{5.1.3}$$

假设我们想得到 2 年以后的一个随机股票价格。利用（5.1.3）式，股票价格可以通过正态分布随机变量 Z 得到，令 $T=2$，$r=0.10$，$q=0$，$\sigma=0.30$。我们产生大量的 Z，然后代入到（5.1.3）式中，我们会对应地得到大量的 S_2。其连续复合平均支付会达到20%（每年10%），log（S_2）的连续复合标准差为 $0.3\times\sqrt{2}=42.43\%$。

另外还有一种方法可以产生两年后的随机的股票价格集——模拟股票价格序列方法。我们可以先产生 1 年期的随机的价格，然后将其复合来得到 2 年期的价格。这会得到与 2 年期价格的完全相同的分布，具体步骤如下。

1. 计算一年期价格 S_1

$$S_1 = S_0 e^{(0.1-\frac{1}{2}0.3^2)\times 1+\sigma\sqrt{1}\cdot Z(1)} \tag{5.1.4}$$

2. 利用 S_1 作为起始价格计算 S_2

$$S_2 = S_1 e^{(0.1-\frac{1}{2}0.3^2)\times 1+0.3\sqrt{1}\cdot Z(2)}$$

这里，Z(1)和 Z(2)是两个标准正态分布的随机数。如果我们把 S_1 代入到 S_2，我们会得到

$$S_2 = S_0 e^{(0.1-\frac{1}{2}0.3^2)\times 2+0.3\sqrt{1}\cdot[Z(1)+Z(2)]} \tag{5.1.5}$$

（5.1.5）式和（5.1.3）式的差别在于用 $Z(1)+Z(2)$ 替换了 $\sqrt{2}Z$。又由于

$$Var(\sqrt{2}Z)=2$$

以及

$$Var[Z(1)+Z(2)]=2$$

因此，（5.1.3）式和（5.1.5）式产生的 S_2 具有相同的分布。

如果我们只想得到一个 2 年期随机的股票价格，我们只需产生一个随机变量而没必要产生两个随机变量。但是，如果我们想要模拟 2 年内股票价格的路径（例如，为路径依赖的期权定价），那么我们需要把 2 年分为多个时期。

一般地，如果我们要把长度为 T 的时间分割为长度为 h 的区间，那么区间的个数为 $n=T/h$。这时我们有

$$S_h = S_0 e^{(r-q-\frac{1}{2}\sigma^2)h+\sigma\sqrt{h}Z(1)}$$

$$S_{2h} = S_h e^{(r-q-\frac{1}{2}\sigma^2)h+\sigma\sqrt{h}Z(2)}$$

$$\vdots$$

$$S_{nh} = S_{(n-1)h} e^{(r-q-\frac{1}{2}\sigma^2)h+\sigma\sqrt{h}Z(n)}$$

这 n 个股票价格可以被解释为从 0 到 T 时间段内间隔时间相等的时间点处股票价格路径上的点。如果我们把 S_h 代入 S_{2h} 的式子，再把 S_{2h} 代入 S_{3h} 的式子，这样继续下去，我们得到

$$S_T = S_0 e^{(r-q-\frac{1}{2}\sigma^2)T+\sigma\sqrt{h}[\sum_{i=1}^{n} Z(i)]}$$

$$= S_0 e^{(r-q-\frac{1}{2}\sigma^2)T+\sigma\sqrt{T}[\frac{1}{\sqrt{n}}\sum_{i=1}^{n} Z(i)]} \tag{5.1.6}$$

由于 $\frac{1}{\sqrt{n}}\sum_{i=1}^{n} Z(i) \sim N(0,1)$，我们从（5.1.6）式得到了在时间 T 上与利用一个 $N(0,1)$ 随机变量的（5.1.3）式相同分布的随机变量。它们之间重要的区别在于，通过把问题分割为 n 步，我们模拟了 S 的路径。路径的模拟对于计算路径依赖的衍生品的价格十分有用，例如，亚式期权和障碍期权，它们的价格依赖于其价格到达 S_T 的路径。

四、蒙特卡洛模拟定价

假设 T 时刻的期权支付是股票价格 S_T 的一个函数，用 $f(S_T,T)$ 表示支付价格。则 0 时期的蒙特卡洛价格 $f(S_0,0)$ 为

$$f(S_0,0) = \frac{1}{n} e^{-rT} \sum_{i=1}^{n} f(S_T^i,T) \tag{5.1.7}$$

这里 $S_T^1,\cdots,S_T^n$ 是 T 时期的 n 个随机股票价格。例如，对于看涨期权的情况，$f(S_T^i,T) = \max(0,S_T^i - X)$，其中 X 为敲定价格。

（5.1.7）式运用 T 时期股票价格的近似分布来计算期权的价格。具体来讲，（5.1.7）式利用模拟的对数正态分布价格来近似对数正态的股票价格分布。

作为蒙特卡洛定价技术的说明，我们先对我们已经解决了的问题进行求解。考虑我们有一个到期日为 T 的欧式期权，资产的波动率为 σ，无风险利率为 r。我们可以利用 Black - Scholes 方程对其定价，但是我们将同时利用 Black - Scholes 方程和蒙特卡洛方法，以便于估计蒙特卡洛定价的效果。

我们假定股票价格服从（5.1.3）式。我们产生标准正态分布的随机变量 Z，把它们代入到（5.1.3）式可以得到大量随机的股票价格。对于每个 Z 都计算一次，假定我们计算 N 次。对于每个 i，我们计算看涨期权的价格

$$\max(0,S_T^i - X) = \max\left(0, S_0 e^{(r-q-0.5\sigma^2)T+\sigma\sqrt{h}Z_i} - X\right); \quad i=1,\cdots,N$$

然后计算期权价格的平均值

$$\frac{1}{N}\sum_{i=1}^{N} \max(0,S_T^i - X)$$

通过这个表达式我们得到了期权在 T 时期支付的期望值的一个估计。我们利用无风险利率对平均支付价格进行贴现，得到期权价格的一个估计

$$\bar{C} = e^{-rT}\frac{1}{N}\sum_{i=1}^{N} \max(0,S_T^i - X)$$

【例 5.1.1】 我们要对一个 3 个月期的欧式看涨期权进行定价，股票的价格为 40 元，

敲定价格为 40 元，无风险利率为 8%，无红利支付，股票波动率为 30%。我们通过 (4.1.3) 式得到 3 月期的随机的股票价格

$$S_T = S_0 e^{(0.08 - 0.3^2/2)0.25 + 0.3\sqrt{0.25}Z}$$

对于每个股票价格，我们计算

$$期权支付 = \max(0, S_T - 40)$$

我们多次重复这个过程，对得到的期权支付进行平均并利用 3 个月无风险利率进行贴现。具体来讲，每次计算都用 1000 次随机模拟值，一共进行 5 次，每次的结果列于表 5-1 中。对于 5000 次计算，我们得到的一个估计是 2.802。我们可以直接利用 Black-Scholes 定价公式给出欧式期权的价格为 2.78。显然我们用蒙特卡洛模拟方法得到的估计值与 Black-Scholes 定价公式给出的期权价格 2.78 已经很接近了。

表 5-1　　　　蒙特卡罗方法定价结果

次　序	计算期权价格
1	2.99
2	2.73
3	2.63
4	2.76
5	2.90
平　均	2.802

五、蒙特卡洛方法的精度

本来对于欧式期权定价没有必要选择蒙特卡洛方法，但是这样做能使我们对在给定参数情况下使用蒙特卡洛方法模拟期权价格的精度做出估计。在利用蒙特卡洛方法定价过程中我们关心的一个主要问题是：要对期权价格的估计达到理想的精度，我们需要多少次模拟。蒙特卡洛定价很简单，但是相对来说效率不高。有很多方法可以提高蒙特卡洛方法的效率。

为了估计蒙特卡洛方法的精度，我们进行不同次数的估计，看看结果有多大的变化。表 5-1 显示了 5 次蒙特卡洛方法得到的结果，每次计算都用了 1000 次随机模拟。5000 次模拟的结果很接近正确结果（\$2.804 接近于 \$2.78）。但是，1000 次模拟得到的结果有个相当大的方差。

为了估计精度，我们需要知道这个估计的标准差。令 $C(\tilde{S}_i)$ 表示与随机产生的股票价格 $\tilde{S}_i$ 对应的看涨期权价格。如果有 n 次计算，蒙特卡洛估计得到

$$\bar{C}_n = \frac{1}{n}\sum_{i=1}^{n} C(\tilde{S}_i) \tag{5.1.8}$$

我们以 σ_C 表示每次计算结果的标准差，以 σ_n 表示 n 次计算得到结果的标准差。假定 $\tilde{S}_i$ 独立同分布，均值的方差为

$$\sigma_n^2 = \frac{1}{n}\sigma_C^2$$

标准差为

$$\sigma_n = \frac{1}{\sqrt{n}}\sigma_C$$

显然，蒙特卡洛估计的标准差随着计算次数的平方根的倒数而减小。

表 5－1 给出的蒙特卡洛方法的结果中，每次计算的标准差为 \$4.05（这个值由 5000 次计算平均值时得到），对于 1000 次计算，标准差为

$$\frac{\$4.05}{\sqrt{1000}} = \$0.13$$

给定正确价格是 \$2.78，\$0.13 相对期权价格有比较显著的百分比（4.6%）。通过 5000 次观察，标准差下降到了 \$0.06，仍然较大，这说明对 5 个结果平均得到的 \$2.82 这个估计值只是偶然地接近于正确结果。为了达到 1% 的标准差（\$0.028）的精度，我们需要 21000 次计算。

六、编程实现

这里介绍利用 Matlab 进行蒙特卡洛定价的方法。

考虑一个欧式看涨期权的定价问题。假设股票的现在价格 $S_0 = 50$，并且股票的价格波动服从几何布朗运动；欧式期权的执行价格 K = 50，无风险利率 r = 0.1，股票波动的标准差 sigma = 0.3，期权的有效期为 T = 5/12，我们采用蒙特卡洛模拟方法来为这个欧式期权定价。

这里用 Matlab 编写一个子程序 blsmc 进行计算。

```
%%%%%%%%%%%%%%%%%%%%%%%%%%%%%%%%%%%%%%
%利用蒙特卡洛方法对欧式期权定价的函数
function eucall = blsmc(s0,X,r,T,sigma,Nu)
%%%%%%%%%%%%%%%%%%%%%%%%%%%%%%%%%%%%%%
%输入参数
%   s0        股票价格
%   X         执行价格
%   r         无风险利率
%   sigma     股票波动的标准差
%   Nu        模拟的次数
%%%%%%%%%%%%%%%%%%%%%%%%%%%%%%%%%%%%%%
%输出参数
%   eucall    欧式看涨期权的价格
%   varprice  期权价格模拟值的标准差
%   ci        95%概率保证的期权价格区间
%%%%%%%%%%%%%%%%%%%%%%%%%%%%%%%%%%%%%%
randn('seed',0);   %定义种子发生器为0,保证每次模拟的结果相同。
unT = (r - 0.5 * sigma^2) * T;
sit = sigma * sqrt(T);
discpayoff = exp( - r * T) * max(0,s0 * exp(unT + sit * randn(Nu,1)) - X);%期权到期日
```

的支付

[eucall,varprice,ci] = normfit(discpayoff)

以上为此欧式期权的定价程序，其中，我们采用了 normfit 函数对正态分布总体进行参数估计。

下面我们调用这个子程序，输入各个参数的具体值，来得出相应的具体期权的价格。

blsmc(50,50,0.1,5/12,0.3,1000)

具体的输出结果为

```
eucall =
     5.0394
varprice =
     7.2353
ci =
     4.5904
     5.4884
ans =
     5.0394
```

以上结果说明，用蒙特卡洛模拟可以得到的期权价格为 5.0394，样本正态拟合的方差是 7.2353，95% 的置信水平下价格波动的区间为 [4.5904, 5.4884]。由此可见利用蒙特卡洛模拟得出的波动区间较大。在上述程序中，我们调用了 matlab 的 normfit 函数对模拟出来的结果用正态分布函数来进行拟合，这种方法可以考察结果的稳定性。如果不关注结果的稳定性，我们可以直接求出模拟的结果均值，具体程序如下：

```
% 利用蒙特卡洛方法对欧式期权定价的函数
function eucall = blsmc(s0,X,r,T,sigma,Nu)   % 定义蒙特卡洛方法对欧式期权进行定价的函数
randn('seed',0);
unT = (r - 0.5 * sigma^2) * T;
sit = sigma * sqrt(T);
discpayoff = exp( - r * T) * max(0,s0 * exp(unT + sit * randn(Nu,1)) - X);
price = mean(discpayoff)
blsprice(50,50,0.1,5/12,0.3,1000)
```

输出的结果为

```
ans =
     5.0394
```

即用蒙特卡洛方法得到的期权价格为 5.0394，而用 Black - Scholes 定价公式得到期权价格为 4.8851，二者之间存在较大的差异。增加模拟次数到 10000 次，计算的结果为

```
eucall =
     4.8318
varprice =
```

7.0511

ci =

4.6936

4.9701

ans =

4.8318

这时模拟结果为4.8318，期权模拟的精度大大提高，95%的置信水平下价格波动的区间为［4.6936，4.9701］，置信区间较1000次模拟时大大缩小，模拟可靠性显著增加。

第二节

高效的蒙特卡洛定价方法

上节我们已经描述了基本的蒙特卡洛定价方法。本节我们尝试对给定计算次数的模拟结果降低方差，从而得到更有效率的蒙特卡洛定价方法。

一、控制变量法

控制变量法适用于有两种相关的衍生证券A和B的情形。这两种证券中，A是我们要进行定价的证券，B是已知其价格表达式的证券。我们将证券B的真实值与估计值之间的差异作为控制变量，以提高估计的精度。进行定价时，将证券A和B使用相同的随机抽样样本和相同的时间间隔，实施相同的蒙特卡洛模拟过程。这样得到两个模拟估计值f_A^*和f_B^*。

记f_A为我们所要进行估计的证券A的价格，记f_B为证券B的价格，其具体的表达式已知。则利用控制变量技术得到的证券A的价格的估计值为

$$\bar{f_A} = f_A^* + (f_B - f_B^*) \tag{5.2.1}$$

这里$f_B - f_B^*$就是控制变量，它实际上是证券B的蒙特卡洛模拟估计误差。由于蒙特卡洛方法是一种无偏估计，即$E(f_B^*) = f_B$。因此，$E(\bar{f_A}) = E(f_A^*) = f_A$。由（5.2.1）式给出的证券A价格估计值的方差为

$$\mathrm{Var}(\bar{f_A}) = \mathrm{Var}(f_A^*) + \mathrm{Var}(f_B^*) - 2\mathrm{Cov}(f_A^*, f_B^*) \tag{5.2.2}$$

当$\mathrm{Var}(f_B^*) < 2\mathrm{Cov}(f_A^*, f_B^*)$时，一定有

$$\mathrm{Var}(\bar{f_A}) < \mathrm{Var}(f_A^*) \tag{5.2.3}$$

因此当证券A和证券B价格之间的协方差充分大时，（5.2.3）式一定成立。证券A和证券B价格之间的正相关性越高，估计效果越好。实际中，控制变量法产生的方差的降低是很显著的。

Boyle等指出，在实际中（5.2.1）式并不总能够降低蒙特卡洛估计的方差，有时候甚至会增加估计值的方差。因此他们建议不用（5.2.1）式，而是利用更为一般的估计方法

$$\bar{f_A} = f_A^* + \beta(f_B - f_B^*) \tag{5.2.4}$$

这个估计的方差为

$$\mathrm{Var}(\bar{f_A}) = \mathrm{Var}(f_A^*) + \beta^2 \mathrm{Var}(f_B^*) - 2\beta \mathrm{Cov}(f_A^*, f_B^*) \tag{5.2.5}$$

这是关于控制变量系数β的二次三项式。接下来选取适当的β使$\mathrm{Var}(\bar{f_A})$达到最小，显然取$\beta = Cov(f_A^*, f_B^*)/Var(f_B^*)$就可以使方差$\mathrm{Var}(\bar{f_A})$达到最小。另一种估计$\beta$的方法是，对（5.2.4）式中的变量进行回归分析得到$\hat{\beta}$，然后用$\hat{\beta}$进行剩余的计算。

二、对偶变量法

对偶变量法利用了这样的思想，对每个模拟的实现，都有一个相反而又有相同概率的实现。例如，如果我们产生一个正态随机数0.5，我们同样也可以产生-0.5。通过利用每次产生的正态随机数的相反数我们能在每次产生的随机路径上得到两个模拟结果。如果它可行，那么就相当于我们加倍了模拟的次数，而且产生随机数的过程并不是蒙特卡洛计算中较耗时的部分。

因为二个估计值负相关，把它们相加能够减小估计值的方差，因此可以提高模拟的效率。在实际中，这意味着如果你产生了一个分布的尾部的估计值，你还能得到分布的另一端的一个估计值，它抵消了第一次估计的误差。Boyle 等发现利用对偶变量法能带来中度的改善。

下面以正态分布为例进行具体说明。首先从正态分布变量中抽取 N 个随机样本，分别记为$Z_i(i=1,2,\cdots,N)$，由此可以得到N个模拟值$C_i^*(i=1,2,\cdots,N)$。这时衍生证券的估计值为

$$C^* = \frac{1}{N}\sum_{i=1}^{N} C_i^* \tag{5.2.6}$$

接下来取$\bar{Z}_i = -Z_i(i=1,2,\cdots,N)$，则$\bar{Z}_i$与$Z_i(i=1,2,\cdots,N)$为相互对偶的随机数，并且由正态分布的性质知，$\bar{Z}_i(i=1,2,\cdots,N)$也服从正态分布。由对偶随机数得出的估计值为

$$C' = \frac{1}{N}\sum_{i=1}^{N} C_i' \tag{5.2.7}$$

取C^*和C'平均值得到衍生证券价格的新估计值为

$$C = \frac{1}{2}(C^* + C') = \frac{1}{N}\sum_{i=1}^{N} \frac{C_i^* + C_i'}{2}$$

如果$\mathrm{Cov}(C^*, C') < 0$，则有

$$\mathrm{Var}(C) = \mathrm{Var}\left(\frac{1}{2}(C^* + C')\right) = \frac{1}{2}\mathrm{Var}(C^*) + \frac{1}{2}\mathrm{Cov}(C^*, C') \tag{5.2.8}$$

由此可知，利用对偶技术可以降低估计的波动性，提高估计的精确度。

三、分层抽样法

另外一类重要的方法是控制产生随机数的区域。分层样本是这种方法的一个例子。假设

有 100 个均匀分布的随机数 u_i，$i=1,\cdots,100$。通过简单的蒙特卡洛方法，我们可以计算 $z_i = N^{-1}(u_i)$。这个计算假定每个随机数来自于均匀分布。由于随机误差，100 个均匀分布的随机数不可能是严格均匀分布的，所以 z_i 也不是严格的正态分布。如果我们从每个百分位数区域产生均匀分布的随机数，则可以改善 u_i 的分布，进而改善 z_i 的分布。因此，我们第一次产生一个 u_1，然后除以 100，那么结果 $\hat{u}_1$ 服从［0，0.01］上的均匀分布。第二次，我们仍除以 100，然后加 0.01 得到 $\hat{u}_2$，$\hat{u}_2$ 服从［0.01，0.02］上的均匀分布。对于第 i 次，我们计算 $\hat{u}_i = (i-1+u_i)/100$，所得结果服从第 i 个百分位上的均匀分布。通过这样的过程我们保证了产生的随机数在每个百分位上服从正态分布。你可以选择不同的区间个数，以进行多次的重复计算。

还有其他的一些提高蒙特卡洛方法效率的办法。例如有一种叫重点抽样的方法注重产生对特定证券定价最有价值的一部分随机数。低差异序列方法利用更为仔细选择的决定性的点产生更为均匀的分布。

如果只进行一次计算，简单蒙特卡洛方法的简单性是不错的。但是，如果你要进行重复的蒙特卡洛定价，那么分析问题特点，并利用一个或多个降低方差的方法，会使估计效率得到大大提高。

四、编程实现

这里我们继续考虑上一节中的欧式看涨期权的定价问题。为了提高蒙特卡洛模拟的精确性，我们对欧式期权采用对偶法定价。

这里用 Matlab 编写一个子程序 blsmca 进行计算。

```
%%%%%%%%%%%%%%%%%%%%%%%%%%%%%%
%利用对偶变量法对欧式期权定价的函数
function eucall = blsmca(s0,K,r,T,sigma,Nu)
%%%%%%%%%%%%%%%%%%%%%%%%%%%%%%
randn('seed',0);                    %定义种子发生器为0,保证每次模拟的结果相同。
nuT = (r - 0.5 * sigma^2) * T;
sit = sigma * sqrt(T);
rand = randn(Nu,1)
discpayoff = exp( - r * T) * max(0,s0 * exp(nuT + sit * rand) - X);    %期权到期日的支付
discpayoffl = exp( - r * T) * max(0,s0 * exp(nuT + sit * - rand) - X);
[eucall,varprice,ci] = normfit([discpayoff;discpayoffl])
```

下面调用这个子程序,输入各个参数的具体值,来得出相应的具体期权的价格。

```
blsmc(50,50,0.1,5/12,0.3,10000)
```

输出结果为

```
eucall =
       4.8971
varprice =
       7.0423
```

ci =

4.7995

4.9947

ans =

4.8971

在上节已经知道，利用最简单的蒙特卡洛模拟方法模拟 10000 次得到的估计值为 4.8318，这里采用对偶变量方法的模拟结果为 4.8971，这与欧式看涨期权的精确价格 4.8851 很接近。

第三节

有限差分方法

由第四章我们知道，欧式期权的价格可以通过求解一个偏微分方程的定解问题来得到。事实上，越来越多的衍生产品的定价问题都转化为了偏微分方程的定解问题。在这些问题中，有些问题比较简单，比如欧式期权的定价问题，我们可以给出相应定解问题的解析解；还有些问题本身存在解析解，但求解起来就很麻烦；更多的问题本身根本不存在解析解，只能通过数值方法进行求解。有限差分方法是求解偏微分方程定解问题的一个重要方法，因此在本节我们介绍如何利用有限差分方法进行期权定价。

为确定起见，我们以无红利支付的美式看跌期权为例进行讨论。由第四章知，美式期权价格满足如下方程

$$\frac{\partial f}{\partial t}+rS\frac{\partial f}{\partial S}+\frac{1}{2}\sigma^2 S^2\frac{\partial^2 f}{\partial S^2}=rf \tag{5.3.1}$$

以及边界条件

$$f|_{t=T}=\max\{X-S,0\} \tag{5.3.2}$$

这里 S 表示标的资产的价值，f 表示期权的价格，σ 表示标的资产价格的波动率，r 表示无风险利率，X 为执行价格。期权的有效期为 T。

假设 $S_{\max}$ 是一个充分大的股票价格，当股票价格达到它时，期权的价格满足某些特定的性质（随后给出），因此我们可以在区域 $(0,S_{\max})\times(0,T)$ 内研究偏微分方程（5.3.1）。有限差分方法通过用差商代替微商对方程以及定解问题离散化，用有限的离散区域来替代连续的时间和资产价格。

为了便于理解，我们先引入格点图。将时间区间 $[0,T]$ 等分为 N 个步长为 Δt 的时间段。这样就得到 $N+1$ 个时间点：

$$0,\ \Delta t,\ 2\Delta t,\ \cdots\cdots,\ (N-1)\Delta t,\ N\Delta t=T$$

定义 $\Delta S=S_{\max}/M$，将价格区间 $[0,S_{\max}]$ 等分为 M 等份，得到 $M+1$ 个股票价格

$$0,\ \Delta S,\ 2\Delta S,\ (M-1)\Delta S,\ M\Delta S=S_{\max}$$

这样我们得到了一个包含 $(M+1)\times(N+1)$ 个格点的点阵。如图 5-1 所示。在这个点

阵中，点 (i,j) 对应时间 $i\Delta t$ 和股票价格 $j\Delta S$。我们将用 f_{ij} 表示期权在点 (i,j) 处的价值。

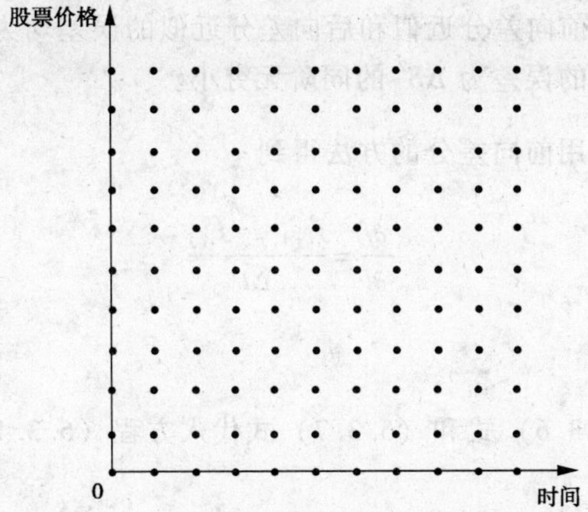

图 5－1　有限差分方法的格点

用有限差分的方法近似计算偏微分方程的解，就是用函数差分近似替代偏微分方程中的偏导数，得到一个线性代数方程组，通过求解新的方程组来得到期权价值的数值解。

一、差商取法

如果函数 f 充分光滑，则在点 $(i,\ j)$ 处 $\partial f/\partial S$ 可近似写成

$$\frac{\partial f}{\partial S}=\frac{f_{i,\,j+1}-f_{i,\,j}}{\Delta S} \tag{5.3.3}$$

或

$$\frac{\partial f}{\partial S}=\frac{f_{i,\,j}-f_{i,\,j-1}}{\Delta S} \tag{5.3.4}$$

(5.3.3) 式称为前向差分近似，(5.3.4) 式称为后向差分近似。将 (5.3.3) 式和 (5.3.4) 式进行平均，我们可以得到一个对称形式的中心差分近似

$$\frac{\partial f}{\partial S}=\frac{f_{i,\,j+1}-f_{i,\,j-1}}{2\Delta S} \tag{5.3.5}$$

因为一阶导数的对称近似误差比前向差分和后向差分近似低。

现在考虑在点 (i,j) 处的 $\frac{\partial^2 f}{\partial S^2}$ 的有限差分近似，由于 $\frac{\partial f}{\partial S}$ 在点 (i,j) 处的后向差分近似由 (5.3.4) 式给出，并且 $\frac{\partial f}{\partial S}$ 在点 $(i,j+1)$ 处的后向差分近似为

$$\frac{f_{i,\,j+1}-f_{i,\,j}}{\Delta S}$$

因此 $\frac{\partial^2 f}{\partial S^2}$ 在点 $(i,\ j)$ 处的有限差分近似可取为

$$\frac{\partial^2 f}{\partial S^2}=\frac{f_{i,j+1}+f_{i,j-1}-2f_{i,j}}{\Delta S^2} \tag{5.3.6}$$

由 Taylor 展开可知，前向差分近似和后向差分近似的误差均为 ΔS 的同阶无穷小，中心差分近似和二阶差分近似的误差为 ΔS^2 的同阶无穷小。

对于$\frac{\partial f}{\partial t}$，我们可以采用前向差分的方法得到

$$\frac{\partial f}{\partial t}=\frac{f_{i+1,j}-f_{i,j}}{\Delta t} \tag{5.3.7}$$

二、隐式差分方法

将（5.3.5）式，（5.3.6）式和（5.3.7）式代入方程（5.3.1），并注意 $S=j\Delta S$，经过整理得到

$$a_j f_{i,j-1}+b_j f_{i,j}+c_j f_{i,j+1}=f_{i+1,j} \tag{5.3.8}$$

其中

$$a_j=\frac{1}{2}rj\Delta t-\frac{1}{2}\sigma^2 j^2\Delta t$$

$$b_j=1+\sigma^2 j^2\Delta t+r\Delta t$$

$$c_j=-\frac{1}{2}rj\Delta t-\frac{1}{2}\sigma^2 j^2\Delta t$$

接下去我们需要寻找相应的定解条件来进行最后求解。首先由终值条件（5.3.2）可得

$$f_{N,j}=\max\{X-j\Delta S,0\},\qquad j=0,1,\cdots,M \tag{5.3.9}$$

其次当股票价格等于零时，看跌期权的价格为 X，因此有

$$f_{i,0}=X,\ i=0,1,2,\cdots,N \tag{5.3.10}$$

最后当股票价格充分大时，期权价格为零，由此有

$$f_{i,M}=0,\ i=0,1,2,\cdots,N \tag{5.3.11}$$

由（5.3.8）式，并利用（5.3.9）—（5.3.11）式，可以求出点阵中所有点处的期权价格 $f_{i,j}(0\leqslant i\leqslant N,0\leqslant j\leqslant M)$。

首先考虑 $i=N-1$ 时的情况，由（5.3.8）式可有

$$a_j f_{N-1,j-1}+b_j f_{N-1,j}+c_j f_{N-1,j+1}=f_{N,j} \tag{5.3.12}$$

其中 $j=1,2,\cdots,M-1$。再由（5.3.10）式和（5.3.11）式有

$$f_{N-1,0}=X \tag{5.3.13}$$

$$f_{N-1,M}=0 \tag{5.3.14}$$

由方程组（5.3.12）以及条件（5.3.13）和（5.3.14）可以求出 $M-1$ 个未知数：$f_{N-1,1}$，$f_{N-1,2}$，$\cdots$，$f_{N-1,M-1}$。然后将 $f_{N-1,j}$ 的值与 $X-j\Delta S$ 进行比较。如果 $f_{N-1,j}<X-j\Delta S$，则应在 $T-\Delta t$ 时刻提前执行，这时重新令 $f_{N-1,j}=X-j\Delta S$。对于与 $T-2\Delta t$ 对应的格点处的期权价格可以用同样的办法求出，并依次类推。最终，我们可以得到 $t=0$ 时的期权价格

$$f_{0,0},\ f_{0,1},\ \cdots,\ f_{0,M}$$

由这些期权价格利用插值方法就可以得到我们所要求的期权价格。

隐式有限差分法，可以用图 5－2 来表示。本质上讲，这种方法的差分方程（5.3.12）给出了 $i\Delta t$ 时刻的三个不同的期权值与 $(i+1)\Delta t$ 时刻的一个期权值的关系。利用 $(i+1)\Delta t$ 时刻的期权值求解 $i\Delta t$ 时刻的期权值，需要求解一个线性代数方程组。这种方法计算很有效，是无条件稳定的，即当 Δt、ΔS 趋于零时，隐式差分方程的解总是收敛于微分方程的解。但是这种方法计算量相对比较大。

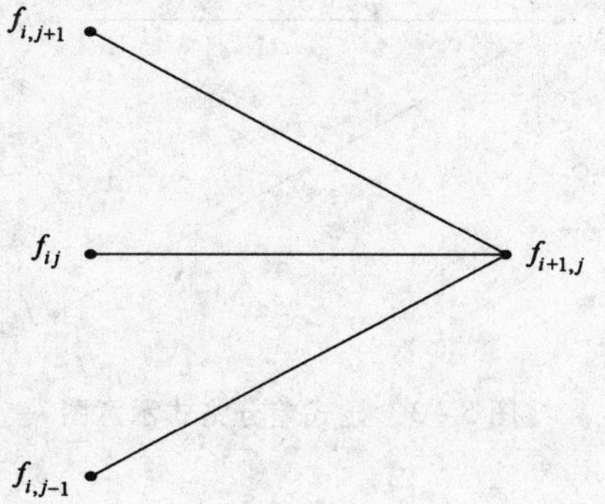

图 5－2　隐式差分格式示意图

三、显式差分方法

为了简化计算，我们也可以采用显式有限差分方法。假设 $\frac{\partial f}{\partial S}$ 和 $\frac{\partial^2 f}{\partial S^2}$ 在（i, j）点处和 $(i+1, j)$ 处的值对应相同，则有

$$\frac{\partial f}{\partial S}=\frac{f_{i+1,j+1}-f_{i+1,j-1}}{2\Delta S}$$

$$\frac{\partial^2 f}{\partial S^2}=\frac{f_{i+1,j+1}+f_{i+1,j-1}-2f_{i+1,j}}{\Delta S^2}$$

这时差分方程变为

$$a_j^* f_{i+1,j-1}+b_j^* f_{i+1,j}+c_j^* f_{i+1,j+1}=f_{i,j} \tag{5.3.15}$$

其中

$$a_j^*=\frac{1}{1+r\Delta t}\left(-\frac{1}{2}rj\Delta t+\frac{1}{2}\sigma^2 j^2\Delta t\right)$$

$$b_j^*=\frac{1}{1+r\Delta t}(1-\sigma^2 j^2\Delta t)$$

$$c_j^*=\frac{1}{1+r\Delta t}\left(\frac{1}{2}rj\Delta t+\frac{1}{2}\sigma^2 j^2\Delta t\right)$$

差分方程（5.3.15）给出了 $i\Delta t$ 时刻的一个不同的期权值与（$i+1$）Δt 时刻的三个期权值的关系，如图 5－3 所示。假设 $f_{i+1,j}(0\leqslant j\leqslant M)$ 已知，则由方程（5.3.15）以及边界条件（5.3.10）和（5.3.11）可以直接给出 $f_{i,j}(0\leqslant j\leqslant M)$ 的值。而 $f_{N,j}(0\leqslant j\leqslant M)$ 的值已由（5.3.9）式给出，因此我们可以逐步向后求出所有的期权价格。这是典型的显式差分方法。

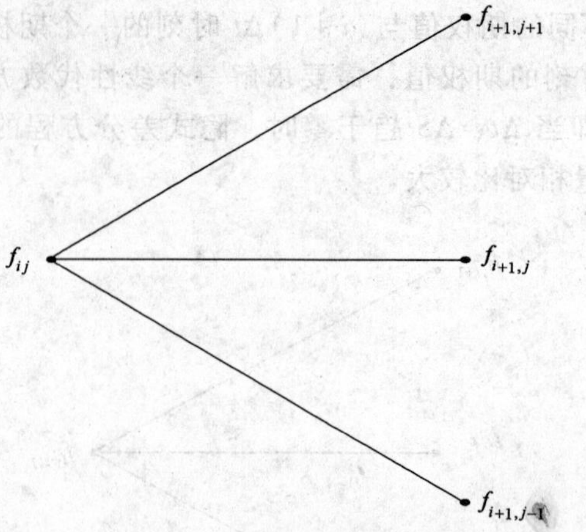

图 5－3　显式差分格式示意图

四、变量代换

方程（5.3.1）是一个变系数方程，特别在 $S=0$ 附近还是退缩的，对差分计算效果有影响。为了使差分计算更为有效，我们可以把 $\log S$ 作为标的变量而不是以 S 作为标的变量。令

$$x=\log S$$

则原差分方程变为：

$$\frac{\partial f}{\partial t}+\left(r-\frac{\sigma^2}{2}\right)\frac{\partial f}{\partial x}+\frac{1}{2}\sigma^2\frac{\partial^2 f}{\partial x^2}=rf \quad -\infty<x<\infty,\ 0<t<T \tag{5.3.16}$$

对方程（5.3.16）进行差分近似时，我们需要将变量 Z 分成间隔相等的值。这时隐式差分方法的方程将变为

$$\alpha_j f_{i,j-1}+\beta_j f_{i,j}+\gamma_j f_{i,j+1}=f_{i+1,j} \tag{5.3.17}$$

其中

$$\alpha_j=\frac{\Delta t}{2\Delta x}\left(r-\frac{\sigma^2}{2}\right)-\frac{\Delta t}{2\Delta x^2}\sigma^2$$

$$\beta_j=1+\frac{\Delta t}{\Delta x^2}\sigma^2+r\Delta t$$

$$\gamma_j=-\frac{\Delta t}{2\Delta x}\left(r-\frac{1}{2}\sigma^2\right)-\frac{\Delta t}{2\Delta x^2}\sigma^2$$

显式差分方法的方程将变为

$$\alpha_j^* f_{i+1,j-1}+\beta_j^* f_{i+1,j}+\gamma_j^* f_{i+1,j+1}=f_{i,j} \tag{5.3.18}$$

其中

$$\alpha_j^*=\frac{1}{1+r\Delta t}\left(-\frac{\Delta t}{2\Delta x}\left(r-\frac{\sigma^2}{2}\right)+\frac{\Delta t}{2\Delta x^2}\sigma^2\right)$$

$$\beta_j^*=\frac{1}{1+r\Delta t}\left(1-\frac{\Delta t}{\Delta x^2}\sigma^2\right)$$

$$\gamma_j^* = \frac{1}{1+r\Delta t}\left(\frac{\Delta t}{2\Delta x}\left(r-\frac{1}{2}\sigma^2\right)+\frac{\Delta t}{2\Delta x^2}\sigma^2\right)$$

采用变量变换方法得到的差分方程的系数 α_j、β_j、γ_j 以及 α_j^*、β_j^* 和 γ_j^* 均与代表价格的 j 无关。我们可以证明取 $\Delta x=\sigma\sqrt{3\Delta t}$时，计算效果最好。

五、编程实现

这里我们以两个具体问题为例，说明如何用 Matlab 将有限差分方法具体实现。

【例 5.3.1】 考虑一个 5 个月期的美式看跌期权，标的资产是不支付红利的股票，当前股票价格为 50 美元，执行价格为 45 美元，无风险利率为 10%，股票的波动率为 0.3。试利用显式有限差分方法计算该期权的价格。

我们用 Matlab 进行计算，具体程序如下。

```
%%%%%%%%%%%%%%%%%%%%%%%%%%%%%%%%%%%%
%%显式差分法求解美式看跌期权                    %%
%%%%%%%%%%%%%%%%%%%%%%%%%%%%%%%%%%%%
%   输入参数说明:
%   S0      0时刻股价
%   X       期权执行价
%   r       无风险利率
%   T       到期日
%   Sigma   股票波动标准差
%   Smax    股票最大值
%   ds      股票离散步长
%   dt      时间离散步长
%%%%%%%%%%%%%%%%%%%%%%%%%%%%%%%%%%%%
%     股票价格、时间初始化                       %
%%%%%%%%%%%%%%%%%%%%%%%%%%%%%%%%%%%%
s0 = 50; X = 45; r = 0.1; sigma = 0.3; T = 5/12;
dt = T/10; ds = 5;
Smax = 100;
M = round(Smax/ds);       %对 Smax/ds 取整运算
N = round(T/dt);
ds = Smax/M;              %重新确定股票价格步长
dt = T/N;                 %重新确定时间步长
%%%%%%%%%%%%%%%%%%%%%%%%%%%%%%%%%%%%
veti = 1:N;
vetj = 1:M;
a = 1/(1 + r * dt) * ( -1/2 * r * vetj * dt + 1/2 * sigma^2 * vetj.^2 * dt);
b = 1/(1 + r * dt) * (1 - sigma^2 * vetj.^2 * dt);
```

```
c = 1/(1 + r * dt) * (1/2 * r * vetj * dt + 1/2 * sigma^2 * vetj.^2 * dt);
%%%%%%%%%%%%%%%%%%%%%%%%%%%%%%%%%
L = zeros(M - 1,M - 1);
L(1,1) = b(1);L(1,2) = c(1);
L(M - 1,M - 2) = a(M - 1);L(M - 1,M - 1) = b(M - 1);
for j = 2:M - 2
    L(j,j - 1) = a(j);L(j,j) = b(j);L(j,j + 1) = c(j);
end
%%%%%%%%%%%%%%%%%%%%%%%%%%%%%%%%%
f1 = zeros(M - 1,N + 1);
f1(:,N + 1) = max(k - vetj(1:M - 1) * ds,0);
f1(:,N + 1);
f0 = zeros(M - 1,1);
f0(1,1) = a(1) * X;
for i = N: - 1:1
    f1(:,i) = L * f1(:,i + 1) + f0;
    for j = 1:M - 1
    if f1(j,i) < = X - j * ds;
        f1(j,i) = X - j * ds;
    end
    end
end
f2(1,1:N + 1) = 50;
f2(2:M,1:N + 1) = f1;
f2(M + 1,1:N + 1) = 0;
f2
```

输出结果列在表 5-2 中。

表 5-2　　　　利用显式有限差分方法计算美式看跌期权结果

股票价格	期权有效期（月）										
	5	4.5	4	3.5	3	2.5	2	1.5	1	0.5	0
0	50.00	50.00	50.00	50.00	50.00	50.00	50.00	50.00	50.00	50.00	50.00
5	45.00	45.00	45.00	45.00	45.00	45.00	45.00	45.00	45.00	45.00	45.00
10	40.00	40.00	40.00	40.00	40.00	40.00	40.00	40.00	40.00	40.00	40.00
15	35.00	35.00	35.00	35.00	35.00	35.00	35.00	35.00	35.00	35.00	35.00
20	30.00	30.00	30.00	30.00	30.00	30.00	30.00	30.00	30.00	30.00	30.00
25	25.00	25.00	25.00	25.00	25.00	25.00	25.00	25.00	25.00	25.00	25.00
30	20.00	20.00	20.00	20.00	20.00	20.00	20.00	20.00	20.00	20.00	20.00

续表

股票价格	期权有效期（月）										
	5	4.5	4	3.5	3	2.5	2	1.5	1	0.5	0
35	15.00	15.00	15.00	15.00	15.00	15.00	15.00	15.00	15.00	15.00	15.00
40	10.00	10.00	10.00	10.00	10.00	10.00	10.00	10.00	10.00	10.00	10.00
45	5.41	5.34	5.26	5.19	5.12	5.06	5.01	5.00	5.00	5.00	5.00
50	2.62	2.51	2.39	2.25	2.10	1.92	1.72	1.46	1.12	0.66	0.00
55	1.14	1.04	0.93	0.81	0.69	0.55	0.41	0.25	0.11	0.00	0.00
60	0.45	0.38	0.32	0.25	0.18	0.12	0.06	0.02	0.00	0.00	0.00
65	0.16	0.13	0.09	0.06	0.04	0.02	0.01	0.00	0.00	0.00	0.00
70	0.05	0.04	0.02	0.01	0.01	0.00	0.00	0.00	0.00	0.00	0.00
75	0.02	0.01	0.01	0.00	0.00	0.00	0.00	0.00	0.00	0.00	0.00
80	0.01	0.00	0.00	0.00	0.00	0.00	0.00	0.00	0.00	0.00	0.00
85	0.00	0.00	0.00	0.00	0.00	0.00	0.00	0.00	0.00	0.00	0.00
90	0.00	0.00	0.00	0.00	0.00	0.00	0.00	0.00	0.00	0.00	0.00
95	0.00	0.00	0.00	0.00	0.00	0.00	0.00	0.00	0.00	0.00	0.00
100	0.00	0.00	0.00	0.00	0.00	0.00	0.00	0.00	0.00	0.00	0.00

在本例中，我们取股票价格的最大值为 100 美元，并认为此时看跌期权的价格为零。最终期权价格为 2.62 美元。

【例 5.3.2】 考虑一个 5 个月期的欧式看跌期权，标的资产是不支付红利的股票，当前股票价格为 50 元，执行价格为 45 元，无风险利率为 10%，股票的波动率为 0.3。试利用隐式差分方法计算该期权的价格。

我们仍用 Matlab 进行计算，具体程序如下。

```
%%%%%%%%%%%%%%%%%%%%%%%%%%%%%%%%%%%%%%%%%%%%%%%%%%%%%%%%%%%%%%
%%   隐式差分方法求解欧式看跌期权价格                        %%
%%%%%%%%%%%%%%%%%%%%%%%%%%%%%%%%%%%%%%%%%%%%%%%%%%%%%%%%%%%%%%
%   输入参数说明：
%   S0     0 时刻股价
%   X      期权执行价
%   r      无风险利率
%   T      到期日
s0 = 50; k = 45; T = 5/12; sigma = 0.3; r = 0.1;
Smax = 100; ds = 0.5; dt = 5/2400;       % 确定时间与价格离散步长
M = round(Smax/ds);
ds = Smax/M;
N = round(T/dt);
```

```
dt = T/N;
matval = zeros(M + 1,N + 1);
vets = Linspace(0,Smax,M + 1);
veti = 0:N;
vetj = 0:M;
%%%%%%%%%%%%%%%%%%%%%%%%%%%%%%%%%%%%%%%%%%%%%%%%%%
%%      建立边界条件                              %%
%%%%%%%%%%%%%%%%%%%%%%%%%%%%%%%%%%%%%%%%%%%%%%%%%%
matval(:,N + 1) = max(X - vets,0);
matval(1,:) = k * exp( - r * dt * (N - veti));
matval(M + 1,:) = 0;
%%%%%%%%%%%%%%%%%%%%%%%%%%%%%%%%%%%%%%%%%%%%%%%%%%
%%      建立三对角矩阵                            %%
%%%%%%%%%%%%%%%%%%%%%%%%%%%%%%%%%%%%%%%%%%%%%%%%%%
a = 0.5 * (r * dt * vetj - sigma^2 * dt * vetj.^2);
b = 1 + sigma^2 * dt * vetj.^2 + r * dt;
c = - 0.5 * (r * dt * vetj + sigma^2 * dt * vetj.^2);
coeff = diag(a(3:M), -1) + diag(b(2:M)) + diag(c(2:M - 1),1);
[L,U] = lu(coeff);                          %对矩阵 coeff 进行 LU 分解
%%%%%%%%%%%%%%%%%%%%%%%%%%%%%%%%%%%%%%%%%%%%%%%%%%
%%      求解线性方程                              %%
%%%%%%%%%%%%%%%%%%%%%%%%%%%%%%%%%%%%%%%%%%%%%%%%%%
aux = zeros(M - 1,1);
for i = N: - 1:1
    aux(1) = - a(2) * matval(1,i);
    matval(2:M,i) = U\(L\(matval(2:M,i + 1) + aux));
end
%%%%%%%%%%%%%%%%%%%%%%%%%%%%%%%%%%%%%%%%%%%%%%%%%%
%利用线性插值方法计算所求的期权价格

jdown = floor(s0/ds);
jup = ceil(s0/ds);
if jdown = = jup
    price = matval(jdown + i,1)
else
    price = matval(jdown + 1,1) + (s0 - jdown * ds) * (matval(jup + 1,1) - matval(jup
+1,1))/ds
end
```

输出结果为

price =

    1.1555

习 题

1. 现有一个不支付红利股票的美式看涨期权，有效期为 1 年。股票当前价格为 30 美元，敲定价格为 32 美元，无风险利率为 10%，股票价格波动率为 30%。现将有效期分为四个时间段，每个时间段为期三个月，用二叉树方法给该期权定价，并用控制变量技术对这个估计值进行修正。

2. 现有一个不分红股票的美式看跌期权，有效期为 6 个月，敲定价格为 55 美元，当前股票价格为 50 美元，波动率为 20%，无风险利率为 10%。请用显式差分方法计算该期权价格。设时间间隔为 1 个月，股票价格间隔为 5 美元。

3. 假设 $x_1 \sim N(0,1)$ 以及 $x_2 \sim N(0.7,3)$，现给出 2000 个 e^{x_1} 和 e^{x_2} 的随机数。

（1） e^{x_1} 和 e^{x_2} 的均值是多少？

（2） 画出每个情况分布频率的图。

4. 现有一个欧式看跌期权，标的资产当前价格为 $S=40$ 美元，波动率为 $\sigma=30\%$，敲定价格为 $X=40$ 美元，无风险利率为 $r=0.08$，股票红利率 $q=0$，期权的有效期为 0.25 年。已知由 Black - Scholes 定价公式得到的期权价格是 1.99 美元。用蒙特卡洛方法计算这个价格，然后计算估计值的标准差。为使估计值能达到 0.01 美元的标准差的精度，需要进行多少次计算。

5. 假设市场指数为 100，市场的期望回报率是 15%，无红利支付，波动率是 20%。证明 1 天内指数跌到 95 以下的概率约为 0.0000004。

6. 假设当前股票价格为 100 美元，无风险利率为 5%，股票价格波动率为 0.2，红利率为零，有效期为 1 年。用蒙特卡洛定价计算这样一个衍生证券的价格，如果 $S_T > 100$ 美元，那么支付 \$1，反之则支付 0。该期权称为两值期权，其真实价格为 0.5040 美元。

（1） 进行 1000 次模拟，估计合约的价格是多少？逼近 \$0.5040 的程度怎么样？

（2） 这个蒙特卡洛估计的标准差是多少？95% 的置信区间是多少？

（3） 用 1 年期的平价看涨期权作为控制变量计算该期权价格。

7. 现有一个股票的美式看跌期权，还有 1 年到期，敲定价格为 30 美元，当前股票价格为 28 美元，波动率为 30%，股票的红利率为 10%，无风险利率为 15%。请用显式差分方法计算该期权价格。设时间间隔为 2 个月，股票价格间隔为 3 美元。

8. 假设当前欧元的汇价为 1.5 美元，汇率波动率为 10%。现有一个美式看涨期权，还有 6 个月到期，敲定价格为 1.55 美元。美元市场无风险利率为 8%，欧元市场无风险利率为 6%。试用隐式差分方法给该期权定价。设汇率间隔为 0.05，时间间隔为 2 个月。

9. 一个期权交易者买入 1000 份 1 年期的平价看涨期权。假定股票无红利支付，当前股票价格 $S=100$，波动率 $\sigma=25\%$，无风险利率 $r=5\%$。期权价格由 Black - Scholes 方程确定。

（1）用蒙特卡洛方法（1000 次模拟）估计看涨期权持有到期的回报期望值、标准差、偏度和峰度，并对结果进行解释。

（2）对平价看跌期权重复上面的计算。

第六章 DILIUZHANG

新型期权I

前面我们讨论的是标准期权，比标准欧式或美式看涨期权和看跌期权盈亏状态更复杂的衍生证券称为新型期权（exotic options）。大多数新型期权在场外交易，它们是由金融机构设计的以满足市场特殊需求的产品。

在本章中，我们将描述几种不同类型的新型期权，首先将介绍诸如两值期权这样简单的新型期权，这些简单的新型期权可以被当作构建更复杂期权的工具。然后，我们将介绍双币种期权或彩虹期权等多资产期权，当然在此之前我们将介绍多维 Black - Scholes 定价公式。

第一节 两值期权

两值期权（binary options or all-or-nothing options or digital options），其支付情况有两种：（1）当某些特定的事情发生，支付现金或资产；（2）当特定的事情没有发生，支付为零。

从定义可以看出，两值期权是具有不连续收益的期权。两值期权所依赖的特定事件类型是不同的，既可以是股票期末的价格，也可以是股票在整个期权期内的价格；两值期权的支付形式也不一样，有的支付现金，有的支付资产，因此两值期权有多种类型。在本节中，我们主要介绍典型的两值期权。

两值期权有如下四种典型的类型：

（1）现金或无价值看涨期权（cash-or-nothing call）（简称为 CONC）：在到期日（$t = T$），股票价格低于敲定价格 X，则合约一文不值，而当股票价格超过敲定价格 X 时该期权支付一个固定数额 Q。

（2）现金或无价值看跌期权（cash-or-nothing put）（简称为 CONP）：在到期日（$t = T$），股票价格高于敲定价格 X，则合约一文不值，而当股票价格低于敲定价格 X 时该期权支付一个固定数额 Q。

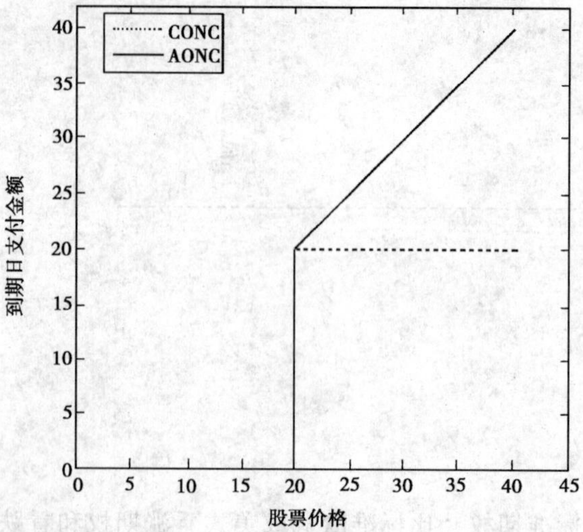

图 6－1　现金看涨期权和资产看涨期权的到期支付金额

（3）资产或无价值看涨期权（asset-or-nothing Call）（简称为 AONC）：在到期日（$t=T$），股票价格低于敲定价格 X，则合约一文不值，若标的股票价格在期权到期时超过敲定价格 X，则支付等于股票价格本身的款额。

（4）资产或无价值看跌期权（asset-or-nothing put）（简称为 AONP）：在到期日（$t=T$），股票价格高于敲定价格 X，则合约一文不值，若标的股票价格在期权到期时低于敲定价格 X，则支付等于股票价格本身的款额。

这里我们看一个例子。假设当前股票价格 $S=20$，敲定价格 $X=20$，$\sigma=0.3$，$r=0.08$，$T-t=0.25$。图 6－1 给出了 1 份 $Q=20$ 的现金看涨期权和 1 份资产看涨期权的到期支付金额情况。

一、现金看涨期权和看跌期权

我们首先讨论现金看涨期权的定价问题。这里假设第四章中关于股票价格和市场模型的假设仍然成立。利用 Δ 对冲原理可以建立现金看涨期权价格 f_{CONC} 所满足的偏微分方程为

$$\frac{\partial}{\partial t}f_{CONC}+\frac{1}{2}\sigma^2S^2\frac{\partial^2}{\partial S^2}f_{CONC}+(r-q)S\frac{\partial}{\partial S}f_{CONC}-rf_{CONC}=0 \qquad (6.1.1)$$

在 $t=T$ 时，现金看涨期权价格 f_{CONC} 满足定解条件为

$$f_{CONC}\ \Big|_{t=T}=QI_{\{S\geqslant X\}} \qquad (6.1.2)$$

这里 $I_{\{S>X\}}$ 为示性函数，

$$I_{\{S\geqslant X\}}=\begin{cases}1，当\ S\geqslant X\ 时\\0，当\ S<X\ 时\end{cases}$$

求解定解问题（6.1.1）和（6.1.2）可以得到 f_{CONC}，为此令

$$\tau=T-t$$

$$x=\log\frac{S}{X}$$

在这个变换下方程（6.1.1）变为

$$\frac{\partial}{\partial\tau}f_{CONC}=\frac{\sigma^2}{2}\frac{\partial^2}{\partial x^2}f_{CONC}+\left(r-q-\frac{\sigma^2}{2}\right)\frac{\partial}{\partial x}f_{CONC}-rf_{CONC} \tag{6.1.3}$$

由于 $I_{\{S\geqslant X\}}(S)=I_{\{\frac{S}{X}\geqslant 1\}}(S)=I_{\{x\geqslant 0\}}(x)$，定解条件（6.1.2）变为

$$f_{CONC}(x,0)=QI_{\{x\geqslant 0\}} \tag{6.1.4}$$

求解定解问题（6.1.3）和（6.1.4），可以得到

$$f_{CONC}(x,\tau)=e^{-r\tau}QN\left(\frac{x+\left(r-q-\frac{\sigma^2}{2}\right)\tau}{\sigma\sqrt{\tau}}\right)$$

其中 $N(x)=\frac{1}{\sqrt{2\pi}}\int_{-\infty}^{x}e^{-\frac{\omega^2}{2}}d\omega$。

代入原变量（S，t）有

$$f_{CONC}(S,t)=e^{-r(T-t)}QN(d_2) \tag{6.1.5}$$

其中

$$d_2=\frac{\log\frac{S}{X}+\left(r-q-\frac{\sigma^2}{2}\right)(T-t)}{\sigma\sqrt{T-t}} \tag{6.1.6}$$

对于现金看跌期权，与上面类似，利用 Δ 对冲原理可以建立现金看跌期权价格 f_{CONP} 所满足的偏微分方程

$$\frac{\partial}{\partial t}f_{CONP}+\frac{1}{2}\sigma^2S^2\frac{\partial^2}{\partial S^2}f_{CONP}+(r-q)S\frac{\partial}{\partial S}f_{CONP}-rf_{CONP}=0 \tag{6.1.7}$$

在 $t=T$ 时，现金看跌期权价格 f_{CONP} 满足定解条件为

$$f_{CONP}\Big|_{t=T}=QI_{\{S-X\}} \tag{6.1.8}$$

求解定解问题(6.1.7)和(6.1.8)可得

$$f_{CONP}(S,t)=e^{-r(T-t)}QN(-d_2) \tag{6.1.9}$$

上面是通过求解微分方程的定解问题给现金看涨期权和现金看跌期权进行定价的。我们还可以利用风险中性定价的办法来给现金看涨期权和现金看跌期权进行定价。事实上，由前面学过的 Black-Scholes 公式，我们知道 $S_T>X$ 的风险中性概率为 $N(d_2)$，由于衍生品的价格和风险中性概率紧密相关，由此，可知一个 $Q=1$ 时的现金看涨期权和现金看跌期权的价格分别为：

$$f_{CONC}(S,t)=e^{-r(T-t)}N(d_2) \tag{6.1.10}$$

和

$$f_{CONP}(S,t)=e^{-r(T-t)}N(-d_2) \tag{6.1.11}$$

在后面的讨论中，我们总假设现金两值期权中的 $Q=1$。

【例 6.1.1】 已知 $S=20$，$X=20$，$\sigma=0.3$，$r=0.08$，$T-t=0.25$，$q=0$。

（1）在三个月后，如果股票的价格 $S>X$，那么支付一元，请计算此现金看涨期权的价格。

（2）在三个月后，如果股票的价格 $S>X$，那么支付一元，请计算此现金看跌期权的价格。

解：（1）根据上面我们已经给出的公式，可知现金看涨期权的价格为

$$f_{CONC}(S,t)=e^{-r(T-t)}QN(d_2)$$

将各已知参数代入，可得出现金看涨期权的价格为0.5129。

（2）现金看跌期权的价格为

$$f_{CONP}(S,t)=e^{-r(T-t)}QN(-d_2)$$

将各已知参数代入，可得出现金看跌期权的价格为0.4673。

二、资产看涨期权和看跌期权

资产看涨期权与现金看涨期权的不同在于，如果特定的事情发生，资产看涨期权支付的是一个单位的标的资产而非现金。因此，资产看涨期权的价格依赖于股票的未来价格。

我们首先讨论资产看涨期权的定价问题。利用Δ对冲原理可以建立资产看涨期权价格f_{AONC}所满足的偏微分方程为

$$\frac{\partial}{\partial t}f_{AONC}+\frac{1}{2}\sigma^2S^2\frac{\partial^2}{\partial x^2}f_{AONC}+(r-q)S\frac{\partial}{\partial x}f_{AONC}-rf_{AONC}=0 \tag{6.1.12}$$

在$t=T$时，资产看涨期权价格f_{AONC}满足定解条件为

$$f_{CONC}\mid_{t=T}=SI_{\{S\geqslant x\}} \tag{6.1.13}$$

按前面的过程，求解定解问题（6.1.12）和（6.1.13），可以求出f_{AONC}

$$f_{AONC}(S,t)=Se^{-q(T-t)}N(d_1) \tag{6.1.14}$$

其中

$$d_1=\frac{\left[\log\frac{S}{X}+\left(r-q+\frac{1}{2}\sigma^2\right)(T-t)\right]}{\sigma\sqrt{T-t}} \tag{6.1.15}$$

类似地可以求出资产看跌期权价格为

$$f_{AONP}(S,t)=Se^{-q(T-t)}N(-d_1) \tag{6.1.16}$$

与现金看涨期权和现金看跌期权定价一样，我们也可以利用风险中性定价的办法来给资产看涨期权和资产看跌期权进行定价。根据Black-Scholes公式的推导过程，同样可以证明，资产看涨期权的价格和资产看跌期权的价格分别由（6.1.14）和（6.1.16）给出。

【例6.1.2】 已知$S=20$，$X=20$，$\sigma=0.3$，$r=0.08$，$T-t=0.25$，$q=0$。

（1）在三个月后，如果股票的价格$S>X$，那么支付一股股票，请计算此资产看涨期权的价格。

（2）在三个月后，如果股票的价格$S<X$，那么支付一股股票，请计算此资产看跌期权的价格。

解：（1）根据上面我们已经给出的公式，可知资产看涨期权的价格为

$$f_{AONC}(S,t)=Se^{-q(T-t)}N(d_1)$$

将各已知参数代入，可得出资产看涨期权的价格为11.65。

（2）资产看跌期权的价格为：

$$f_{AONP}(S,t)=Se^{-q(T-t)}N(-d_1)$$

将各已知参数代入，可得出资产看跌期权的价格为8.35。

三、现金两值期权和资产两值期权的定价关系

现在我们考虑现金两值期权和资产两值期权价格间的关系，这时有如下定理。

定理 6.1.1　具有相同敲定价格 X 和相同到期日的现金看涨期权和资产看涨期权价格满足如下关系

$$f_{AONC}(S,t;r,q)=Sf_{CONC}(S,t;q,\hat{r}) \tag{6.1.17}$$

其中 $\hat{r}=2q-r-\sigma^2$。

证明：为证明（6.1.17）式，我们令 $f_{AONC}(S,t)=Sh(S,t)$

则可以证明 h（S，t）满足如下方程

$$\frac{\partial h}{\partial t}+\frac{\sigma^2}{2}S^2\frac{\partial^2 h}{\partial S^2}+(r-q+\sigma^2)S\frac{\partial h}{\partial S}-qh=0 \tag{6.1.18}$$

再记 $\hat{r}=2q-r-\sigma^2$，则方程（6.1.18）可以改写为，

$$\frac{\partial h}{\partial t}+\frac{\sigma^2}{2}S^2\frac{\partial^2 h}{\partial S^2}+(q-\hat{r})S\frac{\partial h}{\partial S}-qh=0 \tag{6.1.19}$$

在到期日 $t=T$，$h(S,t)$满足条件

$$h(S,T)=\frac{1}{S}f_{AONC}(S,T)=f_{CONC}(S,T) \tag{6.1.20}$$

在区域 $D=\{0<S<\infty,\ 0\leqslant t\leqslant T\}$ 上，比较 h（S，t）所满足的定解问题（6.1.19）和（6.1.20）与 f_{CONC}（S，t；r，q）所满足的定解问题（6.1.1）和（6.1.2），可以看出如果把方程（6.1.1）中的常数 r，q 分别换成 q 和 $\hat{r}$，那么定解问题是相同的，根据解的唯一性定理可以得出如下结论：

$$h(x,t)=f_{CONC}(S,t;q,\hat{r})$$

因此（6.1.17）式得证。

根据上面的结论可知，求出了现金看涨期权的价格 f_{CONC}（S，t；r，q），资产看涨期权的价格 f_{AONC}（S，t；r，q）还可由（6.1.17）式求出。

四、两值期权与标准看涨期权

两值期权与标准期权间存在着密切的联系，这种联系可由如下定理给出。

定理 6.1.2　设具有相同敲定价格 X、相同到期日 T 的一个标准的欧式看涨期权、资产看涨期权和现金看涨期权的价格分别为 $C(S,t)$、$f_{AONC}(S,t)$和 $f_{CONC}(S,t)$，则有

$$C(S,t)=f_{AONC}(S,t)-Xf_{CONC}(S,t) \tag{6.1.21}$$

证明：首先由前面讨论知，$C(S,t)$、$f_{AONC}(S,t)$和 $f_{CONC}(S,t)$均满足微分方程

$$\frac{\partial f}{\partial t}+\frac{\sigma^2}{2}S^2\frac{\partial^2 f}{\partial S^2}+(r-q)S\frac{\partial f}{\partial S}-rf=0$$

在 $t=T$ 时，$C(S,t)$、$f_{AONC}(S,t)$和 $f_{CONC}(S,t)$之间存在关系

$$\begin{aligned}C(S,T)&=(S-X)^+=(S-X)I_{\{S\geqslant X\}}(S)\\&=SI_{\{S\geqslant X\}}(S)-XI_{\{S\geqslant X\}}(S)\\&=f_{AONC}(S,T)-Xf_{CONC}(S,T)\end{aligned}$$

由叠加原理知，$f_{AONC}(S,t)-Xf_{CONC}(S,t)$ 与 $C(S,t)$ 满足相同的定解问题，由定解问题解的唯一性可知（6.1.21）式成立。

定理 6.1.2 表明，在期权的有效期内，一个标准的看涨期权可以看成是一个资产看涨期权多头头寸和 X 个现金看涨期权空头头寸的组合。

类似地，对标准看跌期权进行分析。标准看跌期权价格分别记作 $P(S,t)$、$f_{CONP}(S,t)$ 和 $f_{AONP}(S,T)$，则有

$$P(S,t)=Xf_{CONP}(S,t)-f_{AONP}(S,T) \tag{6.1.22}$$

也就是说，标准看跌期权可以看成是 X 个现金看跌期权和一份资产看跌期权组合而成。

【例 6.1.3】 已知 $S=20$，$X=20$，$\sigma=0.3$，$r=0.08$，$T-t=0.25$，$q=0$。试求一份标准看涨期权的价值。

解： 根据（6.1.21）式以及［例 6.1.1］和［例 6.1.2］的计算结果，标准看涨期权的价值为

$$11.65-20\times0.5129=1.392$$

五、套期保值

在有关期权方面的书籍中，两值期权被频繁地提到，但是在实际中，两值期权却很少见。究其原因，是由于两值期权的特点决定的。两值期权很容易被定价，但是却很难被用来套期保值。假设在市场中，一个两值期权临近到期日，如果股票的价格在敲定价格附近波动，投资都将会承担巨大的风险。因为价格将会决定期权到期是否执行，由于两值期权的支付并不连续，因此价值的一点波动，就会对期权的执行结果产生巨大的影响。而这对想利用两值期权进行套期保值的投资者来说，无疑是十分不利的。

下面我们通过具体实例来分析这一现象。考虑一个现金看涨期权，假设敲定价格为 $X=20$，$\sigma=0.2$，$r=0.10$，$q=0$。图 6－2 和图 6－3 分别表示这个现金看涨期权在距到期日不同时间段内的期权价值和 Delta 值。图 6－2 表示的是距到期时间 3 个月内的变化情况，图 6－3表示的是距到期时间 1 小时内的变化。从这两个图中可以看出，当还有三个月到期时，

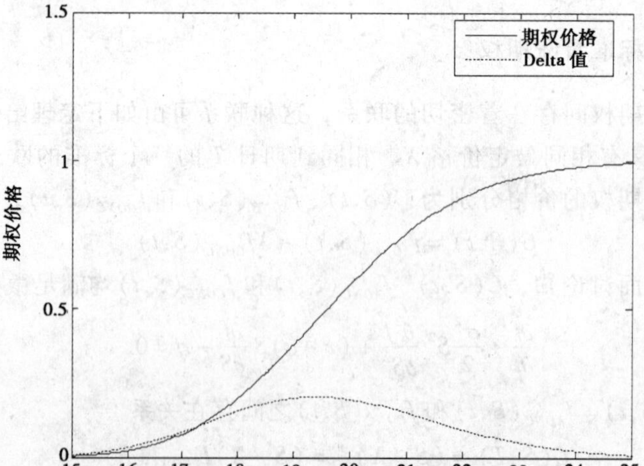

图 6－2　距到期时间 3 个月内期权价格和 Delta 的变化

Δ的性态良好，对冲问题较为简单。然而当还有1小时到期时，$\Delta=9.3$，非常大。一般地，对于价内期权，在到期日Δ与Γ都接近于无穷大，因为价格的任意小的改变都会导致期权价值$1的变化。

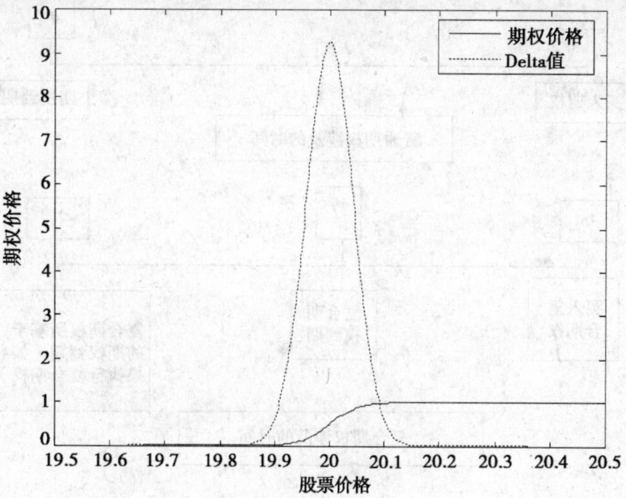

图6－3　距到期时间1小时内期权价格和Delta的变化

第二节
复合期权

一、复合期权的概念

复合期权是基于期权的期权，它包含有很多品种，其中主要的类型有四种：买入看涨期权的期权（CallOnCall）、卖出看涨期权的期权（PutOnCall）、买入看跌期权的期权（CallOn-Put）、卖出看跌期权的期权（PutOnCall）。如果我们把一个普通的期权当作一种普通资产的话，那么基于这种期权的复合期权就相当于基于普通期权这种资产的普通期权。从这一角度来理解的话，复合期权和普通期权有相似之处的。但是由于复合期权是基于期权的期权，而所基于的期权有其自己的特点，因此复合期权与普通期权也有许多不同之处。最显著的是，复合期权有两个执行价格和两个到期日。一个到期日和执行价格是针对复合期权自身而言，另一个到期日和执行价格是针对复合期权所基于的期权而言的。下面我们用图表的形式来表示出普通期权和复合期权的不同，（以CallOnCall为例），如图6－4所示。

图6－4中的复合期权表示的是这样一种期权，假设现在的时间为t_0，当前有一个复合期权，在时间T_1，复合期权的持有人付出X可以获得某个看涨期权。该看涨期权给予持有人以第二个执行价格K在第二个执行日$T_2=T$购买标的资产的权利。在时间T_1，复合期权

的持有者决定是否执行复合期权，如果执行的话，在时间 T_2，投资者决定是否执行复合期权所基于的期权。

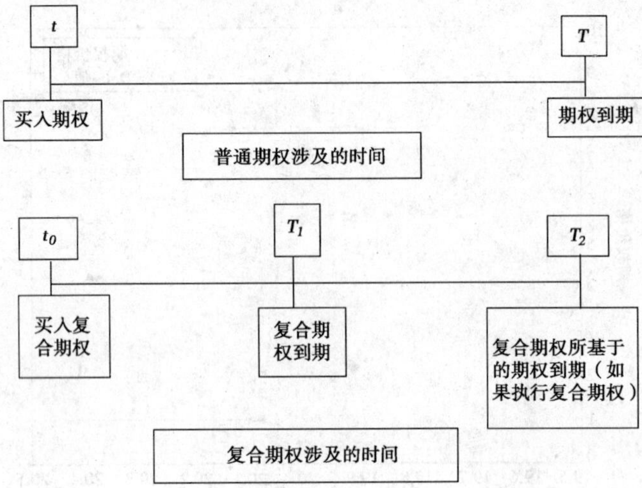

图 6－4

下面以复合看涨期权为例来说明复合期权的执行情况，假设我们在时间 T_1 执行复合看涨期权，此时复合期权所基于的期权的价格为 $C(S, K, T_2-T_1)$，在时间 T_2，所基于期权的价值为 max $(0, S_T-K)$。因此在时间 T_1 即当复合期权到期时，复合期权的价值为

$$\max[C(S_{T_1},K,T_2-T_1)-X,0] \tag{6.2.1}$$

在复合期权的到期日 T_1，只有在复合期权所基于的期权的价格超过了复合期权的敲定价格 X，也就是说复合期权的价值 max $[C(S_{T_1}, K, T_2-T_1)-X, 0]$ 大于 0 时，复合看涨期权的持有者才会选择行使期权。我们定义 S^* 为使复合期权能够得到执行的最低股票价格。由 T_1 时刻复合期权的价值公式可知

$$C(S^*,K,T-t_1)=X \tag{6.2.2}$$

显然，只有当 $S_{t_1}>S^*$ 时，复合期权的持有者才会行使期权。

通过上面的分析，我们可以看出，要使复合期权获得最大的价值，下面的两个条件必须满足：（1）在复合期权到期日 T_1，需满足 $S_{T_1}>S^*$，这样才能保证复合期权的行使。（2）在期末 T_2，需满足 $S_{T_2}>K$，这样才能保证复合期权所基于的期权的行使。

与普通期权一样，复合期权之间也存在着平价关系。这里考虑标的资产为欧式看涨期权的情况。假设投资者买入基于看涨期权的看涨期权，同时卖出基于看涨期权的看跌期权，买入的期权和卖出的期权有相同的敲定价，所基于期权相同，到期日相同。在复合期权到期日时，投资者通过支付敲定价格 X 可以获得所基于的期权，如果股价较高，投资者会执行复合看涨期权；如果股价很低，复合看跌期权会执行，投资者被迫买入看涨期权。因此基于看涨期权的看涨期权和基于看涨期权的看跌期权之间期权价格的差异加上费用 X 的现值，一定和获得所基于的看涨期权的费用相等。用公式表示为

$$f_{COC}(S,t)-f_{POC}(S,t)+Xe^{-r(T_1-t)}=C(S,t) \tag{6.2.3}$$

二、复合期权的定价

这里我们对最简单的一类的复合期权进行定价。这时市场模型中存在三个风险资产：标的资产（股票）、标的期权（如股票期权）和复合期权。

首先在区域 $D_2=\{0\leqslant S<\infty,\ 0\leqslant t\leqslant T_2\}$ 上定义标的期权的价格为 $f(S,t)$，它可以由 Black-Scholes 定价公式给出。然后在 $D_1=\{0\leqslant S<\infty,\ 0\leqslant t\leqslant T_1\}$ 上建立复合期权 $f_{com}(S,t)$ 适合的定解问题，利用 Δ 对冲原理，得到 $f_{com}(S,t)$ 适合的 Black-Scholes 方程

$$\frac{\partial}{\partial t}f_{com}+\frac{1}{2}\sigma^2S^2\frac{\partial^2}{\partial x^2}f_{com}+(r-q)S\frac{\partial}{\partial x}f_{com}-rf_{com}=0 \tag{6.2.4}$$

在 $t=T_1$ 时刻其满足的终值条件为：

$$f_{com}(S,T_1)=\begin{cases}(f(S,T_1)-X)^+ & \text{买入期权的期权}\\(X-f(S,T_1))^+ & \text{卖出期权的期权}\end{cases} \tag{6.2.5}$$

当 r，q，σ 都是常数时，求解定解问题（6.2.4）、（6.2.5），可以得到这类复合期权定价的表达式。这里我们以购买看涨期权的复合期权为例进行说明，在 $t=0$ 时刻

$$f_{com}(S,0)=Se^{-qT_2}M\left(a_1,d_1;\sqrt{\frac{T_1}{T_2}}\right)-Ke^{-rT_2}M\left(a_2,d_2;\sqrt{\frac{T_1}{T_2}}\right)-e^{-rT_1}XN(a_2) \tag{6.2.6}$$

其中

$$a_1=\frac{log\dfrac{S}{S^*}+\left(r-q+\dfrac{\sigma^2}{2}\right)T_1}{\sigma\sqrt{T_1}}$$

$$a_2=a_1-\sigma\sqrt{T_1}$$

$$d_1=\frac{log\dfrac{S}{K}+\left(r-q+\dfrac{\sigma^2}{2}\right)T_2}{\sigma\sqrt{T_2}}$$

$$d_2=d_1-\sigma\sqrt{T_2}$$

S^* 为下面方程的根：

$$X=S^*e^{-q(T_2-T_1)}N\left[\frac{\log\dfrac{S^*}{K}+\left(r-q+\dfrac{\sigma^2}{2}\right)(T_2-T_1)}{\sigma\sqrt{T_2-T_1}}\right]-Ke^{-r(T_2-T_1)}N\left[\frac{\log\dfrac{S^*}{K}+\left(r-q-\dfrac{\sigma^2}{2}\right)(T_2-T_1)}{\sigma\sqrt{T_2-T_1}}\right]$$

$M(a,b;\rho)$ 是二维累计正态分布函数：

$$M(a,b;\rho)=\text{Prob}\{\theta\leqslant a,\ \eta\leqslant b\}$$

在这里 $\theta\sim N(0,1)$，$\eta\sim N(0,1)$ 都是标准正态变量，$Cov(\theta,\eta)=\rho(-1<\rho<1)$。

用 $\varphi_{(\theta,\eta)}(a,b)$ 表示它的概率密度函数，即

$$\varphi_{(\theta,\eta)}(a,b)=\frac{1}{2\pi\sqrt{1-\rho^2}}\exp\left\{-\frac{a^2-2\rho ab+b^2}{2(1-\rho^2)}\right\}$$

则有

$$M(a,b;\rho)=\int_{-\infty}^{a}dx\int_{-\infty}^{b}\varphi_{(\theta,\eta)}(x,y)dy$$

第三节

多维 Black-Scholes 定价公式

在证券市场中存在大量的期权涉及多个标的资产，这些期权的定价问题比仅涉及单一资产期权的定价问题复杂得多，给这些期权进行定价将用到多维 Black-Scholes 定价公式。

一、多风险资产的随机模型

假设市场中存在 n 个风险资产，S_i 是第 i 个风险资产的价格（$i=1$，…，n），它满足随机微分方程

$$\frac{dS_i}{S_i}=\mu_i dt+\sum_{i,j=1}^{m}\sigma_{ij}dW_j \qquad (i=1,\cdots,n) \tag{6.3.1}$$

其中 dW_i 是互相独立的标准 Brown 运动，即

$$E(dW_i)=0 \tag{6.3.2}$$

$$Var(dW_i)=dt \tag{6.3.3}$$

$$Cov(dW_i,dW_j)=0 \qquad (i\neq j) \tag{6.3.4}$$

其中 Cov（·;·）是协方差。

为了叙述简便，将随机微分方程（6.3.1）改写为向量形式

$$dS=adt+BdW(t)$$

其中

$$S=\begin{bmatrix}S_1\\ \vdots\\ S_n\end{bmatrix},a=\begin{bmatrix}\mu_1S_1\\ \vdots\\ \mu_nS_n\end{bmatrix},\ W(t)=\begin{bmatrix}W_1(t)\\ \vdots\\ W_m(t)\end{bmatrix},$$

$$B=\begin{bmatrix}\sigma_{11}S_1 & \cdots & \sigma_{1m}S_1\\ \vdots & & \vdots\\ \sigma_{n1}S_n & \cdots & \sigma_{nm}S_n\end{bmatrix}=\sigma_0\overline{S}$$

这里

$$\overline{S}=\begin{bmatrix}S_1 & & 0\\ & \ddots & \\ 0 & & S_n\end{bmatrix},\sigma_0=\begin{bmatrix}\sigma_{11} & \cdots & \sigma_{1m}\\ \vdots & & \vdots\\ \sigma_{n1} & \cdots & \sigma_{nm}\end{bmatrix}$$

二、Black-Scholes 方程

考虑一个基于 n 个标的资产 S_1，…，S_n 的期权，其价格 f 是 $n+1$ 个变量 S_1，…，S_n 和 t 的函数

$$f=f(S_1,\cdots,S_n,t) \tag{6.3.5}$$

下面利用 Δ - 对冲原理，建立 $f=f(S_1,\cdots,S_n,t)$ 所满足的偏微分方程。为此各选取 Δ_i 份标的资产 S_i（$i=1$，…，n），使它们与期权 f 对冲，即形成如下的投资组合 Π

$$\Pi = f(S_1,\cdots,S_n,t) - \sum_{i=1}^{n} \Delta_i S_i \tag{6.3.6}$$

使得它在时段（t，$t+dt$）上是无风险的。

由多维随机过程的 Itô 公式可以得到

$$\begin{aligned} d\Pi &= df - \sum_{i=1}^{n} \Delta_i dS_i - \sum_{i=1}^{n} \Delta_i S_i q_i dt \\ &= \left(\frac{\partial f}{\partial t} + \frac{1}{2}\sum_{i,j=1}^{n} a_{ij} S_i S_j \frac{\partial^2 f}{\partial S_i \partial S_j}\right) dt + \sum_{i=1}^{n} \frac{\partial f}{\partial S_i} dS_i - \sum_{i=1}^{n} \Delta_i dS_i - \sum_{i=1}^{n} \Delta_i S_i q_i dt \end{aligned} \tag{6.3.7}$$

其中 q_i 是第 i 种标的资产 S_i（$i=1$，…，n）的红利率。

$$a_{ij} = \sum_{k=1}^{m} \sigma_{ik}\sigma_{jk} (i,j=1,\cdots,n)$$

即

$$A = [a_{ij}] = \sigma_0 \sigma_0^{\tau} \tag{6.3.8}$$

这里 σ_0^{τ} 是矩阵 σ_0 的转置矩阵。

选取 Δ_i（$i=1$，…，n），使 Π 在（t，$t+dt$）时间是无风险的，为此取

$$\Delta_i = \frac{\partial f}{\partial S_i} \tag{6.3.9}$$

这时有

$$d\Pi = r\Pi dt = r\left(f - \sum_{i=1}^{n} \Lambda_i S_i\right) dt$$

将（6.3.9）代入（6.3.7）和（6.3.8）中，可以得到

$$\frac{\partial f}{\partial t} + \frac{1}{2}\sum_{i,j=1}^{n} a_{ij} S_i S_j \frac{\partial^2 f}{\partial S_i \partial S_j} + \sum_{i=1}^{n} (r-q_i) S_i \frac{\partial f}{\partial S_i} - rf = 0 \tag{6.3.10}$$

这就是多资产期权的 Black-Scholes 方程。

设到期日 $t=T$ 时期权的收益函数为 F（S_1，…，S_n），那么欧式多资产期权的数学模型为：在区域 D：$\{0\leqslant S_i<\infty$（$i=1$，…，n）；$0\leqslant t\leqslant T\}$ 上，求解定解问题（6.3.10）和

$$f(S_1,\cdots,S_n,T) = F(S_1,\cdots,S_n) \tag{6.3.11}$$

接下来求解定解问题（6.3.10），（6.3.11）。为此作变换

$$x_i = \log S_i \qquad (i=1,\cdots,n) \tag{6.3.12}$$

这时方程（6.3.10）变为

$$\frac{\partial f}{\partial t} + \frac{1}{2}\sum_{i,j=1}^{n} a_{i,j} \frac{\partial^2 f}{\partial x_i \partial x_j} + \sum_{i=1}^{n}\left(r - q_i - \frac{a_{ii}}{2}\right)\frac{\partial f}{\partial x_i} - rf = 0 \tag{6.3.13}$$

或简记为

$$\frac{\partial f}{\partial t}+\frac{1}{2}\nabla_x^{\tau}A\nabla_x f+b^{\tau}\nabla_x f-rf=0 \tag{6.3.14}$$

其中

$$A=[a_{ij}]$$

$$b=\begin{bmatrix} r-q_1-\frac{a_{11}}{2} \\ \vdots \\ r-q_n-\frac{a_{nn}}{2} \end{bmatrix}$$

$$\nabla_x=\begin{bmatrix} \frac{\partial}{\partial x_1} \\ \vdots \\ \frac{\partial}{\partial x_n} \end{bmatrix}$$

其中 B^{τ} 为矩阵（向量）B 的转置矩阵（向量）。

现在选择恰当的变量代换 $z=Cx$，即

$$\begin{bmatrix} z_1 \\ \vdots \\ z_n \end{bmatrix}=\begin{bmatrix} c_{11} & \cdots & c_{1n} \\ \vdots & & \vdots \\ c_{n1} & \cdots & c_{nn} \end{bmatrix}\begin{bmatrix} x_1 \\ \vdots \\ x_n \end{bmatrix} \tag{6.3.15}$$

使微分方程（6.3.14）中二阶导数的系数呈对角型。由于

$$\nabla_x=C^{\tau}\nabla_z$$

把它代入方程（6.3.14）得到

$$\frac{\partial f}{\partial t}+\frac{1}{2}\nabla_z^{\tau}(CAC^{\tau})\nabla_z f+(Cb)^{\tau}\nabla_z f-rf=0 \tag{6.3.16}$$

由于 A 是实对称矩阵，因此存在 n 个实特征值 λ_1，…，λ_n，它们是特征方程

$$\det|A-\lambda I|=0 \tag{6.3.17}$$

的 n 个实根。设 ξ_i 是相应于特征值 λ_i 的单位特征向量，即

$$(A-\lambda_i I)\xi_i=0 \tag{6.3.18}$$

且

$$\xi_i^{\tau}\xi_i=|\xi_i|^2=1$$

令

$$C=\begin{bmatrix} \xi_i^{\tau} \\ \vdots \\ \xi_n^{\tau} \end{bmatrix}=\begin{bmatrix} \xi_{11} & \xi_{12} & \cdots & \xi_{1n} \\ \vdots & & & \vdots \\ \xi_{n1} & \xi_{n2} & \cdots & \xi_{nn} \end{bmatrix} \tag{6.3.19}$$

则 C 为正交矩阵，即

$$C^{\tau}C=CC^{\tau}=I \tag{6.3.20}$$

并且有

$$CAC^{\tau} = \Lambda = \begin{bmatrix} \lambda_1 & & 0 \\ & \ddots & \\ 0 & & \lambda_n \end{bmatrix} \tag{6.3.21}$$

于是，在变换(6.3.16)下，方程(6.3.16)形为

$$\frac{\partial f}{\partial t} + \frac{1}{2}\sum_{i=1}^{n}\lambda_i\frac{\partial^2 f}{\partial z_i^2} + \sum_{i=1}^{n}\left(\xi_i^{\tau}b\right)\frac{\partial f}{\partial z_i} - rf = 0 \tag{6.3.22}$$

再作函数代换

$$f = e^{w^{\tau}z + \beta(T-t)}h \tag{6.3.23}$$

其中β为常数，w是n维向量，具体就是

$$w_i = -\frac{1}{\lambda_i}(\xi_i^{\tau}b)$$

或

$$w = -\Lambda^{-1}Cb \tag{6.3.24}$$

$$\beta = -r - \frac{1}{2}(Cb)^{\tau}\Lambda^{-1}(Cb) \tag{6.3.25}$$

这时方程（6.3.22）可转化为

$$\frac{\partial h}{\partial t} + \frac{1}{2}\sum_{i=1}^{n}\lambda_i\frac{\partial^2 h}{\partial z_i^2} = 0 \tag{6.3.26}$$

相应的终值条件（6.3.11）转化为：

$$h(z_1, \cdots, z_n, T) = e^{-w^{\tau}z}F(z_1, \cdots, z_n) \tag{6.3.27}$$

利用 Fourier 变换方法求解定解问题（6.3.26）、（6.3.27）可得

$$h(z,t) = \left(\frac{1}{\sqrt{2\pi(T-t)}}\right)^{\frac{n}{2}}\frac{e^{-r(T-t)}}{|A|^{\frac{1}{2}}}\int_{-\infty}^{\infty}\cdots\int_{-\infty}^{\infty}e^{-w^{\tau}\xi}\exp\left(-\frac{(z-\xi)^{\tau}\Lambda^{-1}(z-\xi)}{2(T-t)}\right)F(\xi_1, \cdots, \xi_n)d\xi_1\cdots d\xi_n$$

由（6.3.12）、（6.3.15）和（6.3.23），代回到原来的函数f以及自变量S，我们得到定解问题（6.3.10）、（6.3.11）的解为

$$f(S,t) = \frac{e^{-r(T-t)}}{|\det A|^{\frac{1}{2}}}\left[\frac{1}{2\pi(T-t)}\right]^{\frac{n}{2}}\int_0^{\infty}\cdots\int_0^{\infty}\frac{F(\eta_1, \cdots, \eta_n)}{\eta_1, \cdots, \eta_n}\exp\left[\frac{\alpha^{T}A^{-1}\alpha}{2(T-t)}\right]d\eta_1\cdots d\eta_n \tag{6.3.28}$$

其中

$$\alpha = \begin{bmatrix} \alpha_1 \\ \vdots \\ \alpha_n \end{bmatrix}$$

以及

$$\alpha_i = \log\frac{S_i}{\eta_i} + \left(r - q_i - \frac{\alpha_{ii}}{2}\right)(T-t), (i = 1, \cdots, n)$$

（6.3.28）称为多资产欧式期权的 Black - Scholes 公式。

第四节

双币种期权

一个美国投资者想投资于国外的股票指数，他可以直接购买国外的股票指数，也可以选择购买该国外股票指数的期权。但是，此投资者面临两种风险，其一是国外的股票指数的风险，其二是汇率风险。

假设一个投资者预期在未来的一个月内 Nikkei 225 指数将上涨，于是此投资者决定投资于该指数，该投资者可在 Nikkei 的现货市场中进行投资，亦可以投资于期权市场，Nikkei 期权合约在日本交易。不管投资者决定投资于 Nikkei 的现货市场还是期权市场，其收到的收益都是日元形式的。假设 Nikkei 指数在未来一个月内上涨，但是日元在未来一个月内却贬值，那么即使投资者预期正确，却也可能因为日元的贬值而使投资收益受到损失。

投资者亦可以试图通过购买期货合约来对 Nikkei 投资进行套期保值，但是，由于指数有较高收益时收到的日元收益较高，而指数的收益较低时，收到的日元收益也较低，而投资者无法事先知道其投资收益到底有多少，因此也就无法事先确定套期保值的数额。可以说由于指数的不确定导致了收益的不确定，进而造成了利用期货合约进行套期保值的不可行。

对于投资者来说，他需要有这样一个合约，它保障投资者持有以另一种货币标价的资产免受汇率波动的风险，这种合约就叫做双币种期权（quanto option）。双币种期权是投资于外国证券所签订的期权合约。双币种期权是这样一种未定权益，即期权的收益取决于以国外或地区货币计价的金融衍生产品的价格，而实际的支付是以本国或地区货币来支付的。因此双币种期权的收益函数由国外或地区资产价格和汇率组合而成。一般来说，与普通的期权合约相比较，它的风险除依赖于外国证券价格的波动以外，还依赖于外国货币的汇率变化。

下面我们通过一个实际例子来具体说明双币种期权及其定价方法。

假设一个美国投资者在欧洲买一张敲定价为 K（欧元）的某欧洲公司股票的欧式看涨期权，期权到期日为 T。更进一步，到期日期权的收益按下面方式兑换成美元：

（1）即时汇率（1 欧元的美元值）$Q(t)$；

（2）不低于保证汇率 Q_0 的即时汇率 $Q(t)$。

我们分别针对决定汇率的（1）和（2）两种情况，确定这张欧元股票期权的美元价格。

这张欧元股票期权涉及到两种基础的风险资产，一是欧洲股票价格 S（欧元），另一个是欧元汇率 Q（美元）。首先给出到期收益函数。对于决定汇率的（1）和（2）两种方式，在期权的到期日的收益函数分别为：

$$\text{收益函数} = Q(T)(S(T)-X)^+ \tag{6.4.1}$$

和

$$\begin{aligned}\text{收益函数} &= \max(Q(T),Q_0)(S(T)-X)^+ \\ &= (Q(T)-Q_0)^+(S(T)-X)^+ + Q_0(S(T)-X)^+ \end{aligned} \tag{6.4.2}$$

然后建立双币种期权的本国（美元）价格所适合的偏微分方程

设

$$\frac{dS}{S}=\mu_s dt+\sigma_s dW_1 \tag{6.4.3}$$

$$\frac{dQ}{Q}=\mu_Q dt+\sigma_Q dW_2 \tag{6.4.4}$$

其中 S 是欧洲股票价格（欧元），Q 是欧元汇率（1 欧元的美元价格），且

$$E(dW_i)=0, Var(dW_i)=dt \qquad (i=1,2)$$

$$Cov(dW_1,dW_2)=\rho dt \qquad (|\rho|<1)$$

这个双币种期权的价格是股票价格 S、欧元汇率 Q 和时间 t 的函数，记为 f（美元）

$$f=f(S,Q,t)$$

为对冲这个期权，卖空 Δ_1 份的股票和 Δ_2 欧元，构成投资组合 Π（美元）

$$\Pi=f-\Delta_1 QS-\Delta Q \tag{6.4.5}$$

由此有

$$d\Pi=df-\Delta_1 d(QS)-\Delta_2 dQ-\Delta_1 QSqdt-\Delta_2 Qrdt \tag{6.4.6}$$

这里 r_f 是本国无风险利率，r 是外国无风险利率，q 是风险资产 S 的红利率。由 Itô 公式又有：

$$df=\left\{\frac{\partial f}{\partial t}+\frac{1}{2}\left[\sigma_S^2 S^2\frac{\partial^2 f}{\partial S^2}+2\rho\sigma_S\sigma_Q SQ\frac{\partial^2 f}{\partial S\partial Q}+\sigma_Q^2 Q^2\frac{\partial^2 f}{\partial Q^2}\right]\right\}dt+\frac{\partial f}{\partial S}dS+\frac{\partial f}{\partial Q}dQ \tag{6.4.7}$$

$$d(SQ)=SdQ+QdS+\sigma_S\sigma_Q SQ\rho dt \tag{6.4.8}$$

由（6.4.6）式，（6.4.7）式和（6.4.8）式可知，为使 Π 在（t，$t+dt$）时段内是无风险的，Δ_1，Δ_2 应满足

$$\Delta_1 Q=\frac{\partial f}{\partial S}$$

和

$$\Delta_1 S+\Delta_2=\frac{\partial f}{\partial Q}$$

由此解得

$$\Delta_1=\frac{1}{Q}\frac{\partial f}{\partial S} \tag{6.4.9}$$

$$\Delta_2=\frac{\partial f}{\partial Q}-\frac{S}{Q}\frac{\partial f}{\partial S} \tag{6.4.10}$$

由无套利原理，这时一定有

$$d\Pi=r_f\Pi dt \tag{6.4.11}$$

将（6.4.5）—（6.4.10）式代入（6.4.11）式，可得

$$\frac{\partial f}{\partial t}+\frac{1}{2}\left[\sigma_S^2 S^2\frac{\partial^2 f}{\partial S^2}+2\rho\sigma_S\sigma_Q SQ\frac{\partial^2 f}{\partial S\partial Q}+\sigma_Q^2 Q^2\frac{\partial^2 f}{\partial Q^2}\right]$$

$$+(r_f-q-\sigma_S\sigma_Q\rho)S\frac{\partial f}{\partial S}$$

$$+(r_f-r)Q\frac{\partial f}{\partial Q}+(r-r_f)\ S\frac{\partial f}{\partial S}-r_f f=0$$

即

$$\frac{\partial f}{\partial t}+\frac{1}{2}\left[\sigma_S^2 S^2\frac{\partial^2 f}{\partial S^2}+2\rho\sigma_S\sigma_Q SQ\frac{\partial^2 f}{\partial S\partial Q}+\sigma_Q^2 Q^2\frac{\partial^2 f}{\partial Q^2}\right]$$

$$+(r_f-\hat{q}_1)S\frac{\partial f}{\partial S}+(r_f-\hat{q}_2)Q\frac{\partial f}{\partial Q}-r_f f=0 \tag{6.4.12}$$

其中

$$\hat{q}_1=r_f-r+q+\sigma_S\sigma_Q\rho$$

$$\hat{q}_2=r$$

微分方程（6.4.12）为双币种期权价格所满足的方程。在两种汇率决定方式下，双币种期权价格分别满足定解问题（6.4.12）—（6.4.1）和定解问题（6.4.12）—（6.4.2）。由多维 Black - Scholes 公式，我们可以给出期权定价的显式表达式分别为

$$f(S,Q,t)=\frac{1}{2\pi(T-t)}e^{-r_f(T-t)}\frac{1}{\sigma_1\sigma_2\sqrt{1-\rho^2}}$$

$$\int_0^\infty\int_0^\infty\frac{(\eta_1-X)^+}{\eta_1}\exp\left[\frac{\sigma_Q^2\alpha_1^2-2\rho\sigma_S\sigma_Q\alpha_1\alpha_2+\sigma_S^2\alpha_2^2}{2\sigma_S^2\sigma_Q^2(1-\rho^2)(T-t)}\right]d\eta_1 d\eta_2 \tag{6.4.13}$$

和

$$f(S,Q,t)=\frac{1}{2\pi(T-t)}e^{-r_f(T-t)}\frac{1}{\sigma_S\sigma_Q\sqrt{1-\rho^2}}$$

$$\int_0^\infty\int_0^\infty\frac{(\eta_2-Q_0)^+(\eta_1-X)^++Q_0(\eta_1-X)^+}{\eta_1\eta_2}\exp\left[\frac{\sigma_Q^2\alpha_1^2-2\rho\sigma_S\sigma_Q\alpha_1\alpha_2+\sigma_S^2\alpha_2^2}{2\sigma_S^2\sigma_Q^2(1-\rho^2)(T-t)}\right]d\eta_1 d\eta_2 \tag{6.4.14}$$

其中

$$\alpha_1=\log\frac{S}{\eta_1}+\left[r-q-\sigma_S\sigma_Q\rho-\frac{\sigma_S^2}{2}\right](T-t)$$

$$\alpha_2=\log\frac{Q}{\eta_2}+\left[r_f-r-\frac{\sigma_Q^2}{2}\right](T-t)$$

第五节

一篮子期权

一篮子期权是一种多资产的期权，它的到期收益依赖于两个或多个资产的平均价格。具体来讲它的到期收益为

$$收益=\left(\sum_{i=1}^{n}\alpha_i S_i-X\right)^+ \tag{6.5.1}$$

其中 α_i 是第 i 种资产 S_i 在一篮子资产中所占的比例，S_i 是第 i 种外国货币的汇率，X 是由不同外国货币交易费用的比率决定的加权平均汇率。

一篮子期权被广泛应用于货币的套期保值。一个收入中有多种货币的跨国公司，它关注的就是对不同汇率平均值进行套期保值，而不是单单对某一种货币汇率进行套期保值。根据投资组合理论，一篮子风险资产的波动率一般来说相对较小，因此一篮子期权金是小于按每一个个别币种购买期权所付出的期权金的总和。

假设 n 种货币的汇率 S_i（$i=1, 2, \cdots, n$）服从几何 Brown 运动（6.3.1），则利用 Δ 对冲原理可知，一篮子期权的价格 f（$S_1, S_2, \cdots, S_n, t$）满足的 Black - Scholes 方程如下给出

$$\frac{\partial f}{\partial t}+\frac{1}{2}\sum_{i,j=1}^{n}a_{ij}S_iS_j\frac{\partial^2 f}{\partial S_i\partial S_j}+\sum_{i=1}^{n}(r-q_i)S_i\frac{\partial f}{\partial S_i}-rf=0 \tag{6.5.2}$$

其中 r 为本国的无风险利率，q_i（$i=1, 2, \cdots, n$）为第 i 种货币所在国的无风险利率。

由多维 Black - Scholes 公式可以得出一篮子期权的定价公式。但多维 Black - Scholes 公式并未给出期权价格的一个简单的表达式。人们往往会希望求出期权价格的一个简单的解析表达式。由于每一种标的资产均服从几何 Brown 运动，因而它们的算术平均值不服从几何 Brown 运动，所以对于到期收益由（6.5.1）给出的一篮子期权，是无法给出其价格的解析公式的。但是，如果一篮子期权在到期日的收益为 n 种标的资产价格的几何平均，即收益函数行如

$$\text{收益}=[\prod_{i=1}^{n}S_i^{\alpha_i}-X]^+ \tag{6.5.3}$$

其中 α_i（$i=1, 2, \cdots, n$）为非负常数且 $\sum_{i=1}^{n}\alpha_i=1$，那么可以给出这个一篮子期权价格的一个表达式。下面我们进行证明。取变量代换

$$x_i=\log S_i \tag{6.5.4}$$

则收益函数变为

$$[\prod_{i=1}^{n}S_i^{\alpha_i}-X]^+=[\exp\{\sum_{i=1}^{n}\alpha_i x_i\}-X]^+ \tag{6.5.5}$$

令

$$\eta=\sum_{i=1}^{n}\alpha_i x_i \tag{6.5.6}$$

直接计算有

$$\frac{\partial f}{\partial x_i}=\frac{\partial f}{\partial \eta}\alpha_i$$

$$\frac{\partial^2 f}{\partial x_i\partial x_j}=\alpha_i\alpha_j\frac{\partial^2 f}{\partial \eta^2}$$

因而 Black - Scholes 方程（6.5.2）变为，

$$\frac{\partial f}{\partial t}+\frac{1}{2}\hat{\sigma}^2\frac{\partial^2 f}{\partial \eta^2}+\left[r-\hat{q}-\frac{1}{2}\hat{\sigma}^2\right]\frac{\partial f}{\partial \eta}-rf=0 \tag{6.5.7}$$

其中

$$\hat{\sigma}^2=\sum_{i,j=1}^{n}a_{ij}\alpha_i\alpha_j$$

$$\hat{q} = \sum_{i=1}^{n} \alpha_i \left[q_i + \frac{a_{ij}}{2} \right] - \frac{\hat{\sigma}^2}{2}$$

在到期日，f满足的终值条件为

$$f(\eta, T) = (e^{\eta} - X)^{+} \tag{6.5.8}$$

由标准欧式看涨期权的 Black - Scholes 公式可以得到f（η，T）表达式，再代入原变量（S_1，$\cdots S_n$，t），可以得到一篮子期权的价格为

$$f(S_1, \cdots, S_n, t) = e^{-\hat{q}(T-t)} S_1^{\alpha_1} \cdots S_n^{\alpha_n} N(\hat{d}_1) - e^{-r(T-t)} XN(\hat{d}_2) \tag{6.5.9}$$

其中

$$\hat{d}_1 = \frac{\log \frac{S_1^{\alpha_1} \cdots S_n^{\alpha_n}}{X} + \left[r - \hat{q} + \frac{\hat{\sigma}^2}{2} \right](T-t)}{\hat{\sigma} \sqrt{(T-t)}}$$

$$\hat{d}_2 = \hat{d}_1 - \hat{\sigma} \sqrt{(T-t)}$$

第六节

彩虹期权

彩虹期权是指包括两种或两种以上标的资产的期权，其价值是由这些标的资产的表现决定的。一份以两种标的资产为基础的彩虹期权称为两色彩虹期权（two color rainbow options），以 n 种标的资产基础的彩虹期权称为 n 色彩虹期权（n - color rainbow options）。

彩虹期权包括很多期权类型，按照支付结构来分类，可以分成三种：择好/择差期权，交换期权，最大与最小期权。

一、择好期权（Better of options）

择好期权是彩虹期权中的一种。择好期权赋予期权持有人在期权到期日取得多个标的资产中最佳回报的权利。例如，一位投资者拟投资股票指数 A 和股票指数 B，但是他不能确定在未来哪一种股票指数的回报会更高，这时他可以选择投资一张择好期权。这张期权将根据指数 A 和指数 B 哪个表现更好进行支付。如果在到期日指数 A 增加了 13%，而指数 B 减少了 6%，那么择好期权的持有者就会以指数 A 所增加的 13% 为基础得到回报率。如果两个指数同时下降，那么期权的持有者就会支付在价值上降低幅度较小的指数资产。这样确保了在期权到期日能取得两种股票指数的最佳回报。同时可以避免因只购买一种股指所带来的风险。

在到期日择好期权的收益可表示为

$$\text{收益} = \max(S_1(T), \cdots, S_n(T)) \tag{6.6.1}$$

这里 S_i（T）是第 i 种风险资产在 $t = T$ 时刻的价格，也可以理解为两种资产价格的增长率。

我们这里假设 n 种资产的价格 S_i（t）（$i = 1$，2，$\cdots$，n）服从几何 Brown 运动（6.3.1）。于是择好期权的价格 f（S_1，$\cdots$，S_n，t）满足多资产的 Black - Scholes 方程，再

由终值条件

$$f(S_1,\cdots,S_n,T)=\max(S_1,\cdots,S_n) \tag{6.6.2}$$

利用多维 Black - Scholes 公式可以给出择好期权的价格为

$$f(S_1,\cdots,S_n,t)=\left[\frac{1}{2\pi(T-t)}\right]^{\frac{n}{2}}e^{-r(T-t)}\det|A|^{-\frac{1}{2}}$$

$$\int_0^\infty\cdots\int_0^\infty\frac{\max(\eta_1,\cdots,\eta_n)}{\eta_1\cdots\eta_n}\exp\left\{\frac{\alpha^TA^{-1}\alpha}{2(T-t)}\right\}d\eta_1\cdots d\eta_n \tag{6.6.3}$$

其中

$$\alpha_i=\log\frac{S_i}{\eta_i}+\left[r-q_i-\frac{a_{ii}}{2}\right](T-t).\ (i=1,\cdots,n)$$

二、交换期权（exchange options）

执行一个期权相当于用一种资产交换另一种资产。标准看涨期权相当于在一个股票表现好于现金时，用现金交换股票的一种权利。一般地，交换期权给予其持有者用一种资产交换另一种资产的权利，这两种资产均为风险资产。这种期权是按照两种不同标的资产价格或增长率的差异决定实施的合约。

现在我们通过一个实例来对交换期权进行具体说明。假设一个投资者持有风险资产 A 的头寸，但考虑到未来风险资产 A 可能出现比风险资产 B 表现差的情况，他购买一张交换期权对现有的持有头寸进行保护，即风险资产 B 比风险资产 A 有更好的收益，则可以用资产 A 交换资产 B。因此在到期日此期权的收益为 max（S_B（T）$-S_A$（T），0）。这里（S_A（T），S_B（T)可以被认为是风险资产 A 和 B 的价格，亦可以是风险资产的增长率（百分比）。

交换期权的价格是资产 A 和资产 B 的价格以及时间 t 的函数 $f=f$（S_A，S_B，t）。假设 S_A 和 S_B 服从几何 Brown 运动，由第六章第三节中的讨论过程可以建立 $f=f$（S_A，S_B，t）所满足的多资产 Black - Scholes 方程，连同下面的终值条件

$$f(S_A,S_B,T)=\max\{S_B-S_A,0\} \tag{6.6.4}$$

我们得到了交换期权的数学模型。由此再利用多维 Black - Scholes 公式可以给出交换期权的价格积分公式。

三、最大看涨期权（maximum call options）和最小看涨期权（minimum call options）

这种形式的彩虹期权取决于两种或多种资产最大值或最小值。在最大看涨期权合约中规定有 n 种可能的选择：以敲定价格 X_i 购买风险资产 S_i（$i=1$，…，n）的权利，期权持有人有权于合约到期日选择表现最佳的一种，使实施的效益达到最大。因此对于最大看涨期权，在期权到期日的收益为：

$$\text{收益}=\max\{(S_1(T)-X_1)^+,\cdots,(S_n(T)-X_n)^+\}$$

联立多资产的 Black - Scholes 方程和下面的终值条件

$$f(S_1,\cdots,S_n,T)=\max\{(S_1-X_1)^+,\cdots,(S_n-X_n)^+\} \tag{6.6.5}$$

我们得到最大看涨期权的数学模型，它的解可以由 Black - Scholes 公式给出。

这里要引起我们注意的是，对于最大看涨期权，若取 $X_1=\cdots=X_n=X$，则收益函数简化为

$$f(S_1,\cdots,S_n,T)=\max\{(S_1-X),\cdots,(S_n-X),0\}=(\max\{S_1,\cdots,S_n\}-X)^+$$

人们通常把这类最大看涨期权看作是单个资产的标准看涨期权的推广。

类似地我们还可以考虑最小看涨期权（minimum call options）以及最大看跌期权（maximum put options）、最小看跌期权（minimum put options）。特别当 $X_1=\cdots=X_n=X$ 时，它们的收益函数分别为

$$\text{收益}=(\min(S_1,\cdots,S_n)-X)^+$$
$$\text{收益}=(X-\min(S_1,\cdots,S_n))^+$$

和

$$\text{收益}=(X-\max(S_1,\cdots,S_n))^+$$

人们通常把它看作是单个资产的标准看跌期权的推广。

当取执行价格 X_1、X_2、…、X_n 均为零时，最大/最小期权（max/min options）的支付结构类似于择好/择差期权的支付结构。

四、彩虹期权的价格公式

这里继续讨论彩虹期权的定价问题，针对择好期权和交换期权给出其价格的解析表达式。

（一）两个风险资产的择好期权

对于两个风险资产的择好期权，其定价问题就是求解 Black - Scholes 公式以及终值条件：$f(S_1,S_2,T)=\max(S_1,S_2)$。即在区域 D：$\{(S_1,S_2,t)\mid 0\leqslant S_1<\infty,\ 0\leqslant S_2<\infty,\ 0\leqslant t\leqslant T\}$ 上求解定解问题

$$\begin{cases}\dfrac{\partial f}{\partial t}+\dfrac{1}{2}\left[a_{11}S_1^2\dfrac{\partial^2 f}{\partial S_1^2}+2a_{12}S_1S_2\dfrac{\partial^2 f}{\partial S_1\partial S_2}+a_{22}S_2^2\dfrac{\partial^2 f}{\partial S_2^2}\right] \\ \quad+(r-q_1)S_1\dfrac{\partial f}{\partial S_1}+(r-q_2)S_2\dfrac{\partial f}{\partial S_2}-rf=0 & (6.6.6)\\ f(S_1,S_2,T)=\max(S_1,S_2) & (6.6.7)\end{cases}$$

令

$$\eta=\frac{S_1}{S_2} \tag{6.6.8}$$

$$h(\eta,t)=f(S_1,S_2,t)/S_2 \tag{6.6.9}$$

这时有

$$\frac{\partial f}{\partial S_1}=S_2\frac{\partial h}{\partial \eta}\frac{\partial \eta}{\partial S_1}=\frac{\partial h}{\partial \eta}$$

$$\frac{\partial f}{\partial S_2}=u+S_2\frac{\partial h}{\partial \eta}\frac{\partial \eta}{\partial S_2}=u-\eta\frac{\partial h}{\partial \eta}$$

$$\frac{\partial^2 f}{\partial S_1^2}=\frac{1}{S_2}\frac{\partial^2 h}{\partial \eta^2}$$

$$\frac{\partial^2 f}{\partial S_1 \partial S_2} = \frac{\partial^2 h}{\partial \eta^2}\frac{\partial \eta}{\partial S_2} = -\frac{\eta}{S_2}\frac{\partial^2 h}{\partial \eta^2}$$

$$\frac{\partial^2 f}{\partial S_2^2} = \frac{\partial h}{\partial \eta}\frac{\partial \eta}{\partial S_2} - \frac{\partial h}{\partial \eta}\frac{\partial \eta}{\partial S_2} - \eta\frac{\partial^2 h}{2\eta^2}\frac{\partial \eta}{\partial S_2} = \frac{\eta^2}{S_2}\frac{\partial^2 h}{\partial \eta^2}$$

将这些结果代入方程(6.6.6)中,可得

$$\frac{\partial h}{\partial t} + \frac{1}{2}(a_{11} - 2a_{12} + a_{22})\eta^2\frac{\partial^2 h}{\partial \eta^2} + (q_2 - q_1)\eta\frac{\partial h}{\partial \eta} - q_2 h = 0 \tag{6.6.10}$$

在变换（6.6.8）（6.6.9）下终值条件（6.6.7）变为

$$h(\eta, T) = \frac{1}{S_2}f(S_1, S_2, T) = \frac{1}{S_2}\max(S_1, S_2) = (1-\eta)^+ + \eta \tag{6.6.11}$$

因此 $h(\eta, t)$ 可表示为一个标准看跌期权以及函数 $\eta e^{-q_1(T-t)}$ 的和。由 Black - Scholes 公式可得：

$$h(\eta, t) = e^{-q_1(T-t)}\eta(1 - N(-\hat{d}_1)) + e^{-q_2(T-t)}N(-\hat{d}_2)$$

其中

$$\hat{d}_1 = \frac{\log\eta + \left[q_2 - q_1 + \frac{1}{2}(a_{11} - 2a_{12} + a_{22})\right](T-t)}{\sqrt{(a_{11} - 2a_{12} + a_{22})(T-t)}}$$

$$\hat{d}_2 = \hat{d}_1 - \sqrt{(a_{11} - 2a_{12} + a_{22})(T-t)}$$

代入原变量（S_1，S_2，t），我们有

$$\begin{aligned} f(S_1, S_2, t) &= S_2\left[\frac{S_1}{S_2}(1 - N(-\hat{d}_1)e^{-q_1(T-t)} + e^{-q_2(T-t)}N(-\hat{d}_2))\right] \\ &= S_1 e^{-q_1(T-t)}N(d_{1,2}) + S_2 e^{-q_2(T-t)}N(d_{2,1}) \end{aligned} \tag{6.6.12}$$

其中

$$\tilde{d}_1 = \frac{\log\frac{S_1}{S_2} + \left[q_2 - q_1 + \frac{1}{2}(a_{11} - 2a_{12} + a_{22})\right](T-t)}{\sqrt{(a_{11} - 2a_{12} + a_{22})(T-t)}}$$

$$\tilde{d}_2 = \tilde{d}_1 - \sqrt{(a_{11} - 2a_{12} + a_{22})(T-t)}$$

$$d_{1,2} = \frac{\log\frac{S_1}{S_2} + \left[q_2 - q_1 + \frac{1}{2}(a_{11} - 2a_{12} + a_{22})\right](T-t)}{\sqrt{(a_{11} - 2a_{12} + a_{22})(T-t)}}$$

$$d_{2,1} = \frac{\log\frac{S_2}{S_1} + \left[q_1 - q_2 + \frac{1}{2}(a_{11} - 2a_{12} + a_{22})\right](T-t)}{\sqrt{(a_{11} - 2a_{12} + a_{22})(T-t)}}$$

（二）交换期权

交换期权定价问题的数学模型是在区域 D：$\{(S_1, S_2, t) \mid 0 \leqslant S_1 < \infty,\ 0 \leqslant S_2 < \infty,\ 0 \leqslant t \leqslant T\}$ 上：求解 Black - Scholes 方程以及终值条件：

$$f(S_1, S_2, T) = \max(S_2 - S_1, 0) \tag{6.6.13}$$

令

$$\eta = \frac{S_1}{S_2} \tag{6.6.14}$$

$$h(\eta, t) = f(S_1, S_2, t)/S_2 \tag{6.6.15}$$

则 $h(\eta, t)$ 满足方程

$$\frac{\partial h}{\partial t} + \frac{1}{2}[a_{11} - 2a_{12} + a_{22}]\eta^2 \frac{\partial^2 h}{\partial \eta^2} + (q_2 - q_1)\eta \frac{\partial h}{\partial \eta} - q_2 h = 0 \tag{6.6.16}$$

和终值条件

$$h(\eta, T) = \frac{1}{S_2} f(S_1, S_2, T) = (1 - \eta)^+ \tag{6.6.17}$$

因此 $h(\eta, T)$ 可以看作是一个标准的欧式看跌期权的价格。由 Black - Scholes 公式可得

$$h(\eta, t) = e^{-q_1(T-t)}\eta N(-\hat{d}_1) + e^{-q_2(T-t)} N(-\hat{d}_2)$$

其中

$$\hat{d}_1 = \frac{\log\eta + \left[q_2 - q_1 + \frac{1}{2}(a_{11} - 2a_{12} + a_{22})\right](T-t)}{\sqrt{(a_{11} - 2a_{12} + a_{22})(T-t)}}$$

$$\hat{d}_2 = \hat{d}_1 - \sqrt{(a_{11} - 2a_{12} + a_{22})(T-t)}$$

代入原变量 (S_1, S_2, t) 可得

$$f(S_1, S_2, t) = S_2 e^{-q_2(T-t)} N(-\tilde{d}_2) - S_1 e^{-q_1(T-t)} N(-\tilde{d}_1) \tag{6.6.18}$$

其中

$$\tilde{d}_1 = \frac{\log\frac{S_1}{S_2} + \left[q_2 - q_1 + \frac{1}{2}(a_{11} - 2a_{12} + a_{22})\right](T-t)}{\sqrt{(a_{11} - 2a_{12} + a_{22})(T-t)}}$$

$$\tilde{d}_2 = \tilde{d}_1 - \sqrt{(a_{11} - 2a_{12} + a_{22})(T-t)}$$

第七节

数值计算方法

本节我们讨论双币种期权定价的二叉树方法,为此我们需要构造一个双变量的二叉树模型来同时描述两种标的资产的波动情况。双变量的二叉树模型可用于基于两个标的资产的衍生工具的定价问题。

现在假设一个美国投资者购买了日经指数的双币种看涨期权。这个期权的到期收益与日经指数和日元兑美元的汇率有关。我们可以构造日经指数和日元汇率的两个单独的二叉树。但对于美国投资者来说,构造的二叉树还需要考虑到日经指数与日元之间的相关系数。为此,我们首先构造日经指数的二叉树模型,然后对于给定的日经指数,模拟日元的波动情况。由于对日经指数的每一种状态,存在日元的两种状态,因此这个二叉树中的每个结点在下一期都有

四个结点与之对应，分别记为$\{uu, ud, du, dd\}$。前一个字母表示日经指数的波动情况，后一个字母表示日元的波动情况。

假设S和Q分别表示日经指数和日元汇率，并且服从对数正态分布

$$S_h = S_0 e^{(r-q)h+\sigma_S\sqrt{h}Z_1} \tag{6.7.1}$$

$$Q_h = Q_0 e^{(r_f-r)h+\sigma_Q\sqrt{h}Z_2} \tag{6.7.2}$$

在单变量的二叉树模型中，我们可以简单地用二项分布来近似表示Z_1和Z_2，于是有

$$Z_i = \pm 1\ , i = 1, 2 \tag{6.7.3}$$

现假设Z_1和Z_2之间的相关系数为ρ，为反映Z_1和Z_2之间的相关性，我们令

$$Z_1 = \xi_1 \tag{6.7.4}$$

$$Z_2 = \rho\xi_1 + \sqrt{1-\rho^2}\xi_2 \tag{6.7.5}$$

这里ξ_1和ξ_2是两个独立的标准正态变量。这样Z_1和Z_2之间的相关系数为ρ，而（6.7.1）和（6.7.2）可以重新写成

$$S_h = S_0 e^{(r-q)h+\sigma_S\sqrt{h}\xi_1} \tag{6.7.6}$$

$$Q_h = Q_0 e^{(r_f-r)h+\sigma_Q\sqrt{h}(\rho\xi_1+\sqrt{1-\rho^2}\xi_2)} \tag{6.7.7}$$

下面开始构造二叉树模型。我们只须讨论单周期情况。在（6.7.6）和（6.7.7）中分别设$\xi_1 = \pm 1$，$\xi_2 = \pm 1$，则可以得到四个结点，分别记为A（$\xi_1 = 1$，$\xi_2 = 1$）、B（$\xi_1 = 1$，$\xi_2 = -1$）、C（$\xi_1 = -1$，$\xi_2 = 1$）和D（$\xi_1 = -1$，$\xi_2 = -1$）。

在四个结点上，日经指数的取值分别为

$$S_A = S_B = S_0 e^{(r-q)h+\sigma_S\sqrt{h}} = S_0 u \tag{6.7.8}$$

$$S_C = S_D = S_0 e^{(r-q)h-\sigma_S\sqrt{h}} = S_0 d \tag{6.7.9}$$

对于日经指数的每种取值，日元汇率都有两种取值情况

$$Q_A = Q_0 e^{(r-q)h+\sigma_Q\sqrt{h}(\rho+\sqrt{1-\rho^2})} = Q_0 A \tag{6.7.10}$$

$$Q_B = Q_0 e^{(r-q)h+\sigma_Q\sqrt{h}(\rho-\sqrt{1-\rho^2})} = Q_0 B \tag{6.7.11}$$

$$Q_C = Q_0 e^{(r-q)h+\sigma_Q\sqrt{h}(-\rho+\sqrt{1-\rho^2})} = Q_0 C \tag{6.7.12}$$

$$Q_D = Q_0 e^{(r-q)h+\sigma_Q\sqrt{h}(-\rho-\sqrt{1-\rho^2})} = Q_0 D \tag{6.7.13}$$

最后确定这些结点的风险中性概率。由（6.7.8）和（6.7.9）可知日经指数上升的风险中性概率为

$$P_S = \frac{e^{(r-q)h} - d}{u - d} \tag{6.7.14}$$

设P_Q为日元汇率上升的风险中性概率。则由风险中性概率的含义以及（6.7.10）—（6.7.13）有

$$\begin{aligned} &S_0 u Q_0 A P_S P_Q + S_0 u Q_0 B P_S (1 - P_Q) + S_0 d Q_0 C (1 - P_S) P_Q \\ &\quad + S_0 d Q_0 D (1 - P_S)(1 - P_Q) = S_0 Q_0 e^{(r_f - q)h} \end{aligned}$$

由此可解出P_Q

$$P_Q = \frac{S_0 Q_0 e^{(r_f-q)h} - S_0 d Q_0 D (1 - P_S) - S_0 u Q_0 B P_S}{S_0 u Q_0 A P_S + S_0 d Q_0 C (1 - P_S) - S_0 d Q_0 D (1 - P_S) - S_0 u Q_0 B P_S}$$

$$= \frac{e^{(r_f - q)h} - uBP_S - dD(1 - P_S)}{(uA - uB)P_S + (dC - dD)(1 - P_S)} \qquad (6.7.15)$$

至此，我们已经构造了双变量二叉树模型，利用这一模型可以为双币种期权进行定价。

【例 6.7.1】 现有一个美国投资者购买了日经指数的看涨期权。假设当前日经指数价格为 20000 日元，日经指数的红利率为 0.03，日经指数的波动率为 0.2，日元兑美元的汇率为 0.0100，汇率的波动率为 0.1，日经指数与日元的相关系数为 0.2，美国的无风险利率为 0.08，日本的无风险利率为 0.04。期权的敲定价格为 19000 日元，到期期限为 1 年。期权实施的日元汇率为：

（1）一年后的即期汇率；

（2）不低于保证汇率 0.0100 的保证汇率。

试利用二叉树模型，分别给出两种确定日元实施汇率的方式下这个双币种期权的价格。

解：根据前面讨论过程，利用 Matlab 编写程序如下

```
%%%%%%%%%%%%%%%%%%%%%%%%%%%%%%%%%%
%% 双币种期权定价                                    %%
%%%%%%%%%%%%%%%%%%%%%%%%%%%%%%%%%%
%输入具体参数
s0 = 20000;                    %当前日经指数价格
e0 = 0.0100;                   %当前汇率
r = 0.04;                      %日元无风险利率
q = 0.03;                      %日经指数红利率
rf = 0.08;                     %美元无风险利率
rho = 0.20;                    %日经指数与日元汇率的相关系数
sigmas = 0.2;                  %日经指数的波动率
sigmae = 0.1;                  %日元汇率的波动率
t = 1;                         %期权到期期限
sp = 19000;                    %期权的敲定价格
e1 = 0.0100;                   %期权实施的保证汇率
n = 10;                        %步数
dt = t/n;                      %单步时间间隔
%%%%%%%%%%%%%%%%%%%%%%%%%%%%%%%%%%%%%%%%
%构造双变量的二叉树模型
%计算二叉树模型参数
us = exp((r - q) * dt + sigmas * sqrt(dt));          %日经指数单步上涨比例
ds = exp((r - q) * dt - sigmas * sqrt(dt));          %日经指数单步下降比例
ps = (exp((r - q) * dt) - ds)/(us - ds);             %日经指数单步上升概率
ea = exp((r - q) * dt + sigmae * sqrt(dt) * (rho + sqrt(1 - power(rho,2))));
%日经指数上涨时日元汇率单步上涨比例
eb = exp((r - q) * dt + sigmae * sqrt(dt) * (rho - sqrt(1 - power(rho,2))));
```

```
%日经指数上涨时日元汇率单步下降比例
ec = exp((r - q) * dt + sigmae * sqrt(dt) * ( - rho + sqrt(1 - power(rho,2))));
%日经指数下降时日元汇率单步上涨比例
ed = exp((r - q) * dt + sigmae * sqrt(dt) * ( - rho - sqrt(1 - power(rho,2))));
%日经指数下降时日元汇率单步下降比例
pe = (exp((rf - q) * dt) - us * eb * ps - ds * ed * (1 - ps))/((us * ea - us * eb) * ps +
(ds * ec - ds * ed) * (1 - ps));%日元汇率单步上升的概率
%%%%%%%%%%%%%%%%%%%%%%%%%%%%%%%%%%%%%%%%%%%%%%%%%%%%%%%
%构造日经指数的二叉树矩阵,l表示行数,r表示列数(第r步),s为日经指数矩阵
for r = 1:n + 1
    for l = 1:r;
        s(l,r) = s0 * power(us,r - l) * power(ds,l - 1);
    end;
end;
%构造到期日汇率的二叉树矩阵, l表示行数（与汇率变动对应), r表示列数（与日经
指数变动对应), e为日元汇率矩阵
for r = 1:n + 1
    for l = 1:n + 1;
e(l,r) = e0 * power(ea,min(n + 1 - r,n + 1 - l)) * power(eb,(n + 1 - r) - min(n + 1 - r,n + 1
 - l)) * power(ec,n + 1 - l - min(n + 1 - r,n + 1 - l)) * power(ed,l - 1 - (n + 1 - r) + min(n +
1 - r,n + 1 - l));
    end;
end;
s
e
%%%%%%%%%%%%%%%%%%%%%%%%%%%%%%%%%%%%%%%%%%%%%%%%%%%%%%%
%   计算期权的价格
% 计算到期时(k = n + 1)期权价值
k = n;
for r = 1:n
    for l = 1:n;
        a(l,r,k) = max(s(r,k) - sp,0) * e(l,r);
        b(l,r,k) = max(s(r,k) - sp,0) * max(e(l,r),e1);
    end;
end;

%令k:k - 1 ---- >1,倒推求得前面各期的期权价值
for kk = 1:n - 1
```

```
    k = n - kk;
    for r = 1:k
        for l = 1:k;
            a(l,r,k) = (a(l,r,k+1) * pe * ps + a(l,r+1,k+1) * pe * (1 - ps) + a(l+1,r,k+1) * (1 - pe) * ps + a(l+1,r+1,k+1) * (1 - pe) * (1 - ps)) * exp( - rf * dt);
            b(l,r,k) = (b(l,r,k+1) * pe * ps + b(l,r+1,k+1) * pe * (1 - ps) + b(l+1,r,k+1) * (1 - pe) * ps + b(l+1,r+1,k+1) * (1 - pe) * (1 - ps)) * exp( - rf * dt);
        end;
    end;
end;
%输出结果
a(1,1,1)
b(1,1,1)
```

在 matlab 命令窗口运行后得到

```
s =
  1.0e+004 *
Columns 1 through 7
  2.0000    2.1327    2.2742    2.4251    2.5860    2.7576    2.9406
       0    1.8793    2.0040    2.1370    2.2788    2.4300    2.5912
       0         0    1.7659    1.8831    2.0080    2.1413    2.2833
       0         0         0    1.6593    1.7694    1.8868    2.0120
       0         0         0         0    1.5592    1.6626    1.7730
       0         0         0         0         0    1.4651    1.5623
       0         0         0         0         0         0    1.3767
       0         0         0         0         0         0         0
       0         0         0         0         0         0         0
       0         0         0         0         0         0         0
       0         0         0         0         0         0         0

Columns 8 through 11
  3.1357    3.3438    3.5657    3.8023
```

2.7632	2.9465	3.1420	3.3505
2.4348	2.5964	2.7687	2.9524
2.1455	2.2879	2.4397	2.6016
1.8906	2.0161	2.1498	2.2925
1.6660	1.7765	1.8944	2.0201
1.4680	1.5654	1.6693	1.7801
1.2936	1.3794	1.4710	1.5686
0	1.2155	1.2962	1.3822
0	0	1.1422	1.2180
0	0	0	1.0733

e =

Columns 1 through 7

0.0147	0.0145	0.0143	0.0141	0.0139	0.0138	0.0136
0.0138	0.0136	0.0134	0.0133	0.0131	0.0129	0.0128
0.0130	0.0128	0.0126	0.0125	0.0123	0.0122	0.0120
0.0122	0.0120	0.0119	0.0117	0.0116	0.0114	0.0113
0.0114	0.0113	0.0112	0.0110	0.0109	0.0107	0.0106
0.0108	0.0106	0.0105	0.0104	0.0102	0.0101	0.0100
0.0101	0.0100	0.0099	0.0097	0.0096	0.0095	0.0094
0.0095	0.0094	0.0093	0.0092	0.0090	0.0089	0.0088
0.0089	0.0088	0.0087	0.0086	0.0085	0.0084	0.0083
0.0084	0.0083	0.0082	0.0081	0.0080	0.0079	0.0078
0.0079	0.0078	0.0077	0.0076	0.0075	0.0074	0.0073

Columns 8 through 11

0.0134	0.0133	0.0131	0.0129
0.0126	0.0125	0.0123	0.0121
0.0119	0.0117	0.0116	0.0114

0.0111	0.0110	0.0109	0.0107
0.0105	0.0103	0.0102	0.0101
0.0098	0.0097	0.0096	0.0095
0.0093	0.0091	0.0090	0.0089
0.0087	0.0086	0.0085	0.0084
0.0082	0.0081	0.0080	0.0079
0.0077	0.0076	0.0075	0.0074
0.0072	0.0071	0.0070	0.0070

```
ans =
   21.5825
ans =
   21.7519
```

这说明对于第一种情况，期权价格为 21.5825 美元，对于第二种情况，期权价格为 21.7519 美元。

习　题

1. 现有一个基于某种股票的两值现金看涨期权，在 1 年后如果该股票价格高于 20 美元，则支付 1 美元，其他情况则支付为零。股票的当前价格为 18 美元，股票价格波动率为 20%，红利率为 5%，无风险利率为 12%。求该两值期权的价格。

2. 如果一年后，欧元与美元之间的汇率大于 1.5，某个衍生证券将支付 1 万美元。当前汇率为 1.45，美元和欧元利率分别为 8% 和 5%，汇率的波动率为 20%。求该衍生证券的美元价格。

3. 假设当前股票价格 $S=40$ 美元，股票价格波动率为 $\sigma=30\%$，红利率为零，无风险利率 $r=10\%$。

(1)求还有两年到期的标准欧式看涨期权的价格。

(2)现有一个复合期权，其持有者在一年后，有权以 3 美元的价格购买(1)中的看涨期权。一年后，股票价格达到多高时，该复合期权的持有者将执行期权?

(3)求该复合期权的价格。

(4)求一年后以 3 美元的价格卖出(1)中的欧式看涨期权的复合期权的价格。

4. 请给出标的资产为欧式看跌期权的欧式复合期权看涨－看跌平价公式并进行证明。

5. 设 $C=C(S_1,S_2,\cdots,S_n,t)$ 和 $P=P(S_1,S_2,\cdots,S_n,t)$ 分别为算术平均一篮子看涨期权和看跌期权的价格，在期权到期日，它们的收益分别为

$$C = C(S_1, S_2, \cdots, S_n, T) = (\sum_{i=1}^{n} \alpha_i S_i - X)^+$$

$$P = P(S_1, S_2, \cdots, S_n, T) = (X - \sum_{i=1}^{n} \alpha_i S_i)^+$$

其中 $\alpha_i \geqslant 0, (i = 1, 2, \cdots, n)$ 且

$$\sum_{i=1}^{n} \alpha_i S_i = 1$$

试求算术平均一篮子期权看涨—看跌平价公式。

6. 设 $f(S_1, S_2, t)$ 是两个风险资产 S_1 和 S_2 的择好期权价格，在期权到期日 $t = T$，其收益为

$$f(T) = \max(S_1(T), S_2(T))$$

试求该期权的价格。

7. 考虑一个在 1 年后用 10 股股票 A 交换 1 股股票 B 的交换期权，股票 A 和股票 B 的当前价格分别为 5 美元和 48 美元，无风险利率为 10%，股票价格的波动率均为 20%，两种股票价格间的相关系数为 0.6。求这个交换期权的价格。

8. 一个美国投资者持有一个于 6 个月后购买了欧洲某支股票的看涨期权，目前该股票价格为 20 欧元，股票价格波动率为 20%，无红利支付，欧元兑美元的汇率为 1.5，汇率的波动率为 25%，该欧洲股票与欧元汇率的相关系数为 0.2，美国的无风险利率为 10%，欧元的无风险利率为 5%。期权的敲定价格为 20 欧元。期权实施的日元汇率为 6 个月后的即期利率。试利用两个时间步的二叉树模型计算该期权价格。

第七章 DIQIZHANG

新型期权 II

本章我们再讨论三种具体的奇异期权——障碍期权、亚式期权和回望期权。这三种期权均为路径依赖期权。之所以称路径依赖期权，是因为该类期权的最终收益不仅仅与期权到期日标的资产的价格有关，还依赖于期权的整个有效期内标的资产价格的变化过程，即依赖于标的资产价格变化的“路径”。从严格意义上讲，美式期权也应当归于路径依赖期权，因为这种期权明显然区别于一般的欧式期权，欧式期权仅依赖于期权到期日标的资产价格。

具体来说，根据对标的资产价格变化路径依赖程度的轻重程度，路径依赖期权可分为两大类——弱路径依赖期权和强路径依赖期权。弱路径依赖期权对路径的依赖，体现为期权的最终收益与有效期内标的资产的价格是否达到某些特定的值有关，其典型代表是障碍期权；而强路径依赖期权的最终收益依赖于标的资产在期权有效期内的整个信息，具体品种包括亚式期权、回望期权等等。下面我们将分别对这三个具体的路径依赖期权品种进行介绍，并主要对相应的定价问题进行探讨。

第一节 障碍期权

一、障碍期权概述

（一）障碍期权简介

障碍期权作为弱路径依赖期权的一个具体品种，其收益依赖于标的资产在期权的有效期内是否达到某一约定的价格水平（称为障碍值，Barrier）。具体而言，若期权标的资产的价格在有效期内达到约定的障碍值，则期权开始生效或失效。若期权合约在到期日时是有效的，则该障碍期权合约与其他条件相同的普通欧式期权最终获得的收益完全相同。显然，障碍期权不会获得比其他条件相同的普通期权多的收益，因此障碍期权的期权费必然相对普通期权而言要更低。这也正是障碍期权在现实中被广泛应用的原因之一（当然，低期权费反映的是到期时低的收益）。障碍期权一般在场外市场进行交易。

（二）障碍期权的分类

障碍期权的内容十分丰富，分类的标准也较多，一般常见的分类方法有以下三种：

1. 根据期权有效期内标的资产价格达到障碍值之后期权的状态是转为生效或是失效，障碍期权可分为敲入期权和敲出期权。对于一个敲入期权，最初签订期权合约时期权并无效力，只有当标的资产的价格达到设定的障碍值时，期权才开始生效；反之，若在整个期权有效期内标的资产的价格始终未达到障碍值，则该纸期权合约将“形同虚设”。相应的，对于一个敲出期权，最初签订时期权合约有效，但一旦标的资产的价格在期权有效期内达到障碍值，期权便作废，终止有效。

2. 根据标的资产价格的变化过程中是上升达到或是下降达到障碍值，障碍期权可分为上升期权或下降期权，一般与敲入或敲出期权结合起来划分种类。上升敲入（敲出）期权设定之初，标的资产的价格一般低于障碍值，此后，标的资产价格上升至达到障碍值时，期权生效（失效）。下降敲入（敲出）期权设定时标的资产的价格一般高于障碍值，当标的资产价格下降至达到障碍值时，期权生效（失效）。

此处需注意的是，障碍值的设置与障碍期权的执行价格的设置是相互独立的，即对于障碍值是高于或低于执行价格并无特别规定。

3. 根据障碍期权是看涨或是看跌可分为买权或是卖权。

充分结合以上三个具体标准，障碍期权可分为更为具体的八种类型。例如，下降敲出看涨期权，它是一个普通的看涨期权，但若标的资产价格达到某个障碍值，则该期权作废，且设定的障碍值低于初始时刻标的资产的价格；又如上升敲入看跌期权，期权一直无效直至标的资产价格达到障碍值，期权转为一个普通的看跌期权。其他的类型可以此类推。

此外，金融市场中还存在着另外一种障碍期权——折扣期权，它既不属于敲入或敲出期权，也不存在买权或卖权之分，其本质可视为是一种退化的障碍期权。具体而言，对于一个折扣期权合约，当其标的资产价格达到设定的障碍值时，期权的空头方立即支付给期权的多头方约定的金额数。若在期权有效期内标的资产价格达到障碍值，且当期权到期时进行支付，则称之为延期折扣期权。作为一种退化的障碍期权，折扣期权或延期折扣期权也包括向上及向下两种。

（三）障碍期权实例

图7－1具体说明了一个以股票为标的资产、执行价格为30元的障碍期权是如何具体操作的。初始时刻股票价格 S 约为16元，终止时刻 S 约为33元。同时，在 $t=1.15$（年）时刻，股票价格上升达到设定的障碍值40元。

若此障碍期权是一个上升敲入看涨期权，则 $t=1.15$（年）时刻之后，期权开始生效。期权到期时刻，股票价格超出执行价格3（33－30）元，即期权到期时每份期权合约获得的收益为3元。

若此障碍期权是一个上升敲入看跌期权，同样，在 $t=1.15$（年）时刻之后，期权有效。但到期时刻的股价33元，高于执行价格30元，到期结算时并不产生任何收益。

若此障碍期权是一个上升敲出看涨期权，则 $t=1.15$（年）时刻之后，期权失效，初始时刻签订的合约此时便已作废。

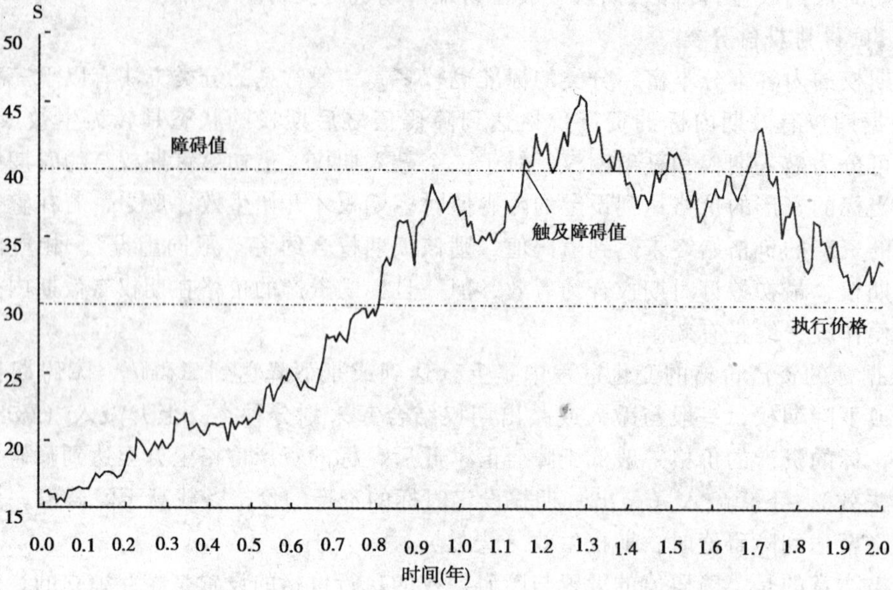

图 7－1　股票价格与障碍期权

（四）障碍期权的应用

障碍期权中各个类型的期权品种都有相应的具体应用。以敲出买权的多头方为例，假设有某一投资者，当前股指为 5000 点。该投资者打算抄底进场，因为根据技术分析，市场将上涨。且退一步讲，即使市场会有所下跌，4800 点附近也是一个强有力的支撑位。此时，在如上分析的支持下，相应的可以买入股指下降敲出买权，其中执行价格为 5000 点，障碍值设置为 4800 点。在投资者的技术分析支持下，该障碍期权与执行价格为 5000 点的欧式看涨期权的现金流不具差异，但障碍期权的价格相对来说却更低，这就为投资者节省了投资成本。

封顶期权是障碍期权的一种具体应用的体现，例如 CBOE 的基于 S&P100 和 S&P500 的封顶期权。封顶期权中的封顶是指期权的收益封顶，CBOE 封顶期权的设计目的是使收益不超过 30 美元。也就是说，封顶看涨（看跌）期权在指数收盘价超过（低于）执行价格 30 美元时会自动执行。

此外，一般公司发行的可转换债券中也会包含障碍期权的思想。比如说，某公司发行可转换公司债券，规定当股价超过某个约定价格时投资者便可将手中的债券转换成股票。其中，约定的股价即为障碍值，一旦触及，债券持有人便拥有了将债券转换成股票的权利。

二、偏微分方程模型的建立

（一）障碍期权到期收益

假设当前时刻为 0，到期时刻为 T，时间 $t\in[0,\ T]$。同时设 S 为标的资产价格，X 为执行价格，B 为设置的障碍值。

我们已知，对于常规的欧式期权，若为看涨期权，则到期收益为 $(S_T - X)^+$，即 max $(0, S_T - X)$；若为看跌期权，则到期收益为 $(X - S_T)^+$，即 max $(0, X - S_T)$。

根据前文中的分类，可分别列出各种类型的障碍期权到期时的收益状况。为此，我们首先引入特征函数的概念，集合 ω 的特征函数 I_ω 及 $\tilde{I}_\omega$ 定义如下

$$I_\omega = \begin{cases} 1, & 若\ S_t \in \omega \\ 0, & 若\ S_t \notin \omega \end{cases}$$

$$\tilde{I}_\omega = \begin{cases} 0, & 若\ S_t \in \omega \\ 1, & 若\ S_t \notin \omega \end{cases}。$$

显然有

$$\tilde{I}_\omega = 1 - I_\omega$$

这时各种类型障碍期权到期收益可见表 7 - 1。

表 7 - 1　八种类型的障碍期权的到期收益状况

		看涨期权	看跌期权
敲出	上升敲出	$(S_T - X)^+ I_{\{S_t < B, \forall t \in [0,T]\}}$	$(X - S_T)^+ I_{\{S_t < B, \forall t \in [0,T]\}}$
	下降敲出	$(S_T - X)^+ I_{\{S_t > B, \forall t \in [0,T]\}}$	$(X - S_T)^+ I_{\{S_t > B, \forall t \in [0,T]\}}$
敲入	上升敲入	$(S_T - X)^+ \tilde{I}_{\{S_t < B, \forall t \in [0,T]\}}$	$(X - S_T)^+ \tilde{I}_{\{S_t < B, \forall t \in [0,T]\}}$
	下降敲入	$(S_T - X)^+ \tilde{I}_{\{S_t > B, \forall t \in [0,T]\}}$	$(X - S_T)^+ \tilde{I}_{\{S_t > B, \forall t \in [0,T]\}}$

（二）敲出期权与敲入期权关系

事实上，由上表我们容易发现，标的资产、执行价格、障碍值、到期日等条件均相同的敲出期权的到期收益加上敲入期权的收益之和等于一个常规的期权的到期收益，这一点也是十分容易理解的。考虑一个由一份敲出期权合约及一份敲入合约构成的期权组合（其他条件均相同），若标的资产价格未触及障碍值或在触及障碍值之前，敲出期权合约有效，且等同于相应的常规期权，敲入期权无效，因此期权组合亦就等同于一个其他条件与障碍期权均相同的常规期权；标的资产价格达到障碍值之后，敲出期权合约失效，敲入期权开始生效，此时生效的敲入期权，进而期权组合等同于常规期权。因此，下面等式成立

一份敲出期权合约 + 一份敲入期权合约 = 一份常规期权合约

这一公式将为定价节省大量的工作。但仍须提醒，上述各期权标的资产、执行价格等各合约要素均相同。进一步，根据市场无套利的假设，一份敲出期权合约的期权费加上一份敲入期权合约的期权费也应当等于一份常规期权合约的期权费。这也从另外一方面证明了障碍期权的价格低于常规期权合约的价格。

（三）偏微分方程模型

在上述分析的基础上，我们将给出障碍期权价格所满足的偏微分方程模型。这包括以下

几项内容。

1. 偏微分方程。障碍期权与普通期权一样，满足 Black - Scholes 微分方程：

$$\frac{\partial f}{\partial t}+\frac{1}{2}\sigma^2 S^2\frac{\partial^2 f}{\partial S^2}+(r-q)S\frac{\partial f}{\partial S}-rf=0 \tag{7.1.1}$$

其中，f 为期权价值，r 为无风险利率（年连续复利），q 为标的资产红利率（年连续复利），σ 为标的资产波动率。最终障碍期权的定价同样可归结为对 Black - Scholes 微分方程的求解。但为了求解出 $f(S, t)$，我们还需要确定定解区域、边界条件及终值条件等能使障碍期权区别于其他类别的条件。

2. 定解区域。定解区域（记为 D），即 S 及 t 的变化范围。从表 7 - 1 中即可看出，若为上升敲入（敲出）期权，则标的资产的价格在障碍值之下波动，即 $D=\{(S, t) \mid 0\leqslant S\leqslant B, 0\leqslant t\leqslant T\}$；相应的，若为下降敲入（敲出）期权，则标的资产的价格在障碍值之上波动，即定解区域 $D=\{(S, t) \mid B\leqslant S\leqslant\infty, 0\leqslant t\leqslant T\}$。

3. 边界条件。即 $S=B$ 处应满足的条件。从前文中的分析同样可以很容易地得出，若为敲出期权，标的资产价格达到障碍值时期权失效，进而期权价值为零，即 $f(B, t)=0$；相应地，若为敲入期权，$S=B$ 时期权开始生效，即 $f(B, t)=f_U(B, t)$，其中 f_U 代表普通期权的价值。

4. 终值条件，即 $t=T$ 处。在既定的定解区域中，特征函数分别取既定的对应值。综合表 7 - 1，各类别的终值条件可归结为：（1）看涨敲出期权，$f(S, T)=(S-X)^+$；（2）看涨敲入期权，$f(S, T)=0$；（3）看跌敲出期权，$f(S, T)=(X-S)^+$；（4）看跌敲入期权，$f(S, T)=0$。

至此，障碍期权的定价问题所余下的工作仅为求解偏微分方程的定解问题了。

三、偏微分方程模型的求解

由于各种具体类型的障碍期权在定解区域、边界条件及终值条件各方面均存在着差异，因此对模型的求解需要分具体类型来进行，但各类型模型的求解过程本质是相同的，互相均可借鉴。这里，我们仅以下降敲出看涨期权为例进行介绍。

下降敲出看涨期权的偏微分方程模型可归结为，在定解区域 $D=\{(S, t) \mid B\leqslant S<\infty, 0\leqslant t\leqslant T\}$ 上求解方程（7.1.1）以及定解条件

$$f(S,T)=(S-X)^+ \tag{7.1.2}$$

和

$$f(B,t)=0 \tag{7.1.3}$$

方程（7.1.1）类似于欧拉方程，为将其转化为常系数方程，设

$$s=\log\frac{S}{B} \tag{7.1.4}$$

$$f=Bg \tag{7.1.5}$$

这时，原定解区域 D 转化为新的定解区域 $D'=\{(s, t) \mid 0\leqslant s<\infty, 0\leqslant t\leqslant T\}$。定解问题（7.1.1）—（7.1.3）变为

$$\begin{cases}\dfrac{\partial g}{\partial t}+\dfrac{1}{2}\sigma^2\dfrac{\partial^2 g}{\partial s^2}+\left(r-q-\dfrac{\sigma^2}{2}\right)\dfrac{\partial g}{\partial s}-rg=0 & (7.1.6)\\ g(s,T)=(e^s-X_B)^+ & (7.1.7)\\ g(0,t)=0 & (7.1.8)\end{cases}$$

其中 $X_B=\dfrac{X}{B}$。

再作变换，以消去方程中 g 对 s 的一次偏导项及 g 的一次项。为此可令

$$g=e^{\alpha s+\beta(T-t)}h \tag{7.1.9}$$

将（7.1.9）代入方程（7.1.5）并进行整理可知，为达到上述目标应取

$$\alpha=-\frac{1}{\sigma^2}\left(r-q-\frac{\sigma^2}{2}\right)$$

$$\beta=-r-\frac{1}{2\sigma^2}\left(r-q-\frac{\sigma^2}{2}\right)^2$$

这时定解问题（7.1.6）—（7.1.8）转变为如下问题（定解区域为 $\{0\leq s<\infty，0\leq t\leq T\}$）

$$\begin{cases}\dfrac{\partial h}{\partial t}+\dfrac{1}{2}\sigma^2\dfrac{\partial^2 h}{\partial s^2}=0 & (7.1.10)\\ h(s,T)=e^{-\alpha s}(e^s-X_B)^+ & (7.1.11)\\ h(0,t)=0 & (7.1.12)\end{cases}$$

现在求解定解问题(7.1.10)—(7.1.12)。为此我们将(7.1.11)中的终值函数进行奇延拓,即构造一个奇函数 $\varphi(s)$,

$$\varphi(s)=\begin{cases}e^{-\alpha s}(e^s-X_B)^+, & s>0\\ -e^{\alpha s}(e^{-s}-X_B)^+, & s<0\end{cases}$$

现在我们可以在 $\{-\infty<s<\infty，0\leqslant t\leqslant T\}$ 上考虑如下定解问题

$$\begin{cases}\dfrac{\partial h}{\partial t}+\dfrac{1}{2}\sigma^2\dfrac{\partial^2 h}{\partial s^2}=0 & (7.1.13)\\ h(s,T)=\varphi(s) & (7.1.14)\end{cases}$$

易知定解问题（7.1.13），（7.1.14）的解 $h(s,t)$ 必定是奇函数，并且其在区域 $\{0\leqslant s<\infty，0\leqslant t\leqslant T\}$ 的限制必为定解问题（7.1.6）—（7.1.8）的解。而由泊松公式可给出定解问题（7.1.13），（7.1.14）的解如下

$$\begin{aligned}h(s,t)&=\frac{1}{\sigma\sqrt{2\pi(T-t)}}\int_{-\infty}^{\infty}e^{-\frac{(s-\xi)^2}{2\sigma^2(T-t)}}\varphi(\xi)d\xi\\ &=\frac{1}{\sigma\sqrt{2\pi(T-t)}}\left[\int_0^{\infty}e^{-\frac{(s+\xi)^2}{2\sigma^2(T-t)}}\varphi(-\xi)d\xi+\int_0^{\infty}e^{-\frac{(s+\xi)^2}{2\sigma^2(T-t)}}\varphi(\xi)d\xi\right]\\ &=\frac{1}{\sigma\sqrt{2\pi(T-t)}}\int_0^{\infty}\left(e^{-\frac{(s-\xi)^2}{2\sigma^2(T-t)}}-e^{-\frac{(s+\xi)^2}{2\sigma^2(T-t)}}\right)e^{-\alpha\xi}(e^{\xi}-X_B)^+d\xi\end{aligned}$$

(7.1.15)

将解（7.1.1.5）代入（7.1.9），可函数 $U(s,t)$ 如下

$$g(s,t) = \frac{e^{-r(T-t)}}{\sigma\sqrt{2\pi(T-t)}}\int_{\log X_B}^{\infty} e^{\frac{[(s-\xi)+(r-q-\frac{\sigma^2}{2})(T-t)]^2}{2\sigma^2(T-t)}}(e^{\xi}-X_B)d\xi$$

$$-\frac{e^{-r(T-t)-\frac{2}{\sigma^2}(r-q-\frac{\sigma^2}{2})s}}{\sigma\sqrt{2\pi(T-t)}}\int_{\log X_B}^{\infty} e^{\frac{[(s+\xi)+(r-q-\frac{\sigma^2}{2})(T-t)]^2}{2\sigma^2(T-t)}}(e^{\xi}-X_B)d\xi$$

$$=\frac{e^{s}}{\sqrt{2\pi}}\int_{-\infty}^{\frac{s-\log X_B+(r-q-\frac{\sigma^2}{2})(T-t)}{\sigma\sqrt{T-t}}} e^{-\frac{\omega^2}{2}}d\omega$$

$$-\frac{X_{\beta}e^{-r(T-t)}}{\sqrt{2\pi}}\int_{-\infty}^{\frac{s-\log X_B+(r-q-\frac{\sigma^2}{2})(T-t)}{\sigma\sqrt{T-t}}} e^{-\frac{\omega^2}{2}}d\omega$$

$$-\frac{e^{-\frac{2}{\sigma^2}(r-q)s}}{\sqrt{2\pi}}\int_{-\infty}^{\frac{-s-\log X_B+(r-q-\frac{\sigma^2}{2})(T-t)}{\sigma\sqrt{T-t}}} e^{-\frac{\omega^2}{2}}d\omega$$

$$+\frac{X_B e^{-r(T-t)-\frac{2}{\sigma^2}(r-q-\frac{\sigma^2}{2})s}}{\sqrt{2\pi}}\int_{-\infty}^{\frac{-s-\log X_B+(r-q-\frac{\sigma^2}{2})(T-t)}{\sigma\sqrt{T-t}}} e^{-\frac{\omega^2}{2}}d\omega$$

将 s 替换为 $\log\frac{S}{B}$ 并由函数变换 $f=gB$，最终得到下降敲出看涨期权的定价公式如下

$$\begin{aligned} f(S,t) &= SN(d_1) - Xe^{-r(T-t)}N(d_2) \\ &\quad - B\left(\frac{S}{B}\right)^{-\frac{2}{\sigma^2}(r-q)}N(d_3) + Xe^{-r(T-t)}\left(\frac{S}{B}\right)^{1-\frac{2}{\sigma^2}(r-q)}N(d_4) \\ &= f_U(S,t) - \left(\frac{S}{B}\right)^{1-\frac{2}{\sigma^2}(r-q)}\left[\frac{B^2}{S}N(d_3) - Ke^{-r(T-t)}N(d_4)\right] \end{aligned} \tag{7.1.16}$$

其中 f_U（S，t）为普通买权价值，且 d_1，d_2，d_3，d_4，如下给出

$$d_1 = \frac{\log\frac{S}{X}+(r-q+\frac{\sigma^2}{2})(T-t)}{\sigma\sqrt{T-t}},\ d_2 = d_1 - \sigma\sqrt{T-t},$$

$$d_3 = \frac{\log\frac{B^2}{SX}+(r-q+\frac{\sigma^2}{2})(T-t)}{\sigma\sqrt{T-t}},$$

$$d_4 = d_3 - \sigma\sqrt{T-t}\text{。}$$

此外，与普通的 B－S 欧式买权定价公式的形式进行比较，发现解（7.1.16）还可进一步简写为

$$f(S,t) = f_U(S,t) - \left(\frac{S}{B}\right)^{1-\frac{2}{\sigma^2}(r-q)} f_U\left(\frac{B^2}{S},t\right) \tag{7.1.17}$$

为区分记，下面记下降敲出买权为 C_{D-O}（S，t），下降敲入买权为 C_{D-I}（S，t），普通的看涨期权为 C_U（S，t），则（7.1.17）式可写成

$$C_{D-O}(S,t) = C_U(S,t) - \left(\frac{S}{B}\right)^{-\frac{2}{\sigma^2}(r-q)+1} C_U\left(\frac{B^2}{S},t\right)$$

又由前面讨论知

$$C_{D-O}(S,t)+C_{D-I}(S,t)=C_U(S,t)$$

于是可得下降敲入看涨期权定价公式

$$C_{D-I}(S,t)=\left(\frac{S}{B}\right)^{-\frac{2}{\sigma^2}(r-q)+1}C_U\left(\frac{B^2}{S},t\right) \tag{7.1.18}$$

四、看涨看跌障碍期权平价公式

前面以看涨障碍期权为例讨论了障碍期权的偏微分方程定价模型求解问题，可以说其与普通期权的定价公式求解的方法十分类似。与普通期权一样，障碍期权的看涨期权与看跌期权之间也存在平价公式。但每一个具体类别的平价公式形式有所不同。

延续上文，我们仍以下降敲出期权为例，推导其看涨看跌平价公式。其他类型的障碍期权可类推。与买权 C_{D-O}（S，t）对应，记 P_{D-O}（S，t）为下降敲出卖权。

令

$$g(S,t)=C_{D-O}(S,t)-P_{D-O}(S,t) \tag{7.1.19}$$

易知 g（S，t）在区域 $\{B\leqslant S<\infty,\ 0\leqslant t\leqslant T\}$ 上满足如下问题：

$$\begin{cases}\dfrac{\partial g}{\partial t}+\dfrac{1}{2}\sigma^2S^2\dfrac{\partial^2 g}{\partial S^2}+(r-q)S\dfrac{\partial g}{\partial S}-rg=0 & (7.1.20)\\ g(S,T)=S-X & (7.1.21)\\ g(B,t)=0 & (7.1.22)\end{cases}$$

取代换

$$s=\log\frac{S}{B}$$

$$g=Bh$$

则定解问题（7.1.20）—（7.1.22）可转化为区域 $\{0\leqslant s<\infty,\ 0\leqslant t\leqslant T\}$ 上的定解问题

$$\begin{cases}\dfrac{\partial h}{\partial t}+\dfrac{1}{2}\sigma^2\dfrac{\partial^2 h}{\partial s^2}+\left(r-q-\dfrac{\sigma^2}{2}\right)\dfrac{\partial h}{\partial S}-rh=0 & (7.1.23)\\ h(s,T)=e^s-X_B & (7.1.24)\\ h(0,t)=0 & (7.1.25)\end{cases}$$

这里 $X_B=\dfrac{X}{B}$。

与定解问题（7.1.10）—（7.1.12）相同方法，我们可以得到定解问题（7.1.23）—（7.1.25）的解为

$$h(s,t)=\frac{e^s}{\sqrt{2\pi}}\int_{-\infty}^{\frac{s+\left(r-q-\frac{\sigma^2}{2}\right)(T-t)}{\sigma\sqrt{T-t}}}e^{-\frac{\omega^2}{2}}d\omega$$

$$-\frac{Xe^{-r(T-t)}}{\sqrt{2\pi}B}\int_{-\infty}^{\frac{s+\left(r-q-\frac{\sigma^2}{2}\right)(T-t)}{\sigma\sqrt{T-t}}}e^{-\frac{\omega^2}{2}}d\omega$$

$$- \frac{e^{-\frac{2}{\sigma^2}(r-q)s}}{\sqrt{2\pi}} \int_{-\infty}^{\frac{-s+\left(r-q-\frac{\sigma^2}{2}\right)(T-t)}{\sigma\sqrt{T-t}}} e^{-\frac{\omega^2}{2}} d\omega$$

$$+ \frac{e^{-r(T-t)-\frac{2}{\sigma^2}\left(r-q-\frac{\sigma^2}{2}\right)s} X}{\sqrt{2\pi}B} \int_{-\infty}^{\frac{-s+\left(r-q-\frac{\sigma^2}{2}\right)(T-t)}{\sigma\sqrt{T-t}}} e^{-\frac{\omega^2}{2}} d\omega \qquad (7.1.26)$$

最后代入原变量，最终可得到下降敲出看涨及看跌期权的平价公式

$$P_{D-O}(S,t) + SN(d'_1)$$

$$= C_{D-O}(S,t) + Xe^{-r(T-t)}N(d'_2) + \left(\frac{S}{B}\right)^{-\frac{2}{\sigma^2}(r-q)+1} \left[\frac{B^2}{S}N(d'_3) - Xe^{-r(T-t)}N(d'_4)\right] \qquad (7.1.27)$$

其中

$$d'_1 = \frac{\log\frac{S}{B} + \left(r - q + \frac{\sigma^2}{2}\right)(T-t)}{\sigma\sqrt{T-t}},$$

$$d'_2 = d'_1 - \sigma\sqrt{T-t},$$

$$d'_3 = \frac{\log\frac{B}{S} + \left(r - q + \frac{\sigma^2}{2}\right)(T-t)}{\sigma\sqrt{T-t}},$$

$$d'_4 = d'_3 - \sigma\sqrt{T-t}\text{。}$$

五、实例分析

这里我们再考察一个障碍期权的应用例子，并对不同情况下障碍期权的价格进行比较。

假设存在一个跨国公司 Z，其总部位于美国。Z 公司拥有着大量的欧洲市场业务，每年将收入大量的欧元。具体而言，Z 公司每个月预计有 1 亿欧元收入，并且最终均需要转化为美元。显然，Z 公司面临欧元相对美元贬值的风险。

对此，Z 公司有许多可用的避险方法。如购入一系列的远期合约，每份分别针对各个月的单笔欧元收入，或是购入一个互换合约。这样的套期策略构造成本均为 0，但最大的缺点就是将损失因欧元升值带来的收益。

相对而言，期权是更好的选择，因为一方面规避了欧元贬值的风险，另一方面也保留了欧元升值获利的机会。期权中最常规的方法就是购入一个一年期的看跌期权以套期保值。然而，一年期的看跌期权所起的作用仅仅是规避到期日当天欧元汇率低于执行价格的风险，这意味着巨大的基差风险。

或者，Z 公司可以针对性的买入一系列的看跌期权，其中每一个期权合约本金均为 1 亿欧元，且均为一个月有效期。的确，这比购买单个一年期的看跌期权的基差风险要小，但这样的操作直接的结果就是高昂的期权费。

在这种背景下，可以考虑利用障碍期权来对 Z 公司的欧元现金流进行套期保值。在此，为简洁起见，仅考虑 6 个月的欧元收入。此时，Z 公司面临的首要问题是，应该利用何种类型的障碍期权来进行避险？

Z公司面临的是汇率下降的风险，所以无论是敲入还是敲出、上升还是下降，该障碍期期权必然首先是个看跌期权。这包括四种情况：（1）上升敲出看跌障碍期权；（2）下降敲出看跌障碍期权；（3）上升敲入看跌障碍期权；（4）下降敲入看跌障碍期权。

很显然，下降敲出卖权几乎是无用的。而上升敲入卖权合约要对Z公司有效，欧元汇率必须首先上升至障碍值，期权变得有效，此外在此之后且在期权有效期之内标的资产价格还必须下降至执行价格以下。这种可能性是很小的。因此，在此案例中，Z公司应该考虑的是另外两种障碍期权——上升敲出卖权及下降敲入卖权。为了与标准期权进行对比，我们同时考察标准看跌期权、下降敲入看跌期权以及上升敲出看跌期权这三种期权合约。

假设 $S_0=0.9$，$\sigma=0.1$，$r=0.06$，$q=0.03$，$t=0.5$。期权合约的执行价格 X 不同，或者障碍期权的障碍值不同，则各类期权的价格也将不同。直接利用前文得出的公式进行计算，所得结果如表7-2所示（第二行数值为设置的不同的障碍值 B）。

表7-2　　各障碍期权与标准期权期权价格比较

执行价格	标准期权	下降敲入期权		上升敲出期权		
		0.8000	0.8500	0.9500	1.0000	1.0500
$X=0.8$	0.0007	0.0007	0.0007	0.0007	0.0007	0.0007
$X=0.9$	0.0188	0.0066	0.0167	0.0174	0.0188	0.0188
$X=1.0$	0.0870	0.0134	0.0501	0.0633	0.0847	0.0869

观察表7-2，容易发现当执行价格 $X=0.8$ 时，似乎该行中所有的期权都具有同样的价格。然而，实际上，推过推断我们可以发现，并非所有的期权费都严格相等。

具体而言，标准看跌期权的期权费反映的是当执行价格为0.8时到期时候欧元对美元汇率低于该值的风险中性概率。

对于两个下降敲入期权，其执行价格低于初始时刻的汇率0.9，如果汇率最终下降至低于0.8，则显然在这之前的下降过程中汇率已经触及了障碍值，即期权已然生效。这种情况下，这两个下降敲入期权都与标准期权是等价的，即当执行价格为0.8时，障碍值为0.8及0.85的下降敲入看跌障碍期权与标准看跌期权的期权费是严格相等。更一般地，我们可以得出结论：一份障碍值高于执行价格的下降敲入看跌障碍期权合约完全等价于一份标准期权合约。

对于表7-2中三个上升敲出期权，当设置的障碍值为0.95时，上升敲出看跌障碍期权与标准期权的区别在于：若汇率首先从0.9上升至0.95，到期时再下降至0.8，此时标准期权有收益而障碍期权没有。因此，上升敲出卖权的期权费必然低于标准卖权。但是，注意到一个执行价格为0.8的标准看跌期权的期权费仅为0.0007。这就说明了汇率要从初始时刻的0.9下降至0.8，可能性非常之小。那么，汇率要首先从0.9上升至0.95，再在到期时下降至0.8就更是几乎不可能的。因此，上升敲出卖权的期权费与标准卖权的期权费又必然相差一个极小的金额。同时易知，上升敲出卖权合约中设置的障碍值越大，与标准卖权相差越小。也就是说，三个上升敲出卖权合约的期权费与标准卖权合约的期权费不严格相等，而是略低于它。

同时，从表7-2中我们还可以很容易地得出其他一些结论：其他条件相同时，执行价格越高，看跌期权多头方获利的空间更大，期权费越高；执行价格相同时，下降敲入期权障碍值越高，期权更易触及障碍值生效，期权费越高等等。

第二节
两值障碍期权

一、两值障碍期权简介及分类

上节所述的障碍期权在标的资产价格达到障碍值时，期权开始生效或失效。而此处要介绍的两值障碍期权（all-or-nothing barrier options）更为复杂。我们这里将结合两值障碍期权的分类来进行说明，以便形成一个更清晰的框架。首先必须明确说明，到期进行支付时，一般障碍期权支付的是到期日标的资产价格与执行价格的差额，而两值障碍期权支付的是合约中约定的单位现金或是单位资产。

一般而言，两值障碍期权存在着4种不同的分类方式。

1. 根据期权到期发生支付时支付的是1单位现金或是1单位资产，两值障碍期权可区分为现金两值障碍期权和资产两值障碍期权。

2. 根据期权有效期内标的资产价格达到障碍值之后期权的状态是转为生效或是失效，障碍期权可分为敲入期权和敲出期权。

3. 根据标的资产价格的变化过程中是上升达到或是下降达到障碍值，两值障碍期权可分为上升两值障碍期权（$S_0<B$）或下降两值障碍期权（$S_0>B$）。同样，上升与下降的概念一般与别的分类标准结合来讲。

4. 根据障碍期权是看涨或是看跌可分为买权或是卖权。

容易发现，后三个标准与一般障碍期权是一样的。

根据上述的分类标准，两值障碍期权可以分为16种具体的期权品种。以上升敲入现金两值障碍期权为例，当其标的资产价格达到设定的障碍值时，期权开始生效。特别地，对于一个看涨期权，若到期时标的资产价格高于执行价格，则期权多头方获得约定的1单位现金，通常就为1元。也就是说，上升敲入两值障碍看涨期权到期时支付的发生需要两个条件：（1）在期权有效期内，期权标的资产的价格向上达到期权合约中设定的障碍值；（2）到期时标的资产价格高于执行价格，即$S_T>X$。

二、现金两值障碍期权的定价

现金两值障碍期权具体可分为8类，下面分别进行讨论。为了后文叙述的便利，我们事先定义如下一些量，至本节结束时遇到相同的符号均代表相同的含义。

$$d_1=\frac{\log(S/X)+(r-q+\sigma^2/2)(T-t)}{\sigma\sqrt{T-t}},$$

$$d_2 = d_1 - \sigma\sqrt{T-t};$$

$$d_3 = \frac{\log(B^2/SX) + (r-q+\sigma^2/2)(T-t)}{\sigma\sqrt{T-t}},$$

$$d_4 = d_3 - \sigma\sqrt{T-t};$$

$$d_5 = \frac{\log(S/B) + (r-q+\sigma^2/2)(T-t)}{\sigma\sqrt{T-t}},$$

$$d_6 = d_5 - \sigma\sqrt{T-t};$$

$$d_7 = \frac{\log(B/S) + (r-q+\sigma^2/2)(T-t)}{\sigma\sqrt{T-t}},$$

$$d_8 = d_7 - \sigma\sqrt{T-t}。$$

(一) 下降敲入现金看涨期权

假设期权初始时刻为 t，到期时刻为 T。令 $S_{\max}$ 为 $[0, T]$ 时间段内标的资产价格的最大值，$S_{\min}$ 为 $[0, T]$ 时间段内标的资产价格的最小值。对于一个下降敲入看涨期权，$S_0 > B$。易知，若 $S_{\min} \leqslant B$ 且 $S_T > X$，则该期权到期时支付 1 元。

因此，我们首先要关注的就是事件 $S_{\min} \leqslant B$ 及 $S_T > X$ 共同发生的概率。这个概率值必须满足三个条件：(1) 当障碍值一旦被达到，这两个事件共同发生的概率就等同于事件 $S_T > X$ 发生的概率；(2) 在到期的 T 时刻 $S_{\min} \leqslant B$ 及 $S_T > X$，则该概率等于1；(3) 到期日 T 时刻 $S_{\min} > B$ 或 $S_T < X$，则该概率等于0。

考虑如下表达式：

$$\left(\frac{B}{S}\right)^{\frac{2(r-q)}{\sigma^2}-1} N(d_4) \qquad (B \leqslant X\text{ 时}) \qquad (7.2.1)$$

及

$$N(d_2) - N(d_6) + \left(\frac{B}{S}\right)^{\frac{2(r-q)}{\sigma^2}-1} N(d_8) \qquad (B > X\text{ 时}) \qquad (7.2.2)$$

容易验证，(7.2.1) 式及 (7.2.2) 式分别均满足上述 3 个条件。因此 (7.2.1) 式及 (7.2.2) 式给出的即是事件 $S_{\min} \leqslant B$ 及 $S_T > X$ 共同发生的概率测度，而贴现的风险中性概率即为衍生要求权的价格。对 (7.2.1) 式及 (7.2.2) 式进行贴现，即得到降敲入现金看涨期权的价格为

$$C_{cashD-I} = \begin{cases} e^{-r(T-t)}\left(\frac{B}{S}\right)^{\frac{2(r-q)}{\sigma^2}-1} N(d_4), & \text{若 } B \leqslant X \\ e^{-r(T-t)}\left(N(d_2) - N(d_6) + \left(\frac{B}{S}\right)^{\frac{2(r-q)}{\sigma^2}-1} N(d_8)\right), & \text{若 } B > X \end{cases} \qquad (7.2.3)$$

注意对于该期权有 $S_0 > B$ 成立。利用式 (7.2.3) 我们可以对下降敲出现金看涨期权、下降敲入现金看跌期权及下降敲出现金看跌期权进行定价。在此之前，我们首先可以看一下一种“退化”的下降敲入现金期权——延期折扣期权的价格。

对于一个下降延期折扣现金期权，期权有效期内标的资产价格一旦达到障碍值，期权到期时则发生 1 元的现金支付。很显然，该期权中没有设定的执行价格，最后现金支付的发生

与执行价格无关。这也就是说，最后该期权的定价公式中必定无执行价格这一变量。在（7.2.3）式中，令 $X=0$，立即便可得到下降延期折扣现金期权的定价公式。由于 $B>0$ 一定成立，因此（7.2.3）式变为

$$f_{d-rebateD}=e^{-r(T-t)}\left[1-N(d_6)+\left(\frac{B}{S}\right)^{\frac{2(r-q)}{\sigma^2}-1}N(d_8)\right] \tag{7.2.4}$$

进一步，由（7.2.4）的现值，我们可以计算出标的资产价格下降达到障碍值的风险中性概率为

$$e^{r(T-t)}f_{d-rebateD}=1-N(d_6)+\left(\frac{B}{S}\right)^{\frac{2(r-q)}{\sigma^2}-1}N(d_8) \tag{7.2.5}$$

（二）下降敲出现金看涨期权

由于我们已知下降敲入现金看涨期权的定价公式，因此可以考虑一种更为简便的方法为下降敲出现金看涨期权定价。考虑一个其他条件均相同的下降敲出现金看涨期权和下降敲入现金看涨期权的组合，它等价于一个敲定价格为 X 的现金看涨。因此

$$C_{cashD-O}=C_{cash}-C_{cashD-I} \tag{7.2.6}$$

（三）下降敲入现金看跌期权

考虑一个其他条件均相同的下降敲入现金看涨期权和下降敲入现金看跌期权的组合，它等价于一份下降延期折扣现金期权。因此

$$P_{cashD-I}=f_{d-rebateD}-C_{cashD-I} \tag{7.2.7}$$

（四）下降敲出现金看跌期权

考虑一个其他条件均相同的下降敲入现金看跌期权和下降敲出现金看跌期权的组合，它等价于一份现金看跌期权。即

$$P_{cashD-O}=P_{cash}-P_{cashD-I} \tag{7.2.8}$$

【例 7.2.1】 若 $S=40$，$\sigma=0.3$，$r=0.08$，$q=0$，$T-t=1$，$B=35$，期权在接下来一年的有效期内标的资产价格若达到障碍值，到期时候支付 1 元。试求这个期权价格。

这是一个下降延期折扣现金期权，直接将各参数代入（7.2.4）式

$$f_{d-rebateD}=e^{-r(T-t)}\left[1-N(d_6)+\left(\frac{B}{S}\right)^{\frac{2(r-q)}{\sigma^2}-1}N(d_8)\right]=0.574(\text{元})$$

相应的在一年内标的资产价格达到障碍值的风险中性概率由（7.2.5）式得到

$$0.574\times e^{0.08}=0.622$$

剩下的 4 类两值障碍期权与前 4 类的不同点仅在于初始时 $S_0<B$，标的资产价格为上升达到障碍值。

（五）上升敲入现金看跌期权

对此期权而言，$S_0<B$，若期权有效期内标的资产价格上升达到了障碍值（$S_{\max}>B$），且在到期时标的资产价格低于执行价格（$S_T<X$），支付 1 元。在下降敲入现金看涨期权定价的基础上，我们可以同样给出上升敲入现金看跌期权的类似的定价公式

$$P_{cashU-I}=\begin{cases}e^{-r(T-t)}\left(\frac{B}{S}\right)^{\frac{2(r-q)}{\sigma^2}-1}N(d_4), & \text{若 } B\geqslant X\\ e^{-r(T-t)}\left[N(-d_2)-N(-d_6)+\left(\frac{B}{S}\right)^{\frac{2(r-q)}{\sigma^2}-1}N(-d_8)\right], & \text{若 } B<X\end{cases} \tag{7.2.9}$$

从形式上来说，将（7.2.3）式中 $N(d_2)$ 换为 $N(-d_2)$，$N(d_4)$ 换为 $N(-d_4)$ 等即可得到（7.2.9）式。

同样，可以考虑一种退化的情况——上升延期折扣现金期权，即期权有效期内标的资产价格上升至障碍值到期便支付 1 元。同理该延期折扣期权的定价是与执行价格无关的，因此在（7.2.9）式中，令 $X=\infty$，一定成立 B < X。则有

$$f_{d-rebateU}=e^{-r(T-t)}\left[1-N(-d_6)+\left(\frac{B}{S}\right)^{\frac{2(r-q)}{\sigma^2}-1}N(-d_8)\right] \tag{7.2.10}$$

其现值即为有效期内标的资产价格上升达到障碍值的风险中性概率。

（六）上升敲出现金看跌期权

考虑一份上升敲入现金看跌期权和一份上升敲出现金看跌期权的组合，它等价于一份普通的现金看跌期权。因此

$$P_{cashU-O}=P_{cash}-P_{cashU-I} \tag{7.2.11}$$

（七）上升敲入现金看涨期权

考虑一份上升敲入现金看涨期权和一份上升敲入现金看跌期权的组合，它等价于上文中的一份上升延期折扣现金期权，即

$$C_{cashU-I}=f_{d-rebateU}-P_{cashU-I} \tag{7.2.12}$$

（八）上升敲出现金看涨期权

考虑一份上升敲入现金看涨期权和一份上升敲出现金看涨期权的组合，它等价于一份普通的现金看涨期权。因此

$$C_{cashU-O}=C_{cash}-C_{cashU-I} \tag{7.2.13}$$

三、资产两值障碍期权的定价

对于资产两值障碍期权，存在着 8 种类似的期权及其定价模式，唯一区别仅在于支付的是 1 单位资产而非 1 元现金。我们可以简单地将以上所有定价公式中的 q 替换为 $q-\sigma^2$，同时整体乘上 $Se^{(r-q)(T-t)}$，即可得到对应的资产两值障碍期权的定价公式。例如

$$C_{assetD-I}=Se^{(r-q)(T-t)}C_{cashD-I} \tag{7.2.14}$$

其余的均可简单地模仿写出。

四、折扣期权

相对延期折扣期权而言，此处的折扣期权又可称为即期折扣期权。折扣期权支付发生的时间在标的资产价格触及障碍值的时刻。这就使得折扣期权的定价更为复杂，因为支付发生的时刻未知，从而期权定价公式中的贴现因子未知，本质而言该贴现值是一个随机变量。

下降折扣期权的定价公式为

$$f_{rebateD}=\left(\frac{B}{S}\right)^{h_1}N(Z_1)+\left(\frac{B}{S}\right)^{h_2}N(Z_2) \tag{7.2.15}$$

上升折扣期权的定价公式为

$$f_{rebateU}=\left(\frac{B}{S}\right)^{a_1}N(-Z_1)+\left(\frac{B}{S}\right)^{a_2}N(-Z_2) \tag{7.2.16}$$

其中

$$a_1 = \left(\frac{r-q}{\sigma^2} - \frac{1}{2}\right) + \sqrt{\left(\frac{r-q}{\sigma^2} - \frac{1}{2}\right)^2 + \frac{2r}{\sigma^2}};$$

$$a_2 = \left(\frac{r-q}{\sigma^2} - \frac{1}{2}\right) - \sqrt{\left(\frac{r-q}{\sigma^2} - \frac{1}{2}\right)^2 + \frac{2r}{\sigma^2}};$$

$$Z_1 = \frac{\log(B/S) + b(T-t)}{\sigma\sqrt{T-t}};$$

$$Z_2 = \frac{\log(B/S) - b(T-t)}{\sigma\sqrt{T-t}};$$

$$b = \sqrt{\left(r - q - \frac{\sigma^2}{2}\right)^2 + 2r\sigma^2}。$$

当标的资产价格达到障碍值时，即 $S=B$，此时 $\log(B/S)=0$。根据正态分布的对称性易知下式恒成立：

$$N\left(\frac{b\sqrt{T-t}}{\sigma}\right) + N\left(-\frac{b\sqrt{T-t}}{\sigma}\right) = 1$$

即当标的资产价格达到障碍值时，定价公式的值为 1 元。

五、利用两值障碍期权为障碍期权定价

从定价的理论意义上而言，两值障碍期权的定价的作用可能更大的体现在通过对其复制来对一些更为复杂的期权进行定价。例如，一个下降敲出障碍买权多头，可等价地视为一份资产下降敲出看涨两值障碍期权多头及执行价格 X 份现金下降敲出看涨两值障碍期权空头的组合，即

$$C_{D-O} = C_{assetD-O} - X \cdot C_{cashD-O}$$

表 7－3 是更为详细的各种障碍期权的构造方法。

表 7－3　由两值障碍期权构造障碍期权

障碍期权	看涨期权	看跌期权
上升敲入	$C_{assetU-I} - XC_{cashU-I}$	$XP_{cashU-I} - P_{assetU-I}$
上升敲出	$C_{assetU-O} - XC_{cashU-O}$	$XP_{cashU-O} - P_{assetU-O}$
下降敲入	$C_{assetD-I} - XC_{cashD-I}$	$XP_{cashD-I} - P_{assetD-I}$
下降敲出	$C_{assetD-O} - XC_{cashD-O}$	$XP_{cashD-O} - P_{assetD-O}$

第三节

亚 式 期 权

一、亚式期权概述

亚式期权是亚洲式期权的简称，是强路径依赖期权的一种。亚式期权的到期收益依赖于

期权有效期内标的资产的平均价格。从亚式期权的定义就容易发现，当其他条件均相同时，亚式期权的期权费将比常规期权的更低。这是因为标的资产的价格经平均以后，由于反向变动的相互抵消，波动性将会有明显的下降。而这就意味着不确定性的减小，期权费自然会随之降低。同时，平均的时间段越长，期权费越便宜，这也是由波动性的下降导致的。亚式期权在国际贸易部门中应用十分广泛，因此亚式期权多为亚式外汇期权。

类似于障碍期权，亚式期权亦有许多个分类标准。

（一）算术平均和几何平均亚式期权

一旦涉及到平均的概念，就必然有算术平均和几何平均之分。从这个意义上来说，亚式期权可以区分为算术平均亚式期权和几何平均亚式期权。记亚式期权中的平均值为 A_t。若为算术平均亚式期权，则有

$$A_n = \frac{1}{n}\sum_{i=1}^{n} S_i \text{（离散情况）} \tag{7.3.1}$$

或

$$A_t = \frac{1}{t}\int_0^t S_\tau d\tau \text{（连续情况）} \tag{7.3.2}$$

若为几何平均亚式期权，则有

$$A_n = (\Pi_{i=1}^n S_i)^{\frac{1}{n}} = e^{\frac{1}{n}\sum_{i=1}^{n} -\ln S_i} \text{（离散情况）} \tag{7.3.3}$$

或

$$A_t = e^{\frac{1}{t}\int_0^t \ln S_\tau d\tau} \text{（连续情况）} \tag{7.3.4}$$

我们可以通过下面的计算例子具体来看两种平均方法的区别。

假设我们需要平均一年中四个季度的股价，观察到这四个季度的股价分别为 55 元、73 元、87 元和 64 元。则有

算术平均为

$$\frac{55+73+87+64}{4} = 69.75 \text{（元）；}$$

几何平均为

$$(55\times73\times87\times64)^{1/4} = 68.7616 \text{（元）。}$$

二者最终结果存在着细微的差别。

在现实金融市场当中，算术平均亚式期权的定义更为普遍，因为算术平均更易为人们理解和接受。但遗憾的是，对于算术平均亚式期权的定价，尽管我们随后建立了微分方程模型，但这个模型却没有解析解。相反，从定价模型的角度，由于我们一般是利用几何布朗运动来描述标的资产的价格变化，因此采用几何平均亚式期权比算术平均亚式期权要更为简单。所以，虽然在后面的模型建立中我们同时分析了算术平均和几何平均的亚式期权，但是随后的模型求解却仅针对几何平均亚式期权进行。

（二）平均价格和平均执行价格亚式期权

根据价格平均值在期权中扮演的“角色”，亚式期权又可分为两种——平均价格期权和平均执行价格期权。记 A（average）是按预定时期计算的标的资产的平均价。

在平均价格期权合约中，最终用于交割计算的标的资产价格被 A 所取代，执行价格为

合约中规定的一个具体的值。具体而言，平均价格看涨期权的到期收益是 $(A-X)^+$；平均价格看跌期权的到期收益是 $(X-A)^+$。

平均价格期权往往能够迎合一些特殊的投资者的需求。例如，仍考虑本章第一节中提到的Z公司，亚式也是解决其套期保值问题的可能方法之一。因为Z公司极可能只对某种能保证一年内欧元对美元的平均汇率高于某一特定的水平的期权感兴趣，因此Z公司可以买入一个总额为12亿欧元的平均价格看跌亚式期权，可以是算术平均，也可以是几何平均。当然，在第一节的分析中我们也提到了，Z公司可以仅购买一份一年期的标准看跌期权，或者分别购买12份一月期的标准看跌期权。但是，由于前者的高基差风险及后者的高昂的期权费，这些方案可能都不如亚式期权的"性价比"那么高。稍候我们将对具体的期权价格进行比较说明。

在另一类亚式期权——平均执行价格期权中，执行价格是不确定的，到期时计算出 A 即为最终用于交割的执行价格。平均执行价看涨期权到期收益为 $(S-A)^+$，平均执行价看跌期权到期收益为 $(A-S)^+$，其中 S 为到期时标的资产的价格。平均执行价格期权可以保证在一段时间内对资产进行频繁交易时，所收取的平均销售价格高于最终价格 S，或所支付的平均购买价格 A 低于最终价格。

（三）看涨期权与看跌期权

亚式期权亦有看涨与看跌之分。综合以上三种分类的方式，亚式期权也可分为八类。例如：平均价格算术平均亚式看涨期权、平均执行价格几何平均亚式看跌期权等等。后续的模型建立、简化及求解都是建立在此分类基础上的，并且后文所有的模型中讨论的都是欧式期权。

在对亚式期权进行定价之前，我们暂且看一个例子以便对亚式期权的期权费的决定因素等有一些更直观、更具体的印象及理解。

【例7.3.1】 考虑一些以股票为标的资产的几何平均亚式期权（具有显性定价公式）。设 N 为平均次数，如Z公司的案例中 $N=12$。同时假设当前股价 S 为40元，执行价格亦为40元，无风险利率为8%（年连续复利），价格波动率为30%，到期时间为1年。

表7-4中列出了各种参数条件下亚式期权的期权费。

对于平均价格期权，随着 N 的增大，平均价格 A 相对到期日股价 S 的波动性不断减小。亚式期权（包括买权和卖权）的期权费都将随着 N 的增大而逐渐下降。

对于平均执行价格期权，首先容易发现当 $N=1$ 时，平均执行价格买权和卖权的期权费均为0。这是因为此时 $A=S$ 即为到期日时的股价，亚式期权"退化"成为了一个标准期权合约，并且平均执行价格的亚式期权到期日收益 $(S-A)^+$ 或 $(S-A)^+$ 均为0。同时，从表7-4中我们会发现，平均执行价格期权的期权费随着 N 的增加而增加。其主要原因是，有效期内的平均数 A 与到期日时的股价是正相关的。也就是说，当 A 很高时，到期日股价 S 极有可能也很高。而 N 的增加却会减少它们之间的相关性，相对使波动加大，因此期权费更高。

表 7-4　　几何平均亚式期权价格比较

	平均价格		平均执行价格	
N	买权	卖权	买权	卖权
1	6.285	3.209	0.000	0.000
2	4.708	2.645	2.225	1.213
3	4.209	2.445	2.748	1.436
5	3.819	2.281	3.148	1.610
10	3.530	2.155	3.440	1.740
50	3.302	2.052	3.668	1.843
1000	3.248	2.027	3.722	1.868
∞	3.246	2.026	3.725	1.869

二、亚式期权定价模型

（一）亚式期权定价模型的建立

设亚式期权价格 $f=f(S, A, t)$。为建立 f 所满足的方程，我们构造一个投资组合

$$\Pi = f(S,A,t) - \Delta \cdot S \tag{7.3.5}$$

根据伊藤公式，在 $(t, t+dt)$ 时间段内 Π 的微分为

$$\begin{aligned} d\Pi &= df - \Delta \cdot dS - q \cdot \Delta \cdot Sdt \\ &= \left(\frac{\partial f}{\partial t} + \frac{1}{2}\sigma^2 S^2 \frac{\partial^2 f}{\partial S^2} - q \cdot \Delta \cdot S\right)dt + \frac{\partial f}{\partial S}dS + \frac{\partial f}{\partial A}dA - \Delta \cdot dS \\ &= \left(\frac{\partial f}{\partial t} + \frac{1}{2}\sigma^2 S^2 \frac{\partial^2 f}{\partial S^2} - q \cdot \Delta \cdot S + \frac{\partial f}{\partial A}\frac{dA}{dt}\right)dt + \left(\frac{\partial f}{\partial S} - \Delta\right)dS \end{aligned} \tag{7.3.6}$$

为使 $d\Pi$ 在 $(t, t+dt)$ 时段内是无风险的，取

$$\Delta = \frac{\partial f}{\partial S} \tag{7.3.7}$$

再由无套利原理有

$$d\Pi = r\Pi dt = r(f - \Delta \cdot S)dt \tag{7.3.8}$$

将（7.3.5）式、（7.3.6）式和（7.3.7）式代入（7.3.8）式，可得

$$\frac{\partial f}{\partial t} + \frac{\partial f}{\partial A}\frac{dA}{dt} + \frac{1}{2}\sigma^2 S^2 \frac{\partial^2 f}{\partial S^2} + (r-q)S\frac{\partial f}{\partial S} - rf = 0 \tag{7.3.9}$$

由（7.3.2）知，对于算术平均亚式期权

$$\frac{dA}{dt} = \frac{1}{t}(S - A) \tag{7.3.10}$$

由（7.3.4）知，对于几何平均亚式期权

$$\frac{dA}{dt} = \frac{A}{t}(\log S - \log A) \tag{7.3.11}$$

下面分别给出算术平均亚式期权的定价模型、几何平均亚式期权的定价模型。

1. 算术平均亚式期权的定价模型。将（7.3.10）式代入方程（7.3.9）中得到算术平均亚式期权定价的偏微分方程

$$\frac{\partial f}{\partial t}+\frac{S-A}{t}\cdot\frac{\partial f}{\partial A}+\frac{1}{2}\sigma^2S^2\frac{\partial^2 f}{\partial S^2}+(r-q)S\frac{\partial f}{\partial S}-rf=0 \tag{7.3.12}$$

算术平均亚式期权的定价模型就是在定解区域 $\{0\leqslant S<\infty,\ 0\leqslant A<\infty,\ 0\leqslant t\leqslant T\}$ 上求解方程（7.3.12）以及终值条件

$$f(S,A,T)=\begin{cases}(A-X)^+,(\text{平均价格买权})\\(X-A)^+,(\text{平均价格买权})\\(S-A)^+,(\text{平均执行价格买权})\\(A-S)^+,(\text{平均执行价格卖权})\end{cases} \tag{7.3.13}$$

2. 几何平均亚式期权的定价模型。将（7.3.11）式代入方程（7.3.9）中得到几何平均亚式期权定价的偏微分方程

$$\frac{\partial f}{\partial t}+A\frac{\log S-\log A}{t}\cdot\frac{\partial f}{\partial A}+\frac{1}{2}\sigma^2S^2\frac{\partial^2 f}{\partial S^2}+(r-q)S\frac{\partial f}{\partial S}-rf=0 \tag{7.3.14}$$

几何平均亚式期权的定价模型就是在定解区域 $\{0\leqslant S<\infty,\ 0\leqslant A<\infty,\ 0\leqslant t\leqslant T\}$ 上求解定解问题（7.3.14），（7.3.13）。

（二）亚式期权定价模型转化

容易发现，亚式期权的定价方程是包含三个变量的超抛物方程。为寻求上述定解问题的解，我们试图引入一些适当的组合变量，使之转化为一元问题。在此我们仅以亚式看涨期权为例来讨论定价模型的转化。

1. 平均价格算术平均亚式买权。取变量变换

$$s=\frac{TX-tA}{S} \tag{7.3.15}$$

$$f=\frac{Sh}{T} \tag{7.3.16}$$

直接计算可得

$$\frac{\partial f}{\partial t}=\frac{S}{T}\left[\frac{\partial h}{\partial t}+\frac{\partial h}{\partial s}\left(-\frac{A}{S}\right)\right],$$

$$\frac{\partial f}{\partial A}=\frac{S}{T}\frac{\partial h}{\partial s}\left[-\frac{t}{S}\right],$$

$$\frac{\partial f}{\partial S}=\frac{h}{T}+\frac{S}{T}\frac{\partial h}{\partial s}\left[\frac{tA-TX}{S^2}\right],$$

$$\frac{\partial^2 f}{\partial S^2}=\frac{2}{T}\frac{\partial h}{\partial s}\left[\frac{tA-TX}{S^2}\right]+\frac{S}{T}\frac{\partial^2 h}{\partial s^2}\left[\frac{tA-TX}{S^2}\right]^2-\frac{2S}{T}\left[\frac{tA-TX}{S^3}\right],$$

将这些结果代入方程（7.3.12）中并整理得到

$$\frac{\partial h}{\partial t}+\frac{1}{2}\sigma^2s^2\frac{\partial^2 h}{\partial s^2}-[1+(r-q)s]\frac{\partial h}{\partial s}-qh=0 \tag{7.3.17}$$

相应的终值条件变为

$$h\big|_{t=T}=\frac{T}{S}f\big|_{t=T}=\frac{T}{S}(A-X)^+=(-s)^+ \tag{7.3.18}$$

这就转化成了区域 $\{-\infty<s<\infty,\ 0\leqslant t\leqslant T\}$ 上求解一维抛物型方程的定解问题。

2. 平均执行价格算术平均亚式买权。取变量变换

$$s=\frac{tA}{S} \tag{7.3.19}$$

$$f=Sh \tag{7.3.20}$$

同样计算出$\frac{\partial f}{\partial t}$、$\frac{\partial f}{\partial A}$、$\frac{\partial f}{\partial S}$和$\frac{\partial^2 f}{\partial S^2}$，并代入方程（7.3.12）中可得

$$\frac{\partial h}{\partial t}+\frac{1}{2}\sigma^2 s^2\frac{\partial^2 h}{\partial s^2}+[1-(r-q)s]\frac{\partial h}{\partial s}-qh=0 \tag{7.3.21}$$

相应的终值条件变为

$$h\mid_{t=T}=\frac{1}{S}f\mid_{t=T}=\left[1-\frac{tA}{ST}\right]^+\mid_{t=T}=\left[1-\frac{s}{T}\right]^+ \tag{7.3.22}$$

这样，平均执行价格算术平均亚式买权定价模型就转化成了在区域$\{0\leqslant s<\infty,\ 0\leqslant t\leqslant T\}$上求解定解问题（7.3.21）和（7.3.22）。

3. 平均价格几何平均亚式买权。取变量变换

$$s=\frac{t\log A+(T+t)\log S}{T} \tag{7.3.23}$$

$$f=h(s,t) \tag{7.3.24}$$

直接计算出$\frac{\partial f}{\partial t}$、$\frac{\partial f}{\partial A}$、$\frac{\partial f}{\partial S}$和$\frac{\partial^2 f}{\partial S^2}$，并代入方程（7.3.14）中可得

$$\frac{\partial h}{\partial t}+\frac{1}{2}\sigma^2\left[\frac{T-t}{T}\right]^2\frac{\partial^2 h}{\partial s^2}+\left(r-q-\frac{\sigma^2}{2}\right)\left[\frac{T-t}{T}\right]\frac{\partial h}{\partial s}-rh=0 \tag{7.3.25}$$

相应的终值条件变为

$$h\mid_{t=T}=f\mid_{t=T}=(A-X)^+\mid_{t=T}=(e^s-X)^+ \tag{7.3.26}$$

平均价格几何平均亚式买权定价问题转化为区域$\{-\infty<s<\infty,\ 0\leqslant t\leqslant T\}$上的定解问题（7.3.25）（7.3.26）。

4. 平均执行价格几何平均亚式买权。取变量变换

$$s=\frac{1}{t}\log\frac{A}{S} \tag{7.3.27}$$

$$f=Sh \tag{7.3.28}$$

代入方程（7.3.14）整理得

$$\frac{\partial h}{\partial t}+\frac{1}{2}\frac{\sigma^2}{t^2}\frac{\partial^2 h}{\partial s^2}-\left[\left(r-q-\frac{\sigma^2}{2}\right)-2s\right]\frac{1}{t}\frac{\partial h}{\partial s}-qh=0 \tag{7.3.29}$$

相应的终值条件变为

$$h\mid_{t=T}=\frac{f}{S}\mid_{t=T}=\left[1-\frac{A}{S}\right]^+\mid_{t=T}=(1-e^{Ts})^+ \tag{7.3.30}$$

平均执行价格几何平均亚式买权定价问题转化为区域$\{-\infty<s<\infty,\ 0\leqslant t\leqslant T\}$上的定解问题（7.3.29）（7.3.30）。

三、几何平均亚式期权定价模型的求解

对于欧式几何平均亚式期权的定价是可以给出显示解的，下面就平均价格亚式期权和平

均执行价格亚式期权分别进行讨论。

（一）平均价格亚式期权定价模型求解

求解区域 $\{-\infty < s < \infty,\ 0 \leq t \leq T\}$ 上的定解问题（7.3.25）（7.3.26）。为此取变换

$$g = he^{\beta(t)} \tag{7.3.31}$$

$$\eta = s + \alpha(t) \tag{7.3.32}$$

$$\tau = \gamma(t) \tag{7.3.33}$$

其中 $\alpha(t)$ 和 $\gamma(t)$ 为待定函数。将（7.3.31），（7.3.32）和（7.3.33）式代入方程（7.3.25）得到

$$\gamma'(t)\frac{\partial g}{\partial \tau} + \frac{\sigma^2}{2}\left(\frac{T-t}{T}\right)^2 \frac{\partial^2 g}{\partial \eta^2} + \left[\left(r - q - \frac{\sigma^2}{2}\right)\left(\frac{T-t}{T}\right) + \alpha'(t)\right]\frac{\partial g}{\partial \eta} - [r + \beta'(t)]g = 0 \tag{7.3.34}$$

为使方程（7.3.34）的形式简单，我们取

$$\left(r - q - \frac{\sigma^2}{2}\right)\left(\frac{T-t}{T}\right) + \alpha'(t) = 0 \tag{7.3.35}$$

$$r + \beta'(t) = 0 \tag{7.3.36}$$

$$\gamma'(t) = -\left(\frac{T-t}{T}\right)^2 \tag{7.3.37}$$

并要求

$$\alpha(T) = \beta(T) = \gamma(T) = 0 \tag{7.3.38}$$

由（7.3.35）—（7.3.38）可以求得

$$\alpha(t) = \frac{1}{2T}\left(r - q - \frac{\sigma^2}{2}\right)(T-t)^2$$

$$\beta(t) = r(T-t)$$

$$\gamma(t) = \frac{1}{3T^2}(T-t)^3$$

这时定解问题（7.3.25）（7.3.26）（2.19）可进一步转化为

$$\begin{cases} \dfrac{\partial g}{\partial \tau} - \dfrac{1}{2}\sigma^2 \dfrac{\partial^2 g}{\partial \eta^2} = 0 & (7.3.39) \\ g(\eta, 0) = (e^\eta - K)^+ & (7.3.40) \end{cases}$$

其解为

$$g(\eta, \tau) = \frac{1}{\sigma\sqrt{2\pi\tau}}\int_{-\infty}^{\infty}(e^y - X)^+ e^{-\frac{(y-\eta)^2}{2\sigma^2\tau}}dy \tag{7.3.42}$$

代入原变量，最终可以得到欧式平均价格几何平均亚式买权定价公式

$$f(S, A, t) = (A^t S^{T-t})^{\frac{1}{T}} e^{(r^* + \frac{\sigma}{2}^*)(T-t)} N(d_1^*) - XN(d_2^*) \tag{7.3.43}$$

其中

$$d_1^* = \frac{\frac{1}{T}\log\frac{A^t S^{T-t}}{X^T} + \left(r^* + \frac{\sigma}{2}^{*2}\right)(T-t)}{\sigma^*\sqrt{T-t}}$$

$$d_2^* = d_1^* - \sigma^*\sqrt{T-t}$$

$$r^* = (r - \frac{\sigma^2}{2})\frac{T-t}{2T}$$

$$\sigma^* = \frac{\sigma(T-t)}{\sqrt{3}T}$$

（二）平均执行价格亚式期权定价模型求解

在前面我们已经将平均执行价格几何平均亚式期权定价问题转化为一元的定解问题（7.3.29）（7.3.30）。但在方程的一阶导数项系数中同时包含了变量 s 和 t，因此无法给出此定解问题的显式解。此时，我们可以采取另外一种方法。

取变换

$$x = \log S \tag{7.3.44}$$

$$y = \frac{t\log A + (T-t)\log S}{T} \tag{7.3.45}$$

$$f = h(x, y, t) \tag{7.3.46}$$

代入方程（7.3.14）并整理，得到在定解区域 $\{-\infty < x < \infty,\ -\infty < y < \infty,\ 0 \leqslant t \leqslant T\}$ 上的方程

$$\frac{\partial h}{\partial t} + \frac{1}{2}\sigma^2\left(\frac{T-t}{T}\right)^2\frac{\partial^2 h}{\partial y^2} + \sigma^2\left(\frac{T-t}{T}\right)\frac{\partial^2 h}{\partial x\partial y} + \frac{1}{2}\sigma^2\frac{\partial^2 h}{\partial x^2} + \left(r - q - \frac{\sigma^2}{2}\right)\left[\left(\frac{T-t}{T}\right)\frac{\partial h}{\partial y} + \frac{\partial h}{\partial x}\right] - rh = 0 \tag{7.3.47}$$

相应的终值条件为

$$h\mid_{t=T} = (e^x - e^y)^+ \tag{7.3.48}$$

下面求解定解问题（7.3.47），（7.3.48）。令

$$\hat{h}(\xi, \eta, t) = \int_{-\infty}^{\infty}\int_{-\infty}^{\infty} h(x, y, t)e^{-i(\xi x + \eta y)}dxdy$$

$$\Phi(\xi, \eta) = \int_{-\infty}^{\infty}\int_{-\infty}^{\infty}(e^x - e^y)^+ e^{-i(\xi x + \eta y)}dxdy$$

对方程（7.3.47）两边同时作傅利叶变换可得

$$\frac{d\hat{h}}{dt} - \frac{\sigma^2}{2}\left(\xi + \frac{T-t}{T}\eta\right)^2\hat{h} + i\left(r - q - \frac{\sigma^2}{2}\right)\left(\xi + \frac{T-t}{T}\eta\right)\hat{h} - r\hat{h} = 0 \tag{7.3.49}$$

此为函数 $\hat{h}(t)$ 满足的一个常微分方程；对定解条件（7.3.48）进行傅利叶变换后得到

$$\hat{h}(T) = \Phi(\xi, \eta) \tag{7.3.50}$$

求解定解问题（7.3.49）（7.3.50）可得

$$\hat{h}(\xi, \eta, t) = \Phi(\xi, \eta)\exp[-(d_1\xi^2 + 2d_2\xi\eta + d_3\eta^2) + i(d_4\xi + d_5\eta) - d_6] \tag{7.3.51}$$

其中

$$d_1 = \frac{\sigma^2}{2}(T-t)$$

$$d_2 = \frac{\sigma^2}{2}\frac{(T-t)^2}{2T}$$

$$d_3=\frac{\sigma^2}{2}\frac{(T-t)^3}{3T^3}$$

$$d_4=\left(r-q-\frac{\sigma^2}{2}\right)(T-t)$$

$$d_5=\left(r-q-\frac{\sigma^2}{2}\right)\frac{(T-t)^2}{2T}$$

$$d_6=r(T-t)$$

最后，对解（7.3.51）取傅利叶逆变换，可有

$$h(s,y,t)=\int_{-\infty}^{\infty}\int_{-\infty}^{\infty}(e^{\alpha}-e^{\beta})+G(x-\alpha,y-\beta)d\alpha d\beta \tag{7.3.52}$$

其中

$$G(x,y)=\frac{1}{(2\pi)^2}\int_{-\infty}^{\infty}\int_{-\infty}^{\infty}\exp[-(d_1\xi^2+2d_2\xi\eta+d_3\eta^2)+i(d_4\xi+d_5\eta)-d_6]\cdot e^{i(x\xi+y\eta)}d\xi d\eta$$

$$=\frac{e^{-d_6}}{4\pi^2\sqrt{d_1d_3-d_2^2}}\exp\left[\frac{-\left(\frac{d_4+x}{\sqrt{d_1}}+\frac{d_5+y}{\sqrt{d_3}}\right)^2}{8\left(1+\frac{d_2}{\sqrt{d_1d_3}}\right)}\frac{-\left(\frac{d_4+x}{\sqrt{d_1}}+\frac{d_5+y}{\sqrt{d_3}}\right)^2}{8\left(1-\frac{d_2}{\sqrt{d_1d_3}}\right)}\right\}$$

将 $G(x,y)$ 代入（7.3.52）式，并由（7.3.44）—（7.3.46）最终回到原来变量，可得

$$f(S,A,t)=S\left[e^{-r(T-t)}N(-a_2)-A^{\frac{t}{T}}S^{\frac{T-t}{T}}e^{a_0}N(-a_1)\right]$$

其中

$$a_0=q(T-t)+(r-q+\frac{\sigma^2}{2})\frac{T^2-t^2}{2T}-\frac{\sigma^2}{6}\frac{T^3-t^3}{T^2}$$

$$a_1=\frac{\sqrt{3}}{\sigma\sqrt{T^3-t^3}}\left[t\log\frac{A}{S}-\left(r-q+\frac{\sigma^2}{2}\right)(T^2-t^2)+\frac{\sigma^2}{6}\frac{T^3-t^3}{T}\right]$$

$$a_2=\frac{\sqrt{3}}{\sigma\sqrt{T^3-t^3}}\left[t\log\frac{A}{S}-\left(r-q+\frac{\sigma^2}{2}\right)(T^2-t^2)\right]$$

四、看涨看跌亚式期权平价公式

亚式看涨期权与亚式看跌期权之间亦存在着平价关系，与第一节中建立障碍期权平价关系的方法类似，我们可以通过构造亚式看涨期权与亚式看跌期权的组合，并利用亚式期权定价的数学模型求解得出。记 $C(S,A,t)$ 为亚式看涨期权的定价，$P(S,A,t)$ 代表看跌期权。由于方法类似，现仅直接给出不同类型的亚式期权看涨看跌平价公式，详细过程从略。

1. 平均价格算术平均亚式期权。

$$C(S,A,t)-P(S,A,t)=\left(\frac{t}{T}A-\frac{S}{(r-q)T}-X\right)e^{-r(T-t)}-\frac{S}{r-q}e^{-q(T-t)}(r\neq q) \tag{7.3.53}$$

2. 平均执行价格算术平均亚式期权。

$$C(S,A,t)-P(S,A,t)=\left(\frac{S}{(r-q)T}-\frac{t}{T}A\right)e^{-r(T-t)}-\left(1-\frac{1}{T(r-q)}\right)Se^{-q(T-t)}\ (r\neq q)\tag{7.3.54}$$

3. 平均价格几何平均亚式期权。

$$C(S,A,t)-P(S,A,t)$$
$$=\exp\left\{(T-t)\left(\frac{\sigma^2}{6}\left(\frac{T-t}{T}\right)^2+\frac{r-q-\frac{\sigma^2}{2}}{2}\frac{T-t}{T}-r\right)\right\}A^{\frac{t}{T}}S^{\frac{T-t}{T}}-Xe^{-r(T-t)}\ (r>q)\tag{7.3.55}$$

4. 平均执行价格几何平均亚式期权。

$$C(S,A,t)-P(S,A,t)=Se^{-q(T-t)}$$
$$-A^{\frac{t}{T}}S^{\frac{T-t}{T}}\exp\left\{\frac{\sigma^2(T-t)^3}{6T^2}+\frac{\left(r-q-\frac{\sigma^2}{2}\right)(T-t)^2}{2T}-r(T-t)\right\}\tag{7.3.56}$$

根据上述平价公式，欧式几何平均亚式看跌期权的显式定价公式自然也简单就能得出。

五、实例分析

我们延续 Z 公司的案例。其每月的欧元收入为 1 亿（记为 100m）欧元。设 S_i 代表以美元表示的单位欧元的价格，r 为美元的无风险利率（年连续复利）。则在年底时，Z 公司的总的欧元收入转换为的美元为

$$100m\times\sum_{i=1}^{12}S_ie^{r(12-i)/12}\tag{7.3.57}$$

Z 公司最终关心的是转换成的美元现金流的总价值，而从（2.27）式我们可以看出，美元的总价值有很大程度上决定于每个月末汇率的总和。为简单起见，在讨论中将忽略其时间价值。因此 Z 公司关心的是

$$\sum_{i=1}^{12}S_i=12\times\left(\frac{\sum_{i=1}^{12}S_i}{12}\right)\tag{7.3.58}$$

根据我们所定义的，其中 $\frac{\sum_{i=1}^{12}S_i}{12}$ 就是算术平均汇率。因此，利用亚式期权进行保值的方案就变得十分之显然。

考虑买入头寸为 12 亿欧元的亚式平均价格看跌期权，执行价格为 X。则每单位该期权合约的到期收益为

$$\max\left(0,X-\frac{1}{12}\sum_{i=1}^{12}S_i\right)\tag{7.3.59}$$

若执行价格为 0.9，则当一年内的平均汇率低于 0.9 时，Z 公司将获得正的收益。

假定当前汇率为 0.9，汇率 S_i 波动率为 10%，期权执行价格亦为 0.9，美元无风险利率为 6%（年连续复利），欧元无风险利率为 3%（年连续复利），避险方案的成本如表 7－5 所示。

表 7-5　　各避险方案成本比较

避险工具	期权费
1 份一年期看跌期权	0.2753
12 份一月期看跌期权	0.2178
平均价格几何平均亚式期权	0.1796
平均价格算术平均亚式期权	0.1764

从表 7-5 中可以看出，单份的一年期标准看跌期权的费用是最高的，同时，我们知道它还隐含着较大的基差风险。对于其他三种方案，我们会发现亚式期权，无论是几何平均或是算术平均，期权费均比标准期权要低。而平均价格亚式期权中，几何平均的亚式期权价格高于算术平均的，这是因为我们在计算期权中平均价格时使用的是算术平均的办法，前后方法的不一致性削弱了波动性的减轻程度。

第四节

回 望 期 权

一、回望期权概述

回望期权属强路径依赖期权，其收益依赖于期权有效期内标的资产的价格的最大值或最小值。相对前面讨论的两种路径依赖期权，回望期权相对要简洁一些，一般只区分为回望看涨期权和回望看跌期权。

具体而言，若 S_{min} 代表标的资产曾达到过的最小价格，S_{max} 表示标的资产曾达到过的最大价格，S_T 为标的资产到期时的价格。对于回望看涨期权，其到期收益等于最后标的资产价格超过期权有效期内标的资产价格达到的最低值的量，即 $(S_T - S_{min})^+$。因此，一个回望看涨期权合约实际上保证了其持有者能在期权有效期内以最低价格购买标的资产。

相反，对于回望看跌期权，其收益期权有效期内标的资产达到的最高价格超过其最终价格的量，即 $(S_{max} - S_T)^+$，这实际上保证了期权持有者能在期权有效期内以最高价格出售标的资产。

举例说明，考虑某有效期为 3 个月的商品回望期权。如果 3 个月内商品的最低价为 16 元，最高价为 30 元，期权到期当日商品价格为 22 元，则在到期日回望看涨期权的收益为 22 - 16 = 6 元；回望看跌期权的收益为 30 - 22 = 8 元。实际上，回望期权就是一种“低价买进，高价卖出”的期权，显然这类期权的收益较普通期权要来的高（至少相等），因此，回望期权的价格必然比其他条款均相同的普通期权的价格要更高。但回望期权也有其固有的风险，若回望看涨（看跌）期权有效期内的最低（高）价在期权到期日达到，那么期权的最终收益将为零。期权持有人将损失掉已支付的高额的期权费。

当然，严格说来，还存在一类回望期权与上文中所说明的有所不同，其到期收益表现为$(S_{\max}-X)^+$或$(X-S_{\min})^+$。即在结算时用期权有效期内标的资产价格的最值代替到期日标的资产的价格，其中执行价格变成合约规定中的一个具体值。由于这类期权在金融市场上实际意义很小，因此我们并不予以讨论，后文中提到的回望期权一概指的是执行价格为期权有效期内标的资产的极值的一类回望期权。

二、回望期权定价模型

（一）模型建立及简化

对于回望期权，我们能够建立其定价模型并最终求解。这里首先以看跌期权为例进行讨论。

设f代表看跌回望期权的价格，则f是变量S,M,t的函数，即

$$f = f(S,M,t) \tag{7.4.1}$$

其中$M_t=\max\limits_{0\leqslant\tau\leqslant t}S_\tau$。我们将建立$f$所满足的微分方程，为此构造一个投资组合$\Pi$

$$\Pi = f - \Delta \cdot S \tag{7.4.2}$$

根据伊藤公式可得

$$\begin{aligned} d\Pi &= df - \Delta \cdot dS - q \cdot S \cdot \Delta \cdot dt \\ &= \left(\frac{\partial f}{\partial t} + \frac{1}{2}\sigma^2 S^2 \frac{\partial^2 f}{\partial S^2} - q \cdot S \cdot \Delta\right)dt + \frac{\partial f}{\partial M}dM + \left(\frac{\partial f}{\partial S} - \Delta\right)dS \end{aligned} \tag{7.4.3}$$

在该式中含有dM项，由于M_t是$[0,t]$时间段内标的资产的最高价格，因此它对t是不可微的。这里我们寻找一个收敛于M_t的可微函数列来近似代替M_t。为此定义

$$M_n(t) \triangleq \left(\frac{1}{t}\int_0^t (S_\tau)^n d\tau\right)^{\frac{1}{n}} \tag{7.4.4}$$

由于S_t关于t是连续的，因此有

$$\lim_{n\to\infty} M_n(t) = \max_{0\leqslant\tau\leqslant t} S_\tau = M_t \tag{7.4.5}$$

所以，我们用$M_n(t)$代替M_t。显然，$M_n(t)$关于是t可微的，并且有下式成立

$$nM_n^{n-1}(t)\frac{dM_n}{dt} = \frac{S_t^n - M_n^n(t)}{t} \tag{7.4.6}$$

假设$S\leqslant M_n$，将（7.4.6）式代入（7.4.3）式可得

$$d\Pi = \left(\frac{\partial f}{\partial t} + \frac{1}{2}\sigma^2 S^2 \frac{\partial^2 f}{\partial S^2} + \frac{\partial f}{\partial M_n}\frac{dM_n}{dt} - q \cdot S \cdot \Delta\right)dt + \left(\frac{\partial f}{\partial S} - \Delta\right)dS \tag{7.4.7}$$

为使Π在$(t,t+dt)$内是无风险投资组合，需要取

$$\Delta = \frac{\partial f}{\partial S} \tag{7.4.8}$$

这时由无套利原理又有

$$d\Pi = r \cdot \Pi \cdot dt \tag{7.4.9}$$

由（7.4.2），（7.4.7）和（7.4.8）式代入（7.4.9）式并整理可得

$$\frac{\partial f}{\partial t} + \frac{\left(\frac{S}{M_n}\right)^{n-t} S - M_n}{nt}\frac{\partial f}{\partial M_n} + \frac{1}{2}\sigma^2 S^2 \frac{\partial^2 f}{\partial S^2} + (r-q)S\frac{\partial f}{\partial S} - rf = 0 \quad (S \leqslant M_n) \tag{7.4.10}$$

对于固定的(M,t)，令$n\to\infty$，由（7.4.5）式可知，方程（7.4.10）可进一步简化为

$$\frac{\partial f}{\partial t}+\frac{1}{2}\sigma^2S^2\frac{\partial^2 f}{\partial S^2}+(r-q)S\frac{\partial f}{\partial S}-rf=0(0\leqslant S\leqslant M<\infty,0\leqslant t\leqslant T)\quad(7.4.11)$$

接下来，我们需要给出回望看跌期权定价的终值或边界条件。一方面，根据期权到期时候的收益易知$f(S,M,T)=M-S$；另一方面，$\{(S,M):S=M\}$为定解区域的边界，此时期权标的资产的价格达到极大值，期权价格对M的敏感性降到了最低，即有$\frac{\partial f}{\partial M}\big|_{S=M}=0$成立。

综上所述，回望看跌期权的定价模型为在区域$\{0\leqslant S\leqslant M<\infty,0\leqslant t\leqslant T\}$上求解方程（7.4.11）以及定解条件

$$f(S,M,T)=M-S\quad(7.4.12)$$

$$\frac{\partial f}{\partial M}\Big|_{S=M}=0\quad(7.4.13)$$

其中的变量M可视为参数量，因为其在方程中并没有出现。

对于回望看涨期权定价模型，可按照同样的方法建立，其最终结果为在定解区域$\{0\leqslant S\leqslant M<\infty,0\leqslant t\leqslant T\}$上求解定解问题

$$\begin{cases}\frac{\partial f}{\partial t}+\frac{1}{2}\sigma^2S^2\frac{\partial^2 f}{\partial S^2}+(r-q)S\frac{\partial f}{\partial S}-rf=0 & (7.4.14)\\ f(S,M,T)=S-M & (7.4.15)\\ \frac{\partial f}{\partial M}\Big|_{S=M}=0 & (7.4.16)\end{cases}$$

（二）模型的求解

现在我们首先讨论回望看跌期权定价模型（7.4.11）—（7.4.13）的求解问题。取变量代换

$$x=\log\frac{M}{S}\quad(7.4.17)$$

$$f=g(x,t)S\quad(7.4.18)$$

则直接计算可知，定解问题（7.4.11）—（7.4.13）转化为定解区域$\{0<x<\infty,0\leqslant t\leqslant T\}$上的一个新的定解问题

$$\begin{cases}\frac{\partial g}{\partial t}+\frac{1}{2}\sigma^2\frac{\partial^2 g}{\partial x^2}+(q-r-\frac{\sigma^2}{2})\frac{\partial g}{\partial x}-qg=0 & (7.4.19)\\ g\big|_{t=T}=e^x-1 & (7.4.20)\\ \frac{\partial g}{\partial x}\Big|_{x=0}=0 & (7.4.21)\end{cases}$$

进一步，为将方程（7.4.19）转化为标准的热传导方程，令

$$g=e^{\alpha x+\beta(T-t)}h\quad(7.4.22)$$

其中

$$\alpha=\frac{1}{2}+\frac{r-q}{\sigma^2}$$

$$\beta=q-\frac{1}{8\sigma^2}[\sigma^2+2(q-r)^2]$$

这时定解问题（7.4.19）—（7.4.21）变为

$$\begin{cases}\dfrac{\partial h}{\partial t}+\dfrac{1}{2}\sigma^2\dfrac{\partial^2 h}{\partial x^2}=0 & (7.4.23)\\ h\big|_{t=T}=(e^x-1)e^{-\alpha x} & (7.4.24)\\ \left(\dfrac{\partial h}{\partial x}+\alpha h\right)\Big|_{x=0}=0 & (7.4.25)\end{cases}$$

对于定解问题（7.4.23）—（7.4.25），由于条件 $\left(\dfrac{\partial h}{\partial x}+\alpha h\right)\Big|_{x=0}=0$ 的存在，我们不能如同亚式期权定价时那样利用简单的镜像法去求解，而需要较为复杂的开拓方法。在此我们令

$$\Phi(x)=\begin{cases}e^{-\alpha x}(e^x-1), & x>0\\ \varphi(x), & x<0\end{cases} \tag{7.4.26}$$

求解如下问题

$$\begin{cases}\dfrac{\partial \hat{h}}{\partial t}+\dfrac{1}{2}\sigma^2\dfrac{\partial^2 \hat{h}}{\partial x^2}=0 & (7.4.27)\\ \hat{h}\big|_{t=T}=\Phi(x) & (7.4.28)\end{cases}$$

这里要求选取一个适当的 $\varphi(s)$，使得定解问题(7.4.27)(7.4.28)的解 $\hat{h}(x,t)$ 在边界 $x=0$ 上自然满足边界条件

$$\left(\frac{\partial \hat{h}}{\partial x}+\alpha\hat{h}\right)\Big|_{x=0}=0 \tag{7.4.29}$$

这时，由定解问题（7.4.23）—（7.4.25）的解的唯一性，一定有下式成立

$$h(x,t)=\hat{h}(x,t)\quad(0\leqslant x<\infty,0\leqslant t\leqslant T) \tag{7.4.30}$$

根据泊松公式，定解问题（7.4.27）（7.4.28）的解可表示为

$$\hat{h}(x,t)=\int_{-\infty}^{\infty}\Gamma(x-\xi,t)\Phi(\xi)d\xi \tag{7.4.31}$$

其中

$$\Gamma(x-\xi,t)=\frac{1}{\sigma\sqrt{2\pi(T-t)}}e^{-\frac{(x-\xi)^2}{2\sigma^2(T-t)}},(0\leqslant t\leqslant T)$$

直接计算有

$$\begin{aligned}\frac{\partial \hat{h}}{\partial x}&=\int_{-\infty}^{\infty}\Gamma_x(x-\xi,t)\Phi(\xi)d\xi\\ &=-\int_{-\infty}^{\infty}\Gamma_\xi(x-\xi,t)\Phi(\xi)d\xi\\ &=-\Gamma(x,t)\varphi(0)+\int_{-\infty}^{\infty}\Gamma(x-\xi,t)\Phi'(\xi)d\xi\end{aligned}$$

进而有

$$\left(\frac{\partial \hat{h}}{\partial x}+\alpha\hat{h}\right)\Big|_{x=0}=-\Gamma(0,t)\varphi(0)+\int_{-\infty}^{\infty}\Gamma(\xi,t)[\Phi'(\xi)+\alpha\Phi(\xi)]d\xi$$

$$= -\Gamma(0,t)\varphi(0) + \int_{-\infty}^{0}\Gamma(\xi,t)\Big[\varphi'(\xi) + \alpha\varphi(\xi)\Big]d\xi$$

$$+ \int_{0}^{\infty}\Gamma(\xi,t)\Big[(1-\alpha)e^{(1-\alpha)\xi} + \alpha e^{-\alpha\xi} + \alpha e^{1-\alpha\xi} - \alpha e^{-\alpha\xi}\Big]d\xi$$

$$= -\Gamma(0,t)\varphi(0) + \int_{-\infty}^{0}\Gamma(\xi,t)\left[\varphi'(\xi) + \alpha\varphi(\xi) + e^{(\alpha-1)\xi}\right]d\xi$$

为使（7.4.29）成立，只需 $\varphi(s)$ 适合以下定解问题

$$\begin{cases}\varphi'(\xi) + \alpha\varphi(\xi) = -e^{(\alpha-1)\xi} & (7.4.32)\\ \varphi(0) = 0 & (7.4.33)\end{cases}$$

下面分两种情况给出回望看跌期权定价公式。

1. 若 $2\alpha - 1 \neq 0$，即 $r \neq q$，由（7.4.32）和（7.4.33）解得

$$\varphi(x) = -\frac{1}{2\alpha - 1}\left(e^{(\alpha-1)x} - e^{-\alpha x}\right)$$

将之代入（7.4.31）式，并由（7.4.30）式得到

$$h(x,t) = \int_{-\infty}^{0}\Gamma(x-\xi,t)\left\{\frac{1}{2\alpha-1}\left[e^{-\alpha\xi} - e^{(\alpha-1)\xi}\right]\right\}d\xi$$

$$+ \int_{0}^{\infty}\Gamma(x-\xi,t)\left(e^{(1-\alpha)\xi} - e^{-\alpha\xi}\right)d\xi$$

最后由（7.4.17）、（7.4.18）和（7.4.22）式将原变量代回，得到 $r \neq q$ 时回望看跌期权定价公式为

$$f(S,M,t) = Me^{-r(T-t)}\left(N(a_1) - \frac{1}{\theta}\left(\frac{M}{S}\right)^{\theta-1}N(-a_3)\right) - Se^{-q(T-t)}\left(N(a_2) - \frac{1}{\theta}N(-a_2)\right) \tag{7.4.34}$$

其中

$$a_1 = \frac{\log\frac{M}{S} + (-r + q + \frac{\sigma^2}{2})(T-t)}{\sigma\sqrt{T-t}},$$

$$a_2 = a_1 - \sigma\sqrt{T-t},$$

$$a_3 = a_2 + \frac{2(r-q)\sqrt{T-t}}{\sigma},$$

$$\theta = \frac{2(r-q)}{\sigma^2}。$$

2. 若 $2\alpha - 1 = 0$，即 $r = q$ 时，由（7.4.32）和（7.4.33）解得

$$\varphi(x) = -xe^{\alpha x}$$

进而

$$h(x,t) = \int_{-\infty}^{0}\Gamma(x-\xi,t)\xi e^{\alpha\xi}d\xi + \int_{0}^{\infty}\Gamma(s-\xi,t)\left(e^{(1-\alpha)\xi} - e^{-\alpha\xi}\right)d\xi$$

最后，得到 $r = q$ 时的回望看跌期权定价公式

$$f(S,M,t) = Me^{-r(T-t)}N(a_1)$$

$$-Se^{-r(T-t)}\left(N(a_2) + \log(\frac{M}{S})N(-a_3) - \frac{\sigma^2}{2}(T-t)N(-a_2) - \frac{\sigma\sqrt{T-t}}{\sqrt{2\pi}}e^{-\frac{a_3^2}{2}}\right) \tag{7.4.35}$$

其中 a_1、a_2、a_3 和 θ 各参数同（7.4.34）式。

用类似办法对定解问题（7.4.14）—（7.4.16）进行求解，可得到回望看涨期权的定价公式

（1）当 $r\neq q$ 时，可有

$$f(S,M,t) = -Me^{-r(T-t)}\left(N(b_2) - \frac{1}{\theta}\left(\frac{M}{S}\right)^{1-\theta}N(-b_3)\right) + Se^{-q(T-t)}\left(N(b_1) - \frac{1}{\theta}N(-b_1)\right) \tag{7.4.36}$$

（2）当 $r=q$ 时，可有

$$f(S,M,t) = Se^{-r(T-t)}\left(N(b_1) + \log\left(\frac{M}{S}\right)N(-b_3) + \frac{\sigma^2}{2}(T-t)N(-b_1) - \frac{\sigma\sqrt{T-t}}{\sqrt{2\pi}}e^{-\frac{b_3^2}{2}}\right) - Me^{-r(T-t)}N(b_2) \tag{7.4.37}$$

其中

$$b_1 = \frac{\log\frac{M}{S} + \left(r - q + \frac{\sigma^2}{2}\right)(T-t)}{\sigma\sqrt{T-t}}$$

$$b_2 = b_1 - \sigma\sqrt{T-t}$$

$$b_3 = -b_1 + \frac{2(r-q)\sqrt{T-t}}{\sigma}$$

$$\theta = \frac{2(r-q)}{\sigma^2}$$

第五节

数值计算方法

在本章前几节中我们已经看到，对于路径依赖期权，仅仅只有部分类型能够通过解相应的偏微分方程模型得到显式表达式。而对于无法求出显式表达式的路径依赖期权，一般多利用数值方法进行求解。本节我们介绍如何利用二叉树方法和蒙特卡洛模拟方法为路径依赖期权进行定价。

一、二叉树方法

用二叉树方法的为路径依赖期权定价的优点就在于其易于理解，算法非常简单；但缺点就是计算量及储存量十分之大，而这往往带来相应的巨额的计算成本。

下面将具体说明二叉树方法是如何应用于某些路径依赖期权的定价的。

将期权的有效期 $[0,T]$ 分成 N 等分，$0=t_0<t_1<\cdots<t_N=T$，其中 $t_n=n\Delta t(0\leqslant n\leqslant N)$，$\Delta t$

$=\dfrac{T}{N}$。

首先建立两个随机变量——标的资产价格 S 与路径变量 R 的二叉树过程。前文中涉及的亚式期权中的价格平均值 A、回望期权中的价格极大值或极小值 M 均属于路径变量的范畴。

记 S_i^n（$0\leqslant i\leqslant n$）表示 t_n 时刻标的资产的所有可能取值。由二叉树的结构可知，t_n 时刻对应 n 个结点，即有 n 种状态；具体而言，S_i^n 代表 t_n 时刻由下而上第 i 个节点处的标的资产价格。同时设 $R_{i,k}^n$（$k\in I_i^n$）表示在 t_n 时刻，当标的资产价格为 S_i^n 时路径变量 R 的所有可能的取值，其中 I_i^n 是相应于 S_i^n 的路径变量的指标集合。

在二叉树模型中，$[t_n,t_{n+1}]$时间段内标的资产价格的变动情况如图 7－2 所示：

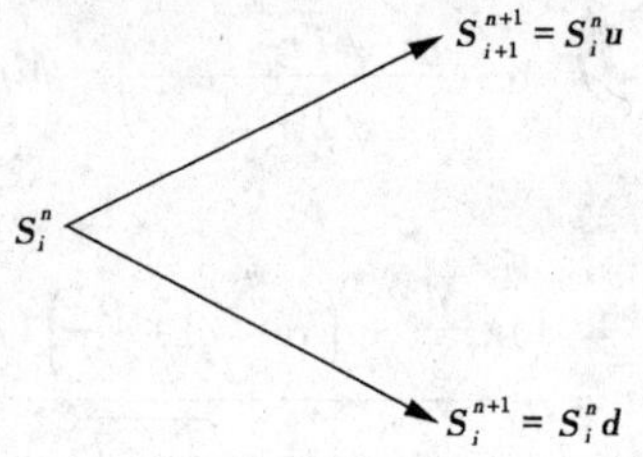

图 7－2

易知，$S_i^n=S_0u^id^{n-i}$（$0\leqslant i\leqslant n$）。

在 $t=t_n$ 时刻，假定 S_i^n 和 $R_{i,k}^n$已知，标的资产价格从 $t=0$ 时刻的 S_0 到 $t=t_n$ 时刻的 S_i^n 的历程为$\{S_0,S_{i_1}^1,\cdots,S_{i_{n-1}}^{n-1},S_i^n\}$。这里我们需要知道$[t_n,t_{n+1}]$时间段内，随着标的资产价格变为 S_{i+1}^{n+1} 或 S_i^{n+1}，$R_{i,k}^n$是如何变化的。我们分别就三种情况来具体讨论。

（一）算术平均价格的变化过程

算术平均的路径变量在 t_n 时刻为

$$R_{i,k}^n=\frac{1}{n}\sum_{l=1}^{n}S_{i_l}^l\quad(S_{i_n}^n=S_i^n)\tag{7.5.1}$$

随着标的资产价格由 $t=t_n$ 时刻的 S_i^n 变为 $t=t_{n+1}$时刻的 S_{i+1}^{n+1}或 S_i^{n+1}，算术平均价格的路径变量变为

$$R_{i,k_u}^{n+1}=\frac{1}{n+1}\left(\sum_{l=1}^{n}S_{i_l}^l+S_{i+1}^{n+1}\right)\tag{7.5.2}$$

或

$$R_{i,k_d}^{n+1}=\frac{1}{n+1}\left(\sum_{l=1}^{n}S_{i_l}^l+S_i^{n+1}\right)\tag{7.5.3}$$

如图 7－3 所示。

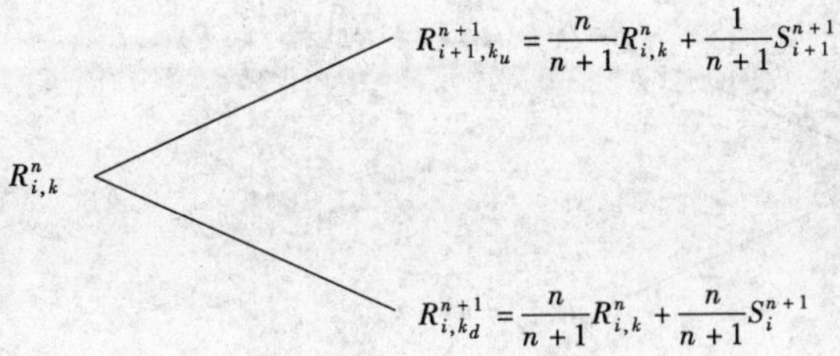

图 7－3

（二）几何平均变化过程

几何平均的路径变量 R 在 t_n 时刻为

$$R_{i,k}^{n} = \left(\prod_{l=1}^{n} S_{i_l}^{l}\right)^{\frac{1}{n}} \tag{7.5.4}$$

随着标的资产价格由 $t=t_n$ 时刻的 S_i^n 变为 $t=t_{n+1}$ 时刻的 S_{i+1}^{n+1} 或 S_i^{n+1}，几何平均的路径变量变为

$$R_{i,k_u}^{n+1} = \frac{1}{n+1}\left(\sum_{l=1}^{n} S_{i_l}^{l} + S_{i+1}^{n+1}\right) \tag{7.5.5}$$

或

$$R_{i,k_d}^{n+1} = \frac{1}{n+1}\left(\sum_{l=1}^{n} S_{i_l}^{l} + S_{i}^{n+1}\right) \tag{7.5.6}$$

如图 7－4 所示。

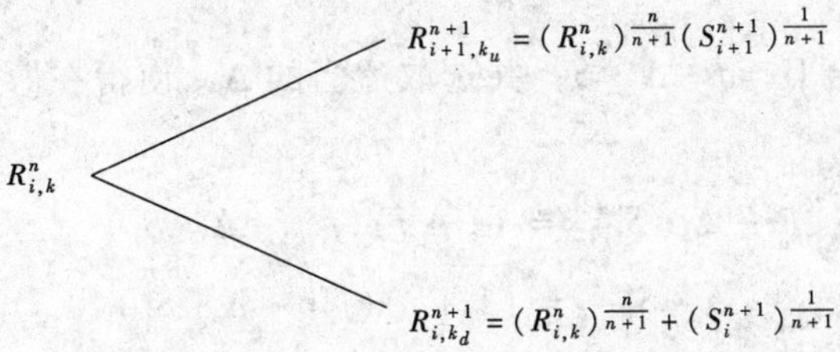

图 7－4

（三）极大值或极小值的变化过程

我们以价格极大值为例进行说明，这时 t_n 时刻路径变量为

$$R_{i,k}^{n} = \max_{1\leqslant l\leqslant n} S_{i_l}^{l} \tag{7.5.7}$$

当 $t=t_{n+1}$ 时刻标的资产价格变为 S_{i+1}^{n+1} 或 S_i^{n+1} 时，极大值的路径变量变为

$$R_{i+1,k_u}^{n+1} = \max\{R_{i,k}^{n}, S_{i+1}^{n+1}\} \tag{7.5.8}$$

或

$$R_{i,k_d}^{n+1} = R_{i,k}^{n} \tag{7.5.9}$$

如图 7－5 所示。

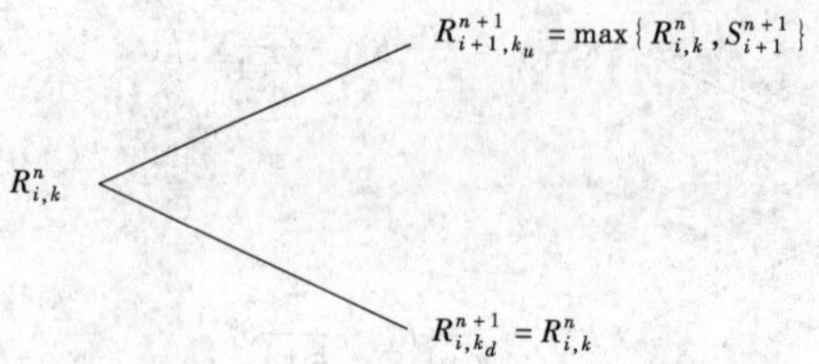

图 7－5

在给出标的资产和路径变量变化的二叉树过程以后，利用 Δ－对冲及无套利定理，我们可以给出路径依赖期权的二叉树方法。

假设 t_n 时刻对应于 S^n_i 和 $R^n_{i,k}$ 的期权价格为 $f^n_{i,k} = f(S^n_i, R^n_{i,k}, t_n)$，$t_{n+1}$ 时刻对应于 S^{n+1}_{i+1} 和 R^{n+1}_{i+1,k_u} 的期权价格为 $f^{n+1}_{i+1,k_u} = f(S^{n+1}_{i+1}, R^{n+1}_{i+1,k_u}, t_{n+1})$，$t_{n+1}$ 时刻对应于 S^{n+1}_i 和 R^{n+1}_{i,k_d} 的期权价格为 $f^{n+1}_{i,k_d} = f(S^{n+1}_i, R^{n+1}_{i,k_d}, t_{n+1})$，如图 7－6 所示。

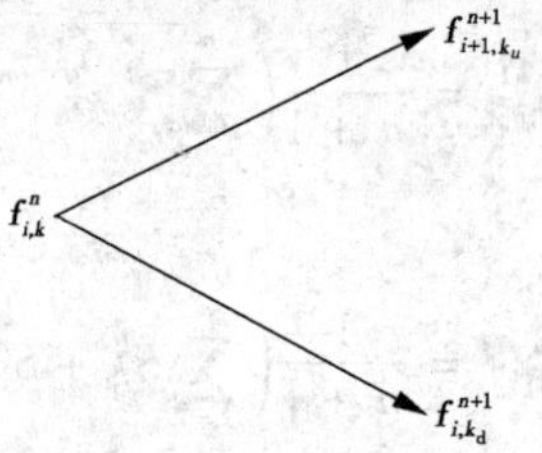

图 7－6

我们构造一个投资组合 $\Pi = f - \Delta \cdot S$，并选取适当的 Δ，使得在 $[t_n, t_{n+1}]$ 时间段中组合无风险。从而有

$$f^{n+1}_{i+1,k_u} - \Delta \cdot S^{n+1}_{i+1} = (1+r)(f^n_{i,k} - \Delta \cdot S^n_i) \tag{7.5.10}$$

$$f^{n+1}_{i,k_d} - \Delta \cdot S^{n+1}_i = (1+r)(f^n_{i,k} - \Delta \cdot S^n_i) \tag{7.5.11}$$

其中 r 为 $[t_n, t_{n+1}]$ 时间段内的无风险利率。

解方程组（7.5.10）和（7.5.11）可得

$$f^n_{i,k} = \frac{1}{1+r}\left[p f^{n+1}_{i+1,k_u} + (1-p) f^{n+1}_{i,k_d}\right] \tag{7.5.12}$$

其中

$$p = \frac{(1+r) - d}{u - d}$$

利用（7.5.12）式，我们就能得出路径依赖期权的理论价值，特别是期权发行日的期权价格。

【例 7.5.1】 现有一张平均价格算术平均亚式看涨期权，敲定价格为 105 美元，距到期日的期限为 6 个月。假设当前股票价格为 100 美元，股票价格的波动率为 0.4，无风险利率为 0.05。试利用二叉树模型编程计算这张亚式期权的价格。

我们这里将期权的有效期分成10个时间阶段，建立二叉树模型来计算亚式期权的价格。具体程序如下

```
%%%%%%%%%%%%%%%%%%%%%%%%%%%%%%%%%%
%%亚式期权定价                                                    %%
%%%%%%%%%%%%%%%%%%%%%%%%%%%%%%%%%%
%输入参数
st = 100                    %当前股价
sp = 105                    %执行价格
r = 0.05                    %利率
t = 0.5                     %期权有效期
sigma = 0.4                 %波动率

n = 8                       %步数
dt = t/n                    %单步时间间隔
%%%%%%%%%%%%%%%%%%%%%%%%%%%%%%%%%%
%建立股票价格二叉树

u = exp(sigma * sqrt(dt))                %计算上升比率
d = 1/u
p = (exp(r * dt) - d)/(u - d)            %计算上升概率
```

%此矩阵将二叉树完全展开，无重合结点，A（a，b）表示完全展开后的行数a对应的原二叉树的行数

```
A(1,1) = 1;A(1,2) = 1;A(2,2) = 2;

for b = 3:n
    a = 1;
    while a < power(2,b - 1)
          A(a,b) = A((a + 1)/2,b - 1);
          A(a + 1,b) = A(a,b) + 1;
          a = a + 2;
    end;
end;

%构造二叉树矩阵，a表示行数,b表示列数(第b步)，S(a,b)为结点(a,b)的股价
for b = 1:n
     for a = 1:b;
          S(a,b) = st * power(u,b - a) * power(d,a - 1);
```

```
        end;
    end;

    % 构造二叉树矩阵，R(a,b)表示到达结点(a,b)的股价平均值
    R(1,1) = S(1,1);R(1,2) = (S(1,1) + S(1,2))/2;R(2,2) = (S(1,1) + S(2,2))/2;

    for b = 3: n
        a = 1;
    while a < power(2,b - 1)
            R(a,b) = b/(b + 1) * R((a + 1)/2,b - 1) + S(A(a,b),b)/(b + 1);
            R(a + 1,b) = b/(b + 1) * R((a + 1)/2,b - 1) + S(A(a + 1,b),b)/(b + 1);
            a = a + 2;
        end;
    end;

    for a = 1: power(2,n - 1);              % 到期(b = n)时，期权价值
        V(a,n) = max(R(a,n) - sp,0);
    end;
    for bb = 1: n - 1;                      % 倒推前面各期(b = n - 1,→1)期权价值
        b = n - bb;
        for a = 1: power(2,b - 1);
            V(a,b) = exp( - r * dt) * (p * V(2 * a - 1,b + 1) + (1 - p) * V(2 * a,b + 1))
        end;
    end;

    AsianOptionPrice = V(1,1)               % 输出结果
```

运行后得到结果

```
ans =
    4.0031
```

即所求的亚式期权价格为 4.0031 元。

二、蒙特卡洛方法

对路径依赖的期权的情况，也可以用蒙特卡洛模拟进行定价。因为我们能够模拟股票价格路径和最终价值。例如，考虑一个 6 个月到期的看涨期权，其价格取决于在第 1、2、3、4、5、6 个月末股票价格的算术平均值。股票当前价格为 S_0 美元，敲定价格为 K。这是一个算术平均的亚式期权。

我们这样计算 1 个月，2 个月，3 个月的股票价格：

$S_1 = S_0 e^{(r-q-\sigma^2/2)T/6+\sigma\sqrt{T/6}}\varepsilon_1$

$S_2 = S_1 e^{(r-q-\sigma^2/2)T/6 + \sigma\sqrt{T/6}}\varepsilon_2$

$S_3 = S_2 e^{(r-q-\sigma^2/2)T/6 + \sigma\sqrt{T/6}}\varepsilon_3$

$S_4 = S_3 e^{(r-q-\sigma^2/2)T/6 + \sigma\sqrt{T/6}}\varepsilon_4$

$S_5 = S_4 e^{(r-q-\sigma^2/2)T/6 + \sigma\sqrt{T/6}}\varepsilon_5$

$S_6 = S_5 e^{(r-q-\sigma^2/2)T/6 + \sigma\sqrt{T/6}}\varepsilon_6$

这里，ε_1、ε_2、ε_3、ε_4、ε_5 和 ε_6 是独立产生的标准正态分布的随机数。我们产生大量的 ε_i 并重复计算。则证券的价格估计如下

$$f = e^{-rt}E(\max[(S_1 + S_2 + S_3 + S_4 + S_5 + S_6)/6 - X, 0]) \qquad (7.5.13)$$

【例 7.5.2】 假设初始股票价格是 40 美元，股票的波动率为 $\sigma = 0.2$，市场无风险利率为 $r = 8\%$。现有一个以该股票为标的资产的平均价格算术平均亚式看涨期权，敲定价格 $K = 40$美元，期权有效期为 6 个月，到期收益取决于在第 1、2、3、4、5、6 个月末股票价格的算术平均值。试利用蒙特卡洛模拟方法编程计算该期权的价格。

具体的程序如下

```
%%%%%%%%%%%%%%%%%%%%%%%%%%%%%%%%%%%%%%%%%%%%%%%
%%亚式期权定价的蒙特卡洛模拟方法                        %%
%%%%%%%%%%%%%%%%%%%%%%%%%%%%%%%%%%%%%%%%%%%%%%%
%输入具体参数
t=0.5;
s0=40;
k=40;
q=0;
sigma=0.2;
r=0.08;
M=input('please enter the number M :');        %重复计算 m 次

for i=1:M
    S(1)=40;
    for j=1:6;
        nmd(j)=normrnd(0,1);
        S(j+1)=S(j)×exp((r-q-(1/2)×(sigma^2))×(t/6)+sigma×sqrt(t/6)×nmd(j));
    end;
    f(i)=exp(-r×t)×max((S(2)+S(3)+S(4)+S(5)+S(6)+S(7))/6-k,0);
end
[f0,varprice,ci]=normfit(f)
```

一次运行进行了 1000 次模拟后得到的结果如下

```
V0 =
```

```
        2.0054
varprice =
        2.5381
ci =
        1.8479
        2.1629
```

习　题

1. 假设一个股票当前价格为 30 美元，股票价格波动率为 20%，无风险利率为 10%。现有一个以该股票为标的资产的欧式上升敲入看涨障碍期权，其中障碍值为 35 美元，执行价格为 30 美元，有效期为 6 个月。求该期权的价格。

2. 假设一个股票当前价格为 50 美元，股票价格波动率为 30%，无风险利率为 15%。现有一个以该股票为标的资产的欧式下降敲出看跌障碍期权，其中障碍值为 40 美元，执行价格为 50 美元，有效期为 12 个月。求该期权的价格。

3. 假设 c_1 和 p_1 是敲定价格为 X，有效期为 T 的欧式平均价格看涨期权和欧式平均价格看跌期权的价格，c_2 和 p_2 是有效期为 T 的欧式平均执行价格看涨期权和欧式平均执行价格看跌期权的价格，c_3 和 p_3 是敲定价格为 X，有效期为 T 的普通欧式看涨期权和欧式看跌期权的价格。证明

$$c_1 + c_2 - c_3 = p_1 + p_2 - p_3$$

4. 假设某个股票价格遵循几何布朗运动，$A(t)$ 表示零时刻到 t 时刻之间股票价格的算术平均值，问 $A(t)$ 遵循什么样的过程。

5. 现有一个基于无红利支付股票的欧式平均价格看涨期权，期权有效期为 6 个月。初始股票价格为 50 美元，股票价格波动率为 30%，无风险利率为 6%，期权的敲定价格为 50 美元。试求该期权的价格。

6. 假设某个股票当前价格为 30 美元，波动率为 30%，红利率为 8%，无风险利率为 15%。现有一个以该股票为标的资产的欧式回望看涨期权，期权有效期为 6 个月。求这个期权的价格。

第八章
DIBAZHANG

利率衍生证券

在本章中首先介绍与利率相关的概念，然后介绍利率衍生品定价的一般方法，远期价格、期货价格、期权定价的方法以及债券期权、利率上限等的定价公式，最后介绍基于二叉树模型的利率衍生证券定价的数值方法。

第一节
连续利率期限结构

一、瞬时利率

考虑到投资者进行无风险投资，例如：将资金存入银行，瞬时利率表示在时间$(t,t+dt)$内，无风险投资的收益率，用$r(t)$表示。其严格定义如下。

定义 8.1.1　设$W(t)$表示t时刻在无风险的货币市场投资的财富价值，用$r(t)$表示瞬时利率，则瞬时利率满足下面的微分方程：

$$dW(t)=r(t)W(t)dt \tag{8.1.1}$$

从式（8.1.1）中可以看出，瞬时利率$r(t)$表示在时间$(t,t+dt)$内财富$W(t)$的瞬时增长率，即$r(t)=\dfrac{dW(t)}{W(t)dt}$。瞬时利率也称为瞬时即期利率或短期利率。为了保证金融市场满足无套利条件，我们要求$r(t)>0$。

为描述无风险投资的价值变化，在此引入银行账户或银行账户价值的概念。

定义 8.1.2　假设在初始时刻投资 1 元于银行账户，定义$S^0(t)$为$t\geqslant 0$时刻的价值。

显然，$S^0(t)$满足如下的微分方程初值问题

$$\begin{cases}dS^0(t)=r(t)S^0(t)dt\\ S^0(0)=1\end{cases} \tag{8.1.2}$$

由式（8.1.2），有

$$S^0(t) = \exp\left(\int_0^t r(s)ds\right) \tag{8.1.3}$$

也就是说，如果在时间 0 投资 1 元到银行账户，则在时间 t 银行账户内的钱由式（8.1.3）给出。

【例 8.1.1】 如果瞬时利率 $r(t) = e^{-at}(r_0 + b(e^{at} - 1) + \sigma\int_0^t e^{au}dW_u)$，则由式（8.1.3），银行账户为

$$\begin{aligned}S^0(t) &= \exp\left(\int_0^t r(s)ds\right)\\ &= \exp\left\{\int_0^t e^{-as}(r_0 + b(e^{as} - 1) + \sigma\int_0^s e^{au}dW_u)ds\right\}\\ &= \exp\left\{\frac{r_0 b}{a}(1 - exp(-at)) + bt\right\}\times exp\left\{\int_0^t \sigma\int_0^s e^{au}dW_u ds\right\}\end{aligned}$$

在实际中，也经常需要知道将来时刻 T 的 1 元钱在 t 时的价值，我们称这个价值为随机贴现因子。

定义 8.1.3 时间 t 和 T 之间的随机贴现因子 $D(t,T)$ 定义为时刻 T 的 1 元钱在时刻 t 的等价价值，即

$$D(t,T) = \frac{S^0(t)}{S^0(T)} = \exp(-\int_t^T r(s)ds) \tag{8.1.4}$$

由（8.1.4）式，可以得到 $S^0(t) = D(t,T)S^0(T)$，这表示在 0 时刻开始的 1 元钱的无风险投资在 t 时刻的价值，等于在 0 时刻开始的 1 元钱的无风险投资在 T 时刻的价值用随机折现因子 $D(t,T)$ 贴现到 t 时刻的现值。

【例 8.1.2】 如果瞬时利率为 $r(t) = e^{-at}(r_0 + b(e^{at} - 1) + \sigma\int_0^t e^{au}dW_u)$，则直接计算可得随机贴现因子为：

$$\begin{aligned}D(t,T) &= \exp(\int_0^t - r(s)ds)\\ &= \exp\{-\int_0^t e^{-as}(r_0 + b(e^{as} - 1) + \sigma\int_0^s e^{au}dW_u)ds\}\\ &= \exp\left\{\frac{-r_0 b}{a}(1 - exp(-at)) - bt\right\}\times \exp\left\{\int_0^t \sigma\int_0^s - e^{au}dW_u ds\right\}\end{aligned}$$

由于积分 $\int_0^s - e^{au}dW_u$ 是正态随机变量，所以 $\int_0^t \sigma\int_0^s - e^{au}dW_u ds$ 也是正态随机变量。因此，随机贴现因子 $D(t,T)$ 是对数正态随机变量。

二、即期利率

在这里将零息票债券定义为在债券到期日时价值为 1 元的债券。零息票债券的性质由其价值完全决定，因此，用零息票债券的价值表示零息票债券。下面给出零息票债券的定义。

定义 8.1.4 在时间 T 到期的零息票债券是这样的一个协议：在债券到期日 T 债券持有人可以得到 1 元钱的收入，而在债券到期之前没有任何支付，债券持有人没有因为持有债券

而得到任何收入。

这个协议在时间 t 的价值记为 $B(t,T)$，$T-t$ 称为零息票债券的期限。

显然，根据零息票债券的定义，对任意 T 都有 $B(T,T)=1$ 成立。

在时间 T 到期的零息票债券价值 $B(t,T)$ 就是在时间 T 时的一个货币单位在时间 t 的现值，通常用债券在市场中的交易价格表示，有时也称 $B(t,T)$ 为贴现因子。

由于零息票债券的期限可以不同，不同期限的零息票债券的价格决定的利率当然也不同，这些利率我们称为即期利率。

定义 8.1.5 在当前时间 t、期限为 $\tau(t,T)=T-t$ 的连续复利即期利率 $R(t,T)$ 定义为：

$$R(t,T)=-\frac{\log B(t,T)}{\tau(t,T)} \tag{8.1.6}$$

连续复利即期利率 $R(t,T)$ 简称为连续复利利率，有时也直接称为即期利率。连续复利利率关于期限的函数常常称为利率期限结构或连续复利利率期限结构。

根据定义，连续复利与零息票债券的价格必须满足以下关系式

$$e^{R(t,T)\tau(t,T)}B(t,T)=1 \tag{8.1.7}$$

因此，零息票债券价格也可以表示为连续复利利率 $R(t,T)$ 的函数：

$$B(t,T)=e^{-R(t,T)\tau(t,T)} \tag{8.1.8}$$

定义 8.1.6 将利率 $R(t,T)$ 看成到期日 T 的函数，并在期限 $\tau(t,T)=T-t$、利率平面坐标上描绘出 $R(t,T)$，得到一条曲线，这个曲线称为在当前时间 t 时的收益曲线。

例 8.1.3 假设零息票债券的价格为

$$B(t,T)=e^{-a(T-t)-b(T-t)r}$$

其中 $a(t)=\left(\theta-\frac{\beta^2}{2k}\right)(t-b(t))+\frac{\beta^2}{4k}b(t)^2, b(t)=\frac{1}{k}(1-e^{-kt})$。

这时即期利率为

$$R(t,T)=-\frac{\log B(t,T)}{T-t}=\frac{a(T-t)}{T-t}+\frac{b(T-t)}{T-t}r$$

如果取 $k=1$、$r=0.03$、$\theta=0.1$、$\beta=0.2$、$t=0$，则有

$$R(0,T)=\frac{1}{T}\left((0.1-\frac{0.2^2}{2})(T-(1-e^{-T}))+\frac{0.2^2}{4}(1-e^{-T})^2\right)+\frac{1}{T}(1-e^{-T})r$$

$$=\frac{1}{T}\left(0.08(T-(1-e^{-T}))+0.01(1-e^{-T})^2\right)+\frac{0.15}{T}(1-e^{-T})$$

这时的收益曲线如图 8－1 所示。

三、远期利率

定义 8.1.7 连续复利远期利率定义为

$$R(t;T,S)=\frac{1}{\tau(T,s)}\log\left(\frac{B(t,T)}{B(t,s)}\right) \tag{8.1.9}$$

其中：$t<T<S, \tau(T,S)=S-T$

连续复利远期利率表示在 t 时刻决定的未来的一个时间段内一个借贷利率，这个借贷关系的开始时间是 T，借贷关系的到期日期为 S，利率按照连续复利计算。与利率期限结构的

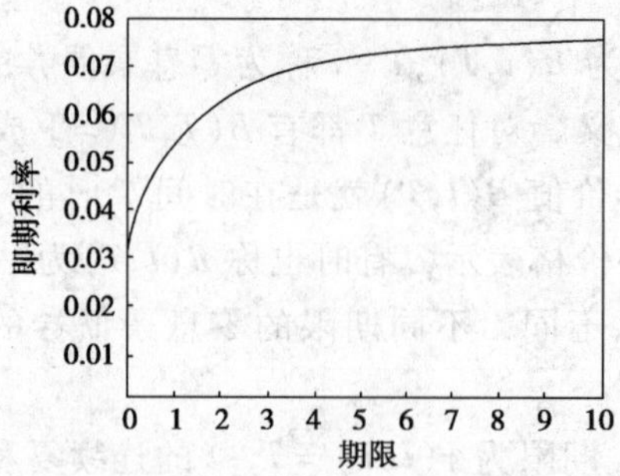

图 8－1　收益曲线图

概念对应，也有瞬时远期利率期限结构的概念。瞬时远期利率随着将来期限的不同而不同，瞬时远期利率关于将来期限的函数被称为瞬时远期利率期限结构，或称远期利率期限结构。

定义 8.1.8　在当前时间为 t、期限为 T 的瞬时远期利率 $F(t,T)$，定义为

$$F(t,T)=\lim_{S\to T^+}R(t;T,S)=-\frac{\partial \log B(t,T)}{\partial T} \tag{8.1.10}$$

显然，瞬时远期利率 $F(t,T)$ 表示了将来期间 $(T,T+dt)$ 内的借贷利率，即将来 T 时刻的瞬时借贷利率。

由定义 8.1.8 可知

$$B(t,T)=exp(-\int_t^T F(t,u)du) \tag{8.1.11}$$

也就是说，可以将零息票债券价格用瞬时远期利率表示。

第二节

利率衍生品定价的原理

一、市场模型

假设理想的市场情况是无摩擦的，允许证券卖空交易，市场中没有交易费用或税收，所有证券完全可分，证券交易是连续的，市场上不存在无风险套利机会，等等。为简便起见，这里假设所有的资产仅仅在 T 时刻才有股利支付，在 T 时刻以前都不支付股利（或现金）。

假设经济中的不确定性可以用多维布朗运动 $W=\{W(t)=(W_1(t),W_2(t),\cdots,W_m(t))^{\tau},t\in[0,T]\}$ 来描述，用 P 表示描述经济中不确定性的概率，$dW(t)=(dW_1(t),dW_2(t),\cdots,dW_m(t))^{\tau}$ 是 t 时刻 m 维外生的冲击。状态空间 Ω 是布朗运动 W 所有可能路径的集合。

假设金融市场中有一个无风险资产和 N 个风险资产。其中无风险资产是银行账户，我们用 $S^0(t)$ 表示；我们用向量 $S(t)=(S^1(t),S^2(t),\cdots,S^N(t))$ 表示 N 个风险资产，其中

$S^i(t)$表示第 i 个风险资产的价格$(i=1,2,\cdots,N)$。$r(t)$代表 t 时刻的瞬时无风险利率，因此，在$[t,t+dt]$内的无风险收益是 $r(t)dt$。

下面给出资产价格的方程。首先银行账户 $S^0(t)$满足

$$dS^0(t)=S^0(t)r(t)dt \tag{8.2.1}$$

假设 N 个风险资产可以用伊藤（Ito）过程来模拟。第 i 个风险资产的价格 $S^i=(S^i(t))$服从过程。

$$dS^i(t)=\mu_i(t)S^i(t)dt+\sum_{j=1}^{d}S^i(t)\sigma_{ij}(t)dW_j(t),\qquad i=1,2,\cdots,N \tag{8.2.2}$$

这里，$\mu_i=(\mu_i(t))$代表资产 i 的漂移率，$\sigma_{ij}=(\sigma_{ij}(t))$代表资产 i 关于第 j 个外生冲击 $dW_j(t)$ 的相对敏感性。可以把所有 N 个风险资产用向量方程表示为：

$$dS(t)=diag(S(t))(\mu(t)dt+\sigma(t)dW(t)) \tag{8.2.3}$$

这里

$$S(t)=\begin{pmatrix}S^1(t)\\S^2(t)\\\vdots\\S^N(t)\end{pmatrix},diag(S(t))=\begin{pmatrix}S^1(t)&0&\cdots&0\\0&S^2(t)&\cdots&0\\\vdots&\vdots&&\vdots\\0&0&\cdots&S^N(t)\end{pmatrix},\mu(t)=\begin{pmatrix}\mu_1(t)\\\mu_2(t)\\\vdots\\\mu_N(t)\end{pmatrix},$$

$$\sigma(t)=\begin{pmatrix}\sigma_{11}(t)&\sigma_{12}(t)&\cdots&\sigma_{1m}(t)\\\sigma_{21}(t)&\sigma_{22}(t)&\cdots&\sigma_{2m}(t)\\\vdots&\vdots&\ddots&\vdots\\\sigma_{N1}(t)&\sigma_{N2}(t)&\cdots&\sigma_{Nm}(t)\end{pmatrix}$$

μ_i 表示资产的瞬时预期收益率，通常是年度化的收益率。矩阵 $\sigma(t)$是预期收益率协方差矩阵。特别地，$\sigma(t)\sigma^\tau(t)$是一个 $N\times N$ 的矩阵，它表示 N 个资产在很小时间段$[t,t+dt]$内预期收益的协方差矩阵。

二、资产交易策略与套利

资产交易的结果是持有一个资产组合，因此，一个交易策略可以用一个资产组合(α,θ)表示，这里，$\alpha=(\alpha(t))$代表无风险资产数量。$\theta=(\theta_1,\cdots,\theta_N)^\tau$ 是一个 N 维过程，代表 N 个风险资产的组合，其中，$\theta_i=(\theta_i(t)),\theta_i(t)$代表 t 时刻持有资产 i 的数量。

这个交易策略在 t 时刻的价值为

$$V^{\alpha,\theta}(t)=\alpha(t)S^0(t)+\theta^\tau(t)S(t) \tag{8.2.4}$$

其中，$\theta^\tau(t)S(t)$表示向量 $\theta^\tau(t)$和向量 $S(t)$的内积。两个向量的内积等于这两个向量对应元素乘积的和。

这个交易策略在$[t,t+dt]$内的价值改变量为

$$\alpha(t)dS^0(t)+\theta^\tau(t)dS(t)=\alpha(t)r(t)e^{\int_0^t r(s)ds}dt+\theta^\tau(t)dS(t) \tag{8.2.5}$$

定义 8.2.1 如果一个交易策略(α,θ)未来价值的现值等于初始价值，并且，组合资产的调整完全通过交易组合中资产的策略实现（也就是说，不再需要任何资金投入，也没有将资产从资产组合中抽出），那么，这个交易策略称为自融资策略。

显然，如果一个交易策略(α,θ)是自融资策略，则交易策略必须具有以下性质：

$$dV^{\alpha,\theta}(t)=\alpha(t)r(t)S^0(t)dt+\theta^\tau(t)dS(t) \tag{8.2.6}$$

式（8.2.6）表示在任意时刻t，对于自融资策略，其价值变化是由于银行账户价值和组合中资产价格变化的结果。一个自融资策略，经过一段时间的交易后，资产总价值可以用积分表示为

$$V^{\alpha,\theta}(t)=V^{\alpha,\theta}(0)+\int_0^t(\alpha(u)r(u)S^0(u)du+\theta^\tau(u)dS(u)) \tag{8.2.7}$$

式（8.2.7）表示在任意时刻，自融资策略的价值是由资产初始价值与资产随时间增加自然增值之和构成的。

定义 8.2.2 如果存在一个自融资策略(α,θ)使下面两个条件之一成立：

(1) $V^{\alpha,\theta}(0)<0$ 且 $V^{\alpha,\theta}(T)\geqslant 0$ 以概率 1 成立；

(2) $V^{\alpha,\theta}(0)\leqslant 0$ 与 $V^{\alpha,\theta}(T)\geqslant 0$ 以概率 1 成立，且 $V^{\alpha,\theta}(T)>0$ 的概率大于零。

则市场存在套利机会，称这个自融资策略过程(α,θ)为套利过程。

套利过程的条件（1）表示，投资者在初期（当前）有负债，但是，经过一段时间的自融资策略投资后，投资者的负债消失，甚至还可能得到正资产。条件（2）表示投资者当前没有资产，但是，经过一段时间的自融资策略投资后，投资者将来没有负债，并且具有正资产的概率大于零。因此，如果市场存在套利机会，则表示可以“无中生有”、“天上可以掉馅饼”。一般而言，这种现象不可能长期出现。

三、风险中性概率测度与风险中性定价

（一）风险中性概率测度

定义 8.2.3 称概率测度 P^θ 为风险中性概率测度，如果 P^θ 满足下面的条件

(1) 概率测度 P^θ 和 P 是等价测度，即对任意事件 $A\subset F, P\{A\}=0\Leftrightarrow P^\theta\{A\}=0$。

(2) 对任意资产组合的价格过程$\{V(t),t\in[0,T]\}$，贴现过程$\{\tilde{V}(t)=V(t)/S^0(t),t\in[0,T]\}$在概率测度 P^θ 下是鞅过程。

(3) Radon - Nikodym 导数 dP^θ/dP 有有限方差。

根据条件（2）可有

$$E_t^{P\theta}[V(u)/S^0(u)]=V(t)/S^0(t) \tag{8.2.8}$$

这里 $t\leqslant u$。特别地有

$$V(0)=E^{P\theta}[V(t)]/S^0(t) \tag{8.2.9}$$

即在风险中性概率测度 P^θ 下，任意资产组合的价格等于该组合将来价格的期望的贴现值，贴现率为无风险利率。因此，如果知道资产价格过程在风险中性概率测度 P^θ 下的分布，则可以很容易地计算出资产的当前价值。

由于在风险中性概率测度下，可以通过用无风险利率来贴现将来资产价值的期望来得到当前资产的价格，好像所有投资者的风险偏好都是风险中性的，所以，称 P^θ 为风险中性概率测度。有时，也称测度 P^θ 是与测度 P 等价的鞅测度。

衍生证券也可以应用等价鞅测度方法定价。显然，如果我们能够得到风险中性概率测度 P^θ，衍生证券的价格就是衍生证券将来按照无风险利率贴现得到的。我们称该方法为风险中性定价方法，也称为等价鞅测度（方法）定价。

关于无套利定价与风险中性定价方法存在两个重要结论，我们不加证明地直接给出。

定理 8.2.1 如果存在风险中性概率测度，则市场不存在套利机会。

定理 8.2.2 在一定的条件下，资产定价的无套利定价、风险中性定价方法等价。

根据定理 8.2.2，在对各种资产进行定价时，我们可以交替使用无套利定价方法、风险中性定价方法为资产定价，得到的结论是一致的。进一步，还假设金融市场是完备的市场，无套利机会等价于风险中性概率测度的存在性。在一个无套利的完备市场，风险中性概率测度是唯一的。

定理 8.2.3 如果存在风险中性概率测度，则必定存在 d 维随机过程 $\lambda=(\lambda(t))$，使得

$$\sigma(t)\lambda(t)=\mu(t)-r(t)\cdot 1 \tag{8.2.10}$$

反之，如果对所有的 t 都存在 $\lambda(t)$，使得（8.2.10）式成立并且 $\lambda(t)$ 满足一定的条件，则一定存在风险中性概率测度。

定理 8.2.4 设 P^θ 为风险中性概率测度，则风险资产的贴现过程 $\tilde{S}(t)=S(t)/S^0(t)$ 是测度 P^θ 下的一个鞅过程。

证明： 因为 $\tilde{S}(t)=S(t)/S^0(t)$，所以由伊藤引理有

$$d\tilde{S}(t)=dS(t)/S^0(t)+S(t)\times d(1/S^0(t))+dS(t)\times d(1/S^0(t))$$

根据式（8.2.1）和伊藤引理可有

$$d(1/S^0(t))=\frac{-r(t)dt}{S^0(t)}$$

结合式（8.2.3）可得

$$\begin{aligned}
d\tilde{S}(t)&=diag(S(t))[\mu(t)dt+\sigma(t)dW(t)]\times\frac{1}{S^0(t)}-\frac{S(t)}{S^0(t)}r(t)dt\\
&=diag(S(t))[\mu(t)dt+\sigma(t)dW(t)]\times\frac{1}{S^0(t)}-diag(S(t))\frac{1}{S^0(t)}r(t)\cdot 1dt\\
&=diag(\tilde{S}(t))((\mu(t)-r(t)\cdot 1)dt+\sigma(t)dW(t))
\end{aligned}$$

即贴现价格过程满足如下的随机微分方程

$$d\tilde{S}(t)=diag(\tilde{S}(t))[(\mu(t)-r(t)\cdot 1)dt+\sigma(t)dW(t)] \tag{8.2.11}$$

其中，1 表示元素都是 1 的向量，因此 $r(t)\cdot 1=r(t)(1,1,\cdots,1)^\tau=(r(t),r(t),\cdots,r(t))^\tau$

因为 P^θ 与 P 是等价测度，P^θ 是风险中性概率测度。令

$$\xi(t)=E_t[dP^\theta/dP] \tag{8.2.12}$$

则 $\xi(t)$ 是概率测度 P 下的鞅过程，根据鞅表示定理，存在一个过程 $\lambda=(\lambda(t))$，使得

$$d\xi(t)=-\xi(t)\lambda^\tau(t)dW(t) \tag{8.2.13}$$

或者等价地有

$$\xi(t)=\exp\left\{-\frac{1}{2}\int_0^t\|\lambda(s)\|^2ds-\int_0^t\lambda^\tau(s)dW(s)\right\} \tag{8.2.14}$$

这里，$\|\ \|$ 表示向量的范数。

定义一个随机过程 $W^\theta=(W^\theta(t))$，过程 W^θ 满足如下随机微分方程

$$dW^{\theta}(t)=dW(t)+\lambda(t)dt \tag{8.2.15}$$

$$W^{\theta}(0)=0 \tag{8.2.16}$$

则根据 Girsanov 定理，W^{θ} 是概率测度 P^{θ} 下的一个标准布朗运动，把 W^{θ} 带入贴现价格过程的随机微分方程（8.2.11），可得

$$d\tilde{S}(t)=diag(\tilde{S}(t))\sigma(t)dW^{\theta}(t) \tag{8.2.17}$$

定义 8.2.4 称满足（8.2.10）式的随机过程 $\lambda=(\lambda(t))$ 为风险的市场价格。

【例 8.2.1】 假设市场中仅仅有两个风险资产，分别为 $S^1(t)$ 和 $S^2(t)$，它们满足的随机微分方程为

$$dS^1(t)=0.2S^1(t)dt+0.3S^1(t)dW_1(t)$$

$$dS^2(t)=0.25\cdot S^2(t)dt+0.15\cdot S^2(t)dW_1(t)+0.30S^2(t)dW_2(t)$$

则风险的市场价格关系式（8.2.10）为

$$\begin{pmatrix}0.30 & 0.00\\ 0.15 & 0.30\end{pmatrix}\begin{pmatrix}\lambda_1(t)\\ \lambda_2(t)\end{pmatrix}=\begin{pmatrix}0.20\\ 0.25\end{pmatrix}-r(t)\cdot\begin{pmatrix}1\\ 1\end{pmatrix}$$

即

$$\begin{pmatrix}0.3\lambda_1(t)\\ 0.15\lambda_1(t)+0.30\lambda_2(t)\end{pmatrix}=\begin{pmatrix}0.20\\ 0.25\end{pmatrix}-\begin{pmatrix}r(t)\\ r(t)\end{pmatrix}$$

所以

$$\lambda_1(t)=\frac{2}{3}+\frac{10}{3}r(t),\lambda_2(t)=\frac{1}{2}-\frac{5}{3}r(t)$$

下面解释风险的市场价格的含义。如果风险资产在现实世界测度 P 下的价格过程为

$$dS(t)=diag(S(t))(\mu(t)dt+\sigma(t)dW(t))$$

则在风险中性概率测度 P^{θ} 下的价格过程为

$$dS(t)=diag(S(t))(r(t)dt+\sigma(t)dW^{\theta}(t))$$

因此，由（8.2.15）式可知风险的市场价格 $\lambda(t)$ 满足

$$(\mu(t)-r(t)\cdot 1)=\sigma(t)\lambda(t)$$

如果将 $\sigma(t)$ 解释为与随机冲击 $W(t)$ 对应的风险，则 $\lambda(t)$ 表示在经济系统达到均衡时，风险资产每单位风险的超额收益，因此，称 $\lambda(t)$ 为风险的市场价格。

【例 8.2.2】 假设风险资产 $S(t)$ 满足随机微分方程

$$dS(t)=S(t)[\mu dt+\sigma dW(t)]$$

其中 $W(t)$ 为一维 Wiener 过程，无风险利率是常数 r，则风险的市场价格为 $\lambda=(\mu-r)/\sigma$，在风险中性概率测度 P^{θ} 下 $S(t)$ 满足随机微分方程

$$dS(t)=S(t)[rdt+\sigma dW^{\theta}(t)]$$

这里

$$dW^{\theta}(t)=\lambda dt+dW(t)$$

（二）风险中性定价

接下来讨论风险中性定价问题。给定一个风险中性概率测度 P^{θ}，则在风险中性概率测度 P^{θ} 下，资产价格的贴现过程是一个鞅过程。于是，对任何一个仅仅有一次支付的资产，

其价格 $S(t)$ 满足

$$\frac{S(t)}{S^0(t)} = E_t^{P^\theta}\left[\frac{S(u)}{S^0(u)}\right], u > t \tag{8.2.18}$$

即$\frac{S(t)}{S^0(t)}$是一个 P^θ 鞅过程。也就是说，如果把银行账户作为一个计账单位（numeraire），则资产价格过程是鞅过程。

如果 $S(T)$ 为资产在 T 时刻的支付，由（8.2.18）式可以计算 t 时刻资产的价格：

$$S(t) = S^0(t)E_t^{P^\theta}[S(T)/S^0(T)] = E_t^{P^\theta}[e^{-\int_t^T r(s)ds}S(T)] \tag{8.2.19}$$

这里，为了计算资产价格，需要知道在风险中性概率测度下 $e^{\int_t^T r(s)ds}$ 和 $V(T)$ 的联合分布函数。

特别地，根据定价公式（8.2.18）可以给出零息票债券的价格。由（8.2.18）式有，在时间 $t \in [0,T]$，到期日为 T 的零息票债券的价格为

$$B(t,T) = S^0(t)E_t\left(\frac{1}{S^0(T)}\right)$$

由于 $S^0(t) = \exp\int_0^t r(u)du$，这个结果又可写成

$$B(t,T) = E_t[exp(-\int_t^T r(u)du)]$$

三、定价的其他概率测度

（一）资产定价的测度变换原理

由于已经知道应用风险中性概率测度可以计算金融资产价格，但是这时需要知道在风险中性概率测度下 $e^{-\int_t^T r(s)ds}$ 和 $S(T)$ 的联合分布函数，这个概率分布函数包含无风险利率历史路径的信息。一般来说，这个概率分布函数不容易得到。例如，对于利率衍生产品，其期末支付经常与利率的历史变化有关，在风险中性概率测度下，$e^{\int_t^T r(s)ds}$ 和 $S(T)$ 的联合分布函数就很难计算。这时，如果直接应用风险中性概率测度为资产定价，就比较困难。有时候用其他的概率测度为金融资产定价更为方便。最基本的做法是以某种金融资产作为记账单位，用该记账单位表示需要估价的金融资产的价值。这样往往可以简化资产价格的计算。

假设风险资产 $S(t)$ 仅仅在时间 T 有一次支付，支付数量为 $S(T)$。例如，零息票债券和欧式期权以及许多利率衍生产品就属于这类资产。下面讨论如何通过转换记账单位来为这类资产定价。记 $U(t)$ 为任意交易资产或动态交易策略的价值过程，$U(t) > 0\ (t \geqslant 0)$。选择 $U(t)$ 作为记账单位，就是找到一个概率测度 P^u，在这个概率测度下，$S(t)/U(t)$ 是一个 P^u 鞅。因此有

$$\frac{S(t)}{U(t)} = E_t^{P^u}\left[\frac{S(T)}{U(T)}\right] \tag{8.2.20}$$

或者

$$S(t) = U(t)E_t^{P^u}\left[\frac{S(T)}{U(T)}\right] \tag{8.2.21}$$

由此可见，为了计算资产价格，只需知道在测度 P^u 下 $S(T)/U(T)$ 的联合分布函数即可。这个概率分布函数不再包含所有风险资产历史路径的信息。如果这个概率分布函数相对容易得到，那么，通过这种方式为资产定价可以简化计算。

下面给出测度 P^u 的计算原理。

定理 8.2.5 如果资产价格 $S(t)$ 和 $U(t)$ 满足随机微分方程：

$$dS(t)=S(t)(\mu_S(t)dt+\sigma_S(t)dW(t)) \tag{8.2.22}$$

$$dU(t)=U(t)(\mu_U(t)dt+\sigma_U(t)dW(t)) \tag{8.2.23}$$

则 $S(t)/U(t)$ 在测度 P^u 下是鞅过程。

其中，概率测度 P^u 通过下面的 Radon – Nikodym 导数定义：

$$\frac{dP^u}{dP}=\exp\left\{-\frac{1}{2}\int_0^T\|\lambda^u(t)\|^2dt-\int_0^T(\lambda^u(t))^\tau dW(t)\right\} \tag{8.2.24}$$

随机过程 $\lambda^U(t)$ 满足方程：

$$(\sigma_S(t)-\sigma_U(t))\lambda^U(t)=\mu_S(t)-\mu_U(t)+\|\sigma_U(t)\|^2-\sigma_S(t)\sigma_U(t) \tag{8.2.25}$$

令随机过程 $W^U=(W^U(t))$ 满足随机微分方程：

$$dW^U(t)=dW(t)+\lambda^U(t)dt,W^U(0)=0 \tag{8.2.26}$$

证明：由（8.2.24）式和（8.2.26）式知，W^U 在概率测度 P^u 下是标准 Wiener 过程。由（8.2.22）式和（8.2.23）式并利用伊藤引理，可有

$$d\left(\frac{S(t)}{U(t)}\right)=d(S(t))\frac{1}{U(t)}+S(t)d\left(\frac{1}{U(t)}\right)+d(S(t))d\left(\frac{1}{U(t)}\right)$$

$$=\frac{S(t)}{U(t)}[(\mu_S(t)\mu_U(t)+\|\sigma_U(t)\|^2-\sigma_U(t)\cdot\sigma_S(t))dt+(\sigma_S(t)-\sigma_U(t))dW(t)]$$

再由（8.2.26）式有

$$d\left(\frac{S(t)}{U(t)}\right)=\frac{S(t)}{U(t)}(\sigma_S(t)-\sigma_U(t))dW^U(t)$$

由此可知，$\dfrac{S(t)}{U(t)}$在概率测度 P^u 下是一个鞅过程。

由于

$$\mu_S(t)=r(t)+\sigma_S(t)\lambda(t),\mu_U(t)=r(t)+\sigma_U(t)\lambda(t)$$

把这两个条件代入（8.2.25）式可得

$$(\sigma_S(t)-\sigma_U(t))\lambda^U(t)=r(t)+\sigma_S(t)\lambda(t)-(r(t)+\sigma_U(t)\lambda(t))+\sigma_U^2(t)-\sigma_U(t)\sigma_S(t)$$

由此可有

$$\lambda^U(t)=\lambda(t)-\sigma_U(t) \tag{8.2.27}$$

因此，可以通过这个公式来寻找 $\lambda^U(t)$。

通常称这样的概率测度 P^u 为资产价格过程 $U=U(t)$ 的鞅测度，而风险中性概率测度 P^θ 为银行账户 $S^0(t)$ 的鞅测度。在测度 P^u 下，风险的市场价格是 $\lambda(t)-\lambda^U(t)$；在现实经济中的概率测度 P 下，风险的市场价格是 $\lambda(t)$；在风险中性概率测度 P^θ 下，风险的市场价格是零。

如果在测度 P^u 下，$S(T)/U(T)$ 的分布相对比较简单，则利用（8.2.21）式，可以比较容易地计算风险资产 $S(t)$ 的价值。

（二）远期鞅测度

如果衍生证券仅仅在 T 时刻有一次支付，在其他时间没有支付，则对这类衍生证券进行估价时，选用 T 时刻到期的零息票债券作为记账单位，可以简化衍生证券的估价计算。

T 时刻到期的零息票债券在 t 时刻的价格为 $B(t,T)$ 且满足 $B(T,T)=1$。如果风险的市场价格过程为 $\lambda=(\lambda(t))$，则由（8.2.3）式和（8.2.10）式可有

$$dB(t,T)=B(t,T)[(r(t)+\sigma^T(t)\lambda(t))dt+\sigma^T(t)\cdot dW(t)] \qquad (8.2.28)$$

其中，$\sigma^T(t)$ 为零息票债券价格 $B(t,T)$ 的波动率。

用在 T 时刻到期的零息票债券价格过程作为记账单位，由定理 8.2.5 选择测度 P^T，使 P^T 是这个资产价格过程 $B(t,T)$ 的鞅测度，称为远期鞅测度。在远期鞅测度 P^T 下，在 T 时刻交割的任何（无红利支付）证券的远期价格是鞅，期望的远期价格变化是零。这就是下面定理。

定理 8.2.6　如果资产仅仅在 T 时刻有支付，支付金额为 $S(T)$，资产今天（t 时刻）的价格是 $S(t)$，则资产的远期价格是 $S(t)/B(t,T)$，这个相对价格是 P^T 鞅，即

$$S(t)/B(t,T)=E_t^{P^T}[S(u)/B(u,T)] \qquad t\leqslant u\leqslant T \qquad (8.2.29)$$

特别地有 t 时刻的价格为

$$S(t)=B(t,T)E_t^{P^T}[S(T)] \qquad (8.2.30)$$

证明：首先由（8.2.20）式有

$$S(t)/B(t,T)=E_t^{P^T}[S(u)/B(u,T)]=E_t^{P^T}[S(T)/B(T,T)],t\leqslant u\leqslant T$$

又由于 $B(T,T)=1$ 可知（8.2.29）式和（8.2.30）式成立。

在远期鞅测度下的期望，有时称为远期风险中性世界的期望。

利用（8.2.30）式，可以为资产进行定价。定义 $W^T=(W^T(t))$ 为服从随机微分方程

$$dW^T(t)=dW(t)+(\lambda(t)-\sigma^T(t))dt$$

的过程，则由（8.2.27）式知，在测度 P^T 下，$W^T=(W^T(t))$ 是标准布朗运动。为了计算 $S_t=B(t,T)E_t^{P^T}[S(T)]$，仅仅需要知道到期支付的零息票债券现在的价值 $B(t,T)$，以及在远期鞅测度下资产到期时随机支付 $S(T)$ 的分布函数。可以用这种定价方法得到零息票债券欧式期权的价格，也可以为其他利率衍生产品估价。

如果收益率曲线是一个常数，即收益曲线是水平的，则债券价格的波动率 σ_t^T 是零，由（8.2.28）式可知，零息票债券与银行账户等价。因此，这时风险中性概率测度和远期鞅测度是等价的。

（三）互换鞅测度

欧式购买者互换期权给予期权购买者将来用固定利率交换浮动利率现金流的权利。如果欧式购买者互换期权的到期日是 T_0、执行利率是 X，则互换期权购买者有在 T_0 时刻进入面值为 A 的购买者互换的权利。如果这个期权在到期日 T_0 被执行，则期权持有者必须在将来固定的时间 $T_i=T_0+ih(i=1,\cdots,n)$ 支付 AhX 给对手方，同时从对手方收到浮动支付 $Ahl(T_i-h,T_i)$。这时，欧式购买者互换期权的合同价值为

$$V_t^{fix}=\sum_{i=i(t)}^{n}AXhB(t,T_i)=AXh\sum_{i=i(t)}^{n}B(t,T_i)$$

而此时欧式购买者互换期权的市场价值为

$$V_t^{fl} = \sum_{i=i(t)}^{n} A\tilde{l}(T_0,h)hB(t,T_i) = A\tilde{l}(T_0,h)h\sum_{i=i(t)}^{n} B(t,T_i)$$

这里 $\tilde{l}(T_0,h)$是 T_0 时刻的均衡互换利率。显然，只有当购买者互换期权的市场价值大于合同价值时，欧式购买者互换期权的持有者才可能行使权力。因此，在 T_0 时刻，这个欧式购买者互换期权的价格可以表示为

$$V_{T_0} = (\sum_{i=1}^{n} B(T_0,T_i))Ah\max(\tilde{l}(T_0,h) - X,0) \tag{8.2.31}$$

为了给在 T_0 时的支付 V_{T_0}进行定价，可以选择不同的记账单位。如果将到期日为 T_0 的零息票债券作为记账单位，则需要计算支付 $V(T_0)$在远期鞅测度 P^{T_0}下的期望值。但是，由于在互换期权中，支付取决于多个不同到期日的债券价格，因此，在 P^{T_0}鞅测度下 $V(T_0)$的分布是相当复杂的。

为了使在 T_0 时刻的支付 V_{T_0}的定价变得简便，可以采用年金债券作为记账单位。年金债券在时间每个点 $T_1,\cdots,T_n$ 都支付 1 元，所以，年金债券在 $t\leqslant T_0$ 时刻的价值为 $\Phi(T_0) = \sum_{i=1}^{n} B(T_0,T_i)$。如果选择年金债券作为记账单位，则称与这个记账单位相应的鞅测度为互换鞅测度（swap martingale measure），记互换鞅测度为 P^{Φ}。

定理 8.2.7 欧式购买者互换期权的价格为

$$V(t) = \Phi(t)AhE_t^{P^{\Phi}}[\max(\tilde{l}(T_0,h) - X,0)] \tag{8.2.32}$$

证明：根据（8.2.31）式，互换期权的支付与价格的关系为：

$$V(T_0) = (\sum_{i=1}^{n} B(T_0,T_i))Ah\max(\tilde{l}(T_0,h) - X,0)$$

$$= \Phi(T_0)Ah\max(\tilde{l}(T_0,h) - X,0)$$

再由（8.2.21）式可得

$$V(t) = \Phi(t)E_t^{P^{\Phi}}\left[\frac{V(T_0)}{\Phi(T_0)}\right] = \Phi(t)AhE_t^{P^{\Phi}}[\max(\tilde{l}(T_0,h) - X,0)]$$

在这里将互换期权的支付可以表示为 $Ah\max(\tilde{l}(T_0,h) - X,0)$单位的年金债券，而互换期权的价格以年金债券单位表示就是 $Ah\max(\tilde{l}(T_0,h) - X,0)$，在互换鞅测度 P^{Φ} 下的期望值。因此只要知道互换利率 $\tilde{l}(T_0,h)$在互换鞅测度 P^{Φ} 下的概率分布，就可以计算互换期权的价格。

（四）欧式期权定价

这里讨论欧式期权定价问题，将看到以标的资产和 $B(t,T)$作为计价单位时所对应的概率测度可以用来给出欧式期权的价格。以欧式看涨期权为例进行讨论，假设欧式看涨期权合约的到期日为 T、合约执行价格为 X，如果用 $q(T)$表示合约到期时标的资产的价格，则在到期日 T 的看涨期权合约的支付为：

$$V(T) = \max(q(T) - X,0) = (q(T) - X)I_{\{q(T)>X\}} \tag{8.2.33}$$

在这里，$I_{\{q(T)>X\}}$表示事件$\{q(T) > X\}$的示性函数

$$I_{\{q(T)>X\}}=\begin{cases}1, q(T)>X\\0, q(T)\leqslant X\end{cases}\tag{8.2.34}$$

定理 8.2.8　到期日为 T、合约执行价格为 X 的欧式看涨期权的价格可以表示为

$$V(t)=q(t)P_t^q(q(T)>X)-XB(t,T)P_t^T(q(T)>X)\tag{8.2.35}$$

其中，$q(t)$ 表示期权合约标的资产的价格，P^q 表示以期权合约标的资产作为记账单位时所对应的概率测度。如果标的资产是零息票债券，债券到期日 $S>T$，则有

$$V(t)=B(t,S)P_t^S(B(T,S)>X)-XB(t,T)P_t^T(B(T,S)>X)\tag{8.2.36}$$

证明：由（8.2.30）式和（8.2.33）式可知看涨期权的价格为

$$\begin{aligned}V(t)&=B(t,T)E_t^{P^T}[V(T)]\\&=B(t,T)E_t^{P^T}[(q(T)-K)I_{\{q(T)>K\}}]\\&=B(t,T)(E_t^{P^T}[q(T)I_{\{q(T)>K\}}]-XE_t^{P^T}[I_{\{q(T)>X\}}])\\&=B(t,T)(E_t^{P^T}[q(T)I_{\{q(T)>X\}}]-XP_t^T(q(T)>X))\\&=B(t,T)E_t^{P^T}[q(T)I_{\{q(T)>X\}}]-XB(t,T)P_t^T(q(T)>X)\\&=q(t)E_t^{P^q}[I_{\{q(T)>X\}}]-XB(t,T)P_t^T(q(T)>X)\\&=q(t)P_t^q(q(T)>X)-XB(t,T)P_t^T(q(T)>X)\end{aligned}$$

即有（8.2.35）式成立。而（8.2.36）式可由（8.2.35）式直接得到。

第三节

远期价格与期货价格

远期合约与期货合约有诸多相似之处，因此远期合约的远期价格与期货合约的期货价格之间存在密切关系。如果远期合约与期货合约的标的资产相同、合约的到期时间也相同，则在将来利率确定的条件下，远期价格和期货价格是相同的。如果将来的利率是不确定的，则期货价格与远期价格通常并不相同。如果利率是确定的，则利率可以用确定性函数描述；如果利率是不确定的，则需要用随机过程描述利率过程。这里假设利率过程是随机的，在此条件下讨论远期价格与期货价格之间的关系。

一、远期价格

到期日为 T、交割价格为 X 的远期合约在到期日 T 的支付为 S_T-X，在这里，S 是标的资产变量，通常是资产价格或特定的利率。对 t 时刻签订的远期合约，如果合约交割价格 X 是公平的，则远期合约当前的价值为零。

定义 8.3.1　若 t 时刻签订的、到期日为 T 的远期合约的交割价格 X 使得这个远期合约的价值为零，则称这个交割价格 X 为 t 时刻的远期价格，记为 F_t^T。

显然，在清算日，远期价格等于标的资产价格，即 $F_T^T=S_T$。

定理 8.3.1　远期价格为

$$F_t^T=\frac{E_t^{P\theta}\left[S(T)e^{-\int_t^T r(u)du}\right]}{B(t,T)} \tag{8.3.1}$$

特别地，如果标的变量是交易资产，并且在时间$[t,T]$内没有支付，则远期价格为

$$F_t^T=\frac{S(t)}{B(t,T)} \tag{8.3.2}$$

证明：因为远期价格使远期合约当前的价值为零，所以由（8.2.19）式可有

$$E_t^{P\theta}\left[(S(T)-F_t^T)e^{-\int_t^T r(u)du}\right]=0$$

由此可得

$$F_t^T E_t^{P\theta}\left[e^{-\int_t^T r(u)du}\right]=E_t^{P\theta}\left[S(T)e^{-\int_t^T r(u)du}\right]$$

故（8.3.1）式成立。

如果标的变量是交易资产，并且在时间$[t,T]$内没有支付，则有

$$E_t^{P\theta}\left[S(T)e^{-\int_t^T r(u)du}\right]=S(t)$$

故又有（8.3.2）式成立。

由定理8.3.1可得如下两个推论。

推论8.3.1 远期价格为

$$F_t^T=E_t^{P\theta}[S(T)]+\frac{\mathrm{cov}_t^{P\theta}\left(e^{-\int_t^T r(u)du},S(T)\right)}{B(t,T)} \tag{8.3.3}$$

证明：由于对任意随机变量X和Y都有

$$E[XY]=\mathrm{cov}(X,Y)+E[X]E[Y]$$

因此

$$\begin{aligned}E_t^{P\theta}\left[e^{-\int_t^T r(u)du}S(T)\right]&=\mathrm{cov}_t^{P\theta}\left(e^{-\int_t^T r(u)du},S(T)\right)+E_t^{P\theta}\left[e^{-\int_t^T r(u)du}\right]E_t^{P\theta}\left[S(T)\right]\\&=\mathrm{cov}_t^{P\theta}\left(e^{-\int_t^T r(u)du},S(T)\right)+B(t,T)E_t^{P\theta}\left[S(T)\right]\end{aligned}$$

由定理8.3.1可知所证结论成立。

推论8.3.2 远期鞅测度下，交割日期为T的远期价格过程是鞅。即有

$$F_t^T=E_t^{P^T}[S(T)]=E_t^{P^T}[F_T^T] \tag{8.3.4}$$

证明：由（8.3.2）式有

$$F_t^T=\frac{S(t)}{B(t,T)}$$

于是在远期鞅测度P^T下有

$$F_t^T=E_t^{P^T}\left[\frac{S(T)}{B(T,T)}\right]=E_t^{P^T}[S(T)]$$

即有（8.3.4）式成立。

二、期货价格

假设期货合约的交割日期为 T，在 t 时刻，期货合约标的资产变量的市场价格记为 $S(t)$，期货价格记为 G_t^T。显然，在期货合约的到期日，期货价格为 $G_T^T=S(T)$。期货市场交易的保证金制度要求逐日盯市。为了简化理论讨论，我们这里假设期货合约连续交易、连续盯市。因此，在任意无穷小区间 $[t,t+dt]$，期货的支付是 dG_t^T。

在上面假设条件下，关于期货价格，我们直接给出如下定理。

定理 8.3.2　在即期鞅测度 P^θ 下，期货价格 G_t^T 是一个鞅过程。即有

$$G_t^T=E_t^{P\theta}[S(T)]\quad t<T \tag{8.3.5}$$

证明： 我们首先假设仅存在有限多个交易时间 $t_0,t_1,\cdots,t_n$ 且

$$0=t_0<t_1<\cdots<t_n=T$$

更进一步假设在每个区间 $[t_i,t_{i+1})$ 上，$r(u)$ 都是常数，则有

$$S^0(t_{j+1})=\exp\int_0^{t_{j+1}}r(u)du=\exp\Big(\sum_{i=0}^{n}r(t_i)(t_i-t_{i+1})\Big) \tag{8.3.6}$$

考虑时间 t_{n-1}，假设在时间 t_{n-1} 达成的在时间 $t_n=T$ 交割的证券价格为 $G_{t_{n-1}}^T$。则在时间 t_{n-1} 达成的价格与时间 $t_n=T$ 的价格差别为

$$G_{t_n}^T-G_{t_{n-1}}^T \tag{8.3.7}$$

由期货合约的性质，在时间 t_{n-1}，（8.3.7）式给出的这个差价的期望贴现值为零。也就是说，盯市操作的支付 $G_{t_n}^T-G_{t_{n-1}}^T$ 在时间 t_{n-1} 的价值为零。即有

$$S^0(t_{n-1})E_{t_{n-1}}^{P\theta}[(S^0(t_n))^{-1}(G_{t_n}^T-G_{t_{n-1}}^T))]=0$$

类似的，在时间 t_{n-2} 存在如下等式

$$S^0(t_{n-2})E_{t_{n-2}}^{P\theta}[(S^0(t_{n-1}))^{-1}(G_{t_{n-1}}^T-G_{t_{n-2}}^T)]=0$$

这里 $G_{t_{n-2}}^T$ 是时间 t_{n-2} 的期货价格。

继续下去可以推得，在时间 $t=t_k$ 成立如下关系

$$S^0(t_k)E_{t_k}^{P\theta}[\sum_{j=k}^{n}(S^0(t_{j+1}))^{-1}(G_{t_{j+1}}^t-G_{t_j}^t)]=0 \tag{8.3.8}$$

在连续时间的情形，这个条件写成

$$S^0(t)E_t^{P\theta}\Big[\int_t^T(S^0(u))^{-1}dG_u^T\Big]=0\qquad 0\leqslant t\leqslant T \tag{8.3.9}$$

记

$$M(t)=\int_t^T(S^0(u))^{-1}dG_u^T$$

则（8.3.9）式表明，对任意的 $0\leqslant s\leqslant t\leqslant T$ 都有

$$E_s^{P\theta}[M(t)]=M(s)$$

成立。即 $M(t)$ 是一个鞅过程。由此可有

$$\int_0^t S^0(u)dM_u=G_t^T-G_0^T$$

是一个鞅过程。又由 $G_T^T=S(T)$ 可知

$$G_t^T = E_t(S(T))$$

定理结论得证。

从定理 8.3.2 可以推出，如果期货的标的资产为零息票债券，并且零息票债券的到期日为 $S(S>T)$，则在 t 时刻的期货价格为

$$G_t^{T,S} = E_t^{P^\theta}[B(T,S)] \tag{8.3.10}$$

如果期货的标的资产是付息票债券，债券息票支付日期为 T_i，所支付的息票为 Y_i，则在 T 时债券的价格为 $B_T = \sum_{T_i>T} Y_i B(T,T_i)$。因此期货价格为

$$\begin{aligned} G_t^{T,cpn} &= E_t^{P^\theta}\left[\sum_{T_i>T} Y_i B(T,T_i)\right] \\ &= \sum_{T_i>T} Y_i E_t^{P^\theta}\Big[B(T,T_i)\Big] \\ &= \sum_{T_i>T} Y_i G_t^{T,T_i} \end{aligned} \tag{8.3.11}$$

因此，标的资产为付息债券的期货价格等于标的资产为零息票债券的期货价格的加权平均，这些零息票债券的到期日为息票支付日，加权系数就是息票支付数量。

三、远期价格与期货价格的比较

由（8.3.3）式和（8.3.5）式，我们可以计算远期价格与期货价格之差，即有如下结果。

定理 8.3.3 远期价格与期货价格之差可以表示为

$$F_t^T - G_t^T = \frac{\mathrm{Cov}_t^{P^\theta}\left(e^{-\int_t^T r(u)du}, S(T)\right)}{B(t,T)} \tag{8.3.12}$$

根据（8.3.12）式，只有当随机变量 $S(T)$ 与 $e^{-\int_t^T r(u)du}$ 在风险中性概率测度下不相关时，远期价格等于期货价格。特别地，如果瞬时利率 $r(t)$ 是常数或确定性的，则 $e^{-\int_t^T r(u)du}$ 是非随机的变量。因此，随机变量 $S(T)$ 与 $e^{-\int_t^T r(u)du}$ 在风险中性概率测度下不相关。这时，远期价格等于期货价格。如果在风险中性概率测度下 $S(T)$ 与 $e^{-\int_t^T r(u)du}$ 正相关，则远期价格大于期货价格；如果 $S(T)$ 与 $e^{-\int_t^T r(u)du}$ 负相关，则远期价格小于期货价格。

我们可以通过如下的直观解释来理解这个性质。假设利率与标的资产现货价格 $S(T)$ 正相关，则当利率比较高时，标的资产价格也可能比较高，期货合约多头的投资者会因为每日结算而获得收益，期货的结算收益倾向于是正的；当利率低时正好相反，期货的盯市支付倾向于是负的。因此，资产价格上涨几乎与利率上涨同时发生。当结算收益为正的时候，获得的收益可以以高利率再投资；当结算收益为负的时候，需要付出的支付可以以低利率融资。而远期合约不进行每日结算，在远期合约有效期内没有任何支付，不存在再投资或再融资的问题。如果期货价格和远期合约一致，则期货协议未贴现的总支付与远期合约的期末支付相同，由于期货合约多头方每日结算收益投资的利率高、融资的利率低，故在其他条件相同的时候，期货合约比远期合约更有吸引力。为了维持两个合约的零初始值，期货价格必须比远期价格高。如果利率与标的资产现货价格负相关，则通过类似的分析可以发现结论正好相

反，期货价格必须比远期价格低。

第四节

利率衍生产品定价的 Black 模型

本节我们运用前面介绍的资产风险中性定价的原理和方法讨论在实际中有应用广泛的几类欧式期权定价模型。

一、Black 模型

这里我们讨论为商品期货欧式期权定价的 Black 模型。我们用 X 表示商品期货欧式期权的执行价格，T 表示期权合约的执行时间，商品期货合约的到期日为 $T^*(T^* \geq T)$ 在时间 t 时商品期货价格记为 $G_t^{T^*}$，期货看涨期权在时间 T 时的支付为 $\max(G_t^{T^*}-X,0)$。我们用$C(t)$表示欧式看涨期权在时间 t 的价格，用 $P(t)$ 表示欧式看跌期权在时间 t 的价格，用 $N(x)$ 表示标准正态分布随机变量的分布函数。这时我们有如下结论。

定理 8.4.1（Black 模型） 如果无风险利率 r 是常数，在风险中性概率测度 P^θ 下，基础资产（商品）价格过程 $S(t)$ 服从几何布朗运动

$$dS(t)=rS(t)dt+\sigma S(t)dW(t)$$

则商品期货欧式看涨期权和看跌期权的价格分别为

$$C(t)=e^{-r(T-t)}[G_t^{T^*}N(\hat{d}_1(G_t^{T^*},t))-XN(\hat{d}_2(G_t^{T^*},t))] \tag{8.4.1}$$

$$P(t)=e^{-r(T-t)}[XN(-\hat{d}_2(G_t^{T^*},t))-G_t^{T^*}N(-\hat{d}_1(G_t^{T^*},t))] \tag{8.4.2}$$

其中，过程 $W(t)$ 在风险中性概率测度 P^θ 下是标准布朗运动，$W(0)=0$。

$$d_1(G_t^{T^*},t)=\frac{\log(G_t^{T^*}/X)+r(T-t)}{\sigma\sqrt{T-t}}+\frac{1}{2}\sigma\sqrt{T-t} \tag{8.4.3}$$

$$d_2(G_t^{T^*},t)=\frac{\log(G_t^{T^*}/X)+r(T-t)}{\sigma\sqrt{T-t}}-\frac{1}{2}\sigma\sqrt{T-t}$$

$$=d_1(G_t^{T^*},t)-\frac{1}{2}\sigma\sqrt{T-t} \tag{8.4.4}$$

证明： 因为无风险利率是常数，所以，根据定理 8.3.5，期货价格 $G_t^{T^*}$ 等于远期价格 $F_t^{T^*}$，再由定理 8.3.1，期货价格可以表示为

$$G_t^{T^*}=S(t)e^{r(T^*-t)}$$

由于期货合约的基础资产价格服从几何布朗运动，所以，根据伊藤引理，可以得到

$$dG_t^{T^*}=\sigma G_t^{T^*}dW^\theta(t)$$

由此可知，$E_t^{P\theta}[G_T^{T^*}]=G_t^{T^*}$ 且 $G_T^{T^*}$ 服从对数正态分布

$$\log G_T^{T^*}\sim N(\log G_t^{T^*}-\frac{1}{2}\sigma^2(T-t),\sigma^2(T-t))$$

根据风险中性定价原理可有

$$C(t)=e^{-r(T-t)}E_t^{P^\theta}[\max(G_T^{T^*}-X,0)]$$

直接计算这个积分，可以证明（8.4.1）式成立。类似也可以证明（8.4.2）式也成立。

二、债券期权定价公式

下面我们分别介绍应用 Black 模型分别为债券期权、利率上限（下限）、互换期权定价。我们介绍的是近似定价公式。正确的定价公式应该根据定理 8.2.8 来计算。在这里首先介绍债券期权定价的 Black 公式。

这里所讨论期权的标的资产是息票债券。假设息票债券在时间 T_i 分别支付 $Y_i(i=1,\cdots,n)$，$T_1<T_2<\cdots<T_n$。我们用 X 表示期权的执行价格，用 T 表示期权合约的执行时间，用 C_t^{Cpn} 表示欧式看涨期权在时间 t 的价格，用 P_t^{Cpn} 表示欧式看跌期权在时间 t 的价格，用 $F_t^{T,Cpn}$ 表示在时间 t 的远期价格。

定理 8.4.2 如果期货价格等于远期价格，在风险中性概率测度下，债券在期权到期日时的远期价格 $F_T^{T,Cpn}$ 的分布是对数正态分布，$\log F_T^{T,Cpn}$ 的标准差为 $\sigma\sqrt{T-t}$，远期价格在 t 和 T 之间价格变化的期望是零，则债券期权定价的 Black 公式为

$$\begin{aligned}C_t^{Cpn}&=\Big(B(t)-\sum_{t<T_i<T}Y_iB(t,T_i)\Big)N(\hat{d}_1(F_t^{T,Cpn},t))\\&\quad-XB(t,T)N(\hat{d}_2(F_t^{T,Cpn},t))\end{aligned}\tag{8.4.5}$$

$$P_t^{Cpn}=XB(t,T)N(-\hat{d}_2(F_t^{T,Cpn},t))-\Big(B(t)-\sum_{t<T_i<T}Y_iB(t,T_i)\Big)N(-\hat{d}_1(F_t^{T,Cpn},t))\tag{8.4.6}$$

其中，$B(t)$ 是期货标的资产息票债券在今天 t 的价格，$\hat{d}_1$ 和 $\hat{d}_2$ 根据（8.4.3）式和（8.4.4）式计算。

证明：为计算期权价格，我们首先讨论息票债券的远期价格。为此考虑两个资产组合。

组合 1：一个远期合约多头，X 个到期日为 T 的零息票债券，以及对每个 $t<T_i<T$，Y_i 个到期日为 T 的零息票债券。

组合 2：期货合约的标的资产，即息票债券。

显然，在 t 到远期合约到期日 T 期间，组合 1 和组合 2 的支付完全相同，并且在时间 T，组合 1 的价值为 $B(T)-X+X=B(T)$，与组合 2 的价值完全相同。在正常的市场条件下，市场中没有套利机会。

因此，组合 1 与组合 2 在今天的价值必须相同。记远期合约的价值为 $V_t^{T,Cpn}$，则有

$$V_t^{T,Cpn}+XB(t,T)+\sum_{t<T_i<T}Y_iB(t,T_i)=B(t)\tag{8.4.7}$$

远期价格使期货合约是公平的，合约的价值是零。因此，取合约的交割价格 X 为远期价格 $F_t^{T,Cpn}$，则此时有 $V_t^{T,Cpn}=0$ 并且

$$F_t^{T,Cpn}=\frac{\sum_{t<T_i<T}Y_iB(t,T_i)-B(t)}{B(t,T)}=\frac{\sum_{T_i>T}Y_iB(t,T_i)}{B(t,T)}=\sum_{T_i>T}Y_iF_t^{T,T_i}\tag{8.4.8}$$

由于期权价格可以用期权到期日的支付在风险中性概率测度下的期望的现值来表示，因此与定理8.4.1类似，可以证明本定理结论成立。

如果远期价格 $F_t^{T,Cpn}$ 服从漂移项为零、波动项 σ 是常数的随机过程，则定理8.4.2中远期价格分布的假设成立。

三、利率上限（下限）定价的 Black 公式

利率上限（caps）是保护按照浮动利率借款的投资者，避免投资者支付太高的利率；利率下限（floors）则正好相反，是为了保护资金出借者的利益，避免贷款人得到的利率太低。假设贷款的面值是 A，贷款利息的支付时间为 $T_1 < T_2 < \cdots < T_n$，对所有的 i 都有，$T_{i+1} - T_i = h$。在 T_i 期支付的利率为货币市场在 $T_i - h$ 时的 h 期市场利率，即 $l(T_i - h, T_i)$。利率是在每个周期开始时决定，在每个周期的结束时支付，记 $T_0 = T_1 - h$

面值为 A 的利率上限（cap）是一个金融资产，利率上限的持有者在时间 T_i 少支付的利息为

$$Ah\max(l(T_i - h, T_i) - X, 0)\ (i = 1, \cdots, n)$$

如果上述浮动利率的贷款者购买了一个利率上限，则贷款者支付的总利率不超过固定利率 X。其中，通常称 X 为利率上限（cap 率），称 h 为利率上限频率，称在每一期的支付 $Ah\max(l(T_i - h, T_i) - X, 0)\ (i = 1, \cdots, n)$ 为一个 caplet。显然，利率上限是 caplet 的组合。

利率下限的持有者在时间 T_i 获得的利息为

$$Ah\max(X - l(T_i - h, T_i), 0)\ (i = 1, \cdots, n)$$

如果上述浮动利率的出借者购买了一个利率下限，则出借者获得的利率不低于固定利率 X。

利率双限（collars）合约被设计用来确保浮动利率贷款协议的利率支付界于事先规定的两个水平之间。利率双限可以视为利率上限为 X_c 的利率上限多头和利率下限为 X_f 的利率下限空头的组合。利率双限的支付为

$$Ah(\max(l(T_i - h, T_i) - X_c, 0) - \max(X_f - l(T_i - h, T_i), 0))\ (i = 1, \cdots, n)$$

利用 Black 定价公式可有如下结果。

定理 8.4.3 如果在当前时间 t 时，在风险中性概率测度下，利率 $l(T_i - h, T_i)(= L(T_i - h; T_i - h, T_i))$ 服从对数正态分布，$\log l(T_i - h, T_i)$ 的标准差为 $\sigma_i\sqrt{T_i - h - t}$，远期利率 $L(s; T_i - h, T_i)$ 在 t 和 $T_i - h$ 之间价格变化的期望是零，并且可以用当前的贴现因子贴现利率上限、利率下限在风险中性概率测度下支付的期望，则为利率上限、利率下限和 caplet 定价的 Black 公式为

$$\begin{aligned} C(t) = Ah\sum_{i=1}^{n} B(t, T_i)[&L(t; T_i - h, T_i)N(\hat{d}_1^i(L(t; T_i - h, T_i), t)) \\ &- XN(\hat{d}_2^i(L(t; T_i - h, T_i), t))] \end{aligned} \tag{8.4.9}$$

$$F(t) = Ah\sum_{i=1}^{n} B(t, T_i)[XN(-\hat{d}_2^i(L(t; T_i - h, T_i), t))$$

$$-L(t;T_i-h,T_i)N(-\hat{d}_1^i(L(t;T_i-h,T_i),t))] \qquad (8.4.10)$$

$$C^i(t)=AhB(t,T_i)[L(t;T_i-h,T_i)N(\hat{d}_1^i(L(t;T_i-h,T_i),t))$$
$$-XN(\hat{d}_2^i(L(t;T_i-h,T_i),t))](i=1,\cdots,n) \qquad (8.4.11)$$

其中，C_t 为利率上限价格，F_t 为利率下限价格，C_t^i 为 caplet 价格。

$$d_1^i(L(t;T_i-h,T_i),t)=\frac{\log(L(t;T_i-h,T_i)/X)}{\sigma_i\sqrt{T_i-h-t}}+\frac{1}{2}\sigma_i\sqrt{T_i-h-t} \qquad (8.4.12)$$

$$d_2^i(L(t;T_i-h,T_i),t)=d_1^i(L(t;T_i-h,T_i),t)-\sigma_i\sqrt{T_i-h-t} \qquad (8.4.13)$$

四、互换期权定价的 Black 公式

欧式互换期权给期权的多头在期权的到期日 T_0 进入一个特定利率互换的权利，互换合约的开始时间是 T_0，互换率是 X，将来互换的支付时间是 T_1、T_2、$\cdots$、T_n，对所有的 $i\geqslant0$，$T_{i+1}-T_i=h$。如果期权持有者有权进入一个支付者互换，支付固定利率给对手方（每次支付的利息为 AhX，其中 A 为互换的本金），则称这个互换期权为支付者互换期权，支付者互换期权在时间 t 的价值记为 $P(t)$；如果期权持有者有权进入一个接受者互换，支付浮动利率给对手方，则称这个期权为接受者互换期权，接受者互换期权在时间 t 的价值记为 $R(t)$。利用定理 8.4.1 可有如下结论。

定理 8.4.4 远期互换率与互换率在风险中性概率测度下，满足 $\log\tilde{l}(T_0,h)=\log\tilde{L}(T_0;T_0,h)$ 服从正态分布，标准差为 $\sigma\sqrt{T-t}$，远期互换率变化的期望是零，则互换期权定价的 Black 公式为

$$P(t)=Ah\left(\sum_{i=1}^{n}B(t,T_i)\right)[\tilde{L}(t;T_0,h)N(\hat{d}_1(\tilde{L}(t;T_0,h),t))$$
$$-XN(\hat{d}_2(\tilde{L}(t;T_0,h),t))] \qquad t<T_0 \qquad (8.4.14)$$

$$R(t)=Ah\left(\sum_{i=1}^{n}B(t,T_i)\right)[XN(-\hat{d}_2(\tilde{L}(t;T_0,h),t))$$
$$-\tilde{L}(t;T_0,h)\cdot N(-\hat{d}_1(\tilde{L}(t;T_0,h),t))] \qquad t<T_0 \qquad (8.4.15)$$

其中，$\hat{d}_1$ 和 $\hat{d}_2$ 根据（8.4.3）式和（8.4.4）式给出。

证明： 在期权到期日，支付者互换期权和接受者互换期权的支付分别为

$$P(T_0)=Ah\left(\sum_{i=1}^{n}B(T_0,T_i)\right)\max(\tilde{l}(T_0,h)-X,0)$$

和

$$R(T_0)=Ah\left(\sum_{i=1}^{n}B(T_0,T_i)\right)\max(X-\tilde{l}(T_0,h),0)$$

即互换支付者期权在期权合约到期日的价值，等于互换率超过期权合约规定的互换利率部分所带来的收益的现值。接受者互换期权在期权合约到期日的价值，等于期权合约规定的互换利率超过互换率部分所带来的收益的现值。

由风险中性定价原理，互换期权价格可以用期权到期日的支付在风险中性概率测度下的

期望的现值表示，这样在定理假设前提下，可以证明（8.4.14）式和（8.4.15）式成立。

第五节

数值计算方法

在这里建立二叉树利率模型，这个模型允许利率随时间随机地波动，利用这样的模型将进行债券的定价以及债券期权的定价。具体来讲，这里针对短期利率建模，定义期限为 h，就是二叉树上的一个周期的长度。在下面问题中，对一年期利率建模。因此，期限为1年，即 $h=1$。

现在构造一年期利率的二叉树，注意可以观察到今天的一年期利率。假定一年期利率到第二年可以上升或下降，第三年也是这样。这种利率过程可以用图8－2表示出来。注意，与股票的二叉树不同的是，这时的图形中的结点并不重合。

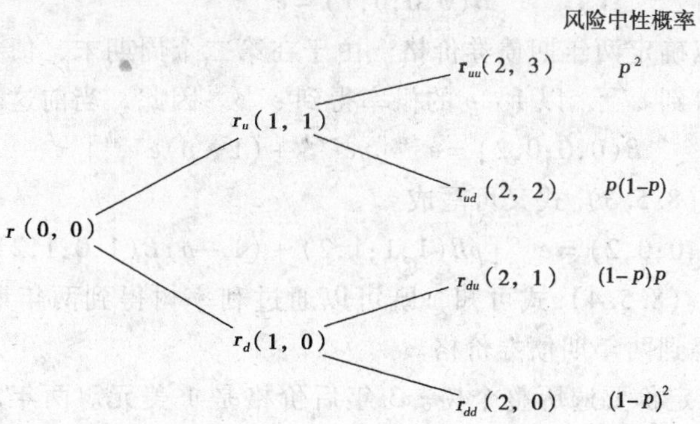

图8－2 短期利率的二叉树模型

用 $R(t_0;t,T)$ 表示在 t_0 时刻的从 t 到 T 时刻的远期利率。这个符号给出了在一个时间点观测到的一组从不同时间 t 开始、期限为 $(T-t)$ 的远期利率。当 $t_0=t$ 时，$R(t;t,T)=R(t,T)$ 表示当期的不同期限的即期利率。

对于如图8－2所示的二叉树，在每个结点都有一组不同期限即期利率以及远期利率。因此，需要对结点上的这些利率进行区分。用 $R(t_0,j;t,T)$ 表示从 t 到 T 的远期利率，其中 $t_0<t$，其状态为 j。时间 t_0 即为当前时间，j 表示了该利率在树中 t_0 时刻的高度。相似的，在 t_0 时刻的任何点，都有一组即期的和隐含的远期零息票债券价格，$B(t_0,j;t,T)$。

这样，在第 i 时刻的高度为 j 的结点处，单时期利率为 $R(i,j;i,i+1)$。在图8－2中，最初的单时期利率为 $r_0(0,1;0)$，而利率 r_{du} 为 $R(2,1;2,3)$。而终止时刻各结点处的利率给出了两个周期后所观测的单周期利率。因此，图8－2中的二叉树可以对期限最长为3年的债券进行定价。用 p 表示每个结点处利率向上移动的风险中性概率，则 $1-p$ 表示每个结点处利率向下移动的风险中性概率。这里假定利率为连续复利利率。

一、零息票债券的价格

在时刻0可以按照使用股票价格二叉树对期权进行定价的方法来确定债券的价格。任何时间的单周期债券价格都可以通过对现行单周期利率进行贴现得到，在每个结点可有

$$B(i,j;i,i+1)=e^{-R(i,j;i,i+1)h} \tag{8.5.1}$$

对于两个周期后到期的债券的价格，可以通过对一个周期后的单周期债券价格的期望值进行贴现来得到。将这种做法推广，在任何结点，都可以递推地对 n 期零息票债券进行定价。从 $i+n$ 时刻开始，对单周期债券定价，然后在 $i+n-1$ 时刻得到两时期债券价格，依次类推。

由于可以通过二叉树对任意结点的任意期限（到树上剩余的期限为止）的零息票债券定价，由二叉树同样能得到所有期限下的隐含远期利率以及隐含利率的波动率。因此，我们可以利用利率，零息票债券价格或隐含的远期利率来等价地确定利率二叉树。

利用图8-2中的树，得到下面的定价方程。对单时期债券有

$$B(0,0;0,1)=e^{-rh} \tag{8.5.2}$$

沿着树倒推，可以确定两年期债券价格。由于在第二个周期末，债券价格是1美元，因此一年后以 p 的概率得到 e^{-r_u}，以 $1-p$ 的概率得到 e^{-r_d}。因此，当前这个债券价格为

$$B(0,0;0,2)=e^{-rh}[pe^{-r_uh}+(1-p)e^{-r_dh}] \tag{8.5.3}$$

由（8.5.2）式，（8.5.3）式又可写成

$$B(0,0;0,2)=e^{-rh}[pB(1,1;1,2)+(1-p)B(1,0;1,2)] \tag{8.5.4}$$

由（8.5.3）式和（8.5.4）式可知，既可以通过利率树得到两年期债券价格，也可以通过隐含的债券价格得到两年期债券价格。

最后，3年期债券定价要遍历整个树。3年后价格是1美元。两年后，1美元价格贴现率为 r_{uu}，r_{ud}，r_{du}或 r_{dd}。继续用上面的方法：

$$\begin{aligned}B(0,0;0,3)=e^{-r}\{&pe^{-r_u}[pe^{-r_{uu}}+(1-p)e^{-r_{ud}}]\\&+(1-p)e^{-r_d}[pe^{-r_{du}}+(1-p)e^{-r_{dd}}]\}\end{aligned} \tag{8.5.5}$$

3年期债券价格的还可以表达为不同的形式。由（8.5.5）式，我们可以得到

$$\begin{aligned}B(0,0;0,3)=&p^2e^{-(r+r_u+r_{uu})}p^2e^{-(r+r_u+r_{uu})}+p(1-p)e^{-(r+r_u+r_{ud})}\\&+(1-p)pe^{-(r+r_d+r_{du})}+(1-p)^2e^{-(r+r_d+r_{dd})}\end{aligned} \tag{8.5.6}$$

通过将（8.5.5）式写成（8.5.6）式，我们可以更清楚地看到，可以通过考察利率波动的不同路径来进行债券定价。每条路径隐含着一个贴现因子。用风险中性概率计算期望贴现因子。这个期望表示为 $E^{P\theta}$，则零息票债券价格为

$$E^{P\theta}(e^{-(r(0)+r(1)+r(2))h})$$

更为一般地，用 $r(i)$表示 i 时刻的利率，得到

$$E^{P\theta}(e^{-\sum_{i=0}^{n}r(i)h}) \tag{8.5.7}$$

所有债券定价模型都隐含地利用（8.5.7）式来计算。

【**例8.5.1**】 在图8-2表示的利率二叉树中，假设当前的1年期利率是10%，每年的1年期利率以概率 $p=0.5$ 上下浮动3%。可以利用这个二叉树计算1年期，2年期，3年期

的零息票债券价格。

1 年期债券：

从（8.5.2）式得到，1 年期债券的价格为

$$B(0,h)=e^{-0.10}=0.9048$$

2 年期债券：

从（8.5.3）式得到，2 年期债券的价格为

$$B(0,2)=e^{-0.10}(0.5e^{-0.13}+0.5e^{-0.07})=0.8191$$

3 年期债券：

最后，从（8.5.5）式得到，3 年期债券的价格为

$$B(0,3)=e^{-0.10}[0.5e^{-0.13}(0.5e^{-0.16}+0.5e^{-0.07})+0.5e^{-0.07}(0.5e^{-0.10}+0.5e^{-0.04})]$$
$$=0.7425$$

从（8.5.6）式也可以得到 3 年期零息票债券价格为 0.7425 美元。

应当注意，图 8－3 中给出的债券价格的波动行为不同于股票的情况。对于一个股票，未来价格的不确定性随时间增加，这是由于连续复利回报的波动率随时间的平方根增长。对于债券，初始债券价格的波动率随时间增长。当债券到期日临近时，由于债券价格趋近 1 美元，债券价格的波动性降低。到期日之前，债券价格的波动性必须等于 0。

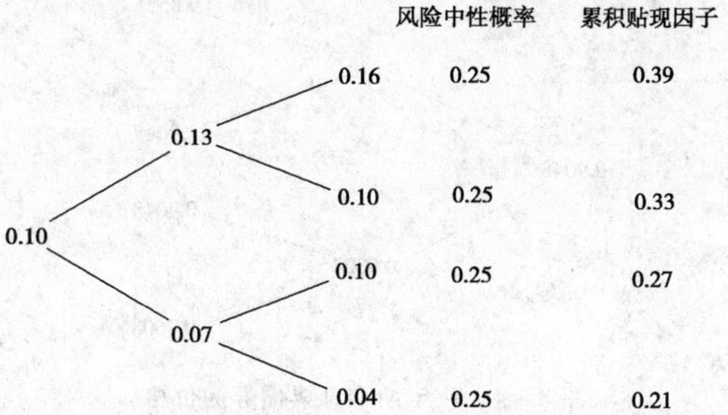

图 8－3　利率二叉树模型

二、收益率和期望利率

在图 8－3 中，假定 $p=0.5$，并且上下的浮动是对称的，利率服从随机游走，所以，每个结点的期望利率是 10%。但是，2 年和 3 年期债券的收益率则不等于 10%。2 年期债券的收益率为

$$-\log[B(0,2)]/2=-\log(0.8191)/2=0.0998$$

3 年期债券的收益率为

$$-\log[B(0,3)]/3=-\log(0.7425)/3=0.0992$$

2 年和 3 年期债券的收益率小于 10%。因此，正如前面讨论过的，不能利用预期利率对债券定价。不确定性使得债券的收益率小于预期的平均利率。收益率和平均利率的不一致随波动性增加而增加。

三、期权定价

用二叉树对债券期权定价的方式和对债券定价一样。假设有一个看涨期权，标的资产为$(T-t)$期的零息票债券，敲定价格为X，距到期日时间为$t-t_0$，那么到期日期权的价值是

$$O(t,j)=\max[0,B(t,j;t,T)-X] \tag{8.5.8}$$

可以像对股票期权一样处理，利用风险中性定价方法，反向递推地求出该期权的价格。在前一期第j'个结点处的期权价值为

$$O(t-h,j')=B(t-h,j';t-h,t)\times[p\times O(t,2j'+1)+(1-p)\times O(t,2j')] \tag{8.5.9}$$

这个计算过程假定树中结点不存在重合情况。由于每个结点产生两个新结点，那么如果第一期有J个结点，下一期将有2×J个结点。因此，如果在某一时间处在结点j，则在一个时期内可以移动到结点$2j$或$2j+1$。这样继续下去，可以得到0时期的期权价格。

【例8.5.2】 假定有一个2年到期的看跌期权，标的资产为1年期零息票债券，敲定价格为0.90美元。那么，第二年的对应于第j各结点的收益为

$$\max[0.90-B(2,j;2,3),0]$$

期权价格由第二年的1年期债券价格计算得出。可以给出图8-3中各结点处一年期债券的价格，如图8-4所示。

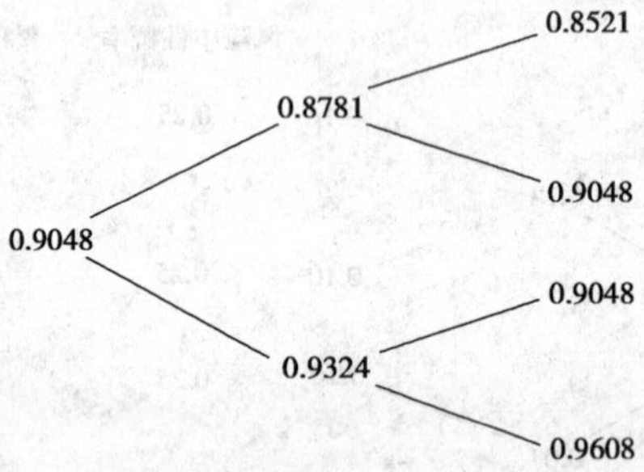

图8-4 一年期零息票债券的价格

从图8-4中可以看出，只有一个结点处看跌期权可能被执行，就是利率为0.16的结点，债券价格为$e^{-0.16}=0.8521$。利用树上的利率，以及到达各结点的风险中性概率，可以得到期权的价格

$$(0.90-0.8521)e^{-(0.13+0.10)}\times 0.25=0.0095$$

四、编程计算

前面介绍了利用二叉树计算利率衍生品价格的原理，并对简单例子进行了计算。对于复杂一些的问题，计算量很大，必须编程进行计算。这里就一个例子进行说明。

【例8.5.3】 假设当前的1年期利率是12%，每年的1年期利率以概率$p=0.5$上下浮动2%。假设现有一个3年后到期的欧式看涨期权，标的资产是5年后到期的零息票债券，期权执行价格为0.8元。试求5年期的零息票债券的价格树，并计算这个债券期权的当前价格。

对于这个问题，这里编写一个Matlab程序来进行计算。具体程序如下

```
%%%%%%%%%%%%%%%%%%%%%%%%%%%%%%%%
%% 零息票债券期权定价的二叉树方法                                    %%
%%%%%%%%%%%%%%%%%%%%%%%%%%%%%%%%
%包含函数 PT

global P;
global p;
%%%%%%%%%%%%%%%%%%%%%%%%%%%%%%%%
%输入参数值
r0 = 0.12;                          %初始利率
dr = 0.02;                          %单步变化利率
n = 5;                              %步数
p = 0.5;                            %利率上升的概率
sp = 0.80;                          %执行价格

%%%%%%%%%%%%%%%%%%%%%%%%%%%%%%%%
%构造利率矩阵，l表示行数，r表示列数（第r步），R（l, r）为结点（l, r）的利率
R（1, 1） = r0;
for r = 2: n
    l = 1;
    while l < power(2,r - 1)
        R(l,r) = R((l + 1)/2,r - 1) + dr;
        R(l + 1,r) = R(l,r) - 2 * dr;
        l = l + 2;
    end;
end;

%%%%%%%%%%%%%%%%%%%%%%%%%%%%%%%%%%
%构造单期债券矩阵，B（l, r）表示以结点（l, r）开始的单周期债券价格
for r = 1: n
    for l = 1: power（2, r - 1）
            B(l,r) = exp( - R(l,r));
    end;
end;

%%%%%%%%%%%%%%%%%%%%%%%%%%%%%%%%%%%%
%计算5年期零息票债券在各结点处的价格。
b0 = 4;
```

```
B0 =6;
for r =1: b0 +1
    for l =1: power (2, r -1)
    BT (l, r) =PT (l, r, B0);
    end;
end;

%%%%%%%%%%%%%%%%%%%%%%%%%%%%%%%%%%%%%%%
%计算债券期权的价格树。
%首先计算期权到期时在各个利率 R (1, b0) 情况下的期权价值
for l =1: power (2, b0 -1)
      OP (l, b0) =max (0, PT (l, b0, B0) -sp);
end;

% 再倒推前面各期 (r =b0 -1, …, 1) 的期权价值。
for rr =1: b0 -1;
    r =b0 -rr;
    for l =1: power (2, r -1)
       OP (l, r) =B (l, r) * (p*OP (2*l -1, r +1) + (1 -p) *OP (2*l,
r +1));
    end;
end;

%输出结果
R                          %利率树
BT                         %零息票债券价格树
OP                         %期权价格树
```

运行后，得到

R =

0.1200	0.1400	0.1600	0.1800	0.2000
0	0.1000	0.1200	0.1400	0.1600
0	0	0.1200	0.1400	0.1600
0	0	0.0800	0.1000	0.1200
0	0	0	0.1400	0.1600
0	0	0	0.1000	0.1200
0	0	0	0.1000	0.1200

0	0	0	0. 0600	0. 0800
0	0	0	0	0. 1600
0	0	0	0	0. 1200
0	0	0	0	0. 1200
0	0	0	0	0. 0800
0	0	0	0	0. 1200
0	0	0	0	0. 0800
0	0	0	0	0. 0800
0	0	0	0	0. 0400

BT =

0. 5521	0. 5728	0. 6194	0. 6978	0. 8187
0	0. 6722	0. 6984	0. 7559	0. 8521
0	0	0. 6984	0. 7559	0. 8521
0	0	0. 7874	0. 8189	0. 8869
0	0	0	0. 7559	0. 8521
0	0	0	0. 8189	0. 8869
0	0	0	0. 8189	0. 8869
0	0	0	0. 8871	0. 9231
0	0	0	0	0. 8521
0	0	0	0	0. 8869
0	0	0	0	0. 8869
0	0	0	0	0. 9231
0	0	0	0	0. 8869
0	0	0	0	0. 9231
0	0	0	0	0. 9231
0	0	0	0	0. 9608

OP =

0. 0131	0. 0036	0	0
0	0. 0259	0. 0084	0
0	0	0. 0084	0
0	0	0. 0489	0. 0189
0	0	0	0
0	0	0	0. 0189
0	0	0	0. 0189
0	0	0	0. 0871

这里 R 为利率树矩阵，BT 为债券价格矩阵，OP 为债券期权矩阵。由矩阵 OP 可以得到所求的期权价格为 0.0131 元。由此还可看出，给利率衍生品定价涉及的二叉树比股票二叉树大得多。

在前面程序中我们用到了一个函数 PT（a，b，B），其具体的程序如下。

```
%%%%%%%%%%%%%%%%%%%%%%%%%%%%%%%%%%%%%%%%%%%%%%%%%%%%%%%%%%%%
%%债券价格函数                                                  %%
%%%%%%%%%%%%%%%%%%%%%%%%%%%%%%%%%%%%%%%%%%%%%%%%%%%%%%%%%%%%
%P（a，b，B）表示以结点（a，b）开始，到第 B 步到期的零息票债券的价格

function rst = PT（a，b，B）

global P;
global p;
m = B - b - 1;                    % m 表示债券期数

%%%%%%%%%%%%%%%%%%%%%%%%%%%%%%%%%%%%%%%%%%%%%%%%%%%%%%%%%%%%%%%%
%构造向量 T（a），存储到期时（r = B）各个利率 R（a，B）情况对应的债券价格

for l = power（2，m）*（a - 1）+ 1：power（2，m）* a
    T（l）= P（l，B - 1）;
    lt = l;
    %   r：B1→b + 1，判断当前结点（lt，r）能否被 2 整除：如不能，表示当前结点
        是由前一步结点上升得来；如果能，表示当前结点是由前一步结点下降得来。
for rr = b + 1：B - 1
    r = B + b - rr;
    if（lt/2）~ = round（lt/2）
      lt =（lt + 1）/2;
      T（l）= T（l）* P（lt，r - 1）* p;
else
      lt = lt/2;
      T（l）= T（l）* P（lt，r - 1）*（1 - p）;
    end;
  end;
end;

Result = 0;
for l = power（2，m）*（a - 1）+ 1：power（2，m）* a
```

```
    Result = Result + T (l);            % 所有 T (a) 的总和即是 PT (a, b, B)
end;
% 输出结果
rst = Result;
```

这个程序给出了不同期限的债券价格函数。

习 题

1. 假设零息票债券的价格为

$B(t,T)=e^{-a(T-t)-b(T-t)r}$

其中，$a(t)=0.1(t-b(t))+0.1b(t)^2, b(t)=10(1-e^{-0.1t})$。

(1) 求即期利率；

(2) 求瞬时远期利率。

2. 假设 S 是一个红利率为 q 的资产的价格，在现实世界中服从如下过程

$dS=\mu_s Sdt+\sigma_s SdW(t)$

(1) 给出风险中性世界中变量 S 所满足的过程以及风险的市场价格；

(2) 给出时间 T 到期的零息票债券对应的远期风险中性测度下，变量 S 所服从的过程以及风险的市场价格。

3. 假设期限为 T 的零息票债券价格服从过程

$dB(t,T)=\mu_B B(t,T)dt+\sigma_B B(t,T)dW(t)$

基于该债券的一个衍生品价格服从过程

$df=\mu_f fdt+\sigma_f fdW\ (t)$

假设 f 无红利支付

(1) 求 f 的期限为 T 的远期价格；

(2) 求期限为 T 的零息票债券对应的远期鞅测度下 f 所服从的过程；

(3) 求风险中性概率测度下 f 所服从的过程。

4. 现有一个期限为 10 年的息票债券，当前价格为 120 美元，价格波动率为 8%。考虑一个基于该债券的一年期看跌欧式期权，敲定价格为 108 美元。又假设一年期的无风险利率为 10%，期权有效期内支付的息票现值为 10 美元，求该债券期权的价格。

5. 现有一个利率上限期权，约定 12 个月后的 3 个月利率上限为 12%，本金为 10000 美元。该期间的远期利率为 11%，15 个月的无风险利率为 10%，远期利率的波动率是 12%，求该利率上限的价格。

6. 现有一个基于 3 年期债券的欧式看涨期权，期权有效期为 2 年。3 年期债券的价格为 103 美元，具有相同息票的 2 年期债券价格为 102 美元，债券本金为 100 美元，期权敲定价格为 100 美元。两年期的无风险利率为 10%，2 年后债券价格的波动率为每年 2%。求该债券期权的价格。

7. 建立欧式债券期权的看涨—看跌平价公式。

8. 假设一个欧式互换期权赋予其持有者于一年后进行利率互换的权力。互换协议规定，在接下来的三年内，每年末支付5%的固定利率利息，收到浮动利率Libor计算的利息，互换的本金为1000000美元。当前的远期互换率为6%，互换率的波动率为20%，求该互换期权的价格。

第九章 DIJIUZHANG

利 率 模 型

利率期限结构是固定收益债券定价的基础，也是管理个别固定收益证券、资产组合以及其他利率衍生产品利率风险的基础。在实践中，经常用利率模型来描述利率和利率期限结构的变化。利用利率模型，可以采用一致的方法为所有固定收益债券定价，进行资产组合管理。

利率期限结构模型可以分成绝对定价模型和相对定价模型两类。绝对定价模型的目标是为所有固定收益证券进行定价，例如，为债券和债券期权、互换期权进行定价；而相对定价模型则假设给定当前可观测的利率期限结构（债券价格），目标是为利率衍生产品价格进行定价，这样得到的价格是相对于观测到的利率期限结构的价格。

有时候，绝对定价模型也被称为是均衡模型，而相对定价模型也被称为是无套利模型。本文所讨论的绝对定价模型都是假设一个或几个状态变量的运动方程，而瞬时利率可以通过状态变量表示。当前利率期限结构以及利率的运动、固定收益债券的价格等，都可以通过状态变量的运动方程得到。

一般假定金融资产的价格变化依赖于若干状态变量的变化，这些状态变量的变化反映经济发展过程中产生的各种信息。如果状态变量仅仅有一个，则说明是在讨论单因素模型；如果状态变量有多个，说明是在讨论多因素模型。

第一节 单因素利率模型

一、单因素利率模型的概念

定义 9.1.1 假设瞬时利率 $r(t)$ 瞬时利率服从扩散过程

$$dr(t)=\mu(r(t),t)dt+\sigma(r(t),t)dW(t) \tag{9.1.1}$$

其中，$W=W(t)$是标准布朗运动，$\mu(r,t)$、$\sigma(r,t)$是两个已知函数，则称为瞬时利率服从单因素扩散模型。

在风险中性概率测度 P^{θ} 下，单因素扩散模型可以表示为

$$dr(t)=\tilde{\mu}(r(t),t)dt+\sigma(r(t),t)dW^{\theta}(t) \tag{9.1.2}$$

其中，$W^{\theta}(t)$是风险中性概率测度 P^{θ} 下的标准布朗运动，并且

$$\tilde{\mu}(r(t),t)=\mu(r(t),t)-\sigma(r(t),t)\lambda(r(t),t)$$

其中，$\lambda(r(t),t)$是风险的市场价格。因为这里的风险仅仅是利率风险，所以，也经常称$\lambda(r(t),t)$为利率风险的市场价格。

定义 9.1.2 如果在模型（9.1.2）中，$\tilde{\mu}$ 和 σ 仅仅是利率的函数，则称利率模型为"齐次时间"（time homogeneous）模型，否则称模型为"非齐次时间"（time inhomogeneous）模型。

【例 9.1.1】 瞬时利率 $r(t)$ 服从如下随机微分方程

$$dr(t)=\mu dt+\sigma dW(t)$$

这里μ、σ 为常数，则得到一个瞬时利率单因素扩散模型，并且这个模型还是齐次的。

直接积分可得

$$r(t)=\mu t+\sigma W(t)$$

因此随机利率 $r(t)$服从均值为μt、方差为 $\sigma^2 t$ 的正态分布。

研究瞬时利率模型是为了用利率模型描述收益曲线，将收益曲线表示为瞬时利率的函数。因此，零息票债券价格 $B(t,T)$、即期利率 $R(t,T)$、瞬时远期利率 $F(t,T)$ 都是瞬时利率的函数。理论上，如果知道瞬时利率模型，则可以得到零息票债券价格 $B(t,T)$、即期利率 $R(t,T)$和瞬时远期利率 $F(t,T)$关于瞬时利率的函数 $B(r,t,T)$、$R(r,t,T)$、$F(r,t,T)$。

这里主要探讨时间齐次单因素扩散模型。首先介绍仿射模型的一般形式和定价原理，然后结合具体的仿射模型形式进行资产定价分析。

二、仿射模型

定义 9.1.3 如果瞬时利率可以用下面的随机微分方程描述

$$dr(t)=(\varphi-kr(t))dt+\sqrt{\delta_0+\delta_1 r(t)}\,dW^{\theta}(t) \tag{9.1.3}$$

其中，过程 $W^{\theta}=W^{\theta}(t)$ 是风险中性概率测度 P^{θ} 下的标准维纳过程，φ、k、δ_0 和 δ_1 均是常数，则称瞬时利率 r（t）服从仿射模型。

在现实世界概率测度 P 下，瞬时利率仿射模型所满足的微分方程为

$$dr(t)=((\varphi-kr(t))+\lambda(r(t),t)\sqrt{\delta_0+\delta_1 r(t)})dt+\sqrt{\delta_0+\delta_1 r(t)}\,dW(t) \tag{9.1.4}$$

其中，$\lambda(r(t),t)$ 是利率风险的市场价格。下面讨论仿射模型下，利率衍生证券的定价问题。

（一）零息票债券定价

首先考虑零息票债券。我们知道，零息票债券价格 $B(t,T)$是瞬时利率 r 和时间 t 的函数，即 $B(t,T)=B(r,t,T)$，如果瞬时利率服从仿射模型，则有如下结果。

定理 9.1.2 如果瞬时利率服从仿射模型式（9.1.3），则零息票债券 $B(r,t,T)$ 可以表示为

$$B(r,t,T) = e^{-a(T-t)-b(T-t)r} \tag{9.1.5}$$

其中，函数 $a(t)$ 和 $b(t)$ 是满足如下微分方程组

$$\frac{1}{2}\delta_1 b^2(t) + \tilde{k}b(t) + b'(t) - 1 = 0, t \in (0,T) \tag{9.1.6}$$

$$a'(t) - \tilde{\varphi}b(t) + \frac{1}{2}\delta_0 b^2(t) = 0, t \in (0,T) \tag{9.1.7}$$

以及初值条件

$$a(0) = b(0) = 0 \tag{9.1.8}$$

证明： 对于零息票债券，利用 Black - Scholes 定价模型的建立方法可以得到其价格 $B(r,t,T)$ 满足如下方程

$$\frac{\partial B(r,t,T)}{\partial t} + \alpha(r)\frac{\partial B(r,t,T)}{\partial r} + \frac{1}{2}\beta^2(r)\frac{\partial^2 B(r,t,T)}{\partial r^2} - rB(r,t,T) = 0, (r,t) \in R^1_+ \times [0,T) \tag{9.1.9}$$

以及边界条件

$$B(T,T) = 1 \tag{9.1.10}$$

这里 $\alpha(r) = \varphi - kr, \beta(r) = \sqrt{\delta_0 + \delta_1 r}$。

下面求解 $B(r,t,T)$。假设 $B(r,t,T)$ 具有如下形式

$$B(r,t,T) = e^{-a(T-t)-b(T-t)r} \tag{9.1.11}$$

将（9.1.11）式代入方程（9.1.9）中，可得

$$(a'(T-t) + b'(T-t)r)e^{-a(T-t)-b(T-t)r} + \alpha(r)(-b(T-t))e^{-a(T-t)-b(T-t)r}$$
$$+ \frac{1}{2}\beta^2(r)b^2(T-t)e^{-a(T-t)-b(T-t)r} - re^{-a(T-t)-b(T-t)r} = 0$$

进一步整理可得

$$(a'(T-t) - \varphi b(T-t) + \frac{1}{2}\delta_0 b^2(T-t))$$
$$+ (\frac{1}{2}\delta_1 b^2(T-t) + kb(T-t) + b'(T-t) - 1)r = 0$$

由于上面这个等式对于任意的 r 和 t 都成立，因此一定有式（9.1.6）和式(9.1.7)成立。

再利用边界条件（9.1.7），可以得到：

$$e^{-a(0)-b(0)r} = 1$$

所以，对于任意瞬时利率 r 都有

$$a(0) + b(0)r = 0$$

由此可有条件（9.1.8）成立。

解方程（9.1.6），并由条件 $b(0) = 0$，可以解出函数 $b(t)$。然后代入方程(9.1.7)，并利用条件 $a(0) = 0$，可以得到

$$a(t) = \varphi\int_0^t b(s)ds - \frac{1}{2}\delta_0\int_0^t b^2(s)ds$$

值得指出的是，如果对所有的 $t, b(t) > 0$，那么，债券价格将随利率 r 的上升而下降，债券价格公式与现实中债券价格与利率所表现出的关系一致。

【例 9.1.2】 如果瞬时利率可以用下面的随机微分方程描述

$$dr(t) = \varphi dt + \sqrt{\delta}dW^\theta(t)$$

则方程（9.1.6）和方程（9.1.7）可以分别写为

$$b'(t) - 1 = 0$$

$$a'(t) - \varphi b(t) + \frac{1}{2}\delta b^2(t) = 0$$

注意到，$a(0) = b(0) = 0$，我们可以得到

$$b(t) = t$$

$$a(t) = \frac{1}{2}\varphi t^2 - \frac{1}{6}\delta t^3$$

所以，零息票债券价格为

$$B(r,t,T) = e^{-\frac{1}{2}\varphi(T-t)^2 + \frac{1}{6}\delta(T-t)^3 - (T-t)r}$$

推论 9.1.1 如果瞬时利率服从仿射模型（9.1.3），则有

$$R(t,T) = R(r,t,T) = \frac{a(T-t)}{T-t} + \frac{b(T-t)}{T-t}r \tag{9.1.12}$$

$$F(r,t,T) = a'(T-t) + b'(T-t)r \tag{9.1.13}$$

证明 由于在时间 t，期限为 T 的连续复利即期利率与零息票债券价格之间的存在如下关系

$$B(r,t,T) = e^{-R(t,T)(T-t)}$$

于是，根据定理 9.1.2，（9.1.11）式成立。

前面已知，在时间 t 时，将于 T 开始的短期远期利率也是瞬时利率的函数，并且这个短期远期利率可以表示为

$$F(t,T) = F(r,t,T) = \frac{\partial log B(t,T)}{\partial T}$$

因此，根据定理 9.1.2 直接计算，可以发现（9.1.12）式成立。

【例 9.1.3】 如果瞬时利率可以用下面的随机微分方程描述

$$dr(t) = \varphi dt + \sqrt{\delta}dW^\theta(t)$$

则根据例【9.1.2】有

$$B(r,t,T) = e^{-\frac{1}{2}\varphi(T-t)^2 + \frac{1}{6}\delta(T-t)^3 - (T-t)r}$$

所以，由推论 9.1.1 有

$$R(t,T) = \frac{1}{2}\varphi(T-t) - \frac{1}{6}\delta(T-t)^2 + r$$

$$F(r,t,T) = \varphi(T-t) - \frac{1}{2}\delta(T-t)^2 + r$$

（二）利率期货与利率远期

记 $F^{T,S}$ $(r,\ t)$ 为时间 t 签订的、在时间 T 交割的、到期日为 S 的零息票债券的远期价格，r 为当前瞬时利率。这时有如下结果

定理 9.1.3 如果瞬时利率服从仿射模型（9.1.3），则有

$$F^{T,S}(r,t)=\exp\{-(a(S-t)-a(T-t))-(b(S-t)-b(T-t))r\} \tag{9.1.13}$$

证明：首先由定理 8.3.1 可有

$$F^{T,S}(r,t)=B(r,t,S)/B(r,t,T) \tag{9.1.14}$$

再由定理 9.1.2 可证（9.1.13）式成立。

对标的资产是零息票债券的期货，记 $G^{T,S}$ $(r,\ t)$ 为期货价格，则由定理 8.3.4 可以知道

$$G^{T,S}\ (r,\ t)\ =E^{p^\theta}_{r,t}\ [B\ (r_T,\ T,\ S)]$$

对于零息票债券的期货价格我们有如下结论。

定理 9.1.4 如果瞬时利率服从仿射模型（9.1.3），则期货价格为

$$G^{T,S}(r,t)=e^{-A(T-t)-B(T-t)r} \tag{9.1.15}$$

这里 $A(T-t)$ 和 $B(T-t)$ 满足下面的微分方程

$$\frac{1}{2}\delta_1B^2(t)+kB(.t)+B'(t)=0,t\in(0,T) \tag{9.1.16}$$

$$A'(t)-\varphi B(t)+\frac{1}{2}\delta_0B^2(t)=0,t\in(0,T) \tag{9.1.17}$$

以及初值条件

$$A(0)=a(S-T) \tag{9.1.18}$$

$$B(0)=b(S-T) \tag{9.1.19}$$

特别地，如果 $\delta_1=0$，则有

$$B(t)=b(t+s-T)-b(t)$$

这里 $a(t)$、$b(t)$ 由方程（9.1.6）、方程（9.1.7）以及初值条件（9.1.8）决定。

证明 由于瞬时利率服从仿射模型（9.1.3），则零息票债券的期货价格 $G^{T,S}(r,t)$ 满足如下方程

$$\frac{\partial G^{T,S}(r,t)}{\partial t}+\alpha(r)\frac{\partial G^{T,S}(r,t)}{\partial r}+\frac{1}{2}\beta^2(r)\frac{\partial^2G^{T,S}(r,t)}{\partial r^2}=0$$

$$\forall\ (r,t)\in S\times[0,T) \tag{9.1.20}$$

以及边界条件

$$G^{T,S}(r,T)=B(r(T),T,S) \tag{9.1.21}$$

这里 $\alpha(r)=\varphi-kr,\beta(r)=\sqrt{\delta_0+\delta_1r}$。

设零息票债券的期货价格 $G^{T,S}(r,t)$ 具有如下形式

$$G^{T,S}(r,t)=e^{-A(T-t)-B(T-t)r}$$

代入偏微分方程（9.1.20）并由定解条件（9.1.21），可以证明定理结论成立。

【例 9.1.4】 如果瞬时利率满足如下的随机微分方程

$$dr(t)=\varphi dt+\sqrt{\delta}dW^\theta(t)$$

求零息票债券的期货价格。

根据定理9.1.4，有

$$B'(t)=0$$

$$A'(t)-\varphi B(t)+\frac{1}{2}\delta B^2(t)=0$$

$$A(0)=\frac{1}{2}\varphi(s-T)^2-\frac{1}{6}\delta(s-T)^3$$

$$B(0)=S-T$$

由此可以解得

$$B(t)=s-T$$

$$A(t)=(\phi(s-T)-\frac{1}{2}\delta^2(s-T)^2)t+\frac{1}{2}\phi(S-T)^2-\frac{1}{6}\delta(S-T)^3$$

于是，期货价格为

$$G^{T,S}(r,t)=\exp\left\{-\left[(\phi(s-T)-\frac{1}{2}\delta^2(s-T)^2)t+\frac{1}{2}\phi(S-T)^2-\frac{1}{6}\delta(S-T)^3\right]-(S-T)r\right\}$$

（三）债券期权

欧式债券期权也是瞬时利率的函数，我们用 $C^{X,T,S}(r,t)$ 表示时间 t 在当前瞬时利率 $r=r(t)$ 下的欧式债券看涨期权价格，期权的到期日是 T，执行价格是 X，期权的标的资产是到期日为 T^* 的零息票债券（$t\leqslant T<T^*$）。

现在考虑标的资产是息票债券的期权，息票债券在 T_i 的支付为 $Y_i(i=1,\cdots,n)$，其中，$T_1<T_2<\cdots<T_n$。则债券在时间 t 的价格为

$$B(r,t)=\sum_{T_i>t}Y_i\cdot B(r,t,T_i)$$

记以息票债券为标的资产、到期日为 T、执行价格为 X 的欧式看涨期权价格为 $C^{X,T,cpn}(r,t)$。

定理9.1.5 假设瞬时利率服从仿射模型，零息票债券价格由（9.1.5）式给出，并且 $b(\tau)>0$，则息票债券看涨期权价格为

$$C^{X,T,cpn}(r,t)=\sum_{T_i>t}Y_iC^{X_i,T,T_i}(r,t)$$

这里 $X_i=B(r^*,T,T_i)$，r^* 是方程 $B(r^*,T)=X$ 的解。

证明 标的资产为息票债券的期权在期权合约到期日的支付为

$$C^{X,T,cpn}(r,T)=\max(B(r(T),T)-X,0)=\max(\sum_{T_i>T}Y_iB(r(T),T,T_i)-X,0)\quad(9.1.22)$$

因为 $b(\tau)>0$，所以，$B(r(T),T,T_i)$、$\sum_{T_i>t}Y_iB(r(T),t,T_i)$ 都是利率 $r(T)$ 的单调减函数。因此，存在一个 r^*，使得

$$B(r^*,T)=\sum_{T_i>T}Y_iB(r^*T,T_i)=X$$

记 $X_i=B(r^*,T,T_i)$

则有

$$\sum_{T_i>T} Y_i X_i = X$$

下面我们证明

$$\max(\sum_{T_i>1} Y_i B(r(T),T,T_i) - X,0) = \sum_{T_i>T} Y_i \max(B(r(T),T,T_i) - X_i,0) \quad (9.1.23)$$

这里分 $r^* < r(T)$ 和 $r^* > r(T)$ 两种情况进行讨论。

如果 $r^* < r(T)$，则由 $b(\tau) > 0$ 知

$$\sum_{T_i>T} Y_i B(r(T),T,T_i) > \sum_{T_i>T} Y_i B(r^*,T,T_i) = X$$

$$B(r(T),T,T_i) > B(r^*,T,T_i) = X_i$$

于是有

$$\begin{aligned}\max(\sum_{T_i>T} Y_i B(r(T),T,T_i) - X,0) &= \sum_{T_i>T} Y_i B(r(T),T,T_i) - X \\ &= \sum_{T_i>T} Y_i (B(r(T),T,T_i) - X_i) \\ &= \sum_{T_i>T} Y_i \max(B(r(T),T,T_i) - X_i,0)\end{aligned}$$

如果 $r^* > r(T)$，则由 $b(\tau) > 0$ 知

$$\sum_{T_i>T} Y_i B(r(T),T,T_i) < \sum_{T_i>T} Y_i B(r^*,T,T_i) = X$$

$$B(r(T),T,T_i) < B(r^*,T,T_i) = X_i$$

于是有

$$\max(\sum_{T_i>T} Y_i B(r(T),T,T_i) - X,0) = 0 = \sum_{T_i>T} Y_i \max(B(r(T),T,T_i) - X_i,0)$$

综上所述，(9.1.23) 式对任意 $r(T)$ 都成立。因此息票债券期权的支付与零息票债券期权组合的支付一样，因此由风险中性定价原理可有

$$\begin{aligned}C^{X,T,cpn}(r,t) &= E_{r,t}^{p^\theta}[e^{-\int_t^T r_u du} \max(B(r(T),T) - X,0)] \\ &= E_{r,t}^{p^\theta}[e^{-\int_t^T r_u du} \sum_{T_i>T} Y_i \max(B(r(T),T,T_i) - X_i,0)] \\ &= \sum_{T_i>T} Y_i E_{r,t}^{p^\theta}[e^{-\int_t^T r_u du} \max(B(r(T),T,T_i) - X_i,0)] \\ &= \sum_{T_i>T} Y_i C^{X_i,T,T_i}(r,t)\end{aligned}$$

定理 9.1.6 标的资产是息票债券的欧式看涨期权的价格为

$$C^{X,T,cpn}(r,t) = \sum_{T_i>T} Y_i B(r,t,T_i) P_{r,t}^{T_i}(r(T) < r^*) - XB(r,t,T) P_{r,t}^{T}(r(T) < r^*) \quad (9.1.24)$$

证明： 由定理 8.2.8 我们有

$$C^{X_i,T,T_i}(r,t) = B(r,t,T_i) P_{r,t}^{T_i}(B(r(T),t,T_i) > X_i) - X_i B(r,t,T) P_{r,t}^{T}(B(r(T),t,T_i) > X_i)$$

由定理 9.1.5 的证明过程，可以知道 $B(r,t,T_i) > X_i$ 的充要条件为 $r^* > r(T)$。于是有

$$C^{X,T,cpn}(r,t) = \sum_{T_i>T} Y_i [B(r,t,T_i) P_{r,t}^{T_i}(r(T) < r^*) - X_i B(r,t,T) P_{r,t}^{T}(r(T) < r^*)]$$

由此知（9.1.24）式成立。

三、Vasicek 模型

在现实世界中，利率总是表现出均值回归（mean reversion）的特点，如果当前利率很高，则将来利率回落的可能性很大；反之，如果当前利率很低，则将来利率上升的可能性很大，利率有向均值回归的倾向。

（一）Vasicek 模型定义

定义 9.1.5 如果瞬时利率可以用下面的随机微分方程描述：

$$dr(t)=k(\theta-r(t))dt+\sigma dW(t) \tag{9.1.25}$$

其中，k，θ，σ 为正的常数，则称瞬时利率服从 Vasicek 模型。

利率过程（9.1.25）也是 Ornstein—Uhlenbeck 过程。如果 $\theta>r(t)$，则瞬时利率的漂移项大于零，根据 Ornstein—Uhlenbeck 过程的特点，瞬时利率的变化具有大于零的趋势。随着时间的推移，$r(t)$将逐步上升；如果 $\theta<r(t)$，则瞬时利率的漂移项小于零，随着时间的推移，$r(t)$将逐步下降。于是，瞬时利率将一直趋向于向 θ 运动，我们称 θ 为瞬时利率的长期水平。k 值描述的是 $r(t)$向 θ 调整的速度。这就是过程的均值回归特性。

定理 9.1.7 如果瞬时利率服从 Vasicek 模型（9.1.25），则将来的瞬时利率可以表示为

$$r(t)=e^{-kt}r_0+\theta(1-e^{-kt})+\int_0^t\sigma e^{-k(t-u)}dW(u) \tag{9.1.26}$$

瞬时利率过程也是正态过程，将来的瞬时利率在现实概率测度下服从正态分布，其均值和方差分别为

$$E_{r,t}[r(T)]=\theta+(r(t)-\theta)e^{-k(T-t)} \tag{9.1.27}$$

$$Var_{r,t}[r(T)]=\frac{\sigma^2}{2k}(1-e^{-2k(T-t)}) \tag{9.1.28}$$

证明 我们定义一个新的过程

$$x(t)=h(r(t),t)=e^{kt}r(t) \tag{9.1.29}$$

由伊藤引理可有

$$\begin{aligned}dx(t)&=\left[\frac{\partial h}{\partial t}+(K\theta-kr(t))\frac{\partial h}{\partial r}+\frac{1}{2}\sigma^2\frac{\partial^2 h}{\partial r^2}\right]dt+\sigma\frac{\partial h}{\partial r}dW(t)\\&=[ke^{kt}r(t)+e^{kt}(k\theta-kr(t))]dt+\sigma e^{kt}dW(t)\\&=k\theta e^{kt}dt+\sigma e^{kt}dW(t)\end{aligned}$$

将上式在$[t,\bar{t}]$区间上积分可得

$$x(\bar{t})=x(t)+\int_t^{\bar{t}}k\theta e^{ku}du+\int_t^{\bar{t}}\sigma e^{ku}dW(u)$$

再由（9.1.29）可有

$$\begin{aligned}r(\bar{t})&=e^{-k(\bar{t}-t)}r(t)+\int_t^{\bar{t}}k\theta e^{-k(\bar{t}-u)}du+\int_t^{\bar{t}}\sigma e^{-k(\bar{t}-u)}dW(u)\\&=e^{-k(\bar{t}-t)}r(t)+\theta(1-e^{-k(\bar{t}-t)})+\int_t^{\bar{t}}\sigma e^{-k(\bar{t}-u)}dW(u)\end{aligned} \tag{9.1.30}$$

令 $t=0$，$\bar{t}=t$，即有（9.1.26）成立，并且瞬时利率过程也是正态过程。在(9.1.30)式中取

$\bar{t}=T$，由随机积分的性质可有

$$E_t[r(T)] = E_t[e^{-k(T-t)}r(t) + \theta(1-e^{-k(T-t)}) + \int_t^{\bar{t}} \sigma e^{-k(T-u)}dW(u)]$$

$$= e^{-k(T-t)}r(t) + \theta(1-e^{-k(T-t)})$$

$$= \theta + (r(t)-\theta)e^{-k(T-t)}$$

$$Var_t[r(T)] = E_t[(\int_t^T \sigma e^{-k(T-u)}dW(u))^2] = \int_t^T \sigma^2 e^{-2k(T-u)}du = \frac{\sigma^2}{2k}(1-e^{-2k(T-t)})$$

即有（9.1.27）式和（9.1.28）式成立。

由（9.1.27）式和（9.1.28）式可知，如果保持其他参数不变，当 $T\to\infty$ 时，利率均值趋向瞬时利率长期水平 θ，方差趋于 $\sigma^2/(2k)$。

（二）债券价格

假设瞬时利率过程服从 Vasicek 模型（9.1.26），则由定理 9.1.2 知，零息票债券的定价公式为

$$B(r,t,T) = e^{-a(T-t)-b(T-t)r} \tag{9.1.31}$$

其中

$$b(t) = \frac{1}{k}(1-e^{-kt}), a(t) = y_\infty(t-b(t)) + \frac{\sigma^2}{4k}b(t)^2, y_\infty = \theta - \frac{\sigma^2}{2k} \tag{9.1.32}$$

y_∞ 表示实际上当零息票债券的到期日趋近无穷时该债券的收益。

将（9.1.31）式两边分别对 r 求一阶导数和二阶导数有

$$\frac{\partial B(r,t,T)}{\partial r} = -b(T-t)B(r,t,T)$$

$$\frac{\partial^2 B(r,t,T)}{\partial r^2} = b^2(T-t)B(r,t,T)$$

由于 $b(t)>0$，所以，零息票债券的价格关于利率 r 是一个递减的凸函数，当 r 上升（下降）时，债券价格下降（上升）。但是，r 在不同利率水平上同样的变化不能导致债券价格出现等量的变化，债券价格对低水平上的利率变化更敏感。

根据推论 9.1.1 可知，t 时刻、期限为 T 的即期利率 $R(r,t,T)$ 为

$$R(r,t,T) = -\frac{\ln B(r,t,T)}{T-t} = \frac{a(T-t)}{T-t} + \frac{b(T-t)}{T-t}r$$

其中 $a(t)$ 和 $b(t)$ 由（9.1.32）式给出。远期利率为

$$f(r,t,T) = (1-e^{-k(T-t)})(y_\infty + \sigma^2/(2k^2)e^{-k(T-t)}) + e^{-k(T-t)}r$$

定理 9.1.8 如果瞬时利率服从 Vasicek 模型，则有

$$\lim_{T\to t} R(r,t,T) = r(t)$$

$$\lim_{T\to\infty} R(r,t,T) = y_\infty$$

即瞬时利率就是收益率曲线的截距项；当期限趋进无穷时，即期限利率趋于常数 y_∞，不受瞬时利率 r 变化的影响。

证明 由（9.1.32）式知

$$a'(t) = y_\infty(1-b'(t)) + \frac{\sigma^2}{2k}b(t)b'(t),$$

$$b'(t) = e^{-kt}$$

由洛必塔法则可知

$$\lim_{t\to 0}\frac{b(t)}{t} = 1, \lim_{t\to 0}\frac{a(t)}{t} = 0$$

$$\lim_{t\to \infty}\frac{b(t)}{t} = 0, \lim_{t\to \infty}\frac{a(t)}{t} = y_\infty$$

因此有

$$\lim_{T\to t} R(r,t,T) = r$$

$$\lim_{T\to \infty} R(r,t,T) = y_\infty$$

（三）债券期货与债券期权定价

将 Vasicek 模型下的函数 $a(t)$ 和 $b(t)$，即将式（9.1.32）代入（9.1.13）式，可得

$F^{T,T^*}(r,t) = \exp\{-(a(T^*-t)-a(T-t))-(b(T^*-t)-b(T-t))r\}$

即得到在 Vasicek 模型下零息票债券的远期价格。

在 Vasicek 模型下，由式（9.1.15）可以得到零息票债券的期货价格

$\Phi^{T,T^*}(r,t) = e^{-A(T-t)-B(T-t)r}$

其中，$A(t)$ 和 $B(t)$ 满足如下方程

$$kB(t) + B'(t) = 0, t\in(0,T)$$

$$A'(t) - k\theta B(t) + \frac{1}{2}\sigma^2 B^2(t) = 0, t\in(0,T)$$

以及初值条件

$$A(0) = a(T^*-T)$$

$$B(0) = b(T^*-T)$$

求解这个方程组的初值问题得到

$$A(t) = \theta\cdot b(T^*-T)(e^{-kt}-1) + \frac{\sigma^2 b^2(T^*-T)}{4k}(e^{-2kt}-1) + a(T^*-T)$$

$$B(t) = b(T^*-T)e^{-kt}$$

这里 $a(t)$、$b(t)$ 由（9.1.32）式给出。此即 Vasicek 模型下标的资产是零息票债券的期货价格。

在 Vasicek 模型中，与定理9.1.6相仿，我们可以给出零息票债券期权的价格。这就是如下定理。

定理9.1.9 如果瞬时利率服从 Vasicek 模型（9.1.13），欧式看涨期权到期日为 T，期权的标的资产是到期日为 $T^*(T^*>T)$ 的零息票债券，则这个期权的价格为

$$C^{X,T,T^*}(r,t) = B(r,t,T^*)N(d_1) - XB(r,t,T)N(d_2) \quad (9.1.33)$$

其中

$$d_1 = \frac{1}{v(t,T,T^*)}\ln\left(\frac{B(r,t,T^*)}{XB(r,t,T^*)}\right) + \frac{1}{2}v(t,T,T^*)$$

$$d_2 = d_1 - v(t,T,T^*)$$

$$v(t,T,T^*) = \frac{\sigma}{\sqrt{2k^3}}(1-e^{-k(T^*-T)})\sqrt{1-e^{-2k(T^*-T)}}$$

四、CIR 模型

CIR 模型（Cox—Ingersoll—Ross 模型）是在实际中应用广泛的一种利率模型。CIR 模型也具有均值回归的性质，并且瞬时利率大于零的概率等于 1。

（一）CIR 模型的定义

定义 9.1.6 如果瞬时利率可以用下面的随机微分方程描述

$$dr(t)=k(\theta-r(t))dt+\sigma\sqrt{r(t)}\,dW(t) \tag{9.1.34}$$

其中，k、θ 和 σ 为常数，则称瞬时利率服从 CIR 模型。

CIR 模型也具有均值回归的特点。但与 Vasicek 模型不同的是，CIR 模型中的波动率并不是常数，而是瞬时利率的增函数。所以，如果瞬时利率较低，则波动率也较低，这个特点与现实中观察到的利率行为是一致的。在 CIR 模型下，瞬时利率不可能小于零。

为解释（9.1.34）式中的 r（t），我们先看 Ornstein - Uhlenbeck 方程

$$dY(t)=-aY(t)dt+\sigma dW(t)$$
$$Y(0)=x$$

其解为

$$Y(t,x)=e^{-at}(x+\int_0^t\sigma e^{au}dW(u))$$

这里 $W(t)$ 是风险中性概率测度下的标准 Brown 运动。

下面，我们假设 $W_1(t),\cdots,W_n(t)$ 是 n 个独立的 Brown 运动，Y_1（t），…，Y_n（t）是 n 个 Ornstein - Uhlenbeck 过程满足如下方程

$$dY_i(t)=-\frac{1}{2}\alpha Y_i(t)dt+\frac{1}{2}\sigma dW_i(t)$$

因此有

$$Y_i(t)=e^{-(1/2)\alpha t}(Y_i(0)+(1/2)\sigma\int_0^t e^{(1/2)\alpha u}dW_i(u))$$

考虑过程

$$r(t):=\sum_{i=1}^n Y_i^2(t)$$

由伊藤引理可知

$$\begin{aligned}dr(t)&=\sum_{i=1}^n 2Y_i(t)(-\frac{1}{2}\alpha Y_i(t)dt+\frac{1}{2}\sigma dW_i(t))+\sum_{i=1}^n\frac{1}{4}\sigma^2dt\\&=-\alpha r(t)dt+\sigma\left(\sum_{i=1}^n Y_i(t)dW_i(t)\right)+\frac{n\sigma^2}{4}dt\\&=(\frac{n\sigma^2}{4}-\alpha r(t))dt+\sigma\sqrt{r(t)}\sum_{i=1}^n\frac{Y_i(t)dW_i(t)}{\sqrt{r(t)}}\end{aligned}$$

考虑如下过程

$$W(t)=\sum_{i=1}^n\int_0^t\frac{Y_i(u)dW_i(u)}{\sqrt{r(u)}}$$

则 W（t）是一个连续时间鞅过程且

$$W^2(t) = 2\int_0^t W(u)dW(u) + \sum_{i=1}^{n}\int_0^t \frac{Y_i^2(u)du}{r(u)} = 2\int_0^t W(u)dW(u) + t$$

所以$(W^2(t)-t, t\geqslant 0)$是一个鞅过程，$W(t)$是一个标准 Brown 运动，我们有

$$dr(t) = \left(\frac{n\sigma^2}{4} - \alpha r(t)\right)dt + \sigma\sqrt{r(t)}\,dW(t) \tag{9.1.35}$$

将方程（9.1.34）与（9.1.35）相比较，我们可以把 CIR 模型中的利率看作是一个χ^2分布。

定理 9.1.10 如果瞬时服从 CIR 模型（9.1.34），则对给定的当前瞬时利率 r_t，r_T 的密度函数为

$$f_{(r_T|r_t)}(r) = f_{\chi^2_{2q+2,2u}}(2cr) \tag{9.1.36}$$

且

$$E_{r,t}[r_T] = \theta + (r-\theta)e^{-k(T-t)} \tag{9.1.37}$$

$$Var_{r,t}[r_T] = \frac{\sigma^2 r}{k}\left(e^{-k(T-t)} - e^{-2k(T-t)}\right) + \frac{\sigma^2\theta}{2k}\left(1-e^{-k(T-t)}\right)^2 \tag{9.1.38}$$

其中

$$c = \frac{2k}{\sigma^2(1-e^{-k-(T-t)})}, u = cr(t)e^{-k(T-t)}, q = \frac{2k\theta}{\sigma^2} - 1$$

其中，$f_{\chi^2_{a,b}}(\cdot)$表示自由度为 a、非中心参数为 b 的非中心χ^2 分布的概率密度函数。

证明：定义一个随机过程

$$x(t) = g(r(t),t) = e^{kt}r(t)$$

由伊藤引理可有

$$\begin{aligned} dx(t) &= [ke^{kt}r(t) + e^{kt}(k\theta - kr(t))]dt + \sigma\sqrt{r(t)}\,e^{kt}dW(t) \\ &= k\theta e^{kt}dt + \sigma\sqrt{r(t)}\,e^{kt}dW(t) \end{aligned}$$

在区间 $[t_1, t_2]$ 上进行积分可有

$$\begin{aligned} x(t_2) &= x(t_1) + \int_{t_1}^{t_2} k\theta e^{ku}du + \int_{t_1}^{t_2}\sigma\sqrt{r(u)}e^{ku}dW(u) \\ &= x(t_1) + \theta(1-e^{k(t_2-t_1)}) + \sigma\int_{t_1}^{t_2}\sqrt{r(u)}e^{ku}dW(u) \end{aligned}$$

由此可得

$$r(t_2) = r(t_1)e^{-k(t_2-t_1)} + \theta(1-e^{-k(t_2-t_1)}) + \sigma\int_{t_1}^{t_2}e^{-k(t_2-u)}\sqrt{r(u)}dW(u)$$

因此，我们可以得到瞬时利率的均值为

$$\begin{aligned} E_{t_1}[r_{t_2}] &= r(t_1)e^{-k(t_2-t_1)} + \theta(1-e^{-k(t_2-t_1)}) + E_{t_1}\left[\int_{t_1}^{t_2}\sigma e^{-k(t_2-u)}\sqrt{r(u)}dW(u)\right] \\ &= \theta + (r(t_1)-\theta)e^{-k(t_2-t_1)} + \int_{t_1}^{t_2}E_{t_1}[\sigma e^{-k(t_2-u)}\sqrt{r(u)}dW(u)] \\ &= \theta + (r(t_1)-\theta)e^{-k(t_2-t_1)} \end{aligned}$$

瞬时利率的方差

$$Var_{t_1}[r(t_2)] = E_{t_1}\left[\left(\int_{t_1}^{t_2}\sigma e^{-k(t_2-u)}\sqrt{r(u)}dW(u)\right)^2\right]$$

$$= \sigma^2 \int_{t_1}^{t_2} [e^{-2k(t_2-u)} E_{t_1}[r(u)] du]$$

$$= \sigma^2 \int_{t_1}^{t_2} [e^{-2k(t_2-u)} E_{t_1}[r(u)] du]$$

$$= \sigma^2 \int_{t_1}^{t_2} [e^{-2k(t_2-u)} (\theta + (r(r_1) - \theta) e^{-k(u-t_1)}) du]$$

$$= \theta\sigma^2 \int_{t_1}^{t_2} e^{-2k(t_2-u)} du + \sigma^2 (r(t) - \theta) \int_{t_1}^{t_2} e^{-2k(t_2-u)-k(u-t_1)} du$$

$$= \frac{\theta\sigma^2}{2k}(1 - e^{-2k(t_2-t_1)}) + \frac{\sigma^2}{k}(r(t_1) - \theta)(e^{-k(t_2-t_1)} - e^{-2k(t_2-t_1)})$$

$$= \frac{\sigma^2 r(t_1)}{k}(e^{-k(t_2-t_1)} - e^{-2k(t_2-t_1)}) + \frac{\theta\sigma^2}{2k}(1 - e^{-k(t_2-t_1)})^2$$

在这里取 $t_1 = t, t_2 = T$，即得给定 r_t 条件下 r_T 的期望和方差。计算 r_T 的 Laplace 变换可以得到条件密度 $f_{r_T|r_t}(r)$ 的形式（9.1.36）。

（二）债券价格

由于 CIR 模型（9.1.34）是仿射模型，所以，由定理9.1.2，在 CIR 模型下，零息票债券价格为

$$B(r,t,T) = e^{-a(T-t)-b(T-t)r} \tag{9.1.39}$$

其中

$$b(t) = \frac{2(e^{\gamma t}-1)}{(\gamma+k)(e^{\gamma t}-1)+2\gamma} \tag{9.1.40}$$

$$a(t) = -\frac{2k\theta}{\sigma^2}(\ln 2\gamma + \frac{1}{2}(\gamma+k)t - \ln((\gamma+k)(e^{\gamma t}-1)+2\gamma)) \tag{9.1.41}$$

其中，$\gamma = \sqrt{k^2+2\sigma^2}$

由（9.1.36）式显然有 $b(t) > 0$。于是零息票债券价格关于瞬时利率的一阶导数小于零,二阶导数大于零,因此有债券价格关于瞬时利率 r 是凸的减函数。

由于

$$b'(t) = \frac{2\gamma e^{\gamma t}}{(\gamma+k)(e^{\gamma t}-1)+2\gamma} - \frac{\gamma(\gamma+k)e^{\gamma t}}{((\gamma+k)(e^{\gamma t}-1)+2\gamma)^2}$$

$$= \gamma e^{\gamma t}. \frac{2((\gamma+k)(e^{\gamma t-1})+2\gamma)-(\gamma+k)}{((\gamma+k)(e^{\gamma t}-1)+2\gamma)^2}$$

$$= \gamma e^{\gamma t}. \frac{2(\gamma+k)(e^{\gamma t}-1)+(3\gamma-k)}{((\gamma+k)(e^{\gamma t}-1)+2\gamma)^2} \tag{9.1.42}$$

由 $\gamma = \sqrt{k^2+2\sigma^2}$知，$(3\gamma)^2 - k^2 = 8k^2 + 18\sigma^2 > 0$,因此有

$$b'(t) > 0 \qquad \text{对任意 } t \geqslant 0 \tag{9.1.43}$$

也就是说，债券价格是债券期限的减函数。

（三）即期利率与收益率曲线

由推论 9.1.1 可知，CIR 模型下的收益率曲线 $R(r,t,T)$ 和远期利率 $F(r,t,T)$ 分别为

$$R(r,t,T) = \frac{a(T-t)}{T-t} + \frac{b(T-t)}{T-t}r$$

$$F(r,t,T)=a'(T-t)+b'(T-t)r=r+k(\theta-r)b(T-t)-\frac{1}{2}\sigma^2 rb^2(T-t)$$

与定理9.1.8证明过程相同可以得出如下结论。

定理9.1.11 如果瞬时利率服从CIR模型，则

$$R(r,t,t)=r$$

$$\gamma_\infty=\lim_{T\to\infty}R(r,t,T)=\frac{2k\theta}{k+\gamma}$$

（四）利率期货

由定理9.1.3可得，CIR模型下的零息票债券的远期价格为

$$F^{T,T^*}(r,t)=\exp\{-(a(T^*-t)-a(T-t))-(b(T^*-t)-b(T-t)r).r\}$$

其中，$a(t)$和$b(t)$由（9.1.38）式和（9.1.39）式给出。

由定理9.1.4可得CIR模型下零息票债券的期货价格为

$$G^{T,T^*}(r,t)=e^{-A(T-t)-B(T-t)r}$$

其中

$$A(\tau)=a(T^*-T)-\frac{2k\theta}{\sigma^2}\log\left(\frac{B(\tau)e^{k\tau}}{B(T^*-T)}\right)$$

$$B(\tau)=2k(T^*-T)/(\sigma^2 b(T^*-T)(e^{k\tau}-1)+2ke^{k\tau})$$

五、Hull－White模型

Hull－White模型的最简单形式是将Vasicek模型中的常系数推广为确定的时变的系数。这个模型在实际中应用广泛。它的更一般形式中的波动率包含r^β。

（一）Hull－White模型的定义

在Hull－White模型中，短期利率过程由如下的随机微分方程给出

$$dr(t)=(\alpha(t)-\beta(t)r(t))dt+\sigma(t)dW(t) \tag{9.1.44}$$

这里$r_0>0$，α，β和σ都是t的确定性函数。

记$h(t):=\int_0^t\beta(u)du$,则h也是非随机变量。求解方程(9.1.40)并由初值条件$r(0)=r_0$可以得到

$$r(t)=e^{-h(t)}\left(r_0+\int_0^t e^{h(u)}\alpha(u)du+\int_0^t e^{h(u)}\sigma(u)dW(u)\right) \tag{9.1.45}$$

这里$r(t)$等于一个确定性的量加上一个确定函数的随机积分。

由（9.1.45）式可知，$r(t)$是一个高斯马尔科夫过程，其均值为

$$E[r(t)]=m(t)=e^{-h(t)}\left(r_0+\int_0^t e^{h(u)}\alpha(u)du\right)$$

方差为

$$\mathrm{Cov}(r(t),r(s))=e^{-h(s)-h(t)}\int_0^{s\wedge t}e^{2h(u)}\sigma^2(u)du$$

其中$s\wedge t$表示s和t中的最小值。

同时我们可有$\int_0^t r(t)dt$是正态变量，其均值和方差分别为

$$E\left[\int_0^t r(t)dt\right] = \int_0^T e^{-h(t)}\left[r_0 + \int_0^t e^{h(u)}\alpha(u)du\right]dt$$

$$Var\left[\int_0^T r(t)dt\right] = \int_0^T e^{2h(u)}\sigma^2(u)\left(\int_u^T e^{-h(s)}ds\right)^2 du$$

（二）零息票债券价格

在模型（9.1.44）中零息票债券价格为

$$B(0,T) = E\left[\exp\left(-\int_0^T r(t)dt\right)\right]$$

由于指数中的变量是正态的，故有

$$\begin{aligned}B(0,T) &= \exp\left\{-E\left[\int_0^T r(t)dt\right] + \frac{1}{2}Var\left[\int_0^T r(t)dt\right]\right\}\\ &= \exp\left\{-r_0\int_0^T e^{-b(t)}dt - \int_0^T\int_0^t e^{-h(t)+h(u)}\alpha(u)dudt\right\}\\ &\quad + \frac{1}{2}\int_0^T e^{2h(u)}\sigma^2(u)\left(\int_u^T e^{-h(s)})ds\right)^2 du\\ &= \exp[-r_0C(0,T) - A(0,T)]\end{aligned}$$

这里

$$C(0,T) = \int_0^T e^{-h(t)}dt$$

且

$$A(0,T) = \int_0^T\int_0^t e^{-h(t)+h(u)}\alpha(u)dudt - \frac{1}{2}\int_0^T e^{2h(u)}\sigma^2(u)\left(\int_u^T e^{-h(s)}ds\right)^2 du$$

由于 A 中的第一项可以写成

$$\int_0^T\int_u^T e^{-h(t)+h(u)}\alpha(u)dudt = \int_0^T e^{h(u)}\alpha(u)\left(\int_u^T e^{-h(s)}ds\right)du$$

所以

$$A(0,T) = \int_0^T\left(e^{h(u)}\alpha(u)\gamma(u) - \frac{1}{2}e^{2h(u)}\gamma^2(u)\right)du$$

这里 $\gamma(u) = \int_u^T e^{-h(s)}ds$。

零息票债券在时间 t 的价格为

$$B(t,T) = E_t\left[\exp\left(-\int_t^T r(u)du\right)\right]$$

因为 r 是马尔科夫过程，上式又可写为

$$B(t,T) = E_{t,r}\left[\exp\left(-\int_t^T r(u)du\right)\right]$$

记 $C(t,T) = e^{-h(t)}\int_t^T e^{h(u)}du = e^{h(t)}\gamma(t)$

$$A(t,T) = \int_t^T\left(e^{h(u)}\alpha(u)\gamma(u) - \frac{1}{2}e^{2h(u)}\gamma^2(u)\right)du$$

则可以证明

$$B(t,T) = \exp(-r(t)C(r,T) - A(t,T)) \tag{9.1.46}$$

由于 α，β，γ 是时间 t 的确定性函数，故 $C(t,T)$,$A(t,T)$ 也是仅与 t 有关的函数。用 $C_t(t,T)$,$A_t(t,T)$ 表示它们关于 t 的导数，由（9.1.42）式可以有

$$dB(t,T)=B(t,T)[-C(t,T)(\alpha(t)-\beta(t)r_t)dt-C(t,T)\sigma(t)dW(t)$$
$$-\frac{1}{2}C^2(t,T)\sigma^2(t)dt-r(t)C_t(t,T)dt-A_t(t,T)dt] \tag{9.1.47}$$

由于是在风险中性概率下进行的讨论，故有

$$dB(t,T)=r(t)B(t,T)dt+\Delta(t)dW(t) \tag{9.1.48}$$

这里 Δ 是某个系数函数，其具体形式不去细究。比较（9.1.47）和（9.1.48）两式，可以推知

$$r(t)=-C(t,t)(\alpha(t)-\beta(t)r_t)-\frac{1}{2}C^2(t,T)\sigma^2(t)-r(t)C_t(t,T)-A_t(t,T)$$

由此又有

$$dB(t,T)=r(t)B(t,T)dt-B(t,T)\sigma(t)C(t,T)dW(t) \tag{9.1.49}$$

此式说明零息票债券的波动率为 $\sigma(t)C(t,T)$。

（三）债券期权

首先我们来看一些正态变量的密度。在 Hull－White 模型中，已经证明 $r(T)$ 是正态变量，并且有

$$E[r(T)]=m_1=e^{-h(T)}\left[r_0+\int_0^T e^{h(u)}\alpha(u)du\right]$$

$$Var[r(T)]=\sigma_1^2=e^{-2h(T)}\left[\int_0^T e^{2h(u)}\sigma^2(u)du\right]$$

同时，$\int_0^T r(u)du$ 也是正态变量，并且

$$E\left[\int_0^T r(u)du\right]=m_2=\int_0^T e^{-h(v)}\left[r_0+\int_0^v e^{h(u)}\alpha(u)du\right]dv$$

$$Var\left[\int_0^T r(u)du\right]=\sigma_2^2=\int_0^T e^{2h(u)}\sigma^2(u)\left(\int_u^T e^{-h(s)}\right)du$$

$r(T)$ 与 $\int_0^T r(u)du$ 的协方差为

$$E\left[\left(\int_0^T(r(u)-E[r(u)]du\right)(r(T)-E[r(T)])\right]$$

$$=\int_0^T E[(r(u)-E[r(u)])(r(T)-E[r(T)])]du=\int_0^T \mathrm{Cov}\,(r(u),r(T))du$$

$$=\int_0^T\left(e^{-h(u)-h(T)}\int_0^T e^{2h(s)}\sigma^2(s)ds\right)du=\rho\sigma_1\sigma_2$$

下面我们考虑一个以零息票债券为标的资产的欧式看涨期权，执行价格为 X，执行日为 T，债券的到期日为 $T^*>T$。

前面的计算说明 $\left(r(T),\int_0^T r(u)du\right)$ 是一个正态变量，其密度函数为

$$f(x,y)=\frac{1}{2\pi\sigma_1\sigma_2\sqrt{1-\rho^2}}\exp\left[-\frac{1}{2(1-\rho^2)}\left(\frac{(x-m_1)}{\sigma_1^2}-\frac{2\rho(x-m_1)(y-m_2)}{\sigma_1\sigma_2}+\frac{(y-m_2)^2}{\sigma_2^2}\right)\right] \tag{9.1.50}$$

以零息票债券为标的资产的欧式看涨期权在时间 0 的价格为

$$f(0) = E\left[e^{-\int_0^T r(u)du}(B(T,T^*) - X)^+ \right]$$

$$= E\left[e^{-\int_0^T r(u)du}(\exp\{-r(T)C(T,T^*) - A(T,T^*)\} - X)^+ \right]$$

$$= \int_{-\infty}^{\infty}\int_{-\infty}^{\infty} e^{-y}(\exp\{-xC(T,T^*) - A(T,T^*)\} - X)^+ f(x,y)\,dxdy \tag{9.1.51}$$

为确定 t 时刻 $t \leqslant T < T^*$ 债券期权价格，我们注意到随机变量 $\left(r(T), \int_t^T r(u)du\right)$ 是正态的。将（9.1.50）式中的常数 m_1、m_2、σ_1 和 σ_2 分别换成

$$m_1(t) = E_{t,r}[r(T)] = e^{-b(T)}\left(e^{h(t)}r(t) + \int_t^T e^{h(u)}\alpha(u)du\right)$$

$$\sigma_1^2(t) = E_{t,r}[(r(T) - m_1(t))^2] = e^{-2h(T)}\int_t^T e^{2h(u)}\sigma^2(u)du$$

$$m_2(t) = E_{t,r}\left[\int_t^T r(u)du\right]$$

$$= \int_t^T\left(r(t)e^{-h(v)+b(t)} + e^{-h(v)}\int_t^v e^{h(u)}\alpha(u)du\right)dv$$

$$\sigma_2^2(t) = E_{t,r}\left[\left(\int_t^T r(u)du - m_2(r)\right)^2\right]$$

$$= \int_t^T e^{2h(v)}\sigma^2(v)\left(\int_v^T e^{-h(s)}ds\right)^2 dv$$

$$\rho(t)\sigma_1(t)\sigma_2(t) = E_{t,r}\left[\left(\int_t^T r(u)du - m_2(t)\right)\left(r(T) - m_1(t)\right)\right]$$

$$= \int_t^T e^{-h(u)+h(T)}\int_t^u e^{2h(s)}\sigma^2(s)dsdu$$

就得到 $\left(r(T), \int_t^T r(u)du\right)$ 的密度函数。这时相应的期权价格为

$$E_t\left[e^{-\int_0^T r(u)du}(B(T,T^*) - K)^+ \right]$$

$$= E_{t,r}\left[e^{-\int_0^T r(u)du}((\exp\{-r(T)C(T,T^*) - A(T,T^*)\} - X)^+ \right] \tag{9.1.52}$$

这个价格可以用一个以 $f_t(x,y)$ 为密度的积分来表示，其中 m_1，m_2，σ_1，σ_2，ρ 分别用 $m_1(t), m_2(t), \sigma_1(t), \sigma_2(t), \rho(t)$ 来代替。

Hull－White 模型可以给出债券期权的价格表达式。同时，还可以对模型的参数进行估计使之与初始的收益率曲线匹配。然而这是一个单因素模型，且

$$B(t,T) = \exp\{-r(t_1)C(t,T) - A(t,T)\}$$

所以所有期限 T 的债券期权完全相关。

第二节

多因素模型

前面已介绍了单因素利率模型，实证研究表明，单因素模型并不是完全理想的模型。因此需要讨论多因素模型。与单因素利率模型相比，多因素利率模型更好地描述了收益率曲线的形状和利率期限结构的移动等特性。

一、多因素仿射扩散模型

首先来看一般的多因素扩散模型。在一般 n 因素期限结构扩散模型中，假设在实际经济活动中，经济状态可以用一个 n 维状态向量过程 $x=(x_1,\cdots,x_n)^{\tau}$ 表示，任意资产或经济变量、金融变量是状态变量 x 的函数。过程 x 服从马可夫扩散过程：

$$dx(t)=\mu(x(t),t)dt+\sigma(x(t),t)dW(t) \tag{9.2.1}$$

为简单起见，这里假设 $W=(W_1,\cdots,W_n)^{\tau}$ 是在风险中性世界概率测度下的 n 维标准布朗运动。μ 是 $S\times R_+\to R^n$ 的一个 n 维向量函数；σ 是从 $S\times R_+$ 到 $R^{n\times n}$ 的一个实数矩阵的函数，S 为 x 的取值范围。

式（9.2.1）也可以写成下面的形式

$$\begin{aligned}dx_i(t) &= \mu_i(x(t),t)dt+\sum_{j=1}^{n}\sigma_i(x(t),t)dW_j(t)\\ &= \mu_i(x(t),t)dt+\sigma_i^{\tau}(x(t),t)dW(t), \qquad i=1,2,\cdots,n\end{aligned}$$

考虑一个欧式可交易资产，其价格是状态变量 x 和时间 t 的函数 $f(t)=f(x(t),t)$。利用无套利原理可知，$f(t)=f(x(t),t)$ 满足如下偏微分方程

$$\begin{aligned}&\frac{\partial f}{\partial t}(x,t)+\sum_{i=1}^{n}\mu_i(x,t)\frac{\partial f}{\partial x_i}(x,t)+\frac{1}{2}\sum_{i=1}^{n}\sum_{j=1}^{n}\sigma_{ij}(x,t)\frac{\partial^2 f}{\partial x_i\partial x_j}(x,t)\\ &\qquad -r(x,t)f(x,t)=0,(x,t)\in S\times[0,T]\end{aligned} \tag{9.2.2}$$

以及边界条件

$$f(x,T)=F(x),x\in S \tag{9.2.3}$$

其中，$\delta_{ij}=\sum_{k=1}^{n}\sigma_{ik}\sigma_{jk}$ 是协方差矩阵 $\sigma\sigma^{\tau}$ 的第 (i,j) 个元素。如果用 ρ_{ij} 代表第 i 个和第 j 个状态变量变化的相关系数，则可以得到 $\delta_{ij}=\rho_{ij}\|\sigma_i\|\|\sigma_j\|$。在风险中性概率测度下，欧式可交易资产的价格可以表示为

$$f(x,t)=E_{x,t}^{P^{\theta}}\left[e^{-\int_t^T r(x(u),u)du}F(x_T)\right] \tag{9.2.4}$$

在到期期限为 T 的远期概率测度 P^T 下，欧式可交易资产的价格可以表示为

$$f(x,t)=B(r,t,T)E_{x,t}^{P^T}[F(x_T)] \tag{9.2.5}$$

下面给出多因素仿射模型的概念。

定义 9.2.1 称状态向量服从多因素仿射模型，如果在风险中性概率测度 P^{θ} 下状态向量满足随机微分方程

$$dx_t = (\varepsilon - \omega x_t)dt + \Lambda \begin{pmatrix} \sqrt{\lambda_1(x(t))} & 0 & \cdots & 0 \\ 0 & \sqrt{\lambda_2(x(t))} & \cdots & 0 \\ \vdots & \vdots & \ddots & \vdots \\ 0 & 0 & \cdots & \sqrt{\lambda_n(x(t))} \end{pmatrix} dW(t) \qquad (9.2.6)$$

其中 $\varepsilon = (\varepsilon_1, \cdots, \varepsilon_n)^{\tau}$ 是常向量，ω 和 Λ 是 $n \times n$ 常数矩阵，$\lambda_j(x) = \gamma_{j0} + \gamma_j^{\tau} x = \gamma_{j0} + \sum_{k=1}^{n} \gamma_{jk} x_k$ $(j=1, \cdots, n)$，$\gamma_{10} \cdots$，γ_{n0} 是常数，$\varepsilon = (\varepsilon_1, \cdots, \varepsilon_n)^{\tau}, \gamma_j = (\gamma_{j1}, \cdots, \gamma_{jn})^{\tau} (j = 1, \cdots, n)$ 都是常向量。

定义 9.2.2 假设状态变量在风险中性概率测度下服从形式为（9.2.6）的随机微分方程。如果瞬时利率 $r(t) = r(x(t))$ 是 x 的仿射函数，即存在一个常数 η_0 和一个 n 维常数向量 $\eta = (\eta_1, \cdots, \eta_n)^T$ 使得下式成立

$$r(t) = \eta_0 + \eta^{\tau} x(t) = \eta_0 + \sum_{i=1}^{n} \eta_0 x_i(t) \qquad (9.2.7)$$

则称瞬时利率服从时间齐次多因素仿射模型，称模型为多因素仿射模型。

定义 9.2.3 如果瞬时利率可以表示为

$$r(t) = \eta_0 + \eta_1 x_1(t) + \eta_2 x_2(t) \qquad (9.2.8)$$

则称瞬时利率服从两因素仿射扩散模型。其中，两因素仿射模型状态向量所满足的随机微分方程为：

$$dx(t) = (\varepsilon - \omega x(t))dt + \Lambda \begin{pmatrix} \sqrt{\lambda_1(x(t))} & 0 \\ 0 & \sqrt{\lambda_2(x(t))} \end{pmatrix} dW(t) \qquad (9.2.9)$$

定理 9.2.1 如果瞬时利率服从两因素模型（9.2.8），则零息票债券价格 $B(r,t,T)$ 为：

$$B(r,t,T) = \exp\{-a(T-t) - b_1(T-t)x_1 - b_2(T-t)x_2\} \qquad (9.2.10)$$

其中函数 b_1、b_2 和 a 满足下列常微分方程组

$$b_1(t) = -\omega_{11} b_1(t) - \omega_{21} b_2(t) - \frac{1}{2}\gamma_{11}(\Lambda_{11} b_1(t) + \Lambda_{21} b_2(t))^2 - \frac{1}{2}\gamma_{21}(\Lambda_{12} b_{12}(t) + \Lambda_{22} b_2(t))^2 + \eta_1 \qquad (9.2.11)$$

$$b_2(t) = -\omega_{12} b_1(t) - \omega_{22} b_2(t) - \frac{1}{2}\gamma_{12}(\Lambda_{11} b_1(t) + \Lambda_{21} b_2(t))^2 - \frac{1}{2}\gamma_{22}(\Lambda_{12} b_1(t) + \Lambda_{22} b_2(t))^2 + \eta_2 \qquad (9.2.12)$$

$$a'(t) = \omega_1 b_1(t) - \omega_2 b_2(t) - \frac{1}{2}\gamma_{10}(\Lambda_{11} b_1(t) + \Lambda_{21} b_2(t))^2 - \frac{1}{2}\gamma_{20}(\Lambda_{12} b_1(t) + \Lambda_{22} b_2(t))^2 + \eta_0 \qquad (9.2.13)$$

以及边界条件

$$a(0) = b_1(0) = b_2(0) = 0 \qquad (9.2.14)$$

证明 根据单因素模型的结果，我们假设零息票债券价格 $B(r,t,T)$ 形如

$$B(r,t,T)=\exp\{-a(T-t)-b_1(T-t)x_1-b_2(T-t)x_2\}$$

代入到方程（9.2.2）中，并整理可得

$$(a'(T-t)+b'_1(T-t)x_1(t)+b'_2(T-t)x_2(t))-b_1(T-t)(\varepsilon_1-\omega_{11}x_1(t)-\omega_{12}x_2(t))$$

$$-b_2(T-t)(\varepsilon_2-\omega_{21}x_1(t)-\omega_{22}x_2(t))+\frac{1}{2}(\delta_{11}b_1^2(T-t)+\delta_{12}b_1(T-t)b_2(T-t)$$

$$+\delta_{21}b_1(T-t)b_2(T-t)+\delta_{22}b_2^2(T-t))-r(x,t)=0$$

其中

$$\delta_{11}=\Lambda_{11}^2(\gamma_{10}+\gamma_{11}x_1(t)+\gamma_{12}x_2(t))+\Lambda_{12}^2(\gamma_{20}+\gamma_{21}x_1(t)+\gamma_{22}x_2(t))$$

$$\delta_{12}=\Lambda_{11}\Lambda_{12}(\gamma_{10}+\gamma_{11}x_{1t}(t)+\gamma_{12}x_{2t}(t))+\Lambda_{12}\Lambda_{22}(\gamma_{20}+\gamma_{21}x_{1t}(t)+\gamma_{22}x_{2t}(t))$$

$$\delta_{21}=\Lambda_{11}\Lambda_{12}(\gamma_{10}+\gamma_{11}x_1(t)+\gamma_{12}x_2(t))+\Lambda_{12}\Lambda_{22}(\gamma_{20}+\gamma_{21}x_1(t)+\gamma_{22}x_2(t))$$

$$\delta_{22}=\Lambda_{21}^2(\gamma_{10}+\gamma_{11}x_1(t)+\gamma_{12}x_2(t))+\Lambda_{22}^2(\gamma_{20}+\gamma_{21}x_1(t)+\gamma_{22}x_2(t))$$

注意到 $r(t)=\eta_0+\eta_1x_1(t)+\eta_2x_2(t)$，通过合并同类项，化简得到：

$$(a'(\tau)-\varepsilon_1b_1(\tau)-\varepsilon_2b_2(\tau)+\frac{1}{2}\gamma_{10}(\Lambda_{11}b_1(\tau)+\Lambda_{21}b_2(\tau))^2$$

$$+\frac{1}{2}\gamma_{20}(\Lambda_{12}b_1(\tau)+\Lambda_{22}b_2(\tau))^2)+(b_1(\tau)+\omega_{11}b_1(\tau)+\omega_{21}b_2(\tau)$$

$$+\frac{1}{2}\gamma_{11}(\Lambda_{11}b_1(\tau)+\Lambda_{21}b_2(\tau))^2+\frac{1}{2}\gamma_{21}(\Lambda_{12}b_1(\tau)+\Lambda_{22}b_2(\tau))^2)x_1(t)$$

$$+(b_2(\tau)+\omega_{12}b_1(\tau)+\omega_{22}b_2(\tau)+\frac{1}{2}\gamma_{12}(\Lambda_{11}b_1(\tau)+\Lambda_{21}b_2(\tau))^2$$

$$+\frac{1}{2}\gamma_{22}(\Lambda_{12}b_1(\tau)+\Lambda_{22}b_2(\tau))^2)x_2(t)-\eta_0-\eta_1x_1(t)-\eta_2x_2(t)=0,(\tau=T-t)$$

由于这个等式对任意的 $x_1(t)$ 和 $x_2(t)$ 都成立，所以，一定有(9.2.11)式、(9.2.12）式和（9.2.13）式成立。

此外，对于零息票债券一定有 $B(r,T,T)=1$，因此有

$$a(0)+b_1(0)x_1(T)+b_2(0)x_2(T)=0$$

于是，(9.2.14）式成立。

由定理 9.2.1 直接可得如下推论。

推论 9.2.1 如果瞬时利率服从两因素仿射模型（9.2.8)，则有

$$R(r,t,t+\tau)=\frac{a(\tau)}{\tau}+\frac{b_1(\tau)}{\tau}x_1+\frac{b_2(\tau)}{\tau}x_2 \qquad (9.2.15)$$

$$F(r,t,t+\tau)=a'(\tau)+b'_1(\tau)x_1+b'_2(\tau)x_2 \qquad (9.2.16)$$

二、两因素 Vasicek 模型

这里首先回顾单因素 Vasicek 模型

$$dr_t=k[\theta-r(t)]dt+\sigma dW(t)=[\varphi-kr(t)]dt+\sigma dW(t) \qquad (9.2.17)$$

如果我们假设长期水平 θ 服从一个类似的随机过程，则可以得到一个两因素模型。

定义 9.2.4 如果瞬时利率满足

$$dr(t)=(\varphi+\varepsilon(t)-k_1r(t))dt+\sigma_1dW_1(t) \qquad (9.2.18)$$

$$d\varepsilon(t) = -k_2\varepsilon(t)dt + \sigma_2\rho dW_1(t) + \sigma_2\sqrt{1-\rho^2}dW_2(t) \tag{9.2.19}$$

其中 ρ 在区间 [-1, 1] 内取值，除 ρ 以外的所有参数都大于0。则我们称瞬时利率服从两因素 Vasicek 模型。

在定义 9.2.3 中的过程 $\varepsilon=(\varepsilon_t)$ 是均值为 0 的均值回归过程，代表当前瞬时利率长期水平对瞬时利率平均水平的偏离。σ_2 是过程 ε 的波动率，ρ 是瞬时利率变化与 ε 变化之间的相关系数。

定理 9.2.2 如果瞬时利率服从两因素 Vasicek 模型，则零息票债券价格为

$$B(r,t,T) = \exp\{-a(T-t) - b_1(T-t)r(t) - b_2(T-t)\varepsilon(t)\} \tag{9.2.20}$$

其中

$$b_1(\tau) = \frac{1}{k_1}\left(1-e^{-k_1\tau}\right);$$

$$b_2(\tau) = \frac{1}{k_1(k_1-k_2)}e^{-k_1\tau} - \frac{1}{k_2(k_1-k_2)}e^{-k_2\tau} + \frac{1}{k_1k_2};$$

$$a(\tau) = \frac{\tilde{\theta}}{k_1}(\tau - b_1(\tau)) - \frac{1}{k_1^2}\left(\frac{1}{2}\sigma_1^2 - \frac{\rho\sigma_1\sigma_2}{k_1-k_2} + \frac{\sigma_2^2}{2(k_1-k_2)^2}\right)\left(\tau - b_1(\tau) - \frac{1}{2}k_1b_1(\tau)^2\right)$$

$$-\frac{\sigma_2^2}{4k_2^3(k_1-k_2)^2}(2\tau k_2 - 3 + 4e^{-k_2\tau} - e^{-2k_2\tau}) - \frac{\rho\sigma_1\sigma_2}{k_1k_2(k_1-k_2)^2}\left(\tau - b_1(\tau) - \frac{1-e^{-k_2\tau}}{k_2} + \frac{1-e^{-(k_1+k_2)\tau}}{k_1+k_2}\right)$$

证明：由定理 9.2.1 可知，两因素 Vasicek 模型下，零息票债券价格由（9.2.20）式给出。其中函数 $a(t)$、$b_1(t)$ 和 $b_2(t)$ 满足如下方程

$$b'_1(t) = -k_1b_1(t) + 1 \tag{9.2.21}$$

$$b'_2(t) = b_1(t) - k_2b_2(t) \tag{9.2.22}$$

$$a'(t) = \bar{\theta}b_1(t) - \frac{1}{2}(\sigma_1b_1(t) + \sigma_2\rho b_2(t))^2 - \frac{1}{2}(\sigma_2\sqrt{1-\rho^2}b_2(t))^2 \tag{9.2.23}$$

以及初值条件

$$a(0) = b_1(0) = b_2(0) = 0 \tag{9.2.24}$$

求解常微分方程组的初值问题（9.2.21）—（9.2.24）可以证得定理结论成立。

三、Longstaff - Schwartz 两因素模型

定义 9.2.5 如果瞬时利率可以表示为两个状态变量 x_1 和 x_2 的和

$$r(t) = x_1(t) + x_2(t) \tag{9.2.25}$$

则称瞬时利率服从 Longstaff - Schwartz 两因素模型。其中，状态变量 x_1 和 x_2 服从风险中性概率测度下相互独立的随机过程

$$dx_1(t) = (\varphi_1 - k_1x_1(t))dt + \sigma_1\sqrt{x_1(t)}dW_1^\theta(t) \tag{9.2.26}$$

$$dx_2(t) = (\varphi_2 - k_2x_2(t))dt + \sigma_2\sqrt{x_2(t)}dW_2^\theta(t) \tag{9.2.27}$$

其中 φ_1、φ_2、k_1、k_2、σ_1 和 σ_2 均为常数。

定理 9.2.3 如果瞬时利率服从 Longstaff—Schwartz 两因素模型，则零息票债券的价格 $B(r,t,T)$ 可以写为

$$B(r,t,T)=\exp\{-a(T-t)-b_1(T-t)x_1-b_2(T-t)x_2\} \tag{9.2.28}$$

其中

$$a(\tau)=a_1(\tau)+a_2(\tau)$$

$$a_j(\tau)=-\frac{2\varphi_j}{\beta_j^2}\left(log(2\delta_j)+\frac{1}{2}(\sigma_j+k_j)\tau-\ln[(\delta_j+k_j)(e^{\delta_j\tau}-1)+2\delta_j]\right)$$

$$b_j(\tau)=\frac{2(e^{\delta_j\tau}-1)}{(\delta_j+k_j)(e^{\delta_j\tau}-1)+2\delta_j}$$

$$\delta_j=\sqrt{k_j^2+2\sigma_j^2},j=1,2$$

证明　注意 Longstaff - Schwartz 两因素模型属于多因素仿射模型。由定理 9.2.1 可知，在此模型下，零息票债券的价格由（9.2.28）式给出，其中函数 $a(t)$、$b_1(t)$ 和 $b_2(t)$ 满足如下方程组

$$b'_1=-k_1b_1-\frac{1}{2}(\sigma_1b_1)^2+1$$

$$b'_2=-k_2b_2-\frac{1}{2}(\sigma_2b_2)^2+1$$

$$a'=\varphi_1b_1+\varphi_2b_2$$

以及初值条件

$$a(0)=b_1(0)=b_2(0)=0$$

求解这个初值问题，即得所证结果。

第三节

Health - Jarrow - Morton 模型

一、Health - Jarrow - Morton 模型概述

收益率曲线既可以用瞬时利率表示，也可以用远期利率表示，这些不同的表示是等价的。在前两节，我们用瞬时利率描述利率过程，从利率过程得到零息票债券价格关系，进而得到收益率曲线。瞬时利率模型在应用中存在一些明显不足。例如，如果瞬时利率模型没有解析债券定价公式，则很难精确地用初始收益率曲线标定利率模型和计算远期利率的协方差。

1992 年，Health、Jarrow 和 Morton（HJM）提出一个模拟利率动态演化过程的一般分析框架，他们选择瞬时远期利率作为模拟的基本数量，用当前的收益曲线作为输入的初始条件，用瞬时远期利率必须满足的动态模型导出整个收益曲线将来的随机演化过程。HJM 模型不是一个无套利分析框架，而是为期权定价服务的模型。

HJM 模型假设，在给定的测度下，对于固定的将来时间 T，T 时刻的瞬时远期利率服从

如下随机微分方程

$$dF(t,T)=\mu(t,T,F(t,s))dt+\sum_{i=1}^{n}\sigma_i(t,T,F(t,s)_{s\geq t})dW_i(t),0\leq t\leq T \quad (9.3.1)$$

且

$$F(0,T)=F^M(0,T) \quad (9.3.2)$$

其中 $F^M(0,T)$ 是 $t=0$ 时刻市场的瞬时远期利率曲线，由当前已经观测到的市场数据决定。$W_1,\cdots,W_n$ 是在现实世界测度下的 n 维独立的标准布朗运动。瞬时远期利率的漂移项 μ 和波动项 σ 是 $F(t,s)$ 的函数，表示 μ 和 σ 可能依赖于 t 时刻的远期收益率曲线。

对固定的时间 T，HJM 模型描述瞬时远期利率 $F(t,T)$ 的动态变化过程。远期利率 $F(r,T)$ 表示在 t 时刻签订的 T 时刻借贷的瞬时远期利率，远期利率曲线可以看作是在某个时刻 t 时，不同将来时刻 T 的瞬时远期利率。HJM 模型实际上是无限状态模型，我们输入当前的利率期限结构得到 HJM 模型，HJM 模型描述收益率曲线的将来动态变化过程，也就是输出将来的利率期限结构。

下面我们讨论在 HJM 模型下债券价格的行为和漂移限制，这就是如下定理。

定理 9.3.1 如果远期利率服从 HJM 模型（9.3.1），则在现实世界概率测度下到期日为 T 的零息票债券价格的行为可以用下面的方程描述：

$$dB(r,t,T)=B(r,t,T)\left[\bar{\mu}(t,F(t,s)_{s\geq t},T)dt+\sum_{i=1}^{n}\bar{\sigma}_i(t,F(t,s)_{s\geq t},T)dW_i(t)\right] \quad (9.3.3)$$

这里

$$\bar{\mu}(t,f(t,s)_{s\geq t},T)=r(t)-\int_t^T\mu(t,u,F(t,s)_{s\geq t})du+\frac{1}{2}\sum_{i=1}^{n}\bar{\sigma}_i(t,F(t,s)_{s\geq t},T) \quad (9.3.4)$$

$$\bar{\sigma}_i(t,F(t,s)_{s\geq t},T)=-\int_t^T\sigma_i(t,u,F(t,s)_{s\geq t})du \quad (9.3.5)$$

证明： 我们这里仅对 $n=1$ 的情形进行讨论，$n>1$ 情形类似可得。这时

$$dF(t,T)=\mu(t,T,F(t,s))dt+\sigma(t,T,F(t,s))dW(t),0\leq t\leq T$$

令

$$Y(t)=\int_t^T F(t,u)du$$

由随机微分法则有

$$dY(t)=\left(-r(t)+\int_t^T\mu(t,u,(F(t,s)_{s\geq t}))du\right)dt+\left(\int_t^T\sigma(t,u,(F(t,s)_{s\geq t}))du\right)dW(t)$$

由（8.1.11）式有

$$B(r,t,T)=e^{-Y(t)}$$

应用伊藤引理可得

$$dB(r,t,T)=-e^{-Y(t)}\left(-r(t)+\int_t^T\mu(t,u,F(t,s)_{s\geq t})du\right)dt$$

$$+\frac{1}{2}e^{-Y(t)}\left(\int_t^T\sigma(t,u,F(t,s)_{s\geq t})du\right)^2dt$$

$$
\begin{aligned}
&-e^{-Y(t)}\left(\int_t^T \sigma(t,u,F(t,s)_{s\geq t})du\right)dW(t)\\
&= B(r,t,T)\left(r(t)-\int_t^T \mu(t,u,F(t,s)_{s\geq t})du\right)dt\\
&\quad+\frac{1}{2}\left(\left(\int_t^T \sigma(t,u,F(t,s)_{s\geq t})du\right)^2\right)dt\\
&\quad-B(r,t,T)\left(\int_t^T \sigma(t,u,F(t,s)_{s\geq t})du\right)dW(t)
\end{aligned}
$$

由此可见（9.3.3）式成立。

下面我们讨论在风险中性概率测度下，远期利率的漂移项与远期利率的波动项之间的关系。假设风险中性概率测度下，远期利率满足如下随机微分方程

$$
dF(t,T)=\tilde{\mu}(t,T,F(t,s)_{s\geq t})dt+\sum_{i=1}^{n}\sigma_i(t,T,F(t,s)_{s\geq t})dW_i^{\theta}(t)\qquad 0\leqslant t\leqslant T \tag{9.3.6}
$$

其中，$W^{\theta}=(W_1^{\theta}(t),\cdots,W_n^{\theta}(t))^{\tau}$ 是在风险中性概率测度 P^{θ} 下的 n 维标准维纳过程。这时我们可以证明如下的定理。

定理 9.3.2 假设在风险中性的如果远期利率服从 HJM 模型（9.3.6），则在风险中性概率测度 P^{θ} 下，远期利率的漂移项满足

$$
\tilde{\mu}(t,T,F(t,s)_{s\geq t})=\sum_{i=1}^{n}\sigma_i(t,T,F(t,s)_{s\geq t})\int_t^T\sigma_i(t,u,F(t,s)_{s\geq t})du \tag{9.3.7}
$$

证明：将方程（9.3.6）和方程（9.3.1）进行比较，并由定理 9.3.1 可得，在风险中性概率测度面下，零息票债券的漂移率为

$$
r(t)-\int_t^T\tilde{\mu}(t,u,F(t,s)_{s\geq t})du+\frac{1}{2}\sum_{i=1}^{n}\sigma_i^{\ 2}(t,F(t,s)_{s\geq t},T)
$$

但在风险中性概率测度下，零息票债券的漂移率等于无风险利率。于是有

$$
r(t)-\int_t^T\tilde{\mu}(t,u,F(t,s)_{s\geq t})du+\frac{1}{2}\sum_{i=1}^{n}\sigma_i^2(t,F(t,s)_{s\geq t},T)=r(t)
$$

即有

$$
\int_t^T\tilde{\mu}(t,u,F(t,s)_{s\geq t})du=\frac{1}{2}\sum_{i=1}^{n}\sigma_i^2(t,F(t,s)_{s\geq t},T)
$$

由于在证明的过程中，对时间 T 没有任何限制，所以，这个关系对所有的时间 T 都成立。将该式对 T 求导，即得（9.3.7）式成立。

（9.3.7）式称为 HJM 漂移限制条件。在风险中性概率测度下，如果远期利率满足 HJM 模型，则远期利率的漂移项必须满足这个限制条件。根据条件（9.3.7），在风险中性概率测度下，远期利率的行为完全由初始远期收益率曲线、因子个数 n 和远期利率波动率 β_i（t，T，f（t，s））描述。远期利率的漂移项由模型决定，不再是外生给定的。

由（9.3.6）式和（9.3.7）式又有

$$F(t,T) = F(0,T) + \int_0^t \tilde{\mu}(v,T,F(v,s)_{s\geqslant v})dv + \int_0^t \sum_{i=1}^n \sigma_i(v,T,F(v,s)_{s\geqslant v})dW_i^\theta(v)$$

$$= F(0,T) + \int_0^t \left(\sum_{i=1}^n \sigma_i(v,T,F(v,s)_{s\geqslant v}) \int_v^T \sigma_i(v,u,F(v,s)_{s\geqslant v})du \right) dv$$

$$+ \int_0^t \sum_{i=1}^n \sigma_i(v,T,F(v,s)_{s\geqslant v})dW_i^\theta(v)$$

由于 $r(t) = F(t,t)$，因此有

$$r(t) = F(0,t) + \int_0^t \left(\sum_{i=1}^n \sigma_i(v,t,F(v,s)_{s\geqslant v}) \int_v^t \sigma_i(v,u,F(v,s)_{s\geqslant v})du \right) dv$$

$$+ \int_0^t \sum_{i=1}^n \sigma_i(v,t,F(v,s)_{s\geqslant v})dW_i^\theta(v)$$

这个式子说明 $r(t)$ 是风险中性概率测度下的一个 Ito 过程。

二、Ho - Lee 模型

在 HJM 框架下，通过指定不同的远期利率波动，就可以得到不同的远期利率模型。这里我们先看 Ho - Lee 模型。

Ho - Lee 模型是最简单的 HJM 模型。假设单因素 HJM 模型中远期利率的波动项是常数，即远期利率的波动项 $\sigma(t,T,F(t,s)) = \sigma(\sigma > 0)$ 对所有的到期时间 T 和 t 都成立，则由定理 9.3.2，在风险中性概率测度 P^θ 下，远期利率的漂移项为

$$\tilde{\mu}(t,T,F(t,s)) = \sigma \int_t^T \sigma du = \sigma^2(T-t) \tag{9.3.8}$$

因此在风险中性概率测度 P^θ 下远期利率服从的 HJM 模型为

$$dF(t,T) = \sigma^2(T-t)dt + \sigma dW^\theta(t), \qquad 0 \leqslant t \leqslant T$$
$$F(0,T) = F^M(0,T)$$

对远期利率从时间 0 到时间 t 积分，可以得到期限为 T 的远期利率的将来值

$$F(t,T) = F(0,T) + \int_0^t \sigma^2(T-u)du + \int_0^t \sigma dW^\theta(u)$$

即

$$F(t,T) = F(0,T) + \sigma^2 t\left(T - \frac{1}{2}t\right) + \sigma W^\theta(t) \tag{9.3.9}$$

这个模型就是 Ho - Lee 模型。在 Ho - Lee 模型中，未来瞬时利率为

$$r(t) = F(t,t) = F(0,t) + \frac{1}{2}\sigma^2 t^2 + \sigma \int_0^t dW^\theta(u)$$

即

$$r(t) = F(0,t) + \frac{1}{2}\sigma^2 t^2 + \beta W^\theta(t) \tag{9.3.10}$$

由（9.3.9）式和（9.3.10）式可知，远期利率 $F(t,T)$ 和瞬时利率 $r(t)$ 都是正态分布，直接计算可知

$$E[F(t,T)] = F(0,T) + \sigma^2 t\left(T - \frac{1}{2}t\right)$$

$$Var[F(t,T)] = \sigma^2 t$$

$$E[r(t)] = F(0,t) + \frac{1}{2}\sigma^2 t^2$$

$$Var[r(t)] = \sigma^2 t$$

由（9.3.9）式和（9.3.10）式，又可以给出 Ho - Lee 模型下远期利率曲线的另外一个表示方程

$$F(t,T) = r(t) + \sigma^2 t(T-t) + F(0,T) - F(0,t) \tag{9.3.11}$$

因此，远期利率与短期利率完全相关。由（9.3.11）式知，在 t 时刻两个远期利率之间的差异是确定性的，即

$$F(t,T_1) - F(t,T_2) = F(0,T_1) - F(0,T_2) + \sigma^2 t(T_1 - T_2)$$

由（9.3.10）式，在任意两个时间点 t 和 $\bar{t}$ 之间，瞬时利率的变化为

$$r(\bar{t}) - r(t) = F(0,\bar{t}) - F(0,t) + \frac{1}{2}\beta^2\bar{t}^2 - \frac{1}{2}\sigma^2 t^2 + \sigma\int_0^{\bar{t}} dW^\theta(u) - \sigma\int_0^t dW^\theta(u) \tag{9.3.12}$$

由（9.3.10）式并利用 Ito 引理可有

$$dr(t) = \tilde{\varphi}(t)dt + \sigma dW^\theta(t) \tag{9.3.13}$$

其中

$$\tilde{\varphi}(t) = \frac{\partial F(0,t)}{\partial t} + \sigma^2 t \tag{9.3.14}$$

利用（9.3.13）式，可以推知在 Ho - Lee 模型下，零息票债券价格为

$$B(r,t,T) = \exp\{-a(t,T) - (T-t)r_t\} \tag{9.3.15}$$

其中

$$a(t,T) = \int_t^T \tilde{\varphi}(u)(T-u)du + \frac{1}{6}\sigma^2(T-t)^3 \tag{9.3.16}$$

三、Hull - White 模型

另一个广受关注的 HJM 模型是 Hull - White 模型。假设单因素 HJM 模型中远期利率波动项是距离到期日的指数衰减函数，即

$$\sigma(t,T,F(t,s)) = \sigma e^{-k(T-t)}$$

其中 σ 和 k 都是正常数。根据定理 9.3.2，在风险中性概率测度 P^θ 下，远期利率的漂移项为

$$\tilde{\mu}(t,T,F(t,s)) = \sigma e^{-k(T-t)}\int_t^T \sigma e^{-k(T-t)}du = \frac{\sigma^2}{k}e^{-k(T-t)}(1 - e^{-k(T-t)}) \tag{9.3.17}$$

在风险中性概率测度 P^θ 下，此时的远期利率演化所服从的 HJM 模型为

$$\begin{aligned} dF(t,T) &= \sigma e^{-k(T-t)}\left(\int_t^T \sigma e^{-k(s-t)}ds\right)dt + \sigma e^{-k(T-t)}dW^\theta(t) \\ &= \frac{\sigma^2}{k}\left(e^{-k(T-t)} - e^{-2k(T-t)}\right)dt + \sigma e^{-k(T-t)}dW^\theta(t), \quad 0 \leqslant t \leqslant T \end{aligned} \tag{9.3.18}$$

$$F(0,T) = F^M(0,T) \tag{9.3.19}$$

对远期利率从时间 0 到时间 t 积分，我们得到

$$\begin{aligned} F(t,T) &= F(0,T) + \int_0^t \frac{\sigma^2}{k}\left(e^{-k(T-u)} - e^{-2k(T-u)}\right) du + \int_0^t \sigma e^{-k(T-u)} dW^\theta(u) \\ &= F(0,T) - \frac{\sigma^2}{2k^2}\left(1 - e^{-k(T-t)}\right)^2 + \frac{\sigma^2}{2k^2}(1 - e^{-kT})^2 + \sigma\int_0^t e^{-k(T-u)} dW^\theta(u) \end{aligned} \tag{9.3.20}$$

令

$$X(t) = \sigma\int_0^t e^{-k(t-u)} dW^\theta(u)$$

则有

$$\int_0^t e^{-k(T-u)} dW^\theta(u) = e^{-k(T-t)} X(t)$$

这时可得远期利率和即期利率分别为

$$F(t,T) = F(0,T) - \frac{\sigma^2}{2k^2}\left(1 - e^{-k(T-t)}\right)^2 + \frac{\sigma^2}{2k^2}\left(1 - e^{-kT}\right)^2 + e^{-k(T-t)} X(t) \tag{9.3.21}$$

和

$$r(t) = F(t,t) = F(0,t) + \frac{\sigma^2}{2k^2}\left(1 - e^{-kt}\right)^2 + X(t) \tag{9.3.22}$$

这个模型称为 Hull－White 模型。与 Ho－Lee 模型相同，在 Hull－White 模型中未来的远期利率和瞬时利率都服从正态分布，它们的均值和方差分别为

$$E[F(t,T)] = F(0,T) - \frac{\sigma^2}{2k^2}(1 - e^{-k(T-t)})^2 + \frac{\sigma^2}{2k^2}(1 - e^{-kT})^2$$

$$Var[F(t,T)] = \frac{\sigma^2}{2k}(e^{-2k(T-t)} - e^{-2kT})$$

$$E[r(t)] = F(0,t) + \frac{\sigma^2}{2k^2}(1 - e^{-kT})^2$$

$$Var[r(t)] = \frac{\sigma^4}{2k}e^{-2kt}(1 - e^{-2kt})$$

对（9.3.22）式应用伊藤引理，可得瞬时利率所满足的随机微分方程

$$\begin{aligned} dr(t) &= \left[\frac{\partial F(0,t)}{\partial t} + \frac{\sigma^2}{k}e^{-kt}\left(1 - e^{-kt}\right) - k\left(r(t) - F(0,t) - \frac{\sigma^2}{2k^2}(1 - e^{-kt})^2\right)\right]dt + \sigma dW^\theta(t) \\ &= k[\tilde{\alpha}(t) - r(t)]dt + \sigma dW^\theta(t) \end{aligned} \tag{9.3.23}$$

其中

$$\tilde{\alpha}(t) = F(0,t) + \frac{1}{k}\frac{\partial F(0,t)}{\partial t} + \frac{\sigma^2}{2k^2}(1 - e^{-2kt}) \tag{9.3.24}$$

由于瞬时利率 $\{r(t)\}$ 服从正态过程，所以零息票债券价格为

$$B(r,t,T) = e^{-a(t,T) - b(T-t)r} \tag{9.3.25}$$

其中

$$a(t,T) = k\int_t^T \tilde{\alpha}(u) b(T-u) du + \frac{\beta^2}{4k}b^2(T-t) + \frac{\sigma^2}{2k^2}(b(T-t) - (T-t))$$

$$= \log\left(\frac{B(0,T)}{B(0,t)}\right) - b(t,T)\frac{\partial \log B(0,t)}{\partial t} - \frac{1}{4k^3}\sigma^2(e^{-kT}-e^{-kt})^2(e^{-2kt}-1) \quad (9.3.26)$$

$$b(\tau) = \frac{1}{k}(1-e^{-k\tau}) \quad (9.3.27)$$

Ho－Lee 模型与 Hull－White 模型之间存在一个重大差别。由（9.3.10）式可知，在 Ho－Lee模型中，当时间 t 趋于无穷大时，瞬时利率 $r(t)$ 以概率 1 趋于无穷。而在 Hull－White 模型中，瞬时利率 $r(t)$ 存在有界的均值和方差，界限与 t 无关。当 t 充分大时，

$$r(t) \approx F(0,t) + \frac{\sigma^2}{2k^2} + X(t)$$

由此有

$$\mu_\infty(t) = F(0,t) + \frac{\sigma^2}{2k^2}$$

$$\begin{aligned}\sigma_\infty^2(t) &= \sigma^2 E\left\{\int_0^t e^{-k(t-u)}dW^\theta(u)\right\}\\ &= \sigma^2\int_0^t e^{-2k(t-u)}d(u)\\ &\approx \frac{\sigma^2}{2k}\end{aligned}$$

在 Ho－Lee 模型和 Hull－white 模型中，远期利率的未来值都是服从正态分布，将来的瞬时利率也服从正态分布，具有这种性质的模型称为具有正态性或正态模型。当远期利率的波动项 σ 是时间和到期日的确定性函数时，利率模型具有正态性。正态模型在数学上很好处理，可以得出资产价格的解析解。例如，如果瞬时利率服从正态模型，则我们能够得到零息票债券的欧式期权的定价公式，当然也就容易计算期权产品的价格。

四、HJM 模型中债券期权的定价

HJM 模型的优势是能够处理非常一般的波动率结构。但是，瞬时利率通常不再具有马尔可夫性，导致收益率曲线的演化是路径依赖的，将来的收益率曲线形状与收益率曲线的演化过程有关。这样，通常不再有利率衍生产品的解析定价公式，为了给利率衍生产品定价，只能应用数值计算方法。这里我们给出有关债券期权的一些结论。

首先，对于一般 HJM 模型下零息票债券期权定价有如下结论。

定理 9.3.3 如果瞬时远期利率服从单因素 HJM 模型，则到期日为 T、标的资产为到期日 T^* 的零息票债券、执行价格是 X 的欧式看涨期权价格为

$$C(t) = E_t^\theta[\max(0, B(t,T^*)Y(t,T,T^*) - XB(t,T)Y(t,T,T))] \quad (9.3.28)$$

其中

$$Y(t,T,\tau) = \exp\left\{\int_t^T \bar{\sigma}(u,\tau)dW^\theta(u) - \frac{1}{2}\int_t^T \bar{\sigma}^2(u,\tau)du\right\} \quad (9.3.29)$$

$$\bar{\sigma}(t,T) = -\int_t^T \sigma(t,u)du$$

证明：首先由风险中性定理原理有

$$C(t) = E_t^\theta\left[\exp\left\{-\int_t^T r(\tau)d\tau\right\}\max(0,B(T,T^*)-X)\right] \tag{9.3.30}$$

直接计算可知

$$Y(t,T,T) = \exp\left\{-\int_t^T r(u)du\right\}\exp\left\{\int_t^T F(t,u)du\right\}$$
$$= \frac{1}{B(t,T)}\exp\left\{-\int_t^T r(u)du\right\} \tag{9.3.31}$$

$$Y(t,T,T^*) = \frac{1}{B(t,T^*)}\exp\left\{-\int_t^T r(u)du\right\}B(T,T^*) \tag{9.3.32}$$

将（9.3.31）式和（9.3.32）式代入（9.3.30）式，即得（9.3.28）式成立。

接下来，对于一般 HJM 模型下息票债券期权定价可给出如下结论。

定理 9.3.4 如果瞬时远期利率服从单因素 HJM 模型，息票债券的息票支付日分别为 $T_k(k=1,2,\cdots,m)(T\leqslant T_1\leqslant\cdots\leqslant T_m)$，支付的息票金额为 $c_k(k=1,2,\cdots,m)$，则标的资产是该息票债券的欧式看涨期权价格为

$$C^{cpn}(t) = E_t^\theta\left[\max\left(0,\sum_{k=1}^m c_kB(t,T_k)Y(t,T,T_k)-XB(t,T)Y(t,T,T)\right)\right] \tag{9.3.33}$$

其中 $Y(t,T,\tau)$ 由（9.3.29）式给出。

证明： 由风险中性定理原理，息票债券看涨期权的价格为

$$C^{cpn}(t) = E_t^\theta\left[\exp\left\{-\int_t^T r(\tau)d\tau\right\}\max\left(0,\sum_{k=1}^m c_kB(T,T_k)-X\right)\right] \tag{9.3.34}$$

仿照定理 9.3.3，可以证明（9.3.35）式成立。

对于正态 HJM 模型，由于其特殊性，可以给出零息票债券期权价格公式。如果远期利率服从正态 HJM 模型，那么，以银行账户作为记账单位，在这个新测度下，零息票债券价格服从如下随机微分方程

$$\frac{dB(t,T)}{B(t,T)} = r(t) + \sum_{i=1}^n \sigma_i(t,T)dW^\theta(t) \tag{9.3.35}$$

其中

$$\overline{\sigma}_i(t,T) = -\int_t^r \sigma_i(t,u)du$$

这时有如下结果。

定理 9.3.5 假设远期利率服从正态 HJM 模型，则零息票债券期权的价格为

$$C(t) = B(t,T^*)N(h_1) - XB(t,T)N(h_2) \tag{9.3.36}$$

这里

$$h_1 = \frac{\log\left(\dfrac{B(t,T^*)}{B(t,T)X}\right)+\dfrac{1}{2}\omega}{\sqrt{\omega}} \tag{9.3.37}$$

$$h_2 = \frac{\log\left(\dfrac{B(t,T^*)}{B(t,T)X}\right)-\dfrac{1}{2}\omega}{\sqrt{\omega}} \tag{9.3.38}$$

$$\omega = \sum_{i=1}^{n} \int_{t}^{T} (\bar{\sigma}_i(u,s) - \bar{\sigma}_i(u,T))^2 du \tag{9.3.39}$$

这里 ω 表示 $\log B(T, T^*)$ 的方差。

证明：由（9.3.38）式可以看出，债券价格 $B(t,T)$ 服从对数正态分布。于是，根据 Black 公式，可以得到欧式债券期权的解析公式。现在变换到远期鞅测度 P^T，在远期鞅测度 P^T 下，期权价格为

$$\begin{aligned} C(t) &= B(t,T) E_t^{P^T}\left(\frac{1}{B(T,T)}\max(0, B(T,T^*) - X)\right) \\ &= B(t,T) E_t^{P^T}[\max(0, B(T,T^*) - X)] \end{aligned} \tag{9.3.40}$$

由于 $B(T,T^*)$ 服从对数正态分布，所以有（9.3.36）成立。

利用（9.3.36）式可以直接计算零息票债券期权的价格。

第四节 数值计算方法

一、三叉树方法

本节介绍利率的三叉树模型，并利用模型为利率衍生品进行定价。与二叉树模型相比，三叉树模型提供了一个额外的自由度，因此在表现利率过程中的诸如均值回复这样的一些特性时更为便利。

在这个模型中，每个结点处有三个分支，一般情况下三个分支的形状如图 9－1a 所示，三个分支分别为上升一个单位、持平、下降一个单位；当利率处于较低水平时，三个分支的形状如图 9－1b 所示，三个分支分别为上升两个单位、上升一个单位、持平，这样可以使利率更多地向上运动；当利率处于较高水平时，三个分支的形状如图 9－1c 所示，三个分支分别为持平、下降一个单位、下降两个单位，这样可以使利率更多地向下运动。这样我们可以反映利率均值回归的特性。

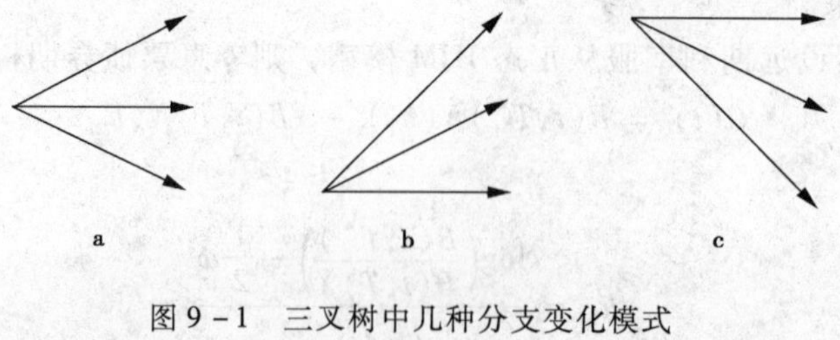

图 9－1　三叉树中几种分支变化模式

现在我们以 Hull 和 White 模型为例来说明如何建立三叉树模型。

考虑 Hull－White 模型

$$dr(t) = (\alpha(t) - kr(t))dt + \sigma dW(t) \tag{9.4.1}$$

其中 k 和 σ 是两个正常数。$\alpha(t)$是时间 t 的函数，$\frac{\alpha(t)}{k}$表示利率的时间依赖的回归水平。

为建立三叉树模型，可以分两个步骤进行：

(一) 零回归均值情况的三叉树

为构造模型（9.4.1）的三叉树图的，我们首先为变量 r^* 构造树图，r^* 的初始值为零，并遵循如下过程

$$dr^*(t) = -kr^*(t)dt + \sigma dW(t) \qquad (9.4.2)$$

显然模型（9.4.2）表示的过程$\{r^*(t)\}$关于 $r^*=0$ 是对称的。变量 $r^*(t+\Delta t)-r^*(t)$ 是正态分布的。如果忽略比 Δt 更高阶的项，$r^*(t+\Delta t)-r^*(t)$的期望值是 $-\beta r^*\Delta t$，$r^*(t+\Delta t)-r^*(t)$的方差是 $\sigma^2\Delta t$。

我们这里要构建过程$\{r^*(t)\}$的一个类似于图 9-2 所示的三叉树图。在该图中，所有节点等分 r^* 和 t。

记三叉树图中利率之间的间隔为 Δr，每个时间步长的长度为 Δt。在数值计算方面的理论研究表明，为使误差最小化，应该设

$$\Delta r = \sigma\sqrt{3\Delta t} \qquad (9.4.3)$$

为构建过程$\{r^*(t)\}$的三叉树图，我们必须确定在每个结点应该使用图 9-1 所示三分支方法中的哪种方法。这将决定整个树图的形状。一旦做完这些，便可计算出每个分支的概率。

定义(i,j)为 $t=i\Delta t$ 和 $r^*=j\Delta r$ 的结点。在某个结点所使用的分支方法必须使所有三个分支概率都为正值。对于大多数结点，采用图 9-1a 的分支方法；当 j 值是绝对值足够大的负值时，应由图 9-1a 的分支转换到图 9-1b 的分支；当 j 值是绝对值足够大的正值时，应由图 9-1a 的分支转换到图 9-1c 的分支。定义 j_{min} 为由图 9-1a 的分支转换到图 9-1b 的分支的 j 值，定义 j_{max} 为由图 9-1a 的分支转换到图 9-1c 的分支的 j 值。j_{min} 和 j_{max} 分别对应了三叉树模型中的最低利率水平和最高利率水平。Hull 和 White 证明：如果我们设 j_{max} 为大于或等于 $0.184/(k\Delta t)$ 的最小整数，设 j_{min} 等于 $-j_{max}$，则可以保证所有结点处的三个分支的概率都是正的，如图 9-2 所示。

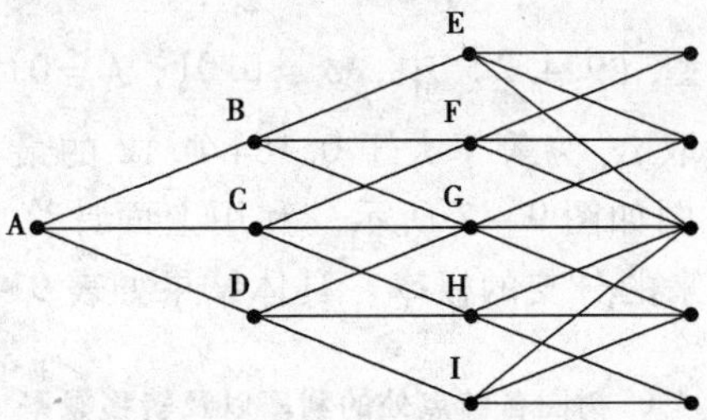

图 9-2　在 Hull-White 模型中 r^* 的树图

设 p_u、p_m 和 p_d 为从某个结点出发的最高、居中和最低分支的概率。由下一个时间间隔 Δt 后 r^* 的改变量的均值和方差以及概率总和必须为 1 的性质，我们可以得到三个概率的三个方程式。

如果结点（i，j）的分支模式如图 9－1a 所示，p_u、p_m 和 p_d 满足如下三个方程

$$p_u\Delta r - p_d\Delta r = -kj\Delta r\Delta t$$

$$p_u\Delta r^2 + p_d\Delta r^2 = \sigma^2\Delta t + k^2j^2\Delta r^2\Delta t^2$$

$$p_u + p_m + p_d = 1$$

再利用（9.4.3）式，可以解出三个方程式的解为

$$p_u = \frac{1}{6} + \frac{k^2j^2\Delta t^2 - kj\Delta t}{2}$$

$$p_m = \frac{2}{3} - k^2j^2\Delta t^2$$

$$p_d = \frac{1}{6} + \frac{k^2j^2\Delta t^2 + kj\Delta t}{2}$$

如果结点（i，j）的分支模式如图 9－1b 所示，p_u、p_m 和 p_d 满足如下三个方程

$$-p_m\Delta r - 2p_d\Delta r = -kj\Delta r\Delta t$$

$$p_m\Delta r^2 + 4p_d\Delta r^2 = \sigma^2\Delta t + k^2j^2\Delta r^2\Delta t^2$$

$$p_u + p_m + p_d = 1$$

再利用（9.4.3）式，可以解出三个概率分别为

$$p_u = \frac{1}{6} + \frac{k^2j^2\Delta t^2 + kj\Delta t}{2}$$

$$p_m = -\frac{1}{3} - k^2j^2\Delta t^2 - 2kj\Delta t$$

$$p_d = \frac{7}{6} + \frac{k^2j^2\Delta t^2 + 3kj\Delta t}{2}$$

最后，如果该分支具有如图 9－1c 所示的形式，则三个概率分别为

$$p_u = \frac{7}{6} + \frac{k^2j^2\Delta t^2 - 3kj\Delta t}{2}$$

$$p_m = -\frac{1}{3} - k^2j^2\Delta t^2 + 2kj\Delta t$$

$$p_d = \frac{7}{6} + \frac{k^2j^2\Delta t^2 - kj\Delta t}{2}$$

【例 9.4.1】 假设在模型（9.4.2）中，$\sigma = 0.01$，$k = 0.12$ 和 $\Delta t = 1$ 年。在这种情况下，$\Delta r = 0.01\sqrt{3} = 0.0173$，取 $j_{\max}$ 为等于大于 0.184/0.12 的最小整数，并令 $j_{\min} = -j_{\max}$。则有 $j_{\max} = 2$ 和 $j_{\min} = -2$，该树图如图 9－2 所示。利用上面计算 p_u、p_m 和 p_d 的三个公式可以计算出来从每个结点发射出来的分支的概率。具体结果如表 9－1 所示。

表 9－1　　r^* 树图各结点处的利率以及转移概率

结点	A	B	C	D	E	F	G	H	I
r^*	0.00%	1.73%	0.00%	－1.73%	3.46%	1.73%	0.00%	－1.73%	－3.46%
p_u	0.1667	0.1139	0.1667	0.2339	0.8355	0.1139	0.1667	0.2339	0.0755
p_m	0.6667	0.6523	0.6667	0.6523	0.0891	0.6523	0.6667	0.6523	0.0891
p_d	0.1667	0.2339	0.1667	0.1139	0.0755	0.2339	0.1667	0.1139	0.8355

我们很容易观察到，在图 9－2 中每个结点的概率只依赖于 j。例如，在结点 B 的概率与在结点 E 的概率相同。更进一步地，树图是对称的，例如，在结点 D 的概率和结点 B 的概率的镜像值。

（二）r 的二叉树图的构建

接下来我们将 r^* 的树图转换为 r 的树图。通过取代 r^* 树图上的结点使得精确满足初始期限结构，可以得到 r 的树图。定义

$$\theta(t)=r(t)-r^*(t)$$

由于

$$dr(t)=(\alpha(t)-kr(t))dt+\sigma dW(t)$$

和

$$dr^*(t)=-kr^*(t)dt+\sigma dW(t)$$

因此

$$d\theta=[\alpha(t)-k\theta(t)]dt$$

求解这个方程得到

$$\theta(t)=e^{-kt}\left[r(0)+\int_0^t e^{ku}\alpha(u)du\right]$$

将（9.3.24）式给出的 $\alpha(t)$ 表达式代入上式，可以得到

$$\theta(t)=F(0,t)+\frac{\sigma^2}{2k^2}(1-e^{-kt})^2 \tag{9.4.4}$$

（9.4.4）式给出 r 和 r^* 之间关系式。利用这个关系式，可以由对应的 r^* 树图构造一个 r 树图。具体方法就是：设定 r 树图在 $i\Delta t$ 时刻的利率等于相应的 r^* 树图的利率加上 θ（$i\Delta t$），而相应的概率保持不变。

（三）构建 r 的树图的另一种方法

虽然前面构造 r 的三叉树方法可以满足大多数的要求，但以这种方式所产生的 r 树图并不精确地与初始期限结构一致。这是因为在离散事件模型中使用了连续时间的 θ 值。

另一种方法是用迭代法计算 θ 使得期限结构得到精确匹配。我们现在介绍这个方法。该方法提供了构造树图的过程。

定义 θ_i 为 r 的三叉树图中 $i\Delta t$ 时刻的 r 值减去相应的 r^* 的三叉树图中 $i\Delta t$ 时刻的 r^* 的值。定义 $B_{i,j}$ 为一个基本证券的现值，如果达到结点 (i,j) 该证券收益 \$1，在其他结点则收益为零。利用初始期限结构，可以计算 θ_i 和 $B_{i,j}$。下面来看具体的过程。

假设在例 9.4.1 中，t 年期连续复利的即期利率是 $0.10-0.05e^{-0.10t}$。首先有 $B_{0,0}$ 的值为 1。选择 θ_0 的值，以便得到在 Δt 时刻到期的零息票债券的正确价格。这就要求取 θ_0 等于初始 Δt 期利率。由于在这个例子中，$\Delta t=1$，$\theta_0=0.0548$。这定义了在图 9－3 中 r 树图的初始结点处的 θ_0 和 $B_{0,0}$。

然后计算 $b_{1,1}$，$B_{1,0}$ 和 $B_{1,-1}$ 的值。从（0，0）结点达到（1，1）结点的概率为 0.1667 且第一个时间步长的贴现率是 $\theta_0=5.48\%$。因此 $B_{1,1}$ 的值为 $0.1667e^{-0.0548}=0.1578$。类似的，$B_{1,0}=0.6311$，$B_{1,-1}=0.1578$。

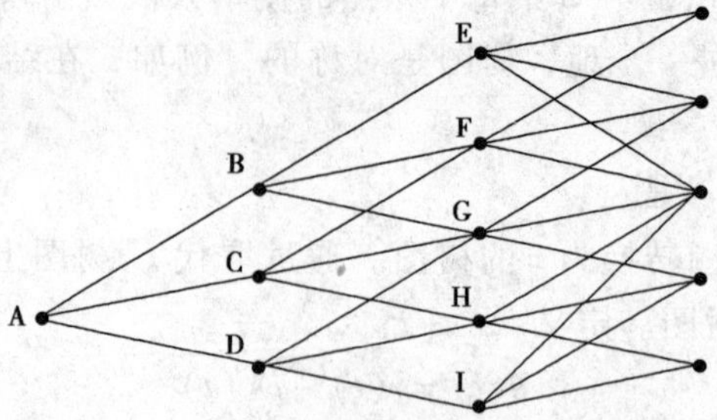

图 9-3　在 Hull-White 模型中 r 的树图

计算出 $B_{1,1}$，$B_{1,0}$和 $B_{1,-1}$的值之后，就可以根据在 $2\Delta t$ 时刻到期的零息票债券的价格来决定 θ_1 的值。由于 $r=0.0173$ 和 $\Delta t=1$，在结点 B 看到的该债券的价格为 $e^{-(\theta_1-0.0173)}$，在结点 C 看到的该债券的价格为 e^{θ_1}，在结点 D 看到的该债券的价格为 $e^{-(\theta_1+0.0173)}$。因此在初始结点 A 所看到的价格是

$$B_{1,1}e^{-(\theta_1+0.0173)}+B_{1,0}e^{-\theta_1}+B_{1,-1}e^{-(\theta_1-0.0173)} \tag{9.4.5}$$

由初始期限结构，该债券价格应是 $e^{-0.0591\times2}=0.8886$。将 B 的值代入（9.4.5）式，我们得到

$$0.1578e^{-(\theta_1+0.0173)}+0.6312e^{-\theta_1}+0.1578e^{-(\theta_1-0.0173)}=0.8886$$

即

$$e^{-\theta_1}(0.1578e^{-0.0173}+0.6312+0.1578e^{0.0173})=0.8886$$

由此可解得

$$\theta_1=\log\left[\frac{0.1578e^{-0.0173}+0.6312+0.1578e^{0.0173}}{0.8886}\right]=0.0635$$

这意味着在 r 的利率树图中在 Δt 时刻中心结点 C 的利率为 6.35%。

下一步计算 $B_{2,2}$，$B_{2,1}$，$B_{2,0}$，$B_{2,-1}$和 $B_{2,-2}$的值。利用前面计算出的 B 值，可以简化计算过程，以 $B_{2,1}$为例。这是某个证券的值，如果达到结点 F 该证券收益 \$1，在其他结点则为零。只有通过结点 B 和结点 C 才可到达结点 F。这两个结点的利率分别为 8.08% 和 6.35%。从 B 到 F 分支和从 C 到 F 分支所对应的概率分别为 0.6523 和 0.167。因此，在结点 F 支付 \$1 的某个债券在结点 B 的价值为 $0.6523e^{-0.0808}$。结点 C 的价值为 $0.167e^{-0.0635}$。因此有，变量 $B_{2,1}$是乘以 $0.656e^{-0.0693}$在结点 B 收取 \$1 的现值，加上 $0.167e^{-0.0520}$在结点 C 收取 \$1 的现值，即：

$$B_{2,1}=0.6523e^{-0.0808}\times0.1578+0.167e^{-0.0635}\times0.6312=0.1937$$

类似地，$B_{2,2}=0.0166$，$B_{2,0}=0.4642$，$B_{2,-1}=0.1970$ 和 $B_{2,-2}=0.172$。

在构造图 9.4.3 所示 r 树图的最后一步计算是 θ_2。之后计算 $B_{3,j}$，然后，计算 θ_3；依次类推。$t=2$ 之前各结点的利率和转移概率见表 9-2。

表 9-2　　利率 r 的树图各结点处的利率以及转移概率

结点	A	B	C	D	E	F	G	H	I
r	5.48%	8.08%	6.35%	4.62%	10.55%	8.82%	7.09%	5.36%	3.63%
p_u	0.167	0.1139	0.1667	0.2339	0.8355	0.1139	0.1667	0.2339	0.0755
p_m	0.667	0.6523	0.6667	0.6523	0.0891	0.6523	0.6667	0.6523	0.0891
p_d	0.167	0.2339	0.1667	0.1139	0.0755	0.2339	0.1667	0.1139	0.8355

接下来，为了更严格地表述该方法，我们给出 θ 和 B 的表达式。假设已经决定了 $B_{i,j}$ 的值，其中 $i \leqslant m(m \geqslant 0)$。下一步就是决定 θ_m，以使得该树图正确地为在 $(m+1)\Delta t$ 时刻到期的零息票债券的价格为

$$B_{m+1} = \sum_{j=-n_m}^{n_m} B_{m,j} e^{-(\theta_m + j\Delta r)\Delta t} \tag{9.4.6}$$

其中 n_m 是在 $m\Delta t$ 时刻处于中心结点每一侧边的结点数。这个方程式的解为

$$\theta_m \frac{\log \sum_{j=-n_m}^{n_m} B_{m,j} e^{-j\Delta r \Delta t} - \log B_{m+1}}{\Delta t}$$

一旦决定了 θ_m，则 $i=m+1$ 的 $B_{i,j}$ 可以通过下式计算出来

$$B_{m+1,j} = \sum_h B_{m,h} q(h,j) e^{-(\theta_m + h\Delta r)\Delta t}$$

其中是 $q(h,j)$ 从结点（m，h）运动到结点 $(m+1,j)$ 的概率，求和是对所有的非零的 h 值进行的。

利用这样的过程就得到了利率 r 的三叉树图。但需要注意，这里得到的实际上是 Δt 期的利率 R，而非瞬时利率。利用（9.3.25）式，可以给出瞬时利率为

$$r = \frac{R\Delta t + \log a(t,t+\Delta t)}{b(t,t,+\Delta t)}$$

其中 $a(t,t,+\Delta t)$ 和 $b(t,t,+\Delta t)$ 由（9.3.26）式和（9.3.27）式给出。

求出瞬时利率 r 后，可以利用（9.3.25）式－（9.3.27）式给出 t 时刻的任意期限的零息票债券价格。

（四）编程计算

下面给出一个利用三叉树模型为债券期权定价的问题，通过编程计算进行解决。

【例 9.4.2】　假设瞬时利率满足如下的 Hull－White 模型

$$dr(t) = (\alpha(t) - kr(t))dt + \sigma dW(t)$$

其中 $k=0.12$，$\sigma=0.01$，初始利率期限结构为 $0.10-0.05e^{-0.10t}$。现有一欧式看涨债券期权，其标的资产为面值 100 美元的五年期零息票债券，期权的到期日为三年后，执行价格为 70 美元。求这个期权的价格。

利用利率的三叉树模型计算，具体的 Matlab 程序如下

```
%%%%%%%%%%%%%%%%%%%%%%%%%%%%%%%%%%
%%三叉树方法计算欧式看涨债券期权价格                %%
%%%%%%%%%%%%%%%%%%%%%%%%%%%%%%%%%%
```

```
%包含函数 rf, rfc, pf, qf, e, ec, b
%定义全局变量，使得 rf, rfc, pf, qf, e, ec, b 函数能够使用这些变量
global dt;
global B;
global R;
global k;
global sigma;
%%%%%%%%%%%%%%%%%%%%%%%%%%%%%%%%%%%%%
%指定参数
k =0.12;
dt =0.3;
sigma =0.01;
dr = sigma * sqrt (3 * dt);
X =0.7
Lmax = ceil (0.184/ (k * dt)); %Lmax 表示最大偏移量 Jmax
n =10;

%%%%%%%%%%%%%%%%%%%%%%%%%%%%%%%%%%%%%
%以 Lmax 行为中心构造三叉树 RS，行数固定，为 2Lmax +1

RS (Lmax +1, 1) =0;
%第一阶段，到达 r = Lmax +1 步前
for r =2: Lmax +1
    RS (Lmax - r +2, r)  = RS (Lmax - r +3, r -1)  + dr;
    for l = Lmax - r +3: Lmax + r -1
      RS (l, r)  = RS (l, r -1);
    end;
    RS (Lmax + r, r)  = RS (Lmax + r -1, r -1)  - dr;
end;

%第二阶段，到达 r = Lmax +1 步后
for r = Lmax +2: n +1
    for l =1: 2 * Lmax +1
      RS (l, r)  = RS (l, r -1);
    end;
end;

%%%%%%%%%%%%%%%%%%%%%%%%%%%%%%%%%%%%%
```

```
% 构造概率树，u，m，d 分别表示当前节点向上、不变、下降的概率

% 初始化，r=1 时的情况
u (Lmax+1, 1) =1/6;
m (Lmax+1, 1) =2/3;
d (Lmax+1, 1) =1/6;

% 第一阶段
for r=2: Lmax
    u (Lmax-r+2, r) =1/6+ (k^2* (r-1) ^2*dt^2-k* (r-1) *dt) /2;
    m (Lmax-r+2, r) =2/3-k^2* (r-1) ^2*dt^2;
    d (Lmax-r+2, r) =1/6+ (k^2* (r-1) ^2*dt^2+k* (r-1) *dt) /2;
    for l=Lmax-r+3: Lmax+r-1
      u (l, r) =u (l, r-1);
      m (l, r) =m (l, r-1);
      d (l, r) =d (l, r-1);
    end;
    u (Lmax+r, r) =1/6+ (k^2* (r-1) ^2*dt^2+k* (r-1) *dt) /2;
    m (Lmax+r, r) =2/3-k^2* (r-1) ^2*dt^2;
    d (Lmax+r, r) =1/6+ (k^2* (r-1) ^2*dt^2-k* (r-1) *dt) /2;
end;

% 第二阶段，关键步
r=Lmax+1;
     l=1;
     u (l, r) =7/6+ (k^2* (r-1) ^2*dt^2-3*k* (r-1) *dt) /2;
     m (l, r) =-1/3-k^2* (r-1) ^2*dt^2+2*k* (r-1) *dt;
     d (l, r) =1/6+ (k^2* (r-1) ^2*dt^2-k* (r-1) *dt) /2;
     for l=Lmax-r+3: Lmax+r-1
       u (l, r) =u (l, r-1);
       m (l, r) =m (l, r-1);
       d (l, r) =d (l, r-1);
     end;
     l=Lmax+r;
     u (l, r) =1/6+ (k^2* (r-1) ^2*dt^2-k* (r-1) *dt) /2;
     m (l, r) =-1/3-k^2* (r-1) ^2*dt^2+2*k* (r-1) *dt;
     d (l, r) =7/6+ (k^2* (r-1) ^2*dt^2-3*k* (r-1) *dt) /2;
```

```
%第三阶段
for r = Lmax + 2：n + 1
    for l = 1:2 * Lmax + 1
        u (l, r) = u (l, r - 1);
        m (l, r) = m (l, r - 1);
        d (l, r) = d (l, r - 1);
    end;
end;

%%%%%%%%%%%%%%%%%%%%%%%%%%%%%%%%%%%%%%%%
%构造矩阵rch (l, r)，与结点 (l, r) 相连的r-1期的结点个数

%Lmax > =3 的情况
for r = 2：Lmax + 1
    for l = Lmax - r + 2: Lmax + 1
        rch (l, r) = min (l - Lmax + r - 1, 3);
    end;
    for l = Lmax + 2：Lmax + r
        rch (l, r) = min (Lmax + r - l + 1, 3);
    end;
end;

r = Lmax + 2;
    for l = 1:3
        rch (l, r) = l + 1;
    end;
    for l = 4：2 * Lmax - 2
        rch (l, r) = 3;
    end;
    for l = 2 * Lmax - 1：2 * Lmax + 1
        rch (l, r) = 2 * Lmax - l + 3;
    end;
for r = Lmax + 3：n + 1
    for l = 1:2 * Lmax + 1
        rch (l, r) = rch (l, r - 1);
    end;
end;
```

```
% 特殊情况：Lmax = 1 的情况
if Lmax = = 1
    for l = 1: 3
      rch1 （l, 2） = 1;
    end;
    for r = 3: n + 1
      rch1 （1, r） = 2;
      rch1 （2, r） = 3;
      rch1 （3, r） = 2;
    end;
    rch = rch1;
end;

% 特殊情况：Lmax = 2 的情况
if Lmax = = 2
    for r = 2: 3
      for l = Lmax - r + 2: Lmax + 1
        rch2 （l, r） = min （l - Lmax + r - 1, 3）;
      end;
      for l = Lmax + 2: Lmax + r
        rch2 （l, r） = min （Lmax + r - l + 1, 3）;
      end;
    end;

    r = 4;
      for l = 1: 2
        rch2 （l, r） = l + 1;
      end;
      rch2 （Lmax + 1, r） = 5;

      for l = 4: 5
        rch2 （l, r） = 7 - l;
      end;

    for r = 5: n + 1
      for l = 1: 2 * Lmax + 1
        rch2 （l, r） = rch2 （l, r - 1）;
      end;
```

```
        end;
        rch = rch2;
    end;

    %%%%%%%%%%%%%%%%%%%%%%%%%%%%%%%%%%%%%%%%%%%%%%%%%%%%%%
    %rf (t) =0.10 -0.05 * exp ( -0.10 * t)                rf函数
    %pf (r) =exp ( - (0.10 -0.05 * exp ( -0.10 * r)) * r) pf函数
    %求a (l, r), B (l, r), R (l, r)

    B (Lmax +1, 1) =1;
    a (1) =rf (1);
    R (Lmax +1, 1) =RS (Lmax +1, 1) +a (1);
    B (Lmax, 2) =B (Lmax +1, 1) *u (Lmax +1, 1) *exp ( -R (Lmax +1, 1) *
dt);
    B (Lmax +1, 2) =B (Lmax +1, 1) *m (Lmax +1, 1) *exp ( -R (Lmax +1, 1)
*dt);
    B (Lmax +2, 2) =B (Lmax +1, 1) *d (Lmax +1, 1) *exp ( -R (Lmax +1, 1)
*dt);

    for r =2: Lmax
        sum =0;
        for l =Lmax -r +2: Lmax +r;
            sum =sum +B (l, r) *exp ( -RS (l, r) *dt);
        end;
        a (r) = (log (sum) -log (pf (r))) /dt;
        for l =Lmax -r +2: Lmax +r;
        R (l, r) =RS (l, r) +a (r);
        end;
        for l =Lmax -r +1: Lmax +1;
            switch rch (l, r +1) %由到达 (l, r +1) 的结点个数不同, 用不同公式求得B
(l, r +1)
            case 1
                B (l, r +1) =qf (l +1, r) *u (l +1, r);
            case 2
                B (l, r +1) =qf (l +1, r) *u (l +1, r) +qf (l, r) *m (l, r);
            case 3
                B (l, r +1) =qf (l +1, r) *u (l +1, r) +qf (l, r) *m (l, r) +qf
(l -1, r) *d (l -1, r);
```

```
        end;
    end;

    for l = Lmax + 2: Lmax + r + 1;
        switch rch (l, r + 1)
        case 1
            B (l, r+1) = qf (l-1, r) * d (l-1, r);
        case 2
            B (l, r+1) = qf (l-1, r) * d (l-1, r) + qf (l, r) * m (l, r);
        case 3
            B (l, r+1) = qf (l-1, r) * d (l-1, r) + qf (l, r) * m (l, r) + qf
(l+1, r) * u (l+1, r);
        end;
    end;
end;

for r = Lmax + 1: n;
    sum = 0;
    for l = 1: 2 * Lmax + 1;
        sum = sum + B (l, r) * exp ( - RS (l, r) * dt);
    end;
    a (r) = (log (sum) - log (pf (r))) /dt;
    for l = 1: 2 * Lmax + 1;
        R (l, r) = RS (l, r) + a (r);
    end;
    for l = 1: Lmax + 1
        switch rch (l, r + 1)
        case 2
            B (l, r+1) = qf (l+1, r) * u (l+1, r) + qf (l, r) * m (l, r);
        case 3
            B (l, r+1) = qf (l+1, r) * u (l+1, r) + qf (l, r) * m (l, r) + qf
(l-1, r) * d (l-1, r);
        case 4
            B (l, r+1) = qf (l+1, r) * u (l+1, r) + qf (l, r) * m (l, r) + qf
(l-1, r) * d (l-1, r) + qf (l-2, r) * d (l-2, r);
        case 5

B (l, r+1) = qf (l+1, r) * u (l+1, r) + qf (l, r) * m (l, r) + qf (l-1, r)
```

```
*d (l-1, r) +qf (l-2, r) *d (l-2, r) +qf (l+2, r) *u (l+2, r);
        end;
      end;
      for l=Lmax+2: 2*Lmax+1
        switch rch (l, r+1)
          case 2
            B (l, r+1) =qf (l-1, r) *d (l-1, r) +qf (l, r) *m (l, r);
          case 3
            B (l, r+1) =qf (l-1, r) *d (l-1, r) +qf (l, r) *m (l, r) +qf
(l+1, r) *u (l+1, r);
          case 4
            B (l, r+1) =qf (l-1, r) *d (l-1, r) +qf (l, r) *m (l, r) +qf
(l+1, r) *u (l+1, r) +qf (l+2, r) *u (l+2, r);
        end;
      end;
  end;

  r=n+1;
      sum=0;
      for l=1: 2*Lmax+1;
        sum=sum+B (l, r) *exp (-RS (l, r) *dt);
      end;
        a (r) = (log (sum) -log (pf (r))) /dt;
      for l=1: 2*Lmax+1;
        R (l, r) =RS (l, r) +a (r);
      end;

  %%%%%%%%%%%%%%%%%%%%%%%%%%%%%%%%%%
  %计算到期时期权价值

  r=n+1;
  for l=1: 2*Lmax+1
      Q (l, r) = (R (l, r) *dt+e (r, (r+1))) /b (dt); %计算瞬时利率

      OP (l, r) =max (exp (ec (n*dt, 5) -b (5-n*dt) *Q (l, r)) -X, 0)
*100; %计算期权到期支付
  end;
```

```
%倒推前面各期期权价值

%第二阶段的期权价值
for rr = Lmax: n - 1
    r = Lmax + n - rr;
    l = 1;
        OP (l, r) = OP (l, r + 1) * u (l, r) * exp ( - (R (l, r) * dt)) + OP (l + 1, r + 1) * m (l, r) * exp ( - (R (l, r) * dt)) + OP (l + 2, r + 1) * d (l, r) * exp ( - (R (l, r) * dt));
    for l = 2: 2 * Lmax
OP (l, r) = OP (l - 1, r + 1) * u (l, r) * exp ( - (R (l, r) * dt)) + OP (l, r + 1) * m (l, r) * exp ( - (R (l, r) * dt)) + OP (l + 1, r + 1) * d (l, r) * exp ( - (R (l, r) * dt));
    end;

    l = 2 * Lmax + 1;
        OP (l, r) = OP (l - 2, r + 1) * u (l, r) * exp ( - (R (l, r) * dt)) + OP (l - 1, r + 1) * m (l, r) * exp ( - (R (l, r) * dt)) + OP (l, r + 1) * d (l, r) * exp ( - (R (l, r) * dt));
end;

%第一阶段的期权价值
for rr = 1: Lmax
    r = Lmax + 1 - rr;
    for l = Lmax - r + 2: Lmax + r
        OP (l, r) = OP (l - 1, r + 1) * u (l, r) * exp ( - (R (l, r) * dt)) + OP (l, r + 1) * m (l, r) * exp ( - (R (l, r) * dt)) + OP (l + 1, r + 1) * d (l, r) * exp ( - (R (l, r) * dt));
    end;
end;

%输出结果
OP (Lmax + 1, 1)
```

运行后得到结果：

```
ans =
    12.6774
```

在该程序中用到了函数 b，e，ec，pf，qf，rf，rfc，这些函数的程序如下给出。

```
%%%%%%%%%%%%%%%%%%%%%%%%%%%%%%%%%%%%%%%
function b = b (t)
global k;
b = (1/k) * (1 - exp ( - k * t));
%%%%%%%%%%%%%%%%%%%%%%%%%%%%%%%%%%%%%%%
function rst = e (t, s)
global sigma;
global k;
global dt;

rst = ( - rf (s) * s * dt + rf (t) * t * dt) + (1/k) * (1 - exp ( - k * (s - t) * dt)) * rf (t) + (1/k) * (1 - exp ( - k * (s - t) * dt)) * t * dt * (0.005 * exp ( - 0.10 * t * dt)) - (1/ (4 * k^3)) * sigma^2 * (exp ( - k * s * dt) - exp ( - k * t * dt)) ^2 * (exp (2 * k * t * dt) - 1);
%%%%%%%%%%%%%%%%%%%%%%%%%%%%%%%%%%%%%%%
function ec = ec (t, s)
global sigma;
global k;
global dt;

ec = ( - rfc (s) * s + rfc (t) * t) + (1/k) * (1 - exp ( - k * (s - t))) * rfc (t) + (1/k) * (1 - exp ( - k * (s - t))) * t * (0.005 * exp ( - 0.10 * t)) - (1/ (4 * k^3)) * sigma^2 * (exp ( - k * s) - exp ( - k * t)) ^2 * (exp (2 * k * t) - 1);
%%%%%%%%%%%%%%%%%%%%%%%%%%%%%%%%%%%%%%%
function rst = pf (r)
global dt;
rst = exp ( - (0.10 - 0.05 * exp ( - 0.10 * r * dt)) * r * dt);
%%%%%%%%%%%%%%%%%%%%%%%%%%%%%%%%%%%%%%%
function rst = qf (l, r)

global B;
global R;
global dt;

rst = B (l, r) * exp ( - R (l, r) * dt);
%%%%%%%%%%%%%%%%%%%%%%%%%%%%%%%%%%%%%%%
function rst = rf (r)
```

```
global dt;
rst =0.10 -0.05 * exp ( -0.10 * r * dt);
%%%%%%%%%%%%%%%%%%%%%%%%%%%%%%%%%%
function rfc = rfc (t)

rfc =0.10 -0.05 * exp ( -0.10 * t);
%%%%%%%%%%%%%%%%%%%%%%%%%%%%%%%%%%%
```

二、零息票债券期权定价的 Monte - Carlo 模拟方法

在 HJM 模型中，可以用 Monte - Carlo 模拟的方法计算债券期权的价格。由定理 9.3.3，可以通过蒙特卡罗模拟来给零息票债券的欧式看涨期权进行定价。可以执行式（9.3.28），给出零息票债券看涨期权的价格

$$C_t = \frac{1}{M}\sum_{j=1}^{M}[\max(0,B(t,T^*)Y_j(t,T,T^*) - XB(t,T)Y_j(t,T,T))] \tag{9.4.7}$$

这里

$$Y_j(t,T,\tau) = \exp\left\{\sum_{i=1}^{N}\left(\bar{\sigma}(u_i,\tau)\varepsilon(u_i)\sqrt{\Delta t} - \frac{1}{2}\bar{\sigma}^2(u_i,\tau)\Delta t\right)\right\} \tag{9.4.8}$$

是蒙特卡罗模拟值($j=1,2,\cdots,M$)，对不同的 j，通过模拟产生标准正态随机数 $\varepsilon(u_i)(i=1,2,\cdots,N)$。

与零息票债券的欧式看涨期权价格的计算类似，息票债券的欧式看涨期权价格的蒙特卡罗计算值为

$$C^{cpn}(t) = \frac{1}{M}\sum_{j=1}^{M}\left[\max(0,\sum_{k=1}^{m}c_kB(t,T_k)Y,(t,T_j,T_k) - XB(t,T)Y_j(t,T,T))\right] \tag{9.4.9}$$

这里

$$Y_j(t,T,\tau) = \exp\left\{\sum_{i=1}^{N}\left(\bar{\sigma}(u_i,\tau)\varepsilon(u_i)\sqrt{\Delta t} - \frac{1}{2}\bar{\sigma}^2(u_i,\tau)\Delta t\right)\right\}$$

是蒙特卡罗模拟值($j=1,2,\cdots,M$)。

【例 9.4.3】 假设远期利率的波动项函数为

$$\sigma(t,T) = a\exp\{-k(T-t)\}$$

其中 $a=0.2$，$k=0.02$。现有一欧式看涨债券期权，期权有效期为 1 年，标的资产是期限为 2 年的零息票债券，执行价格为 0.8 元。求该期权的价格。

这里用 Monte - Carlo 模拟方法计算，具体的 Matlab 程序如下：

```
%%%%%%%%%%%%%%%%%%%%%%%%%%%%%
%%          债券期权定价的 Monte - Carlo 模拟方法          %%
%%%%%%%%%%%%%%%%%%%%%%%%%%%%%

% 输入参数
```

```
t0 =0;                    %  当前时间为零
T =1;                     %  期权到期时间
S =2;                     %  标的债券期限
a =0.2;                   %  指定远期利率的波动项参数
k =0.02;                  %  指定远期利率的波动项参数
B1 =0.9;                  %  1 年期债券的价格
B2 =0.85;                 %  2 年期债券的价格
K =0.8;                   %  期权的执行价格

%%%%%%%%%%%%%%%%%%%%%%%%%%%%%%%
syms c;                   %  定义自变量 c
N =input ('please enter the number N :');
M =input ('please enter the number M :');
for i =1: N
    t (i) = (i-1) /N;
    b =a * exp ( -k * (c-t (i)));                %  定义远期利率的波动项
    V1 (i) =eval ( -int (b, c, t (i), T));       %  计算积分 v (t, T)
    V2 (i) =eval ( -int (b, c, t (i), S));       %  计算积分 v (t, s)
end
for i =1:M
        nmd(i,:) =normrnd(0,1,1,N);  %    产生 N 个标准正态随机数
        Y1(i) =exp(sum(V1.*nmd(i,:)*sqrt(1/N) -1/2*V1.^2*1/N));
        Y2(i) =exp(sum(V2.*nmd(i,:)*sqrt(1/N) -1/2*V2.^2*1/N));
        B(i) =100*max(0,B2*Y2(i) -K*B1*Y1(i));
end
B0 =mean (B)
```

输入 N =1000、M =1000 后，计算出一个的结果为

```
B0 =
     0.1516
```

习　题

1. 请解释单因素利率模型与多因素利率模型的区别。

2. 假设在 Vasicek 模型中 $k=0.2$，$\theta=0.1$，初始瞬时利率为 10%，瞬时利率的标准差为 $\sigma=3\%$。计算 5 年后到期的零息票债券价格。

3. 假设在 Vasicek 模型中 $k=0.1$，$\theta=0.1$，初始瞬时利率为 5%，瞬时利率的标准差为

$\sigma = 2\%$。现有一个 1 年后到期的欧式看涨期权，标的资产为 3 年后到期、本金为 100 美元的零息票债券，敲定价格为 88 美元。求该债券期权的价格。

4. 假设在 Vasicek 模型中 $k = 0.1$，$\theta = 0.05$，初始瞬时利率为 5%，瞬时利率的标准差为 $\sigma = 1.5\%$。现有一个 2 年后到期的欧式看涨期权，标的资产为 3 年后到期、本金为 100 美元的息票债券，该债券每半年支付利息 5 美元，敲定价格为 95 美元。求该债券期权的价格。

5. 假设在 Longstaff - Schwartz 两因素模型中 $\varphi_1 = 0.1$，$\varphi_2 = 0.12$、$k_1 = 0.1$、$k_2 = 0.15$、$\sigma_1 = 0.02$ 和 $\sigma_2 = 0.025$，x_1 和 x_2 初始值分别为 0.08 和 0.1。求 1 年后到期的零息票债券价格。

6. 在 Ho - Lee 模型中 $\sigma = 0.02$，期限为 t 的即期利率为 $0.05 + 0.01t$。求零息票债券价格。

7. 在 Hull - White 模型中，$\sigma = 0.03$，$k = 0.1$。考虑一个欧式看涨债券期权，标的资产为 5 年后到期的零息票债券，债券面值 100 美元，期权到期期限为 1 年，敲定价格为 72 美元。设利率期限结构是水平的，等于 10%。求债券期权的价格。

8. 在 Hull - White 模型中，$\sigma = 0.015$，$k = 0.2$，到期日为 t 的零息票债券利率为 $0.05 + 0.02\sqrt{t}$。

（1）请构造利率树图，其中包括三个时间步，每个时间步长为 6 个月；

（2）计算树图中最后时间的各结点处，有效期限为 3 年的零息票债券的价格；

（3）现有一个基于上述债券的欧式看涨期权，有效期为 18 个月，敲定价格为 80 美元，求该期权的价格。

主要参考文献

ZHUYAOCANKAOWENXIAN

1. 程希骏:《金融资产定价理论》，中国科学技术大学出版社 2006 年版。

2. Dai, Q. & K. J. Singleton. Specification Analysis of Affine Term Structure Models, *Journal of Financial Economics*, 55 (5), 1943 - 1978, 2000.

3. Damiano Brigo & Fabio Mercurio Interest Rate Models *Theory and Practice*, Springer Verlag, 2001.

4. Duffie, D. *Dynamic Asset Pricing Theory*, Third Edition. Princeton University Press, 2001.

5. 姜礼尚:《期权定价的数学模型与方法》，高等教育出版社 2003 年版。

6. Hull John C. *Option, Futures, & Other Derivatives*, Fifth Edition, Preentice - Hall, 2003.

7. Hull, J. & A. White. One - Factor Interest - Rate Models and Valuation of Interest - Rate Derivative Securities. *Journal of Financial Quantitative Analysis*, 28 (2), 235 - 254. 1993.

8. Karatzas, I. & Shreve, S. *Methods of Mathematical Finance*, *Springer* Verlag, 1998.

9. 刘嘉焜:《应用随机过程》，科学出版社 2002 年版。

10. 刘则毅:《科学计算技术与 Matlab》，科学出版社 2001 年版。

11. Marco Avellaneda, Peter Laurence. *Quantitative Modeling of Derivative Securities*. Chapman & Hall/CRC, 2000.

12. Merton, R. C. *Continuous Time Finance*, Basil Blackwell, Oxford, 1990.

13. Robert J. & Elliott, P. Ekkehard Kopp. *Mathematics in Finance Markets*, Springer Verlag, 1999.

14. 孙健:《金融衍生品定价模型　数理金融引论》，中国经济出版社 2007 年版。

15. Stulz, R. M. Options on the minimum or maximum of two risky assets, *Journal of Financial Economics*, 10, 161 - 185. 1982.

16. 王安兴:《利率模型》，上海财经大学出版社 2007 年版。

17. 姚长辉:《固定收益证券　定价与利率风险管理》，北京大学出版社 2006 年版。

18. 张树德:《金融计算教程——Matlab 金融工具箱的应用》，清华大学出版社 2007 年版。